国家出版基金项目
NATIONAL PUBLICATION FOUNDATION

"十二五"国家重点图书出版规划项目

会计经典

1925年前成本会计的演进

Evolution of Cost Accounting to 1925

［美］S·保罗·加纳 著

宋小明 张敦力 杨兴全 译

立信会计出版社
LIXIN ACCOUNTING PUBLISHING HOUSE

图书在版编目(CIP)数据

1925 年前成本会计的演进/(美)加纳著;宋小明,
张敦力,杨兴全译. —上海:立信会计出版社,2014.6
(会计经典)
ISBN 978 - 7 - 5429 - 4028 - 5

Ⅰ.①1… Ⅱ.①加…②宋…③张…④杨… Ⅲ.①成
本会计—会计史 Ⅳ.①F234.2-09

中国版本图书馆 CIP 数据核字(2014)第 097203 号

策划编辑　黄成艮
责任编辑　黄成艮
封面设计　陈　楠

1925 年前成本会计的演进

出版发行	立信会计出版社		
地　　址	上海市中山西路 2230 号	邮政编码	200235
电　　话	(021)64411389	传　真	(021)64411325
网　　址	www.lixinaph.com	电子邮箱	lxaph@sh163.net
网上书店	www.shlx.net	电　话	(021)64411071
经　　销	各地新华书店		

印　　刷	上海中华印刷有限公司		
开　　本	670 毫米×965 毫米　1/16		
印　　张	27.5	插　页	4
字　　数	361 千字		
版　　次	2014 年 6 月第 1 版		
印　　次	2014 年 6 月第 1 次		
印　　数	1 - 3 100		
书　　号	ISBN 978 - 7 - 5429 - 4028 - 5/F		
定　　价	97.00 元		

如有印订差错,请与本社联系调换

会计经典编辑指导委员会

前　言

　　直至几年前,成本会计演进史依然为会计史学者所忽视。曾有几位作者不时地将其精力投入有关会计演进的一些更为普遍的方面,然而,本书所讨论的话题,却很少引起他们的充分关注;即使偶有例外,范围也非常有限。本书的主要目的在于改变对成本会计史这种由来已久的忽视的现状。为达此目的,我们将研究重点放在成本实务和理论的起源与发展方面。一般来讲,这些内容更具基础性意义。尽管如此,为了体系上的完整,必要时本书也将对一些比较高深的学说和程序进行讨论。本书中所考察的成本会计实务,绝大部分是指所谓实际(会计)生产成本的确定。更具体地讲,为了保证讨论有相当的广度,本书的研究议题将涵盖:原材料、直接人工及制造费用的会计处理,工厂账与财务账的一体化及非一体化问题,部门间产品转移的会计处理,副产品及联产品成本计算,边角废料处理,分批法和分步法的发展以及存货计价等问题。除此之外,本书还将讨论估计成本与标准成本安排的某些特征,以免因忽略它们而造成内容上的间断。不过,本书并不以探讨标准成本的历史演进为目的,标准成本的演进足以独立成卷。

　　本书也不以探讨上述议题的最新发展为己任。反之,由于多方面原因,我们略去了对一大批 20 世纪 20 年代初以来发表的论著的研究。在此有必要说明这样做的理由。第一个原因,就作者所见,关于本书所讨论的内容,1925 年之后很少有创造性贡献。当然,关于这一说法,确实有一些例外情况存在。必要时本书会对 1925 年以后发展起来的一些重要理论或方法作适当介绍。以上所说，并不意味着成本方面的权威人士自 1925 年之后就不再重视这方面问题的研究；反之，自那时起，曾经出现过一些极为深入和全面的阐述。但它们更多的是对该主题已有资料的综合整理，而不是开创性地提出全新的理论或方法。正因为如此，它们未能过多地引起我们的关注，因为本书关注的重点是成本会计的历史演进而非对其综述。

之所以部分地忽略 20 世纪 20 年代初以来成本专家的论著，第二个原因在于自第一次世界大战之后学者们对成本会计的研究重点似乎有所转移。人们对实际成本处理的关注相对减少，转而注重一些更为高级的理论，诸如标准成本、销售成本以及与之相关的各种问题。为此，这一时期确实提供了一个极为便利的可以作出结论的时点。特别是，可据以得出所谓实际工厂成本的会计程序，该程序发展至此至少已经达到了一个暂时性的高潮。

对本书的时间范围进行限定的第三个原因，则是这样一个事实，即：要对我们的讨论所涉及的成本会计诸方面的所有重大贡献进行细致的评价，并从历史角度进行恰当的观察，虽然并非完全不可能，但却非常困难。如果要将成本会计的演进史推至某个更近的日期，将很容易出现严重的判断失误。所以，在此我们将放弃这种尝试。不过，上述限定有时也可能有某些例外，比如当确实需要考虑一些真的十分重要的贡献之时。不过，这种情况极少出现。

本书主要以英、美两国作为研究对象，其他国家只是在个别情况下有所提及。这样做是很有道理的。随后章节中将会看到，英国成本专家在深入研究工业会计问题方面曾经走在世界最前列，虽然 1900 年以后他们的地位有所下降，但依然在不时地提出一些新方法和新理论。与此相反，美国成本专家早期贡献很少，但后来却超过了同时代的英国同行。其他工业国家的成本实务和方法很大程度上都在仿照英、美两国的做法。鉴于此，我们将讨论的重点限定在英、美两国，并不会造成太大偏误。在一些重要章节，我们将按年代顺序同时探讨英、美两国的情况。不过，为避免混乱，我们尽了最大努力来指明作者的国籍。

在此尚需对本书的总体计划作一说明。第一章将举例说明早期工业簿记实践中复式簿记原理的运用情况。这一发展发生于中世纪,它可以十分详细地说明当时新兴会计科学的适用性。我们将引用该时代应用工业会计的一些实例,并描述其运作的详细情况。不过,我们所要强调的重点却是,早在工业革命前几个世纪,生产成本概念就已得到人们认可,并得到了相当好的理解。需要顺便说明的是,有些权威人士对此另有看法。

第二章通过对 1700 年至 1885 年主要著述的分析研究,说明这一时期成本会计的缓慢演进,其间将特别强调英国学者的成就。我们将按时间顺序来提供有关资料,而不太注意分主题的发展,因为这些资料相当零散,不太具有结论性意义。

自第三章起,则可按一种更为有序的安排,对九种成本会计理论或技术的起源、演进及发展进行讨论。这是九个相当宽泛的论题,我们相应地将其分为九章,每一章都将按照时间顺序努力概括 20 世纪 20 年代初以前与该主题相关的主要论著。其间将不时地对有关权威著作所讨论话题的累积影响进行一定程度的考察。这样做主要是为了提出适当的看法,并避免可能的重复。各个主题如何排列其实并不特别重要。不过,就一般逻辑顺序而言,首先应该考虑的,当是所谓工厂成本三要素(原材料、人工及间接费用)①,这也是我们这里所采用的方案。随后七章的顺序安排则无特别考虑。

最后一章(第十二章)是在整个研究及有关调查的基础上进行的归纳总结。不过,本章中的评论并不具有结论性,因为成本会计的演进就性质而言是一个动态而非静态的过程,因此无法对其作出最终的或确定性的

---

① 我国成本会计中一般称为成本项目,以便与费用要素相区别。但从英文原文看,似译作要素更为妥帖。故在以后章节中,除个别情况外,在碰到这三个基本项目时,一般多称为"要素"。—— 译者

结论。

最后，要感谢以下人士对本书完成所提供的极大支持。首先感谢得克萨斯大学(University of Texas)的乔治·希里斯·纽拉乌(George Hillis Newlove)教授，他在整个研究过程中为我们提供了大量帮助、指导、鼓励及意见建议；感谢 A·C·利特尔顿(A. C. Littleton)、R·S·爱德华兹(R. S. Edwards)、大卫·所罗门斯(David Solomons)、雷蒙德·德·鲁弗(Raymond De Roover)等诸位教授对会计发展作出的杰出贡献，使我能够有很好的借鉴；感谢雷蒙德·德·鲁弗教授的夫人佛罗伦斯·埃德·德·鲁弗(Florence Edler De Roover)对此项研究提供的极大支持。他们中有些学者阅读了原稿部分内容，有些学者就有关内容提出了很好的意见。密苏里大学(University of Missouri)的拉瑞·宾林格(Larry Benninger)教授和得克萨斯大学的 C·奥布里·史密斯(C. Aubrey Smith)教授阅读了原稿的大量内容并提出了十分宝贵的意见。感谢阿拉巴马大学(University of Alabama)研究委员会提供的资金支持，使得我能够获得相关资料。最后要感谢我的妻子鲁思·贝利·加纳(Ruth Bailey Garner)，她耐心细致的支持和鼓励，使这项工作轻松了不少。能够在这里向所有提供过支持和帮助的人们表示感谢，是我莫大的荣幸。

S·保罗·加纳

1954 年 1 月

于阿拉巴马州，塔斯凯路撒(Tuscaloosa)

目　　录

第一章

中世纪的工业会计

直到前几十年，人们还一直认为工业会计起源于工业革命中产生的工厂制度。比如，有位权威人士就曾说过：

成本会计不像复式记账法所代表的商人簿记那样已经有几个世纪的历史。事实上，它的产生只是最近之事。从根本上讲，它是 19 世纪的产物，并在 20 世纪得到了很大扩展……因此，成本会计是产业革命的众多成果之一[1]。

另一位专家写道：

会计的发展使管理有了前所未有的良好控制手段。这是通过开发内部账户而达到的。产业革命之前，会计主要是对一个经营单位与其他经营单位之间外部关系的记录，是一种对由市场所决定的关系的记录。随着大规模生产经营的出现……需要更强调竞争单位内部利益的会计，以及使用会计记录作为企业管理控制的工具……制造业中成本会计的出现即是一例[2]。

还有一位专家讲：

成本会计主要是 20 世纪的产物，尽管有些导致其发展的原因更早以前就已经在发生作用[3]。

上述各位专家都强调一个共同的事实，即：成本会计只是在 1800 年之后才开始存在，但许多工业簿记实务与技术的出现却比产业革命还要早许多。事实上，正如本章后面将提到的那样，它们大都可以追溯到 14 世纪前后，作为意大利、英国、佛兰德（Flemish）及德国商业发展的结果，许多人以独资或合伙方式开设工业企业，从事毛纺织及丝织服装、书籍、铸币以及其他各种日用品生产。有几位经济史学家曾经指出，哪里有资本主义的踪影出现，哪里就会在很短时间内出现更好、更准确的会计实践。下面是一个对这方面问题十分热心的学者提出的很有典型意义的看法：

尽管我们也可能发现相反的例证，但是，对当时大多数商人而言，我们认为他们并没有使用簿记（不管是单式还是复式）对其资本及利润进行定期检查。……复式簿记，就其实际使用而言，可以为这种记录带来秩序和系统，并因此而对经营生活的"条理化"有所助益……会计师的著作中包含了一些证据，证明他们已经意识到了被经济史学家认为对资本主义发展具有重要意义的复式簿记的这些特殊性质。另一方面，早期簿记技术的证据对本研究开头所谈到的观点无法提供任何支持。……进而，复式簿记几乎被教师和会计师作为一种标准，作为理想的簿记制度而接受。他们的影响和所从事的职业为复式簿记的推广使用提供了极大帮助……若果真如此，则复式簿记至少是对企业经营实践的一种外部影响[4]。

工业簿记的确切源起早在中世纪前就已经成为不解之谜[5]。有位权威人士曾提出一种十分有趣的观点，认为英国工业簿记最早的发展是在亨利七世时代（1485—1509 年）。当时许多羊毛工人在对许多行会限制的极度愤恨之中，从城市转向农村，建立了工业公社（industrial communities），希望能在有组织的行会之外销售他们的产品[6]。对所有工业及销售活动都处于高度垄断的行会严格管制之下的各个群体而言，成本处理并不具有重要意义。但是，就像许多企业后来意识到的那样，当小型中央工场的业主们发现他们不仅要与行会竞争，而且要在相互之间展开竞争时，保持准确的成本记录就势在必行了，而且几乎成为成功的先决条件。如此，则有了对以往一直被忽视的这一问题的各个阶段进行详细研究的动因。

因此，本章的主要目的，在于表明工业会计的开端可以追溯到将资本主义生产方式引入国内企业以取代手工方法之时，而不是产业革命时期[7]。为达此目的，以下各小节中将引用并讨论几个在中世纪使用会计技术的早期实例。

热那亚轮船账目

十二三世纪热那亚轮船上的抄写员所保持的记录，虽然并非全部关系到工业会计或成本会计，但却能够很好地说明成本问题的早期发展情况。E·H·柏勒（E. H. Byrne）曾对抄写员［实际上是货物管理员（supercargo）的一种，按今天的术语应该叫事务长（purser）］的工作和账目作过简单描述[8]。当时广泛存在着各种联合冒险组织，一些保存下来的船主与商人之间的合同表明，要很好地计算费用及收入份额，保持准确的航海记录及账目是绝对必要的。有些航海活动的发起人可能达 25 人之多，由于该类贸易的复杂性，甚至在一开始，资助人（patron）就雇佣了一些办事员来记录旅行费用和收入。"13 世纪时，会计的责任和负担是如此之重，大多数主要沿海城镇的法律都要求从事海上贸易的船主在每一次航行中必须自始至终雇佣一名抄写员，作为工作人员中一名永久性成员。在威尼斯和巴塞罗那，大船需要有两名抄写员，但在热那亚，好像一名就足够了"[9]。这些人员有官方身份，在一些争讼案中，他们的记录要作为法律证据由政府保存。他们要对每次航海中的费用详加记录，还要记录因为从海外上货应从商人那里收取的运费。从本书的角度，有一点需要特别指出，即这些成本数据乃是为了用于确定在各个合伙人（当时称为资助人）之间公平地进行损益分配的比例。此外，造船商还要雇佣抄写员记录建造船只的成本。柏勒认为这种抄写员相当于职业会计，但 H·皮林勒（H. Pirenne）并未提出过类似看法[10]。

为了说明这种账目到 13 世纪末依然在用，柏勒引用了一段话，表明"抄写员通晓折旧原理，并将其运用在他们的会计记录之中"。这段话是：

> 船主向债主借了 200 英镑，他向债主承诺 *tibi dare et solvere tantum quantum et ad eam rationem sive secondum quod processesrit seu evenerit introitus seu proventus sive lucrum navis mee et Bernardi de Rivegno in viagio Neapolim in quod itura est ad presens dante domino deductis et computatis omnibuss exvel sarcia ipsius excepto s iimmineretur vel rumperetur vel ex sarcia ipsius prêter quam ex sarcia canabi qua rumperetur.*[11]

这段话大体可翻译如下：他承诺按照不低于账面金额（借款额）的数额，或按照由勃拉迪·蒂·尼沃哥罗（Bernadi de Rivegno）和他本人所共同拥有的船只在去往拉布勒斯（目的地）的航行中运用所投入资金赚取的收入来给他支付报酬。如同（该船）船主账目中所表明的那样，要（从总收入中）扣除所有费用，（包括）前面（在合同中）曾提到的船上设施及船本身（由于磨损所造成）的损失。（不过，若）船本身遭受损害（失事）或其设施（设备）中的任何部件发生破损或丢失，（该项目）并不作为扣除考虑。

因为抄写员知道考虑折旧，所以你可能得出他们的记录部分极为现代的结论。此外，就他们当时的目的而言，这种记录似乎是很合适的。

福格（Fugger）账目

在具体介绍福格家族的会计记录之前，首先需要说明，在十六七世纪，这个大名鼎鼎的家族除从事其他一些活动[12]并在奥地利蒂罗尔（Tyrol）和卡林斯亚（Carinthia）拥有几处储量极为丰富的银矿和铜矿外，还经营着其他一些矿场。作为一个家族企业，其历史最早可以追溯到15世纪中期，不过，我们所能看到的有关该企业的各种记录资料，却要更晚一些。1487年，该家族中最著名的人物，长者雅科布·福格（Jakob Fugger）的儿子以最好的银矿为抵押，借给蒂罗尔的大公几千弗罗林，成为该家族在控制矿山方面的第一次具有决定性意义的活动。这项业务导致了以后更大额的贷款。到15世纪末期，福格家族不但在蒂罗尔，而且在卡林斯亚及奥地利其他地区拥有了自己的领地。

这是一项赚头颇丰的生意。根据同时代人的记录，福格家族为马克西米利安皇帝一世（Emperor Maximilian the First）的好几次战争提供资金支持，他们的财富也因此而有了更大的增加。不过，本章关心的是他们所保持的有关其产品以及矿产经营成本的记录。在路德维格·舒尔曼（Ludwig Scheuermann）的专论中（该专论是《斯拉丁福格家族史》中的一卷），我们可以发现一些证据，证明有时会用到一些粗略的成本计算，以确定除了欠福格家族的本金之外，皇帝应该支付给福格家族的总金额[13]。舒尔曼并未表明那些按照福格经理人的指示所设立的账簿中，曾经使用过任何相互关联的序时账户，但他却找出了一些在 1548—1655 年之间所使用的典型报告和账户。下面是布莱伯格（Bleiberger）矿及与之相关的铸造厂 1577 年所用的记录，可作为当时福格家族旗下好几个企业组织所用账户组织结构的典型例证[14]。

I. 矿石账户

"Soll uns"	"Sollen wir"
（借）	（贷）
1576 年年末矿石余额	矿石销售收入
按每二十分之一吨 1 弗罗林的价格计算的当年矿石产值[15]	1577 年年末矿石余额
超出上述价值之上的矿石销售利润	

II. 石墨账户

1576 年年末石墨余额	矿石销售收入
销售石墨的佣金	1577 年年末石墨余额
按每二十分之一吨 1 弗罗林的价格计算的当年石墨产值	
超出上述价值的石墨销售利润。	

III. 矿山及铸造厂账户

铸造厂及设备价值	布莱伯格·勒亨霍尔（Bleiberger Leh-enhauer）因租用冶炼厂、熔炉、粉碎机及铸造设施所付的租金（与下面相比较）

从上面的年度产值中扣减的矿石生
  产成本（按矿山的生产情况计算
  确定），可与实际主要成本相
  比较

向勒亨霍尔出租矿场及矿井所收的
  租金

IV. 管理费用

办公用品

奖金

救济品及礼品

员工薪金

V. 冶炼账户

燃料支出

工头及工人工资

其他工资

其他流动支出

VI. 运输费账户

将石墨及矿石运送到格纳萨克

（Gressach）的圣安娜（St. Anna）

大货场所发生的运输成本

VII. 铁及铁粉贸易账户

1576 年年末余额	1577 年销售货品收入
1577 年进货支出	1577 年年末余额

当福格家族的矿山业务一年年规模不断扩大时，为了详细反映各

方面情况所需的账户也越来越多。比如，在 1585 年，汇总账户（summary account）数量就达到 35 个，而且并非所有账户都与矿山业务有关。其中一个账户——"拉藤博（Rattenber）冶炼账户"——的借方项目多达 23 个，贷方也有 9 个项目。这个账户记录的并不仅仅是该冶炼厂的经营成本，而且包含向其他各方供货的出货成本。该账户的两方每年分别加总，差额称为当年净所得（net gain）[16]。此外，该家族还在蒂罗尔经营着庞大的粮食贸易，每个经营场所（仓库或货栈）分别保持相关记录，以便位于奥格斯堡（Augsburg）的总部及时了解各个场所的存货状况及存货价值。

虽然从严格意义上讲福格记录并不能算作成本会计，但它却在更深层次上蕴含着一个特定行业（矿冶行业）采用会计记录的内在需求。而且，正如我们可以从上面说明中看到的那样，这些账户本身从性质上讲在相当程度上属于混合型账户，它们将存货、收款、销售、出货、费用、原料成本及人工成本全放在一个账户中。不过，对这些记录而言，重要的不是这些账户的这种混合性特点，而是我们可以从中找到有关"生产成本"概念的证据。这也是福格矿业集团簿记最主要的特征。

梅迪席（Medici）账目

梅迪席（Medici）账目是早期工业簿记一个极为有趣的例子。这个声名鼎盛的家族，除了其庞大的银行业务外[17]，在 15 世纪至 16 世纪的许多年间，还从事丝绸和毛纺织品生产[18]。他们采用合伙制企业组织形式，保存了大量总账、日记账以及中世纪企业常用的其他文件。这些资料现收藏在哈佛的塞尔弗里奇（Selfridge）收藏馆。它们表明梅迪席家族对工业业务的控制内容更为丰富，所采用的控制程序也比福格家族多。

梅迪席家族的服装生产业务主要集中在佛罗伦萨，但其销售却并不局限于这一区域，而是包含了许多更远的地方。他们一直强调高品质，因为其顾客大都属于富人阶层。与当时的习惯一样，他们广泛采用了"外包"（putting-out）及"工艺批发"（wholesale handicraft）制，因此，总部只是进行原材料的储存、捡选、清洗、梳毛及梳理，规模很小。这种中心工场严格来讲甚至无法称其为工厂[19]。其雇员各自分散在自己家里工作，有自己的工具和器具。管理这种业务需要相当的技巧。梅迪席家族常常因为其经营上的才智而广为人们所称道，因此，毫无疑问，他们的会计记录也必然具有不同寻常的准确度和完备性。

梅迪席家族邀请了一些具有丰富技术经验的人加入他们的合伙组织[20]。要对服装加工中大量细节性工作进行跟踪检查并避免浪费，显然不是一件轻而易举之事，而需要高超的技能。

有人发现，早在 1431 年，即帕乔利出版他的第一本印刷体复式簿记著作之前 63 年，"梅迪席家族的工业合伙企业中就已经在使用相当复杂的账簿"[21]。在早期，他们用了四种原始分录簿，即：①存货账，用于记录加工毛织服装所需羊毛、明矾、染料的购进情况；②现金账；③收支账；④工资账。需要顺便说明的是，其过账业务是直接从现金账和工资账过到分类账——显然，这是在 500 年前就已经使用了现代的实务处理方法。埃德（Edler）对各有关账簿之间的关系作了如下图示说明[22]：

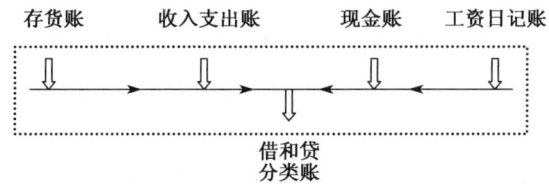

此外，该家族还保留了有关其合伙组织所生产的全部服装及其销售

情况的统计记录。在稍后的 1475 年，工资日记账开始分为两部分，每一部分分别装订。其中一份作为转给纺纱工、整经工、织布工的材料和工作件的备忘记录，另一份则用于染工及其他所有工种。

各种零星费用首先记入现金账，然后再过往总分类账（这里用的是"总分类账"一词，因为稍后还有"工资"分类账）。埃德认为 1431 年使用的并非复式簿记，因为当时并没有对所有业务做成双重记录。但 10 年之后（1441 年），另外一系列账簿表明在佛罗伦萨已经开始使用复式记账法，同时也有了存货账，并开始编制资产负债表。

当时用了一个被称为 *panni lavorati e finiti*（服装生产及销售）的账户。它好像是用于记录各个合伙人所生产的全部服装的情况。作为梅迪席会计师通晓现代"生产成本"概念的证据，埃德曾谈道："在这些服装账户的最后几页上，有一项总说明，用于表明已售出服装所赚取的利润……每个服装账户的借方栏包括如下项目：①合伙期间购进并用于服装生产的羊毛总数；②毛和服装所耗费的染料及染色费用总额；③其他制造费用总额，包括工资、工人使用的材料（油、梳子、针、拉毛器等）以及其他杂项费用。借方合计数表示成品服装的总生产成本。"[23] 15 世纪使用的制度由此可见一斑。

在 16 世纪（自 1520 年起），随着业务日益复杂化，开始使用一些额外的账簿。其中包括一种特殊的工资分类账，还有一种名为 "Manifatture di Nostra ragione"（即"本公司制造成本"）的账簿。收入支出账（包括企业的总收入和支出）得以继续沿用。不过，它与现金账之间究竟有何关系，依然不是很清楚。埃德认为现金账可能包括对收支账不同部分的汇总[24]。收支账最初有五个部分，其中只有四个部分是从工业会计的角度来设置的。一个部分称为总分类账收入，一个部分是总分类账支出，还有一个部分工资分类账收入，最后一个部分则是工资分类账支出。"所有因为购买服装等而从工人那里收到的货币及按货币表示的劳务，以及从工场费用账户中收到的货币，都会反映在工资分类账收入中，并过入工资分类账。工资分类账支出部分反映所有因工资、佣金等而付出的货币，这些项目同样要过入工资分类账。"[25]总收入和总支出每年进行一次试算。如果更换出纳员，则须在更换时进行试算平衡。

工资分类账包括一些个人账户，如"工人、工业代理人（industry factors）、各种学徒"，以及许多非个人账户，诸如"现金账户、管理费用账户、回扣账户、损益账户、制造成本账户。此外还有一个总分类账户，属于通过工资账户付出的全部货币的控制账户"[26]。管理费用账户借方包含多种内容，比如木炭、木材、梳毛器，买账本支出，以及其他许多费用。收入支出账为分录之源，须通过贷记管理费用账户和借记制造成本账户，结转记入制造成本账户。除了这一借方记录外，制造成本账户还要负担所有工资、佣金及薪金，然后定期结账，转入总分类账控制账户借方。因此，就其效果而言，工资分类账实际上包含了工厂分类账和雇员应收账款账双重功能。

工资分类账可能是梅迪席家族账目中最重要的一个方面，至少从成本会计控制发展的角度来看是如此。它就是我们今天所称的辅助账。德·鲁弗（De Roover）认为，它是关于这一目前众所周知的会计程序和实践的"迄今所知最早的例子"[27]（在许多人的印象中，控制账户和辅助账的产生要晚很多）。工资分类账通过一个称为"quaderno dei manifattori"的对应账户（reciprocal account）与总账连在一起。在辅助账中则有一个账户与主账相连。按照现代实务，这两个对应账户可以相互抵销。值得一提的是，工资账是按一种称为 piccioli（里拉）的较小的货币单位来记录，而主账则是用金弗罗林（当时的价值 7 倍于里拉）来记录。另外还有一点比较有意思的是，工资分类账作为"一种关键性的控制账簿"，是由承担管理责任的合伙人自己亲自书写记录的，雇佣的会计师则记其他账簿[28]。这种安排是在合伙协议中事先约定好的。

除上述各种账簿外，在 16 世纪还使用着另外三种原始分录日记账，即纺纱账、织布账、印染账。这些账目用于对外包给个人，由他（她）们在家里或其他超出梅迪席家族或其代理人控制范围之外的地方来完成，以及由一些在厂内工作的工人来完成的工作进行跟踪控制。这些日记账上的项目要根据工人的情况过往总分类账和工资分类账。"与负责纺纱的毛纺代理人相关的项目要与印染工、漂洗工、修剪工、拉展工费用一同过往总分类账"[29]，其他则过往工资分类账。"为什么这样做原因并不清楚"[30]。也就是说，为什么在过账时有这种分别，从现有资料中无法找到确切证据。不同账簿之间的关系以及过账的具体过程，可以通过下图得到更好的理解。

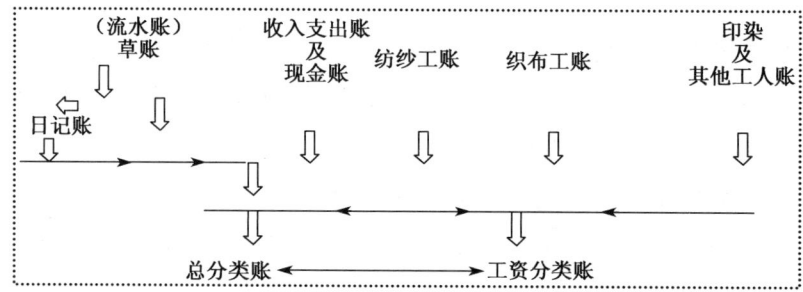

图中有一点很有意思，关涉草账的设置。需要记住的是，与帕乔利有关所有业务都应使用草账的论断（1494《簿记论》第六章）不同，"梅迪席账中草账的目的及使用情况都不甚清楚，因为其中的分录与相应的日记账记录不论在形式上还是实质上都是同一的"[31]。有些分录首先是记入日记账，然后过入总账（见附图），有些则直接从草账过入分类账。"为何有些类型的分录直接从草账过入分类账并不完全清楚。有些分录涉及固定设备，一小部分涉及由实账户负担的费用，大多数则是因将应收账款转给债权人账户而发生的应付给债权人的款项"[32]。这一点也是早期复式簿记发展中的诸多未解之谜之一。

从下面所附报表中，可以看出合伙人究竟可得到多少有关制造成本的详细情况。下列各表是以 1531 年合伙人总分类账为基础编制的[33]：

	Fl. s. d. ①	占总成本的百分比
羊毛	3 899.19.00	34.60%
染色	1 967.12.05	17.50%
染料	219.12.02	1.94%
肥皂	98.15.10	0.85%
拉毛及剪毛	6.00.05	0.04%
制造费用，详见工资分类账	4 920.08.05	43.60%
	11 112.08.03	98.53%
租金	98.00.00	0.84%
会计师吉尤里亚诺·梅迪席 （Giuliano Medici）的薪水	70.00.00	0.60%
折旧	3.11.05	0.03%
	11 283.19.08	100.00%
利润	1 554.05.06	13.80%
售价金额	12 838.05.02	113.80%

值得注意的是，制造费用作为成本表中的一个大项，在表中是单独列示的，而且有关详细情况可查阅"工资分类账"。折旧的数额虽然并不值得特别重视，但在合伙账目中已然出现。

至 1556 年，该账目变得更为详尽。只要愿意，合伙人完全可以编制出如下报表：

佛朗西斯科、尤里亚诺、拉法伊诺·德·梅迪席公司

1556—1558[34]

	Fl. s. d.	百分比
销售，71 件服装	2 970.15.09	96.6%
损失	105.19.02	3.4%
	3 076.14.11	100.0%

---

① Fl. s. d. 为货币单位，分别代表 Florin（弗罗林）、Shilling（先令）和 Penny（便士）。弗罗林是一种最先由意大利佛罗伦萨于 1252 年制造的金币。上文中提到"主账则是用金弗罗林（当时的价值 7 倍于里拉）来记录"中的弗罗林，即指这种金币。它的价值较高，从上表数据分析，应该等于 20s（先令）。英国后来也发行一种称为弗罗林的银币，一枚值两先令，直到 1971 年才停用。d. 是 denarius（一种古罗马银币）的缩略符，英国视一 denarius 为一便士，故以 d. 作 Penny（pence）的略号。便士的面值在历史上多有变化。上表及本书以后各章中引用的数据中，皆为 12 便士等于 1 先令，20 先令等于 1 镑（或上表中所用的弗罗林）。——译者

	Fl. s. d.	Fl. s. d.	百分比	百分比
原材料采购（羊毛）	921.06.11			29.7%
生产费用				
Ⅰ. 洗理	19.14.00		0.64%	
晾晒	56.19.08		1.86%	
梳毛	106.15.09		3.50%	
梳理	98.08.07	273.18.00	2.90%	8.9%
Ⅱ. 纺纱		650.11.01		21.2%
Ⅲ. 整经	22.05.00		0.75%	
织布	365.02.03	387.07.03	11.85%	12.6%
Ⅳ. 剔除粒结	18.17.07		0.06%	
洗	27.15.05		0.90%	
漂	13.19.02		0.45%	
伸幅	9.08.10		0.33%	
剪	23.06.00		0.77%	
修补	1.08.08		0.06%	
紧边	5.10.09	100.06.05	0.19%	3.3%
Ⅴ. 染色		309.05.06		10.1%
物料用品				
油	53.08.05		1.74%	
染料	36.12.10		1.16%	
肥皂	33.14.09	123.16.00	1.10%	4.0%
		2 766.11.02		89.8%
间接费用				
工具		12.10.00		0.4%
租金		52.00.00		1.7%
管理费用		98.05.10		3.2%
薪金（工作人员）		128.13.04		4.3%
经纪人佣金		7.15.00		0.3%
拉瓦图拉·蒂·瓜多（Lavatural di Guado）				
（洗染费）		10.19.07		0.3%
		3 076.14.11		100.0%

德·鲁弗对该表作了很有意思的评论：

应该看到，总的直接支出，包括原材料、物料用品及人工费用约占已售产品成本总额的 90％。其中原材料占总成本的 29.7％，物料用品占 4％，制造费用高达 56.1％。这部分制造费用主要是工资费用。纺纱是成本最高的工序，占总成本的 21.2％；织布占 12.6％；染色占 10.1％；羊毛预处理占 8.9％；最后的精整费用仅为总成本的 3.3％。

间接费用如租金、薪金以及各种管理费用等相对来讲不是很重要，仅占 10％。与间接费用相比，直接费用具有绝对重要的意义，原因在于固定投资（比如机器设备）费用在 16 世纪的成本计算中尚未争得一席之地。当时的工业企业还属于高度灵活的单位，当需求减少时可以很便利地通过减少产量来调适。每一次减产都会造成一定的失业，但却不会像有着沉重间接费用负担的现代工业企业那样由盈利变为亏损。在减价方面，中世纪的企业以及现代企业的早期阶段，灵活性就要差一些，因为行会规制和惯例决定了工资幅度，从而使成本结构中加入了一定刚性因素[35]。

梅迪席的部分印染商 16 世纪前半期所使用的账簿中，表现出了一些与当时的毛纺织企业所用账簿略有不同的特征。除了常用的草账、日记账、分类账及收入支出账外，他们还用了另外两种账：一种用于记录明矾购进，一种用于记录所收到的待染服装。

以上是梅迪席工业企业使用的账簿系统。任何通晓现代成本会计技术的人立马可以发现，有些很现代的实务处理方法在古老的梅迪席记录中已经得到相当程度的印证。当然，他们所使用的方法是很粗略的，然而，使人惊讶的是这些方法却起到了很好的作用。被称为"工资分类账"的独立账簿的出现具有相当的首创性，显然是现代工厂分类账的先驱。当时的簿记员无疑应称为专家。他们所处理的记录是那样之复杂，即使放到今天，他们的系统就性质而言依然可以称得上是很精确、技术性很强的。正如德·鲁弗所言：

梅迪席簿记系统相对于他们的目的而言是很合适的，也与他们的组织极为相称。它为管理部门控制物流及资金运动提供了必要的手段。尽管它还不是一个完全的成本计算系统，但也已十分接近。这些账簿已经给出了十足的暗示，足以说明梅迪席家族企业对其近似成本有相当的了解。

特殊日记账及辅助分类账的使用显示的是一种很高级的会计技术。不论帕乔利还是十六七世纪的其他簿记著作作者，都未曾提及工业会计及辅助账的使用。梅迪席账簿无疑证明同时代的教科书并未全面反映当时会计的全部情况，实际经营实践远远走在理论之前。如果说会计文献可能会有所滞后，当时有关纺织业的技术文献应该没错。举例来说，有一份描述当时丝织业情况的 15 世纪手稿中，就曾给出有关这些辅助账使用情况的实例[36]。

德·波恩（Del Bene）账目

德·波恩是一家毛纺织企业，它所使用的账簿，为将原材料转换为具有极高使用价值并可供销售的产品的工业企业中账簿记录的使用提供了另一例证。该企业总部设在意大利佛罗伦萨。它所用的账簿与以后的发展相比显然比较粗略，但负责该记录的人所表现出来的独创性却是非同寻常的。从中可得出的依然只是主要成本，但却可以给所有者和经理人员提供充分的额外信息[37]。

该企业的记录可追溯至中世纪。有位权威人士坚持认为，"就目前所知，这正是工业成本会计真正的起源"。[38]该账目始于 1318 年，因此，毫无疑问，它在一定程度上代表了成本账的早期情况。

在 14 世纪最初几十年中，德·波恩的会计师不怎么注意区分其商业与工业业务。该企业是在很简陋的环境中成长起来的，因此在很长一段时间无须区分交易与加工活动。两个不同阶段所获得的利润总是混在一起。不过，在经过一些时间之后，开始需要更为准确且有所区分的成本数据。因此，大约自 1350 年起，该企业的会计师建立了两组账簿，在一定意义上是为了分别表明：①贸易或商业活动的结果；②中央工场数据。

由该企业记录负责人所发明的系统，为构成成本的各个主要成分分别设立了专门的账簿，但间接费用除外。因而，至 1368 年，已经有了：①the *libri delle lane*（原毛采购账）；②the *libri dei lavoranti*（劳工工资账）；③the *libri dei tintori*（染工工资账）。皮拉加罗（Peragallo）对各种账的使用作了如下解释：①在原毛采购账中业务是以账单的形式记录的。"每笔业务都有采购日期，销售商姓名，采购地点，表明羊毛质量的标牌（具有商标的性质），最后则是价格"；②劳工工资账中记录"为生产一定数量和质量的羊毛服装而发生的必要的人工费用"。各种业务（比如梳理及梳毛）分别记录。同时还可以反映出经过不同处理方式的数量；③染工工资账与劳工工资账相类似，"所不同的是，这里的成本不是以服装数量为基础来计算的，而是记录在按每个染工分别设置的账户中"[39]。下面是 1368 年反映在这种账簿中的明细记录：

熟练染工尤戈尼诺·蒂·马可 (Ugolino di Marcho)

1 白	57	5 月 8 日	黑	16 弗罗林	4 索第①
1 白		6 月 8 日	黑	16 弗罗林	4 索第
1 浅蓝		7 月 8 日	淡蓝	16 弗罗林	10 索第
		总计		48 弗罗林	18 索第

显然，记入上面所描述的三种账簿的项目合计数，和今天人们所熟知的主要成本是同一回事。发货及销售记录记在其他账簿中。没有证据表明德·波恩在其工业活动中使用了复式记账法，但很明确，这三种账须定期结总，并将各自的合计数转入企业分类账。后者具有现代复式记账法的多重属性。正如皮拉加罗的解释："生产期按照加工一定固定数量服装所需的

---

① 索第 soldi 是 soldo 的复数形式，soldo（索尔多）是一种意大利铜币。——译者

时间长度来划分。所有的成本及销售都是以这一定量的服装为基础，超出这一数字之外的则全部放到下一时期。每个期末都要草拟一份 bilancio，以确定损益。每个生产期被称为 ragione，并用字母表中的一个字母与其他生产期相区别。"[40] 在那些古老的记录中，属于现代的东西还真是不少！

因篇幅所限，这里无法复制出其 bilancio 的全貌。其实只要说明它是为了确定当期利润而从总资产中减去总的负债、资本及递延销售，就已足够。利润数反映在名为"到今天（1364 年 3 月 1 日）为止的过去 12 个月中上帝赐予我们的净利润。财务期：'h'"[41] 的报表中。这一净利润接着会记入一个专为此目的而设立的账簿。在一笔后来的分录中，该收入要按约定的损益分成比率分给所有者。

与梅迪席账相对照，就会显示出德·波恩账所具有的特殊意义。我们会惊讶于梅迪席的工业合伙业务开始时在会计方面所取得的进步之巨大。德·波恩的账务系统已经明确预示着一百年后梅迪席所采用的记录。它们也因其所表现出的对新的不同情况的适应性而对复式簿记的早期发展起了一定推动作用。许多权威人士曾经指出簿记的进步与资本主义发展之间的内在关系。

达提尼（Datini）及尼古拉（Niccolo）账目

在意大利普拉多（Prato）的达提尼（Datini）档案馆[42]，收藏着大量（500 种以上）早期商人账簿。部分资料表明，就像在佛罗伦萨一样，该城毛纺织业同样十分繁荣。皮恩多夫（Penndorf）在其"会计部门的初始阶段"一文中对这些早期工业记录及账目曾经作过简单描述[43]。普拉多的第一家工厂由佛朗西斯科·蒂·马可（Francesco di Marco）建于 1382 年，在佛罗伦萨有一个分部。该厂的一本分类账现在依然存留着。该账从 1384 年 3 月开始记录，采用单式记账，其中包括为二三十道羊毛处理工序的工人支付工资的情况。他们也计算其他成本资料，先记入

"流水账"（day book）或备忘账（memorial），然后过往分类账。

在纺纱账中，每一堆已经过梳理的羊毛都各辟一个专栏，并按不同的纺纱者分别设置账户进行反映。这些账户反映纺纱者的姓名、他们所收到的已经经过梳理备纺的羊毛重量、返回的已纺好细纱的重量、付给纺纱工的工资以及就工资支付方式所做的记号。在账户下方必须由工人签收[44]。

织布账与此大致相同，而染坊却保持着一些日记账、流水账以及反映与服装商往来关系的账目。有趣的是，在一本印染账的开头写着这样一段话："在本账中我将记下所有向我提供羊毛、衣料、梳棉、染料以及本染坊所需其他任何物品的服装商姓名。普拉多染坊主：尼古拉·蒂·皮埃罗（Niccolo di Piero），1386年7月10日起，为利润而设。"[45]

1395年的一本流水账详细记录了因生产两匹白色毛料而发生的各种成本费用。这两匹布长14 ellen（32.6米），宽3.5 ellen（8.1米）。其成本为：

	L. s. d.
购佛朗西斯科·蒂·马可及	
斯托多·蒂·罗伦佐（Stoldo di Lorenzo）	
梳毛95磅，等级8＋（参见第2页）	12.08.01
加该布料所需白纱9磅，等级6＋＋（参见第86页）	2.15.06
加织布所需毛线3磅，等级7＋＋（参见织布账第5页及	
织布工与修剪工手账第82页）	1.10.08
晾晒成本（参见工作账A第15页）	—.17.02
梳毛	3.—.02
梳理	2.10.10
纺纱（精纺）	2.08.03
纺纱（普通）	2.18.—
梳毛、梳理、油	3.08.—
修剪	—.06.05
织布	4.05.08
清洁与检查	—.18.—

购佛朗西斯科·蒂·马可及

斯托多·蒂·罗伦佐（Stoldo di Lorenzo）　　　　　　　　L. s. d.

修边	4. 一. 一
洗、梳、肥皂	4. 06. 一
上浆与运输	一. 11. 一
修剪前边	一. 06. 一
雇工及学徒费用	2. 10. 一
其他费用	一. 18. 一
最后的修剪	一. 12. 06
折叠	一. 07. 06
染色	8. 05. 08
以上布匹总成本	59. 03. 05
扣除剩余纱线	一. 09. 一
剩余（净成本）	58. 14. 05[46]

　　由上可知，现在人们所熟悉的"生产成本"在几个世纪以前［也是在帕乔利发表其著名的《簿记论》（1494）前一百年］就已经为人们所熟知。尚须指明的是，为了确定两匹布的净成本，这里已经从总成本中扣除副产品（纱线）成本。这意味着，早在 1395 年，成本会计师就已经受到这一问题的困扰！

布拉西（Bracci）账目

　　费德里格·莫里斯（Federigo Melis）曾描述过工场会计的另一实例[47]。他描述的企业名为"拉佐罗·蒂·吉奥瓦尼-费奥·布拉西公司"（Compagnia de Lazzaro di Giovanni de Feo Bracci），位于意大利北部的阿勒佐（Arezzo）城。该企业肯定用过许多账簿，但保留下来的却只有一份手稿。这份手稿用一种韧性很好的纸写成。纸张很大（14 英寸×18 英寸），其所记录业务标示的日期为 1415 年至 1423 年。账簿首页上写着：
"本账簿属拉佐罗·蒂·吉奥瓦尼（Lazzaro di Giovanni）所有，账上将
记录有关我阿勒佐城毛纺织厂业务的全部证据。"[48]

与达提尼记录相对照来看，布拉西账的最大特点，在于其簿记员没
有为企业的各种活动分别设置独立的账簿。不过，在这部手稿中依然对
各种不同的业务在手稿的不同部分作了很明确的区分。手稿按页码编了
索引，可以找到不同的业务。由于只用了一本账，因此，与普拉多城中
极具竞争性的达提尼家族的记录相比，它所记录的业务明显是很有限的。
以下列出的是其中一些说明性业务：

以上帝之名，阿门。1415 年 7 月 20 日

---

1 深灰色布料，区别号为 1，要求进行梳理

按计划于 7 月份送交马利奥多·蒂·莫瑟·吉奥瓦尼（Mariotto di Messer Giovan-
ni）加工上述布料所需梳毛 64 磅。价格为每百磅 12s，总金额为 7s8d
1b. —s. 7 d. 8

7 月 27 日，按照工人备忘账记录（账页上标有 A 以示区别）收现金 7s8d。
1b. —s. 7 d. 8

于 7 月份送交安东尼奥·蒂托·吉洛斯罗（Antonio Ditto Gellosino）加工上述布料
所需梳毛 60 磅，计 10s。
1b. —s. 10 d. —

7 月 27 日收到 10s。页码：工人账 A，第 9 页
1b. —s. 10 d. —

（为节省篇幅，在此略去了其后 5 笔有关梳毛、梳理及纺纱的业务）

上述布料支出总额
1b. 8 s. 19 d. 10

按第 17 页所记上述布料纺线支出
1b. 9 s. 1 d. —

根据工人账 A 第 10 页记录，因对好几种布料所需羊毛进行分类拣选付给皮多罗·
保罗·蒂·吉格尼亚诺（Pietro Paolo di Giugliano）3 磅 9s，记在个人账户上。
1b. 3 s. 9 d. —

上列总支出 28 镑 15 s. 6 d. 过往第 66 页，标志为 A[49]

虽然布拉西手稿所包含的信息在当时来讲已经是完善得异乎寻常，但却依然缺少了一些重要的成本会计数据。比如，原材料和制造成本总计数原本记入另外一种账：l'arte de la lana（羊毛加工账），现在却已遗失。有个很重要的问题需要加以说明，即：以上资料摘自手稿的不同账页，在账页上每笔分录实际上都有边界线包围着。进而，这些分录被限定在与各个独立的工人及生产布料的各道工序相对应的账户中（只有梳理工序例外，该工序有两个独立账户）。

还有一种账簿，称为 libro di lavoranti（工人账），也已散失；但有证据表明其确实存在过。它很可能相当于今天的工资账（payroll book），因为该账中包含涉及工人的账户。为了得出上面最后一行说明性分录中的总计数，在该分类账的其他账页上，必须列有包含特定汇总数的其他账户；这些汇总数包括原材料汇总及其他管理费用汇总。进而，合计总支出数 1b.28.15.6 要在扣除织布成本（1b.13）后转记入另一个标有 A 的地方。

这些分录是由布拉西不定期地做成（织布业务除外）。达提尼账目中所使用的登账日期则固定为每月 12 日及 24 日。

有证据表明，执行纺纱业务的工人属于一些有组织的群体，因为在记录中未曾发现有关他们个人的独立账户。会计师使用了许多栏目来仔细记录羊毛收发数量。

总体而言，可以说，早期的布拉西账目包含了许多成本会计系统的成分，特别是已经涉及与产品生产相关的所有主要的成本因素。遗憾的是，有些重要文件已经遗失。不过，存留下来的这些也已经足以说明 15 世纪会计师的聪明才智和独创性[50]。

普兰丁（Plantin）账目

佛罗伦斯·埃德曾研究过克里斯多芬·普兰丁（Christopher Plantin）的账簿。克里斯多芬·普兰丁是一位生活在 16 世纪的佛兰德印刷商兼出版商[51]。他的账目进一步说明，在文艺复兴时期（及其后），随着资本主义的兴起，成本会计技术又有新的发展，这是在产业革命及大规模工厂制度开始大力发展以前之事。这位印刷商的主要账簿是用复式记账法做成，时为 1563 年。当时，普兰丁，这位已经领先于时代在印刷业中打拼了好几年的法国人后裔，与当时几位很有影响的安特卫普（Antwerp）人组建了一家合伙企业。他们的合伙到 1567 年就宣告结束，这对后来的成本会计专业学生而言实在是一种极大的不幸。然而，尽管只有短短的 4 年时间，该企业所采用的记录方式却对下一代具有极为重要的意义。需要说明的是，普兰丁账目除了 1563—1567 年 4 年间的部分之外，其他大都保留了下来，但这些账目都是采用一种很普通的单式记账法。埃德认为，合伙组织的组建引起了在所考察的时期内非常精确的复式簿记的使用[52]。这样，其在一个合伙人的监管之下做成的分类账和日记账（意大利文）中，使用了好几种相当现代的技术。下面是对该记录的描述：

为清晰起见，首先应该指出，他们实际上设置了两组账。负责会计账目核查与管理的合伙人聘用的是一个意大利簿记员，采用帕乔利的最佳会计惯例，每年结账并编制报告。该簿记员直接根据他用意大利文登记的日记账和分类账（未使用草账）编制报告，这些账不是每天登记，也不是每天过账，"而是按不规则的时间间隔进行处理"[53]。那么，普兰丁本人又是如何从这些记录中得到他所需的信息呢？答案是，普兰丁自己保存了第二组账，大部分是各种备忘记录。普兰丁所记账簿的功能和性质，大体可作如下概括：①一种称作'des affaires'的日记账，可以对所有业务做成简短的记录，包括：设备采购、纸张、销售、收入以及各种支出；②一种称为'grand livre des affaires'的分类账，以某种缩略形式对同样信息进行再处理；③工资账，对付给排字工、印刷工、校对工、画家、学者等的工资作详细记录；④一种称为'livre des ustensiles'的账簿，相当于今天的工厂账。[54]除此之外，还有其他一些对我们这里的论述没有太大意义的记录。所有记录都是用法语做成，使得人们不禁要猜测为什么会使用两种不同的语言。然而，人们所能作出的全部解释，就像帕乔利在其《簿记论》中对采用复式记账法的解释一样。

其意大利文分类账中也包含一些很有趣的账户。比如，现在被称为"固定资产"的每个项目都各有一个自己的特殊账户，各种不同等级的纸张（原材料）也有各自的账户，并且有一些特别的扩展栏目，可以在任何时候确定实有数（属于永续盘存制的一种）。此外还设立了一个制造费用账户，以记录工资及其他费用。他们甚至还用了在产品账户（以分批法为基础）。对此，埃德是这样解释的：

对普兰丁为其印刷业务所采用的每一种账，在分类账中都开立了专门的账户，比如'维吉尔（Virgil）16'，'贺拉斯（Horace）16'等。这些账户借方登记印刷用纸及支付工资和其他费用的情况，纸张账户和spese di mercanzie（制造费用）账户则相应地作贷方记录。当图书从印刷机上下来之后，则会取消为其设置的专门账户而借记一个名为"库存图书"（libri in monte）的账户。从以上说明中明显可以看出，为每种正在印制的图书开立的账户，相当于在产品账户，而"库存图书"账户有点像现代的产成品账户[55]。

需要顺便说明的是，与上面提到的纸张账户相类似，库存图书账户亦有专门栏目，用于随时登记任一时间图书的实存数。这是一种典型的永续盘存制。

当一本书印刷完成之后，可通过为此目的在账户借方专设的部分计算确定总的出版成本，但却不会涉及间接费用和折旧费。关于这一点，埃德的意见是，虽然未曾为印刷机的磨损计提任何准备，但却不会因此而牺牲成本计算的准确性。之所以会得出这样一种结论，她的理由是

"其所使用的印刷机在可以预见的时间内没有陈旧甚或退废的风险"[56]。应该提到的是，这与今天人们对折旧费用的解释是相矛盾的。今天的观点，认为折旧代表的是对一项资产成本的恢复，不管它多么微小，一旦忽略，就会造成高估收入（如果有收入的话)[57]。在经营企业时，如果不将折旧作为成本费用进行记录，严格意义上的准确性就会丧失。按照哈特菲尔德经常被人们引用的观点，所有设备都在通往废料场的路上[58]。然而有趣的是，普兰丁的印刷机有些直到 20 世纪 30 年代依然可以很好地运转，安特卫普市有时还会用它们来印刷市府官员的一些重要讲话。

普兰丁没有给他所出书的作者付过版税，倒是有一本书的作者为他的手稿付过一笔不是很多的费用，而这位作者之所以支付这笔费用，是因为使用了普兰丁为他所出版的每一样出版物所设立的账簿。

在对有关普兰丁记录的讨论进行总结时，首先应该指出的是，甚至在佛兰德这样的地区，"有关成本决定的问题也未曾被完全忽略"[59]。"这是很让人奇怪的，因为不论是帕乔利（1494 年）还是随后的其他意大利簿记教科书作者，谁都没有在他们的著作中提到过工业簿记。有关簿记的早期文献显然只对商业会计有信心。普兰丁账簿进一步肯定了这一说法：簿记的实际进展大大超出了教科书所反映的情况。"[60]关于过去百年成本会计的发展，同样可以使用这一说法。目前的成本实务也始终领先于教科书作者一步，这是人所共知的。这种发展状况完全是很正常并符合逻辑的。

达尔马提亚（Dalmatia）地区
拉古萨（Ragusa）造币厂的账目

拉古萨造币厂的会计记录，是工业会计的又一早期（1422 年）例证；其日记账中有很大一部分都保留了下来。这些资料标明的日期为 15 世纪，它们尤其说明了从天然金属矿石到成品硬币的过程中原料（矿石）

的流转过程[61]。造币厂使用专门的账户，与铸币过程的每个步骤大体上相适应。当某位客户把一些金属送往造币厂时，要按其"交换价值"（exchange value）借记"argento de zecha"账户，并按同样金额贷记该客户往来账户。当该金属材料送交熔炼工时，贷记"argento de zecha"账户，同时借记另一个称为"fornelo"的账户。当金属经过冶炼达到法定成色离开坩埚时，再结束"fornelo"账户，记入"argento de lega"账户。现在就只等将炼好的金属铸成硬币了。当金属棒或铸块由 argento de lega 账户转出铸为硬币时，为了表明价值的流转并明确责任，铸币师要在其个人账户上作借方记录。至于"argento de lega"账户，当然是作贷方记录了。在硬币铸好之后，铸币师账户要按硬币价值作贷方记录，并结束该账户，同时借记银柜（cash box）或现金账户。显然，这种连续的会计处理，对跟踪检查金属的流转过程极为有利。铸币厂经理可以很准确地对不同工序进行控制，并说明对这种贵重金属各人所应承担的责任。事实上，当时，对铸币厂经理人员而言，内部检查控制可能与铸币成本的确定具有同样重要的意义。

科森（Kossen）及凯茨布尔（Kitzbuhl）银矿会计

本章有关中世纪工业会计的最后一个实例，涉及奥地利科森及凯茨布尔地区银矿的会计账目。德·鲁弗谈道，这类矿场的会计记录往往和与之相关的冶炼厂的账目连在一起。附近一些地方全是如此。不过，当矿石由矿场转往冶炼厂时，要借记冶炼厂账户，贷记矿场账户，以反映这种转移[62]。因此，这些账目最有趣的一点，乃是在表明普通商业交易的同时反映由原生矿石到最终产品（纯银）的转化过程。

小　结

上述有关中世纪工业会计的多个实例说明，在 1350—1600 年之间，已经产生了一定的成本技术和实务，但我们依然无法就此得出结论说，截至16世纪末期，成本会计已经走出发育期。实际上它还离此很远。事实上，迄今为止尚无证据足以表明前面所描述的各个企业所采用的技术在当时已经得到普遍应用[63]。证据表明，这些企业属于成本会计发展的先驱。有趣而且重要的是，在我们所讨论的这一历史时代，就会计问题编写教科书或其他文献的作者不止上百，然而，就我们所能确定的情况，却没有一人受到激励去就工业会计，哪怕是它的初步发展情况作一番描述[64]。

那么，这些早期工业会计系统的目的究竟是什么[65]？有一点可以确定，即：企业保持这些记录，一般并非为了对单个企业的所有权及收入提供保护。进一步还可发现，企业之所以确定成本，很少是为了据以确定售价。只要看看当时的成本记录是多么不完善，也就很容易理解为什么不把它用于确定售价了[66]。工场间接费用的处理也各不相同。就当时实际经营中几乎不用机器设备这一事实而言，这一成本要素实在是小之又小。总的来讲，当时大多数系统的目的在于提供：①对生产步骤的会计控制；②对原材料使用中边角废料及毁损的控制。这也是当今成本会计的两个基本目的。比如，在毛及丝织品加工企业，由于生产步骤很多，必须对原材料及人工进行准确控制。这种需要在梅迪席记录中反映得极为清楚（这只是一个例子）。以上是中世纪对成本会计理论及技术的贡献。它们足以让一个现代权威人士得出这样的结论："确实，对簿记史挖掘越多，就越使我们确信，作为现代人的我们在前人的基础上增加的东西实在太少。"[67]

注释

[1] A·C·利特尔顿，《1900年前会计的演进》（纽约：美国学院出版公司，1933），第320-321页。大卫·所罗门斯并非持这种观点，他认为产业革命只是将工厂制造费用推到了前沿，至于材料和人工成本早就已经是人们关注的问题。参看《成本研究》（伦敦：斯维特-马克斯韦尔出版社，1952），第2页。

［2］斯科特，《会计的文化意义》（纽约：亨利·霍尔特公司，1931），第143页。

［3］沃尔特·斯科特，《成本会计原理及实务》（悉尼：澳大利亚法律图书公司，1947），第7页。

［4］巴兹尔·S·亚梅，《科学的簿记与资本主义的兴起》，《经济史评论》，第二系列，1949年1月，第110-113页。也可参看费德里格·莫里斯《会计史》（博洛尼亚：多特·凯撒-祖菲，1950）第540页，他谈道："与资本主义的产生及其传播相联系的第二个值得注意的议题……是成本会计的出现……资本家借助好的成本会计可以很好地预测未来"。（根据意大利文意译——作者原注）

［5］下面是与这一结论相关的一条很有意思的引语（省去了两条附注）：

> 成本会计可能与财务会计一样古老。其起源可追溯到社会生活的起始时期。古代具有交易传统的先民们，包括中国人、埃及人、腓尼基人以及阿拉伯人，都有为皇室服务的会计，其中有些人专门负责确定成本。在埃及，早在公元前3000年，这些会计就要每年为法老王提供一份有关收净成本的详细报告，以便据以对小麦征税。古老的摩奴法典规定宫廷审计员（称为 Kayasthas）必须定期对交易利润进行审计。在印度盂加拉省，至今依然存在这样一个社会等级。这些审计是出于财务原因，目的在于调节基本农产品及加工或进口产品的交易价格。在这些神圣法律的第七卷中，我们可以发现如下两段，"商品专家将确定商品交易价格，以便国王按利润的二十分之一征收税金"，"商品售价应按运输距离的远近、储存时间的长短，相关费用的高低、运往最后销售地点所花时间的长短以及预期利润等来确定"。我们还可以引用成本处理基本形式的其他事例，不过，在古代，在古希腊和古罗马帝国，估计成本的主要目的是确定税收基础，这项工作总是由领取薪俸的皇室官员来完成。

> A·佩能，《欧洲成本会计的发展》《N·A·C·A公报》，XXIV（1944），第1059页。

［6］J·M·费尔斯，《成本会计：演进与趋势》，《会计师》（英格兰），LX（1919），第550页；A·P·阿舍在《英格兰工业史》（波士顿：休敦·米夫林公司，1920）一书第190-191页中也有同样说法。

［7］参看A·佩能，《N·A·C·A公报》，XXIV，第1060页。

［8］E·H·柏勒，《十二三世纪热那亚航运业》，第五号出版物，第一号专论（剑桥，马萨诸塞：中世纪学会，1930），第59-61页。

［9］柏勒，第 59 页。

［10］见 H·皮林勒，《中世纪商人指导》，《社会经济史年报》1929，第 13-28 页。

［11］见 H·皮林勒，《中世纪商人指导》，《社会经济史年报》1929，第 61 页。

［12］参看理查德·额能伯格，《福格时代》，第二卷（耶拿，1896）。

［13］路德维格·舒尔曼，《福格家族在蒂罗尔和卡特尼的矿业：一篇专论》（慕尼黑：达可-哈姆堡特出版公司，1929）。

［14］路德维格·舒尔曼，《福格家族在蒂罗尔和卡特尼的矿业：一篇专论》（慕尼黑：达可-哈姆堡特出版公司，1929），第 229-230 页。

［15］舒尔曼对为什么这些账户中会提供这些特别的价值并未作明确说明。

［16］舒尔曼，第 260-264 页。

［17］德·鲁弗，《梅迪席银行》（纽约：纽约大学出版社，1948）。

［18］佛罗伦斯·埃德（德·鲁弗夫人）对这些业务曾经作过非常出色的描述。具体可参看她的《中世纪商业术语——意大利系列：1200-1600》（剑桥：美国中世纪学会，1934），第 335-426 页。她丈夫雷蒙德·德·鲁弗在《一家佛罗伦萨服装加工企业》［《反射镜》，XVI（1941 年 1 月刊），第 3-33 页］中也有值得瞩目的贡献。

［19］雷蒙德·德·鲁弗给本书作者的来信，1947 年 11 月 8 日。

［20］德·鲁弗，《梅迪席银行》，第 26-29 页。

［21］埃德，《术语》，第 305 页。

［22］埃德，《术语》，第 355 页。

［23］埃德，《术语》，第 363 页。

［24］埃德，《术语》，第 379 页。

［25］见埃德，《术语》引文中。

［26］埃德，《术语》，第 385 页。

［27］德·鲁弗，《反射镜》，XVI，第 24 页。

［28］见德·鲁弗，《反射镜》引文中。

［29］埃德，《术语》，第 383 页。

［30］见埃德，《术语》引文中。

［31］埃德，《术语》，第 376 页。

［32］见埃德，《术语》，第 377 页。

［33］德·鲁弗，《反射镜》，XVI，第 26 页。

［34］德·鲁弗，《反射镜》，XVI，第 33 页。

［35］德·鲁弗，《反射镜》，XVI，第 26 页。

[36] 德·鲁弗，《反射镜》，XVI，第 28 页。

[37] 爱德华·皮拉加罗，《复式簿记的源起与演进》（纽约：美国学院出版公司，1938），第 38-49 页以出色的方式对这些记录作了描述。本章讨论是以皮拉加罗的第四章为基础的。

[38] 爱德华·皮拉加罗，《复式簿记的源起与演进》（纽约：美国学院出版公司，1938），第 40 页。

[39] 爱德华·皮拉加罗，《复式簿记的源起与演进》（纽约：美国学院出版公司，1938），第 40-42 页。

[40] 爱德华·皮拉加罗，《复式簿记的源起与演进》（纽约：美国学院出版公司，1938），第 44 页。

[41] 爱德华·皮拉加罗，《复式簿记的源起与演进》（纽约：美国学院出版公司，1938），第 48 页。

[42] 有关达提尼的详细情况，参见布伦《一位 14 世纪意大利商人》，《经济及商业史杂志》1930 年第二期，第 451-466 页；亦可参见皮拉加罗，第 22-30 页。

[43] B·皮恩多夫教授，《会计部门的初始阶段》，《商业科学研究杂志》，XII（1930 年 12 月），第 627-631 页。

[44] B·皮恩多夫教授，《会计部门的初始阶段》，《商业科学研究杂志》，XII（1930 年 12 月），第 628 页。

[45] B·皮恩多夫教授，《会计部门的初始阶段》，《商业科学研究杂志》，XII（1930 年 12 月），第 630 页。

[46] B·皮恩多夫教授，《会计部门的初始阶段》，《商业科学研究杂志》，XII（1930 年 12 月），第 630-631 页。

[47] 莫里斯，《会计史》（博洛尼亚：多特·凯撒-祖菲，1950），第 569-574 页。这是关于意大利会计发展的一份非常全面的文献。

[48] 据原文直译。

[49] 许多分录已模糊难辨。

[50] 莫里斯，第 573 页。

[51] 佛罗伦斯·埃德，《16 世纪的成本会计》，《会计评论》，XII，第 226-237 页。

[52] 佛罗伦斯·埃德，《16 世纪的成本会计》，《会计评论》，XII，第 228 页。

[53] 佛罗伦斯·埃德，《16 世纪的成本会计》，《会计评论》，XII，第 229 页。

[54] 佛罗伦斯·埃德，《16 世纪的成本会计》，《会计评论》，XII，第 229-230 页。

[55] 佛罗伦斯·埃德，《16 世纪的成本会计》，《会计评论》，XII，第 230 页。

[56] 佛罗伦斯·埃德，《16 世纪的成本会计》，《会计评论》，XII，第 231 页。

[57] 乔治·希里斯·纽拉乌，《折旧》，《会计学杂志》，XLIV（1927 年 12 月），第 432-437 页；以及亨利·R·哈特菲尔德，"关于折旧他们说些什么"，《会计评论》，XI（1936 年 3 月），第 18-26 页。

[58] 亨利·R·哈特菲尔德，《现代会计》（纽约，伦敦：D·阿普尔顿出版公司，1909），第 121 页。

[59] 埃德，《术语》，第 234 页。

[60] 埃德，《术语》引文中。

[61] 雷蒙德·德·鲁弗曾在《高水准技术的源起：复式簿记的形成与扩展》，《社会经济史年报》，XLIV—XLV（1937），第 172-193 页，第 270-298 页中对这些账户作过介绍；亦可参见皮恩多夫教授，《商业科学研究杂志》，XII，第 627 页。

[62] 德·鲁弗，《社会经济史年报》，XLV，第 295 页。

[63] 亚梅，第 110-113 页。

[64] 德·鲁弗，《反射镜》，XVI，第 28 页；亦可参看 A·C·利特尔顿对德·鲁弗《复式簿记的形成与扩展》的评论，《会计评论》，XII（1937），第 440 页。亚梅，第 110-113 页也提出同样结论。

[65] 亚梅认为有以下目的（略去了三条注释）：

> 控制商品运动的需要，尤其是在商品交易十分普遍的情况下，需要有一个账户系统对商品库存进行检查，提供有关其来源、数量、位置、所有权归属等信息。详细的商品会计可以提供像现代永续盘存制一样的信息。利润计算可能是这一系统的副产品，是进行平衡的一个必要的部分……这一尝试性结论通过以下考虑得以加强，即，正文中所提到的交易，显然是由多种互不相干的活动所组成，这样，根据过去的结果对未来作出决策，即使不是完全不可能，也会非常困难……简言之，我们不能要求这些账户系统具有今天的现代成本会计系统所具有的优点。

[66] 亚梅，第 110-113 页。亚梅谈道：

> 得出这一结论毫不奇怪。多数商人最关心的可能是他们自己业务的细节，因而不需要精心设计的会计计算来告知他们财富的规模，或者告知他们企业的经营成果。确实，商人对自己的事务有相当的了解，足以使他们及时察知他的簿记员计算上的错误。只有当企业规模很大，或者在所有者未能积极或连续地

对自己的企业进行控制的情况下，才需要提供会计数据，然而，在这种情况下，他会很不适当地基于他未曾拥有的信息而极不理性地追求利润。在我们所考察的这一时期，会计技术好像并不是为了满足这种正常需求。但在这一时期，这一不足并未对商业事务及对利润的追求产生多大影响。

[67] A·C·利特尔顿，《会计评论》，XII，第 440 页。

第二章

1885 年前英、法、美成本会计的发展

虽然早在产业革命前几个世纪，就可以在制造业中发现有关使用复式簿记的证据，但这一时期有关成本会计的文献却极为稀少。事实上，上一章中所讨论的工业会计实例，与其说是当时已经广泛采用的规则，毋宁说是一些例外。尽管它们在说明复式簿记这一新的科学方法的运用方面具有重要意义，但与产业革命中出现的会计问题相比，当时所涉及的问题却是非常简单的。在此之前，一个经过良好训练的人员可以处理所需要的几乎全部记录，根本不需要多少复杂的记录技术。商业业务在当时占据主导地位。尽管也需要在损益账户中汇总费用并保持有关资产及负债的特定类型的记录，但这些工作并不会带来很大问题。偶尔，簿记员也要为各种不同形式的运输业务或一些海上冒险活动保持独立的账户。此外，有些商人希望能够分类表明多种不同商品的销售利润。保存至今的大量教科书证明，这些需要在当时都可以得到满足。这些教科书不仅有英国人的作品，而且有荷兰、德国、意大利、法国等不同国家学者的作品。[1]

直至 18 世纪后半期，工程技术行业、煤矿及纺织业会计依然相当简单。然而，随着这些产业的快速发展，会计师和簿记员开始面对许多除个别少数情况外可能从未遇见过的问题。这些问题的出现，主要是因为

大量资本开始沉淀于厂场设备及运输设施之上[2]。曾有许多经济史学家指出新旧生产方式的不同。比如，阿什通（Ashton）就曾指出：

新时代人们最关心的是结构上的整合。人们开采矿石和煤炭，通过炼、轧、切等工艺将铁转换成各种不同形式的产品。因此，从这时起，大量资本开始在钢铁行业沉积。举例来说，到1812年，在伯明翰附近就聚集了不下10家钢铁厂，每家的建造成本都在五万英镑以上。一家工厂雇用三五百个工人，绝不是什么不同寻常的事情。这还不算矿山及其他与原材料供应相关的企业在内[3]。

还有权威人士谈道，在1833年，据说铸铁成本四分之一是冶炼厂厂场设备中沉积资本的利息[4]。那些早期工厂要求相当大的投资，从而造成了许多当今的生产商们也必须面对的问题，进而要求有复杂的成本记录。为了强调说明这一点，我们可以列举出其中部分问题（其中有些问题对上一章中描述的企业也是很重要的）：

（1）由于认识到存货可能过多，冶炼厂经理人员要求能得到适当的原材料供应并保持与之相关的记录；

（2）对雇员的巨额工资支付要求有能够消除工资欺诈或进行查错的系统；

（3）由于使用昂贵的设备并受老化因素影响，折旧问题变得更加重要；

（4）由于竞争加剧，经理人员了解淡季可在多大程度上降低价格却又能够维持"主要成本"就有了重要意义。换言之，即要求了解可变成本和固定成本。后者引出了有关间接费用的整体问题；

（5）产品在不同工序之间转移，需要仔细进行观察，且需要在不同时期之间进行成本比较。

此外还出现了其他许多类似问题。这些问题不只出现在钢铁行业，也同样存在其他行业[5]。例如，工程技术及机械贸易会计方面就出现了许多混乱。18世纪晚期，蒸汽机开始在英国使用；拿破仑战争之后，纺织机械的生产开始跳跃式增长；1880年之后，英、美两国都大量需要铁路设施。在所有这些贸易中，皆需按惯例估计成本并向预期中的买主提供标的价。还有什么比采取下一个步骤——也就是，当接受一份合同之后，采用适当方法收集"有关合同执行成本的详细数据以确定可能的利润或损失，并为估计未来提供信息"——更合逻辑的呢[6]？显然，这就是今天所谓的分批成本法。现代成本会计师面临的一些最困难的问题，就是从那些很粗略的开始中演化出来的。凡涉及间接费用在各批产品及合同上的分配，利息应否计入成本，未完合同利润计算以及成本与一般财务记录的协调等问题的论争，都可追溯到同一渊源。19世纪初期，随着化学工业的崛起，副产品和联产品成本问题变得日益重要。铁路系统的延伸更是现实地集合了所有成本问题，诸如折旧、报废、巨额间接费用、工厂成本、联合成本以及远程一体化组织（far-flung integrated organization）的控制等。

众所周知，上述问题有些至今尚未得到解决。经济学家J·M·克拉克（J. M. Clark）曾恰当地描述过这种情况，并因此而认为，"产业革命在促使人们认识其实际意义方面，真是慢得出奇！"[7]

还有一个明显的事实是，这一时期有关成本问题的文献非常稀少。从事这方面工作的人们好像都非常实际、非常忙，没有时间就他们所面对的问题进行写作，或者记下他们在实际工作中究竟是如何遇到并处理这些问题的。正如有位权威人士所说："产业革命给成本会计的发展提供了实实在在的推动力，但机械技术的进步远远快于成本会计的进步。"[8]

无疑，对大多数早期企业而言，尽管成本问题在许多方面不断使他们感到为难，但他们在会计记录方面所取得的进展却并不是很大。应该强调的是，会计的总体发展是一个渐进的过程，成本会计也不例外。成本会计师或簿记员通过反复考验，将自己的方法传授给另一个人，而不是通过编写教科书或学术论文的方式进行传授与交流。应该指出，在

1885 年之前，有关成本会计的书面材料之所以很少，还有一个原因是，经营人员在将自己制造技术方面的比较优势暴露给可能的竞争对手方面总是采取一种保守的态度。用优势方法处理企业账目被认为是一种私有的东西，一种秘密，不能透露给对手企业。正如两位权威人士所言："在当时的情况下，不列颠制造商不希望透露他们的定价基础。"[9]这样，在当时极少有理论家作这方面的著述；而且，即使某个企业真的开发出一种特别有效的处理自己成本问题的方法，他也不愿意拿这个事情到处传播。因此，上面提到的有些问题的解决办法就很可能秘而不宣。这一观点为约翰·曼恩爵士（Sir John Mann）在 1903 年的一项论述所证实。他在讨论成本起源时谈道，"直到近些年……那些开发出适合他自己企业的成本方法的管理者们，一般还是将其作为秘密……当人们看到有关（成本）原理的公开有助于每个制造商确定其实际成本，导致稳健的会计处理，并因此而及时疯狂减价（商场上一种残酷的事实，有时甚至达到全然忽视成本的地步）的可能时，才开始变得胸怀宽大起来"。[10]不过，奇怪的是，这一时期却并不缺少有关商业簿记的教科书，有几种一直沿用流传到现在，但却依然很少有人提到成本或制造业簿记。

根据上面所说，第一个具体提到工厂会计的作者是一个英国人，就该是十分自然的了。正如众所周知的那样，产业革命起始于英国，该国也首先开始面对工业问题。其后，美国人很自然地承接起部分领导之责——可能走的是不同路线，但却依然是领导[11]。后面我们将详细谈到这方面情况。

17 世纪的权威们很少提到成本会计。该世纪会计教科书的作者们，或者忽视制造商的需要，或者简单地建议工业企业采用商业簿记。但这并不意味着 17 世纪的工场主们全然不知分析性成本记录的功用。17 世纪成本计算中最有意义的一个例子，可以追溯到 1620 年，这个例子是由可敬的面包师联盟（Company of Bakers）的伦敦成员提供的。他们的主要目的在于向各有关方面说明当时面包的售价根本不足以补偿面包的烘烤成本——一种司空见惯最平常不过的抱怨。下面是按其原始语言所列示的成本明细表①。

一个伦敦面包师烘烤 10 夸脱小麦面包的固有费用计算（按周）
1620 年

	£	s.	d.
按每年 30 镑的租费计算的每周房租	0	11	6
付给 4 个熟练工人的工资，按每人每周 2 先令 6 便士计	0	10	0
他们与 2 个学徒的餐饮费，按每人每周 4 先令计	1	4	0
酵母	0	10	0
木材	0	12	0
盐	0	1	0
黄油	0	1	0
储藏室租金	0	2	0
在河边购买小麦时付给装袋人和搬运工的费用，按每夸脱 2 便士计	0	2	0
麻袋	0	1	0
2 个女服务员工资	0	1	8
女服务员伙食费	0	8	0
店主自己和妻子的饮食费用	0	10	0
通常一个店主会有三四个孩子，每个孩子每天的伙食费应该不低于 4 便士	0	7	0
孩子的服装及学费，每人 12 便士	0	3	0
每周的取火用炭，按每年 4 车计算	0	1	4
篮子费用，按每年 13 先令计算	0	0	3
每周的水费	0	0	8
付给磨坊主的磨面费用	0	15	0
店主，他的妻子以及 2 个学徒的服装费，按每年每人 20 镑计	0	7	8
付教区牧师、救贫等费用每周至少 1 先令	0	1	0
每周合计	6	10	1

---

① 这里所附表格及表下说明是原件的复制品。其中文字属于当时的英语，许多词汇与现在的拼写不同。故作者有"原始语言"之说。——译者

（原表所附评述）

除上述费用外，还要缴纳税款，支付城市费、管理费、行会费、住房费用及住房修缮费、日常用品购置费。还有因面包被窃、坏账（ill debtor）、恶仆（bad servant）及其他原因而发生的损失。

为了取得竞争优势，每 1 先令中至少要让掉 1 便士。

许多面包师每周都会有大约 10 夸脱面包烤得不够火候，烤出的面包量越大，这方面的费用越大。

这样来看，每夸脱小麦面包 6 先令的定价明显不足以弥补烘烤面包所费。

表中有些成本项目现在看来十分有趣，比如"坏账"、"恶仆"、"孩子的伙食费"、"付给教区牧师的费用"、"救贫费"、"付给女招待的费用"等，它给人一种特别强调计算准确性的感觉，让人觉得庄重而认真。还有一点比较重要的是，其中有些作为费用的项目在现代实务中会抽出来作为业主个人费用，与生产成本无关。其评述部分作为最后结论的一句话，可以说是成本会计师的最佳传统："这样来看，每夸脱小麦面包 6 先令的定价明显不足以弥补烘烤面包所费"![12]

在查理二世复辟期间，英国工商业快步向前。尤维克（Urwick）和布里克（Brech）认为有两个原因，其中一个原因与我们这里的讨论相关，即皇家发明家协会以及其他有能力对技术进步作出贡献的人的作用[13]。这种创新精神影响了一些作者，他们著书立说，为对簿记技术感兴趣的人提供指导。正如本章前面曾经提到的那样，在 1675—1725 年间，出版了多部簿记著作。虽然总体上都忽略了工业账目，但却依然对该国经济的健康发展作出了很大贡献。这一点后来又因其对工厂制度的特别强调而成为工业革命的重要动因之一。

最早认识到工厂会计与商业会计之差异，认为它们有不同要求的英国早期著作之一，是约翰·科林斯（John Collins），他 1697 年出版于伦敦的著作，名为《商人会计的完美方法》（*The Perfect Method of Merchants Accompts*）[14]。他用一组染工账户进行说明，并提供了一个原材料（粗酒石）账户，该账户同时反映数量和金额。原材料购入后借记该账户；当原材料被用掉或销售之后则贷记该账户。如果原材料用于进一步加工，则要在贷记该账户的同时借记作为在产品的染坊账户，同时还要反映各种杂项费用（成本）。染坊账户借贷两方的差异即为当年净利润。下面将同时列出这两类账户。需要说明的是，分录注明的日期为 1664 年和 1665 年，比该书出版时间早好几十年。这些账目表明了价值及物品从一个账户向另一个账户流转的过程。上一章在介绍梅迪席账目时曾经谈到同样观念，但这里的说明涉及的是一个假设企业，这组账户也不是实际账户。

染坊分类账的部分账户

	借方							
1664 年	粗酒石	C.	qrs.	l.		£	s.	d.
1 月 15 日 从亚当·巴克（Adam Barker）处购入 10 桶，重量为 C. Qrs. 1.		90	00	27	单价 30s	135	07	00
1665 年								
6 月 10 日 现金购入 5 桶		80	00	00	单价 30s	120	00	00
		170	00	27				
转到染坊账户的净收益						1	09	00
						256	16	00

贷方

1665 年	粗酒石	C.	qrs.	l.	£	s.	d.
6 月 7 日	现金售出 5 桶，每桶 32s.	18	00	00	28	16	00
	由染坊出售给 J. H.	72	00	00			
	按每单位 30s 计算的总支出				108	00	00
	物品剩余	80	00	00			
	剩余物品按 30s. 价格计算				120	00	00
	重量损耗	00	00	27	000	00	00
		170	00	27	256	16	00

染坊分类账的部分账户

借方

染坊或损失	£	s.	d.	£	s.	d.
到1665 年 12 月 29 日为止的一个年度内各种物品器具方面的开支						
买煤 40 车	40	00	00			
购 72C 粗酒石（见上表）	108	00	00			
购 Allom① 2 大桶	50	00	00			
购巴西木桶 1 只	28	00	00			
购 Coucheaneel 40l.，单价 30s	60	00	00			
按 28s 的价格出售 15l.	21	00	00			
购 Fustick 18C.，单价 6s. 8d.	6	00	00			
购 Coppras 3h. h.	8	00	00			
购 Mather 68C. crop，单价 41	272	00	00			
购 Shumack 10 袋	56	00	00			
购 国内木桶 3 只	45	00	00			

① Allom 及本表中其他未曾译出的单词是当时使用的染料及某些相关原材料名称。未能查出其意，故原文照列。特此说明。——译者

	£	s.	d.	£	s.	d.
购西班牙靛青 3 桶	100	16	00	795	04	00
付亚当·巴克 1 年租金				100	00	00
付约翰·加斯维特折扣					13	04
现金支付外出杂项支出				664	12	03
为合伙人股金支付红利，为 1 年交易的净收益				497	10	09
				2 058	00	04

贷方

	£	s.	d.
每个对应的染坊账户或利润			
粗酒石净收益	1	09	00
出售 Coucheaneel 损益	4	00	00
在 Mather 上所获收益	3	08	00
在 Bayes 上所获同样收益	100	00	00
应由对应的支出账户负担的各种零星物品价值	10	00	00
从约翰·加斯维特处所获收益	1 046	13	04
对耶利克·卡德沃斯的销售收益	532	10	00
	2 058	00	04

接下来一本有关工业会计（在更广的意义上使用这一术语）的著作，出版于 1714 年。它所关注的是在当时很重要的一个问题，即大不动产主所经营农场的经营结果记录。这部著作题为《绅士会计》（*The Gentleman Accomptant*）。大卫·莫里（David Murry）认为该书的作者是罗杰·诺斯（Roger North），他的知名是因为《诺斯的生活》[15]。他在书中用不同的账户分别反映各个农场的经营结果，以及每个农场中各种业务活动的情况[16]。诺斯说明了各个账户的记录形式，既包括数量记录也包括必要时的价值记录。例如，"放牧及乳品"（grazing and dairy）账户

内不但专门为购进或繁育的小羊设了数量栏，而且设置了价值栏。同一账户的贷方还记录销售情况。个人消费的价值和数量也详细记录在内。其余额是剩余的"库存"小羊数量和价值。诺斯还提供了一种很有趣的报告形式，这种形式直至今天在有些情况下也还在用。该报告汇总反映工人每周完成的工作，形式如下[17]：

工人姓名	星期一 1709 年 11 月 8 日	星期二 9	星期三 10	星期四 11	星期五 12	星期六 13
A. B.		伐木	伐木		筛砂	筛砂（半工）
C. D.	挖排水沟	挖排水沟	挖排水沟	挖排水沟	挖排水沟	挖排水沟（半工）
E. F.	挖排水沟	挖排水沟	挖排水沟	挖排水沟	挖排水沟	挖排水沟（半工）
G. H.	花园中帮工	修剪	修剪	修剪	修剪	修剪
J. K.	装砂	挖沙	挖沙	挖沙	挖沙	花园中帮工

显然，这种会计只是大土地所有者才用得着，而且只有少数人会用。不过，它确实说明当时的需要通过特定方式得到了满足。诺斯还观察到，这类簿记"对绅士及某些需要者而言是很有用的；对其他人也同样如此，不会对某个人就不起作用"[18]。

1750 年，制鞋商对准确会计的需要得到了确认，因为在该年，作为数学老师的詹姆斯·多德森（James Dodson）出版了《会计师或簿记方法》（*The Accountant or The Method of Bookkeeping*）一书。我们没必要把他的制鞋商账户在这里全盘复制下来。他的账户最突出的特点在于明确表明了"材料进入的过程，并将制鞋的各个部门分为不同类型"[19]。其原材料处理也是很值得注意的。他通过分录反映出了将原材料（皮革）加工为鞋底、鞋跟及鞋面的整个过程。在当时，将鞋的各个独立部分转包给熟练工人似乎已是一种惯例。因此，当这些东西变成成品鞋返回时，要贷记其账户，反映原材料成本及工资，同时按鞋的种类借记成品鞋账户。鞋的销售情况同样分类进行记录。在制鞋商自己的铺子里，有一个账户用不同栏目反映了五种男式鞋的"现钱"（ready money）（他的用语）销售情况。多德森的结论是："一个聪明的商人会很方便地以上述账户作为模本构造自己的账簿；在这样做的时候，他可以在对应的账页上分别反映原材料发出以及制成品收回情况；至于店铺里的现金销售，可使用另一种独立账簿，给工人付工资则用第三种账簿。"[20]多德森还对地产账户进行了讨论，与诺斯的讨论比较类似，唯一不同的是设备磨损需从器具账户转至"家庭农场账户"作费用处理[21]。

在1760年出版的《簿记方法》（*Bookkeeping Methodized*）一书中，作者约翰·梅（John Mair）（教师）只是介绍了西印度群岛地区的种植园中使用的账户。作者并未推荐使用复式记账法[22]，按他书中所说，这里的账簿是由种植园的办事员在监工监督下"登记"的。他建议使用三种不同的账簿：①煮房账簿（boiling house book），用于反映倒入锅里的糖；②蒸馏房账簿（still house book），用于反映产出的朗姆酒；③种植园账簿（plantation book），用于反映装船运出的所有产品，包括糖、朗姆酒、其他产品，以及购货客户。这些账簿中的账户也只是用很简单的方式作一般性说明，而不用复式记账法。如下例所示：

巴特勒（Butler）种植园，牙买加，1760[23]

约翰·赖特	借	对应方	贷
1 大桶糖，重 15C. 3 qrs. 14 lb.		12 小桶黄油，净重	
价格 38s. 6d	××××	602 lb. 价格 13d.	××××
1 大桶朗姆酒容量		4 桶鲱鱼价格 45s.	××××
118 加仑，价格 3s.	××××		

这一节是以这样一句很有趣的话作为结尾："关于种植园账户根本无须再多说什么。熟悉簿记方法的人一瞥即知它们究竟是怎么回事。这些账户能很准确地对人们予以指导，甚至可以引导他们采用一种更为准确的方法。"[24]

后来约翰·梅又曾撰文[25]更详细地谈到地产及种植园会计，但他的描述并未超过诺斯的水平，因此这里毋须作进一步介绍。

还有一个自称"曾在伦敦任职（会计）多年"，名为瓦德拉夫·汤普森（Wardlaugh Thompson）的人，于1777年写了一部关于工业会计的著作，题为《会计神谕》（*The Accomptants Oracle*）。我们感兴趣的是其最后一章，涉及一家针织袜厂的账户。他的说明非常简单，因为他假定，"所购进的亚麻全部是同一质量同一价格，同时假定所制造的长筒袜全是同一尺码"[26]。汤普森推荐了两种辅助性账簿或叫分类账（就像前述梅迪席账中一样）。每一种辅助账都是为了减轻总账的压力而设计的，因为这时依然流行"外包"制，总账要涉及大量有关纺工及织工的具体事务。主账中设有一个总计（控制）账户。汤普森将成本由一个账户转向另一个账户的方法很是有趣的。他对材料由一道工序转到另一道工序的流程作了说明，每完成一个步骤的加工作业，成本都会有所增加。受篇幅所限，在此无法复制所有分录[27]。这里只能说明，其第一笔日记账分录是将亚麻记入亚麻存货账户，对数量和价值同时予以反映。接下来两笔分录表明纺纱工返回的纱线，有些是洗过的有些则未洗过。然后，纺纱工账户要减少原来发给他时借记的亚麻成本，而纱线账户要负担亚麻及纺纱费用。此外，还要算出每束纱线的成本价，不论已洗未洗都须计算。第六笔分录反映送出的已洗纱线，有些送去染色，有些送去织袜。在算出每双已织好的长筒袜的总成本后，须按成本贷记织工账户。汤普森不仅认识到在整个制造过程中随着加工程度的加深适当增加材料成本的必要性，而且通晓达成他的目标所需的程序。这是成本会计技术在较早时期得到应用的又一例证。一般认为它应该要晚上很长时间。

尽管汤普森和多德森所描述的方法表明了从一个账户转到另一个账户的成本流转过程，但他们所处理的是与企业外界个人相关的业务，而没有很详细地考虑纯粹的内部业务。不过，重要的是，在他们那个时代，工业生产中大量使用的依然是所谓的家庭制，因而有必要表明当生产过程由外部人员进行时的成本流以及原材料价值增加的情况。有许多属于自己的内部部门的大工厂当时尚未出现。正如后面将会看到的那样，会计向组织内部流转，是一个需要花几十年时间去跨越的障碍。处理内部业务要比与外部人打交道更为困难。之所以困难，根本原因或许在于与后者相比，前者的业务具有更强的非个人性特点。在会计史上，用于处理一些非个人的、单调项目的程序或观念，比个人用会计要晚，这是一个众所周知的事实。

汤普森和多德森的技术并没有很快得到推广应用。当时的制造商更关心技术问题而不是成本会计。成本属于秘密，这是当时的惯例。爱德华兹（Edwards）认为，甚至在这两人的著作发表很多年之后，他们的簿记方法也不太可能得到普遍应用[28]。"这些早期作者无疑属于先锋人物，但他们所从事的领域在其后长达一个世纪以上的时期中都未能被人们所接受"[29]。这种看法在罗伯特·汉密尔顿（Robert Hamilton）出版于1788年的《商品导论》（*Introduction to Merchandise*）一书的某些评论中得到了证实[30]。他用这样的语言对当时的实务作了描述："机械师和制造商有时只保持一本日记账一本分类账。前者登记商品销售或按赊销方式完成的工作，后者用作个人会计。此外还可能有一本现金簿，一本发票簿。"[31]汉密尔顿说他并不满意当时的制造商使用的记账方法，但却没有说他喜欢的技术究竟是什么样的，而是选择用很模糊、很容易迷惑人的术语来进行描述。比如，他建议加工企业至少使用三本辅助账。其中：第一本为"原材料账"（book of raw material），用于记录原材料购进及消耗数量。这看起来是一种很简略的原材料存货分类账。第二本为"工作账"（book of work），用于记录发送给熟练工人的原材料数量、收回的成品数量、发出及收回的日期、材料价值及工资、成品价值等。每个项目分设专栏进行反映。这看起来像是成本分类账。第三本为"工资账"（book of wages），用于记录员工姓名、所从事的工作、工作天数、日工资率或完成的工作量与计件工资率[32]。对该账，汉密尔顿希望能有一个：

关于该贸易或制造业务的总的账户，借方反映年末转入的原材料及其他费用账户余额，贷方登记每月生产的产品价值。其余额反映损益，因此，尚未制造完工的产品价值补偿不能计入贷方。用于反映完工产品的账户可能有一个或多个，其借方反映每月完工的产品数，贷方反映每月销售情况。在价格稳定不变的情况下，这些账户的余额可按库存价值来确定。倘若价格变动，则须与库存价值逐项进行比较以确定余额，表明变动所造成的损益[33]。

作为数学教授的他继续写道：

当一个人在好几个部门从事生产时，不论他是使用不同的原材料，还是在连续几个生产步骤中使用同样的原材料，都应该按能够分别反映出损益的方式设置自己的账簿。以一个亚麻制品生产商为例，他购进或从国外进口亚麻原料，由自己的员工进行整理，把不合用的卖掉，其余的送去纺纱，然后从纺纱工那里收回纱线；一部分纱线由自己的工人作织布用，其余部分送交外部织工；下一步则是将织好的布料送出漂白，漂白后收回并出售。如果所有这些业务都必须集中进行，制造商除了购进亚麻原料并自己连续完成所有各道加工工序之外别无其他选择的可能，他只需保持能够反映出总体损益的账簿也就足够了；但如果他有机会从其中任何一个步骤开始或中止加工过程，他的账簿就应该分别反映各项业务的损益[34]。

汉密尔顿并没有给出将这一想法付诸实践所需的实际账簿。他认为没有说明的必要，因为各个企业的具体情况各有不同，因此每项计划都可能各不相同。爱德华兹谈道，在他看来，汉密尔顿要在必要时将他（汉密尔顿）的原则付诸实施，应该毫无问题。理由是汉密尔顿在讨论赭土企业生产业务时所作的说明是极为清楚的[35]。然而，利特尔顿却坚持认为"汉密尔顿的解释走到了一种危险的、令人悲哀的混乱地步"。如果汉密尔顿曾经试图将其会计计划付诸实践，他应该已经发现它是很难令人满意的[36]。《商品导论》的作者所作的努力，比较引人注目的是他曾努力设立一个"在产品"账户和一个"产成品"账户；但是，"如果这是他的目标，则说明前一个账户的余额能够表现损益就是一种错误；由于该账户借方反映成本费用而贷方（按成本价）反映制成品，则除了对各种只是部分完工的存货以外，它应该是平衡的"[37]。

该书作者亦曾描述过一些大型农场使用的成本记录，农场保持这种记录是为了准确考察由农作物轮作及使用不同耕作方法带来的好处。这种记录被称为"田地账"（field book），有好几张页面，分别用于不同地块。实际上，其目的是在使用某种特定耕作制度时计算农场费用和收入并反映生产情况。

汉密尔顿对成本会计文献的贡献基本上就是这些。他所描述的方法在他的读者中应该是不太流行的，因为当该书的"最新模范"（new modeled）（这一词出现在该书 1820 年版的扉页上）版出版时，关于制造商和机械师会计再也没有多说什么。新版书的"广告"中谈道："本版的目的，是在进一步扩展的基础上，使它能够在目前时期用于商业方面……簿记系统有了最为实质性的改变。它所遵循的大体上是由科隆贺姆（Cronhelm）先生首先提出，并于 1818 年发布的原则。"[38]（科隆贺姆的贡献将在本章后面部分中进行讨论）

汉密尔顿著作中关于制造业的部分在 1820 年显得有些多余。这种情况代表了拿破仑时代人们对工业会计的一般态度。好几位权威人士曾对 1790—1850 年整个时期内成本文献异乎寻常得稀少作过评论。比如，爱德华兹就曾谈道："很难说明为什么 1790—1880 年之间会没有关于工业会计的著作。关于商业会计的书不可胜数，然而……会计作者们好像完全忽略了正在经历革命的工业社会的问题，忽略了工厂制度及沟通的发展。"[39]利特尔顿感到遗憾的是，"手头无法得到更多资料，以便对 1818 年至 1887 年间处理制造业记录时使用复式簿记的情况进行研究"[40]。尤维克和布里克认为，在汉密尔顿的著作出版后的一百年间，"有关成本会计的文献好像极少。实际上，这可能是因为制造商主要关注技术问题，或为了保密……还有一个可能的原因是技术（即生产）职能与控制或会计（即商业）职能的分离，这个过程越来越为人们所重视，就像在工业增长中强调资本一样"[41]。

尽管在19世纪早期绝大多数会计作者忽视工业或成本会计，但还是有个别有关成本计算的例子保留下来，如下所示（时间为1801年）：

库珀（Cooper）-安德森（Anderson）发动机[42]成本计算

总天数：170天	£	s.	d.
人工工时费	20	15	11
工具使用费	3	16	10
机器使用费	8	16	3
总额	33	09	00

推算：

	£	s.	d.
总时间170天：人工费 每天2s. 5d.	20	15	11
170天工具使用费 每天5.5d.，或人工工时费的18.5%	3	16	10
170天机器使用费 每天1s.，或人工工时费的43%	8	16	3

应用：

	£	s.	d.
Wm·哈里森（Harrison）的装配、翻转、钻孔及人工费合计，不包括包装费 20L. = 400s. 2s. 6d.	20	00	00
工具使用费，每天6 d. 按160天计	4	00	00
机器使用费，每天1s.	8	00	00
过磅及装车费	1	10	00
	33	10	00
加40%	15	00	00
	48	10	00

或者说是 L. 45　0 s.0d.

19 世纪早期有关成本会计的文献极为稀少。在不多的几部著作中，还有一部是 1817 出版于巴黎的《制造业账簿考察》，作者为安瑟密·派恩（Anselme Payen）。

派恩是巴黎旧政权下的一个地方官员，革命后开办了几家工厂。1814 年时他是梵吉纳德（Vangirard）一家大型糖厂的厂主。他在这个位置上一直干到 1825 年，然后将位子传给了他儿子[43]。利特尔顿和爱德华兹都曾对派恩在他的书中所介绍的图式和技术作过描述[44]。以下介绍就是以他们的讨论为基础的。

派恩以图解方式说明了两个不同行业的会计处理，第一家企业是个造车厂，生产三种运输车辆；第二家则是一个胶水厂。尽管派恩没有提及，但他所选择的这两家企业，却恰恰很完美地说明了今天所谓分批成本法和分步成本法。按照作者的观点，第一家企业需要设立两组账，一组账反映金额，包括一本日记账和一本分类账；另一组反映数量，也是一本日记账和一本分类账。后一组中的"品类"（in kind）日记账实质上是对制造三种车辆的过程中所用各类劳动成本的汇总。（参见以下说明）

"金额"日记账（"money" journal）采用一种很特别的形式，如后面所附表式所示。该账用于总括地反映现金收付情况以及三种车辆的销售日期。

关于"金额"日记账，最值得注意的是完工车辆及其成本从该记录的一个部分转到另一个部分时，其清楚程度"足以让现代著作者们羡慕"[45]。此外尚需注意的是，派恩还同时说明了企业内部的产品转移情况，即从车间转向仓库。这一技术是以前的作者们感觉比较难以掌握的。然而，派恩并没有纵容在一个分类账中进行纯现代操纵性业务的行为，因为他使用了一本有关与外界个人交易的"金额"日记账，并用一本"品类"日记账来反映企业内部交易。他绝没有像今天那样把这两部分合在一起。

品 类 日 记 账[46]

三种车辆的生产情况

备忘记录概要

车辆 1 _____	305			
2 _____	102	木匠的		
_____		备忘录	_____	407
车辆 1 _____	475			
2 _____	400	铁匠的		
_____		备忘录	_____	875
车辆 1 _____	440			
2 _____	310			
3 _____	222	木材商的		
_____		备忘录	_____	972
车辆 1 _____	340			
2 _____	100			
3 _____	205	车轮制造者		
_____		的备忘录	_____	645
车辆 1 _____	70			
2 _____	65			
3 _____	55	马具商的		
_____		备忘录	_____	190
车辆 1 _____	345			
2 _____	200	油漆匠的		
3 _____	30	备忘录	_____	575
	3 664			3 664

工厂仓库

车辆 1

　总计 _____ 1 975　企业因将完工

车辆 2

　总计 _____ 1 177　车辆转往仓库

车辆 3

　总计 _____ 512　免除会计责任 _____ 3 664

　　　　　　　　7 328　　　　　　　　　　　　7 328

金 额 日 记 账[47]

	借		贷	利润	损失
企业应计	3 664	木匠	407		
		铁匠	875		
		木材商	972		
		车轮制造者	645		
		马具商	190		
		油漆匠	575		
仓库收到 三辆车	3 664		3 664		
		企业免除责任	3 664		
A 购买 1 号车	2 045	仓库免除 1 号车责任 1 975	⎫	70	
B 购买 2 号车	1 095	仓库免除 2 号车责任 1 177	⎬ 3 664		82
C 购买 3 号车	637	仓库免除 3 号车责任 512	⎭	125	
现金	3 777	买主 A，B，C，	3 777		
				195	82
支付上述 各项	3 664	现金	3 664		
	18 546		18 433	195	82

该作者的第二项图式说明涉及一家胶水厂。容易发现它更为详细。
事实上，他的技术在以后几十年中再也未能得到任何改进。在此，派恩
还是使用了一本"品类"日记账和一本"金额"日记账。金额日记账所
涉及的不只是工厂的交易（派恩称其为"业务"），而且包括业主个人交
易。该日记账记录要过入一本独立的分类账，该分类账中包含许多账户。
其中之一名为"业务"，涉及该厂的财务业务。如下所示：

（制 造）业 务[48]

由业主负担的建造工作	1 000	通过本账户转出	
材料	14 200		
器具	5 000	列侬（Leroy）出售产品	18 948
煤	3 000	古宁（Guerin）出售产品	751
利息	300		
工人	2 000	24 桶胶水	
小器具	300	销售收入[49]	19 699
租金	500	两桶未出售	
修理锅炉	400	胶水价值	312[50]
修理器具	100		
	26 800		20 011

　　上面账户中提到的利息并非今天的成本理论中人们所熟知的投资利息，而是与债主商定待商品售出后再付款而应支付的利息。派恩明显是将这项付出作为"制造性"项目来考虑。尚需指出的是，本账户将资产、费用、成本及销售全部混在一起。当然，如果作者从账户余额中扣除：①资产因素；②库存原材料余额；③按成本计算的胶水库存。就可以得到今天所谓的当期毛利数据。但他并没有采取最后这一步骤。

制造性项目汇总[51]

耗用材料	12 000	已制造完工	
熔炉折旧	100	并售出的	
直接人工	2 000	产品成本	17 000
锅炉折旧	400		
锅炉修理成本	400		
器具修理成本	100		
器具折旧	100		
耗用煤炭	1 000		
付给债主的利息	300		
耗用的各种器具	100		
租金	500		
	17 000		17 000

下面将给出反映工厂"品类"账户的分类账[52]，它在处理业务方面同样有许多独创之处。

应该注意的是，在此将通过期末对锅炉、器具等按低于期初价值计价的方式，将折旧作为生产成本来考虑。

如果能够用上面所使用的"制造性项目汇总"账户来累积反映"已耗用"、"已计入成本"等各个不同项目，则下面图式说明中所给出的业务作为现代技术也不会有错。

虽然派恩并没有把自己的技术作进一步发展，以达到能够编制生产性汇总账户的程度，但他已经非常接近于此，后来很长时间没有人能做得比他更好。关于生产性汇总账户，作为一位早期成本专家，他建议按如下方式作摘要处理：

品 类 分 类 账

	借		贷
库房：原材料	14 200	已耗用	12 000
存货	2 200		
商店：原材料	12 000	24 桶成品胶水	12 000
库房：			
已制成商品			
24 桶		送交列侬 6 桶	
		送交列侬 13 桶	
		送交古宁 5 桶	
		总计 24 桶	
熔炉：		记作存货	900
泥瓦匠的工作	300		
铁	150		
钳工	150		

	借		贷
砖	200	转入成品	
灰泥	50	胶水成本	100
铅	75		
石料	25		
	1 000		
工人：制造胶水时的工资	2 000	转入成本	2 000
锅炉：			
两台锅炉	4 500	记作存货	4 100
修理成本	400	转作成本	800
器具：			
2 台撇沫器	225	记作存货	400
4 个漏斗	275	转作成本	200
修理	100		
煤：			
25 担	3 000	已耗用	1 000
		余额价值为	2 000
其他杂项费用：			
付给债主的利息	300	转作成本	300
其他器具	300	剩余价值	200
		转作成本	100
租金	500	转作成本	500

品类分类账摘要

资产存货，或记入新账户的余额：		胶水成本：	
材料	2 200	材料	12 000
熔炉	900	锅炉使用	800
锅炉	4 100	器具使用	200
器具	400	已用煤	1 000
煤	2 000	利息	300
其他器具	200	其他费用	100
		租金	500

		熔炉使用	100
		工资	2 000
	——		
	9 800	企业已耗用	17 000
应由企业负担的合计数	17 000		
	——		
	26 800	企业贷方所记销售收入	19 699
		加未售出物品	312
			——
		产品总计	20 011
		商品生产成本	17 000
			——
		创造的利润	3 011

派恩表明他熟知单位成本概念。在一份摘要中他作了如下说明：

账簿中所称 17 000 法郎的胶水制造成本，按总计 20 000 Lbs 的产量计算，可得每磅产品成本为 17s，如下所示[53]：

明　　细

原材料	12s
手工	2
器具	1
木炭	1
利息	
租金	
熔炉使用	
其他四项合计	1
	——
	17s

派恩成本会计技术的另一个显著特征是他对废料的处理。他允许废料价值增加最后存货的成本，而不是增加生产成本（参见下例）。

派恩的废料处理实例

借				贷
库房		废料	400	
原材料		已耗用	24 000	
28 400 clippings，单		作为主成本	12 000	
价 50c	14 200			
		存货	4 000	2 200
			28 400	

熔炉				
日常付给泥瓦匠	300	存货价值表上反映		900
铁	200	在胶水主要成本中		
钳工	150	报告		100
砖	200			
灰泥	50			
铅	75			
碎石料	25			
	1 000			

煤				
50 车	3 000	已耗用 16 车		1 000
		剩余部分价值		2 000

除了上例中的废料可使期末库存材料成本提高外，派恩在另一章中还曾指出，在原材料方面，还可能存在两种损失：①工厂管理不当造成的损失；②由于制造过程中的事故或差错造成，应作为产品成本组成部分的损失[54]。

在其作品的后面章节中，派恩对如何在两种主要产品之间进行成本分配作了更为复杂的举例说明。包括材料、人工、间接费用等所有成本项目都作了分配。不过，他却没有提到在两种产品之间进行间接费用再分配时应该采用何种技术。他注意到，要恰当确定建筑、锅炉及器具的价值是不太容易的，因为这些项目只对特定企业具有一定使用价值，它们使制造商能够更为有效地生产出产品。对于注意到这一点，他自己是很满意的。

　　为了说明派恩所提出的联合成本分配计划，下面就锅炉处理择要加以说明。

派恩的联合成本分配举例

锅炉 A，泥水匠	1 100	计价	1 700
砖	300	已耗成本	620
灰泥	120		
钳工	300		
铁	450		
碎石料	50		
	2 320		2 320
锅炉 B，泥水匠	700	计价	1 678
砖	500	已耗成本	800
灰泥	100		
钳工	200		
铁	908		
碎石料	70		
	2 478		2 478
锅炉 C，泥水匠	500	计价	1 361
砖	250	已耗成本	580
灰泥	80		
钳工	681		
铁	180		
碎石料	250		
	1 941		1 941
	2 478		
	2 320	总成本	2 000
		最终存货	4 739
三台锅炉主要成本	6 739		6 739
三台锅炉已耗成本合计	2 000	初级产品	1 400
		二级产品	600

在回顾中我们发现，派恩差不多快要发现将成本与财务记录作一体化处理的技术了。"将这两个系列的账户结合起来的关键，在于编制必要的分录，将'品类'分类账中的存货与'金额'分类账中的制造业务（business-of-manufacturing）账户连在一起。但就是这关键的一点，当时却并未做到。在当时的实务处理中，只要通过这两类不同性质的分类账所得出的合计数与制造业务账户一致，人们就已经很满足了"[55]。

正如派恩的解释，"企业通过其账户所要完成的任务，是区分应计入产品成本的支出与留作存货价值的支出。此后剩下来的工作，就只是从商品销售收入中扣除成本以计算利润了"[56]。这种关于产品成本会计目的的极为简练的陈述，具有很现代的一面。它说明派恩确实知道自己在说什么。

正如读者很容易意识到的那样，派恩对成本计划的解释，确实迈出了很大的一步。他所提出的计划在今天也可以运行得相当令人满意。当然，它不免有些笨拙，但如果我们注意到直到他那个时代成本处理方面一直未曾有过很大进展这一事实，则不能不为他的首创性而感到惊讶。他似乎绕过了后来的作者们在这一课题上所受到的种种纠缠和困扰，他的系统也避免了直至 20 世纪这方面的作者所提出的系统中通常都依然存在的许多纯粹的官样文章式的东西。

在他作品的后面部分中，派恩更进一步表明了他确实知道他在做什么，原因是他另外又说明了两种将财务记录与工厂或"业务"记录"绑在一起"的方法。他还通过两种方式来协调他举例中假想企业的利润计算，即：①通过使用资产和负债账户（没有初始资本投资）；②使用产品成本和销售数据。这种检查在今天甚至也还在用。不过，值得怀疑的是，派恩的方法（就像汉米尔顿的方法一样），在他的整个一生中，是否曾经得到人们的广泛应用[57]。

在派恩的著作发表几年之后，另一位法国人 L·F·G·德·卡扎克斯（L. F. G. de Cazaux）出版了一本农场会计，明确建议在账户中反映货币价值流，这正是派恩意识到的很麻烦的一个问题[58]。德·卡扎克斯的方法，概略言之，就是对企业中的各类资产分别设置账户。记入这些账户的价值构成借方，定期从中转出记为贷方。两组价值间的差额则说明该期利润或损失。进而，当每次从一个账户转出价值时，必须同时转入另一个账户；即使这种转移与企业外界各方无关，也不会打破这一规则。

为了说明其会计计划，德·卡扎克斯将大型农场的工作过程分解为以下业务：

（1）纯农业或管理活动。要求为每片土地设置一个账户，这些土地按其构成进行分类，包括田地、牧场、葡萄园、树林等。

（2）商业投机买卖。有时免不了要将产品储存起来而不是在收获季节直接卖掉。这种投机买卖要求为每种产品开立账户（依照不同地块的账户来开立），以判断持有存货的损益。这种损益计算是针对每种产品分别进行的，损益额等于收获时的价值与销售或消费时的价值之间的差额扣除费用和损耗。

（3）最后，要求从商品形式转化为另外形式（比如转化为工作日、转化为羊毛、肉、肥料等）的各种生产要素设立账户。这是为了计算各种转换过程所发生的损益[59]。

德·卡扎克斯还进一步清楚而准确地描述了估价及折旧问题。关于折旧问题，他建议将各类资产分为不同的组成部分，各个部分采用不同的折旧率（直线法），先人一步使用了后来的实务中的方法。作为早期成本专家，他甚至建议将折旧费用在各种业务之间按其通过使用设备受益的情况再次进行细分，虽然他也确曾指出，这不过是成本会计的一种花巧，在企业开办之初完全可以忽略而不会有任何问题。

除了以上特点外，德·卡扎克斯还强烈要求对需要经过好几年时间才能进入完全生产阶段的资产（比如葡萄园）按照 5% 的利率加计利息。总体来讲，德·卡扎克斯对特定成本问题的理解，远远超出前人。然而，他的程序可能同样只有少数企业采用。

法国人对成本会计的又一重大贡献，是 1827 年 M·果达德（M.

Godard）的《企业会计通论》（*Traite General et Sommaire de la Compt-abilite Commerciale*）。作者是一位从事实际工作的商人。除了有一节关于制造业会计的内容外，他的著作中还包括财务、农作及公共管理等内容。尽管果达德本人从事的玻璃器具制造业属于多产品、多步骤生产，他在自己的书中却选择简单的分步成本计算进行举例说明。作者首先对他所推荐的原材料、在产品、固定资产及工资等账户作了初步说明，然后，由于某种未知原因，开始对如何适当地进行与设备安装及重新配置相关的递延成本处理进行详细分析。这个很特殊的技术问题，可能是他自己的工厂所面临的一个具体问题；他对此进行讨论纯粹出于个人兴趣，但他的分析却很有独到之处。顺便提及，他认为这些成本（以及那些现在所谓的"组织成本"）不应该归由一年负担，而应由几个时期分别负担。他认为，"将其完全归由开始经营的第一年负担是不公平的"。这一结论显然是很现代的解释。

就像德·卡扎克斯一样，果达德在进行折旧及人工成本分析时非常仔细。他强烈建议制造商按部门和工序对机器设备及工人进行分类，以使成本分析更为精确。为了更好地了解以后的发展，在此，我们有必要从他的统计性成本汇总中抽取一些样本进行深入观察。下表中涉及的是一家铸造厂的情况。

对此，果达德提出如下看法：

我们以一家铸造厂为例，把有关统计记录用到现金支出方面，以便了解每月现金支出数。它同时还被用到原材料消耗方面，这些原材料的价格要到年底才能确定。我们假定用了许多账户，但我们却无法从这些账户中得到任何东西。我们既无法了解人工费用的意义，也无法了解每个项目的消耗情况。由于我们从来没有参与过铸造厂管理，所以我们并不打算说明一个典型的铸造企业应该如何组织，也不准备作出任何评价，我们只是假设一些数据来填满设定表格。该厂所用的三种矿石来源各不相同，我们可以分别计算各自的成本。这个成本是可以确定的。我们选择该数据，同时也是为了说明可用于区分原材料的方式，这种方式应该与企业及其管理类型相一致，即使原材料性质相同也同样应该如此。

出于同样动机，我们假定这里有两台鼓风炉，两个铸造车间，我们希望其产品和费用能够在账户上保持独立。如果篇幅容许，我们还能说明切割厂、铁丝厂等诸如此类更多厂的情况。

主加工业务[60]

编号：14　　　　　　　　　　观察

在每章开头指明它所要说明的对象

统计登记模型

（以一家铸造厂为例）

说明与金额及数量相关的账户	1月 法郎	2月 法郎	……	分账户合计 法郎	生丁
1号矿石	1 800	1 700		22 240	25
2号矿石	1 250	1 800		15 205	80
3号矿石	800	950		10 561	10
木炭	900	920		7 222	35
鼓风炉：1号	200	200		2 516	40
鼓风炉：2号	250	250		2 991	90
熔炉	120	125		1 475	40
1号铸造车间	150	135		1 556	45
2号铸造车间	125	120		1 510	30
平板厂	140	140		1 704	10
固定费用	300	320		3 685	50
其他费用	350	310		3 755	60
月合计	6 365	6 470		74 375	15

在介绍了以上情况后，果达德有点抱怨地认为，他的读者得到了他的技术，但却大材小用，仅仅用于记录砍伐燃料所用树木的情况。他认

为应该为每一项独立的砍伐业务设立一组账户。接下来他提到了一种很现代的处理方式，就是该账户应该反映伐木工成本，同时反映砍伐过程中发生的劳动力及其他成本费用。树砍完以后，则应贷记伐木工账户，借记燃料使用部门的成本账户。

果达德对原材料成本的讨论是相当现代的。在最初提到为每类业务分设独立账户之后，他注意到原材料成本并不具备恒久不变的性质。他发现，如果会计师要想同步反映这种变动，就会有很大麻烦（当代成本会计师可以确证这一事实）。对于这个"难解的谜局"，果达德比较喜欢的方法，仅仅是简单地建议成本会计师等到年末再确定原材料平均出价成本（the average raw material price-out cost）。

在需要按月确定成本的情况下，他认为，"我们必须选择一些多少有些不太准确的价值，并在年末进行调整"。

对于各个生产阶段在产品的处理，这位早期成本权威有些抱怨。他首先指明工厂经理人员应该能够得到有关每项业务成本的数据，随后建议为各部门在产品分别开设账户，借方反映从前一部门转入的成本以及本部门新发生的成本费用如直接人工、燃料以及设备折旧等。现代分步成本会计师会称此为"金字塔成本"（pyramided costs）。果达德并未明确每个部门的最终存货究竟如何定价，但他确实认为：①他的成本计划可以提供一份"有关制造过程的真实画卷"；②反映在最后一个步骤在产品账户上的产品生产成本总额将是当期销售的工厂成本。他认为这个结果可以与商业企业簿记过程相互对照。商业企业的已销商品成本只是根据购进和储存两个环节的成本数据计算而得。

以作为制造商的经验作背景，果达德自然强调原材料在成本系统中的关键性作用。前面我们曾经举过一个亚麻制品制造商的例子。该制造商购进或从国外进口亚麻原料，由自己的员工进行捡选整理，把不合用的卖掉，其余的送去纺纱，然后从纺纱工那里收回纱线，其中一部分由自己的熟练工作织布用，其余部分送交外部织工。等布织好以后，再将其送出漂白，漂白后收回并出售。假如所有这些业务都必须集中进行，制造商除了购进亚麻原料并自己连续完成所有加工工序之外别无选择，且在他那个时代废料的重要性也并不比今天低，我们将发现，他会很重视对原材料的检查，并会按数量和质量进行分类，同时将原材料收发记入"常规登记簿及记录簿，并由经过考察的可靠会计人员专人负责"。这些登记簿所用的，自然是现代人所共知的永续盘存制。果达德指出了其优点，并说明它们"使我们能够看到每道工序重量和数量的损益，并在无需实际清点的情况下提供每月存货数，如此则使管理部门能够在存货用尽之前及时补足"[61]。这种做法直至今天依然如故。

尽管果达德并没有为他的许多技术提供相应的成本形式，但在每月成本比较方面，他却明显高出他的同辈。他的报表对全年12个月使用同样的平均原材料成本，因此每份独立报表所反映的利润都只是一个暂时性数据，须在年末算出整个会计年度的原材料实际成本之后加以调整。不过，果达德并不把利润数据的这种暂估性看得很重，因为他更感兴趣的是可比成本数据，而不是每月利润数。下表是他的成本报告实例。

比 较 表[65]

（所产产品及每月实际或估计费用的比较）

费用	数量	平均价格		合计	分部门合计
		f.	c.	f.	f.
原材料：					
1号矿石	1 600	1	70	2 720	
2号矿石	1 400	1	40	1 960	
3号矿石	800	1	50	1 200	
熔化时特殊的添加材料	1 000		50	500	6 380
加工项目：					
主要工人及其在熔化、铸造等工序中的辅助作用				3 500	

费用	数量	平均价格		合计	分部门合计
		f.	c.	f.	f.
锅炉、器具等维护与修理				800	
木炭	4 500	2		9 000	
煤炭	1 200	3	50	4 200	
工作场所内外的运输费用				1 200	18 700
				———	
一般费用:					
不动产					
维护与修理				600	
管理、销售、保险等费用				2 000	
"住房"费用				400	
其他费用				300	
资本利息				4 000	7 300
				———	
当月费用合计					32 380
所产产品:					
第一次"熔解"所产出铸件	500	12		6 000	
第二次"熔解"所产出铸件	150	18		2 700	
条形铁	800	20		16 000	
锻铁	320	25		8 000	
铁皮	180	30		5 400	
				———	
				38 100	
减:折扣与折让				0	
产品销售(净)额估计					38 100
					———
估计利润					5 720

尽管果达德的成本技术有许多很现代的东西,但他却未曾提出具体

的在产品账户。不过这一账户的引入并未耽搁很久。1829 年，另一位名叫让宁（Jeannin）的法国人在巴黎出版了一本书，很明确地提到一个被称为"d'objets en fabricateon"（在制品）[62]的账户。该账户借方反映原材料成本、直接人工以及其他项目；贷方反映完工产品及废品损失。已经加工完成准备销售的产品记入产成品账户（finished goods account）借方，废品损失则转入利润及损失——这的确是一种相当现代的处理。

让宁的著作发表后不久，另一位法国人——一位名为西蒙（F. N. Simon）的从业会计师——写了一部两卷本簿记著作，其中包括一些专门讨论铸造业账户的内容[63]。这位成本会计专家提出一种双重分类账计划。其中第一种分类账也就是今天的总分类账，另一种自然是明细账。为避免过于详细，西蒙建议每月关于产品实物流转的分录只反映数量，在会计期末知道总成本和每道工序的产出情况后再插入金额。主要的工序账户则是针对熔炉和铸造业务而设。熔炉账户借方反映初期工具存货及耗用的工资、机器维修费、木炭或煤炭、铁矿石。年终还要计入应由它负担的一般费用、利息及水费。每月该账户贷方只反映所产铁的数量。年末，该账户贷方要记年末依然在用工具的价值，剩下来的就是所产铁的成本价。这个价值接下来会转到成品铁存货账户（iron finished stock account）[64]。

西蒙的说明具有重要意义，原因在于他是建议在工厂各道工序之间区分租金、管理人员工资及税金，而不直接将其结转记入损益的第一人。他虽然明确提出这种分配应按各个"生产单位"的重要性程度来进行，但在自己的例子中，他却只是武断地按照两道工序各负担一半的方法进行处理。

西蒙的著作发表 30 年之后，另一位法国人路易斯·米泽勒斯（Louis Mezieres）提出设立原材料账，并至少每月结转一次。这个账比较有意思的是它同时表明数量和单价。米泽勒斯提出按成本价进行发出原材料计价，但从他的说明中我们无法确定他喜欢的究竟是先进先出、平均成本、抑或其他某种定价基础[66]。其栏目设计异乎寻常的完善（格式如下）。

货物名称	库房材料及物品						库房材料及物品的使用					
	期初库存数量	本月收到数量	日期	价值		总量	投入生产数量	单价		总价		期末库存数量
	Kil.	Kil.		f.	c.	Kil.	Kil.	f.	c.	f.	c.	Kil.
精炼钢	250	100	6	210	0	350	14 50	2	10	30	45	335 50
硼砂	2		6			2		3	50			2 00
铁	1 250	600	24	360	0	1 850	500 00	60		300	00	1 350 00
锌		104	4	52	0	104	57 00	50		28	50	47 00
……						…						…
						4 265 0				1 910 35		

材料 / 直接人工

订单性质及客户姓名	种类	数量	单位成本 f.	单位成本 c.	总成本 f.	总成本 c.	工人姓名	天数	每天成本 f.	总成本 f.
	铁	410		60	246		L.	16	3	48
NO. 1—1862.1.1	煤	8	5		40		B.	16	3	48
M·莫里订购 2 台消防泵。	木炭	16	2	30	36	80	P.	16	3	48
规格将按照他的要求而定。	橡木	81		70	56	70	L.	16	3	48
	桷木	1	7		7		R.	16	3	48
他将按每台泵	铜	112	2	40	268	80	P.	16	3	48
850 法郎的价格支付货款。	锌	56		50	28		N.	16	3	48
不带附件。交	铸件	17		30	5	10	A.	16	3	48
货日期为 2 月	黄铜	51	4		204		S.	16	3	48
1 日	皮革	4	3	50	14		A.	16	3	48
	铁皮	3		75	2	25	C.	17	3	51
	油	2	1	40	2	80	A.	17	3	51
	油漆				15					

订单性质及客户姓名	材料				直接人工			
			成本				成本	
	种类	数量	单位成本 f. c.	总成本 f. c.	工人姓名	天数	每天成本 f.	总成本 f.
其他				6	90			582
				933	35			
1862 年 1 月 21 日情况总汇	材料成本合计		933	35				
	直接人工合计		582					
	净利润		184	65				
	总计		1 700					

当月仓库发出的材料物品合计数要记在主账的汇总日记账分录中，贷方记原材料账户，借方记产成品账户。各批产品的原材料成本须记入"分批账"；本账还须登记从工资记录中过入的工资额，该工资记录中详细记录着各批产品的时间消耗。主要成本只须记入分批账〔分批成本分类账（job cost ledger）〕。上面给出的就是这种账的一个实例[67]。

米泽勒斯的技术若能对在产品问题以及间接费用负担问题作更好的处理，无疑会是非常现代的。但他却浅尝辄止——尽管他也确实提出了一种库存产成品分类账，且包括多个栏目，可以在任何时候提供各个库存项目的数量资料。

米泽勒斯的处理方式因其不够完备而难免令人有失所望，但 3 年之后，就有人做了他的后继者，那就是 C·阿道夫·古堡特（C. Adolphe Guilbault）。这位杰出的法国专家用一种特殊方式对分步成本法下所内含的种种技术作了描述，为当代教科书所普遍遵从。他所举的例子涉及石油采炼、铸造、制糖等行业。许多例子反映在他著作的第二卷中。他甚至以一个非常完整的例子说明了原材料进入生产环节时平均成本法的使用方法（其平均成本是在每有新的购进发生时计算确定）。他的分批成本法也特别值得一提，原因在于他对工厂间接费用作了固定与变动的区分。他所指的固定成本包括租金、薪金及办公支出；变动成本则包括一般人工费和燃料费用。虽然他并未对此进行更为深入的探究，但却明确指出成本的变动性对不同时期当企业经营"好"、"坏"差异较大时进行成本分析是很重要的。这个机敏的法国人也是最早认为商业、销售及行政管理费用不应该进入工厂产品成本的权威之一。他也因此成为后来热衷于讨论这一问题的一个英国团体的先驱（见第五章）。

到 1872 年，法国成本会计的发展达到一个新的层次。一些作者开始描述各种专业化成本应用问题，比如建筑业成本会计。举例来讲，M·杜古（M. Dugue）就曾提出一种计划，包括如下步骤：①设立一个账户反映与所有合同相关的直接成本；②将这些直接成本定期转入为各项合同分别设置的明细账户；③为一般折旧、租金及其他项目设立一个账户；④在合同完成后，按直接成本总额的 5％借记其独立的成本账户，并按此数额贷记上面第③点中提到的一般费用账户[68]。虽然杜古关于间接费用处理的方法受到后人批评，但在 19 世纪 80 年代这种方法却非常流行。

也是在 19 世纪 80 年代中期，M·E·克拉破仑（M. E. Claperon）提出一种将间接费用归由产品负担的方法。他建议不用每月实际间接费用合计数，而代之以全年总计数的 1/12[69]。因此，采用他的方法时，除非所谓"1/12"是一个估计数，否则产品成本计算会延迟至年末。如果一个企业生产的产品在一种以上，而且该企业希望得到有关每种产品的完全工厂成本，克拉破仑认为，经验将是唯一的指南。（按他的话是："对此我们无话可说"）

法国人对成本会计理论和技术的杰出贡献在 19 世纪 90 年代到来之际戛然而止。正如一位卓越的英国权威 R·S·爱德华兹（R. S. Edwards）所言："在处理复杂的间接费用问题方面，法国会计师似乎在世纪末没有像同时代的美国及英国同行那样取得快速进展。更有甚者，按照 H·勒弗列（H. Lefevre）[70]的说法，人们反而认为当时的分析过多，并因此采取了一些限制性措施。他曾援引格里格农（Grignon）农校教师 M·道波斯特（M. Dobost）的说法，认为，成本会计分析中所使用的技巧只是一些神话……"

爱德华兹进一步谈道：

我并不认为法国人的研究对英国式方法毫无影响。英语国家的人们看起来好像是自己创造了他们自己的技术……在 19 世纪最后 10 年中，（英国）所宣称的许多新技术，好多都是法国教科书作者们差不多要忘了的东西。只有间接费用在各批产品间的分配以及标准成本才是英语国家首先涉足的领域，而这可能归因于工业增长类型的差异。在灵活使用复式簿记法方面，大陆国家处于领先地位，他们将簿记方法进行了调整，以适应部门化、多步骤以及分批成本处理的需要[71]。

现在回过头来再看英国成本会计的发展。我们首先看到的是 F. W. 科隆贺姆出版于 1818 年的《复式记账的单一应用》（*Double Entry by Single*）一书中对毛纺织企业会计的讨论。他的描述不论是准确度还是明确性，都与早期法国权威人士派恩的描述相去甚远。然而，他的著作依然值得一提，原因在于这可能是第一部讨论原材料、在产品及产成品永续盘存制（只是数量盘存）的著作。与派恩一样，科隆贺姆也未能在自己假想的企业内把内外业务合并在一组账户内。

永续盘存记录（当然，他没有这样叫）反映在一种仓库分类账中。该账分为三大部分：第一部分表明一个从不同个人处购进羊毛情况的账户，该账户借方反映购入的羊毛，贷方反映投入加工过程的羊毛，借贷双方都是同时反映等级和数量（磅），余额为未加工羊毛。仓库分类账的第二部分是一份制造记录（或者说账户），借方记录进入加工过程的羊毛，贷方反映完工产品，这部分完工产品要转入我们今天所称的产成品账。仓库分类账的第三部分是产成品账，借方反映完工转入产成品，贷方反映产品销售——依然只是数量，但此时的数量是加工完成的成衣件数，而不像原材料账户那样按磅数来计[72]。

除上述内容外，科隆贺姆还推荐一种制造账（或者，它应该被称为一个账户），借方反映初始原毛存货、当期购进、工资（一般）、折扣、邮资、税金、运费、染费以及下列三种账簿的汇总额（由"监工"掌管）：

	£	s.	d.
账簿 A：捡选、梳理、纺纱等	178	15	9
账簿 B：织布、锁边等	198	15	10
账簿 C：装饰、修整、打包等	181	4	8

这三种账实际上是工资记录，其金额汇总数转入制造账户借方。销售及期末存货记在制造账户贷方。不过，需要提及的是，科隆贺姆所用的制造账户，与今天成本系统中的制造费用汇总账户并不完全可比。它其实与 18 世纪一个簿记员所用的交易性账户更为相像。它既不能提供各种成本，也不能对各种不同工序进行系统的分类。

最后，科隆贺姆说明了一种计算最终原材料及在产品存货价值的方法。前者按与"仓库分类账"上所反映的材料账户相同的价格进行计价，并与该分类账相核对；后者则按"居间阶段的平均"来计价，也就是说，按照一半的完工程度来计。但这样并不能给出单位价格——所能反映的只是算出来的"总价值"。这两类存货的总计数要与制造账户贷方的数据相互核对。

科隆贺姆在存货处理方面做得要比派恩好些，但把他的制度作为一个整体来看，则要比派恩的制度繁杂许多。不过，他们两个都远比后来50 年中的那些作者强许多，虽然他们在处理非财务业务方面有很大困难。最后这点，乃是后来在 1885—1910 年之间盛极一时的关于工厂成本账簿是否应该与财务账相互独立的大辩论的最早起因[73]。派恩提倡设立两组独立的账簿，从而在一定程度上避免了这一问题；科隆贺姆则推荐备忘账以避开这一问题。派恩的路子是对的，但他未能解决将两组不同账簿一体化的问题，科隆贺姆则在深入说明他的备忘系统的细节性问题时遭遇了更大的混乱。

英国会计作者在随后 50 年中总体上忽略了工业会计问题。这种显见的疏忽出现在那工厂制度快速发展的半个世纪，确实相当奇怪。下面的资料（1836 年）充分说明了那几十年中出版的簿记教材在有关该部分内容方面的稀缺与不足：

在制造业中，所耗原材料数量应该与所造物品相对应。为此必须分别为其设置账户，同时也为蒸汽动力设备及各个部门的工人工资分别设置账户，这项工作最后应该通过在印刷体周报中适当地分类来完成。在年度终了，所有这些账户的数额要与在不同标题下反映的费用一同集中起来计入总厂账户借方，所出产的各种产品则贷记本账户[74]。

本书中不但没有任何图式说明，对其中很有意思的"印刷体周报"也未作进一步阐述。

尽管这一时期英国有关工业会计的著述极少，但其重要性却并未被完全忽略。早在 1828—1832 年，著名英国数学家、科学家查理斯·班巴哥（Charles Babbage）就对他自己国家的工场及工厂表现出极大兴趣，尤其是对其管理方面。经过在英国及其他一些国家的大量调查研究之后，他返回家中，写了一部题为《论机器及制造业经济》（*On the Economy of Machinery and Manufactures*）的论著（1832）。该书可能是第一部有关工厂科学化管理的英文文献。在接下来 10 年中，该书卖出好几千本，并被译成多种语言出版。由于他的训练及经验背景，我们发现班巴哥强调的是在一个管理良好的工厂中机器的使用和组织问题。对机器设计或成本会计方法本身，他一点也不关心。他的作品中几乎没有图式说明或举例，但他用表格来表明制造大头针的工序、工时、人工成本及其他细节，奏出了一串很现代的音符。这是对早期英国业务成本分析的一份很经典的说明，为此，我们将它复制在这里以供参考。

英 国 制 造 业[75]

(178) 别针，"11 号别针"每磅 5 546 个；"12 号别针"

每 20 盎司 6 932 个，需纸 6 盎司

工序	工人	生产 1 磅 别针 所需时间	生产 1 磅 别针 成本费用	工人 每天 收入		别针各部分的 造价，按百万 分之一便士计
		小时	便士	s.	d.	
1. 抽丝	男人	0.363 6	1.250 0	3	3	225
2. 铁丝	女人	0.300 0	0.284 0	1	0	51
整直	女孩	0.300 0	0.142 0	0	6	26
3. 磨尖	男人	0.300 0	1.775 0	5	3	319
4. 弯曲	男孩	0.040 0	0.014 7	0	4.5	3
并去头	男人	0.040 0	0.210 3	4	4.5	38
5. 做头	女人	4.000 0	5.000 0	1	3	901
6. 镀锡	男人	0.107 1	0.666 6	6	0	121
或做白	女人	0.107 1	0.333 3	3	0	60
7. 包装	女人	2.131 4	3.197 3	1	6	576
		7.689 2	12.873 2			2 320

虽然班巴哥对技术性描述毫无兴趣，但他却对运用科学思考所带来的工业潜力有很好的认知。举例来说，他曾谈道，"机器所带来的巨大竞争及劳动分工原则的运用，使得每个生产者必须不断观察以发现改进之法，降低产品成本。按照这一观点，了解每道工序的费用以及与之相关的机器设备磨损情况，具有重要意义……对制造者各道工序的费用进行正确分析可能带来的优势，首先在于它能够指明应该从何处着手进行改进"[76]。

但班巴哥却未曾说明，要实现这一目标，对成本会计有何要求。

班巴哥的著作虽然发行很广，但却没有在他的同时代人中留下很深印象。事实上，他的思想过于超前[77]。至少 50 年之后，他的科学方法

才再次因为泰勒（F. W. Taylor）、奥伯林·史密斯（Oberlin Smith）、托勒（R. Towne）、哈塞（F. A. Halsey）等工业工程师热情的复兴而再次被提起。在英国，工厂经理们似乎因为动力驱动机器的巨大潜力而显得过于兴奋，不愿再花很大精力去探求工业会计问题的答案[78]。此外，当时市场竞争也不像后来那样激烈，因此准确的成本计算并不显得十分必要。

尽管 1840—1875 年之间英、美两国工业会计的发展总体上处于低潮，但依然有几部作品部分章节涉及工厂产品的成本处理，可供参考。

例如，约翰·弗勒明（John Fleming）所著的 1854 年出版于美国的《复式簿记》（*Bookkeeping by Double Entry*）一书就曾记载，在当时，通常的商品交易账户被改名为"工厂账户"之后用于工业会计。其说明（以一家纺织厂为例）如下：

工 厂 账 户[79]

建筑成本	$××	已售服装等	$××
购进棉花	××	已发运服装等	××
雇员工资	××	（期末）存货	××
购进煤炭	××		
办公费用	××		
损益	××		

关于本账户中的建筑成本项目，我们必须说明，这在 1800—1850 年期间是一种非常常见的业务处理方式。建筑的期末价值要在扣除折旧后反映在"存货"项目的贷方，这样该账户就可以反映出当期损益情况。弗勒明的"建筑"项目包括机器设备及真正意义上的建筑两部分[80]。

英国人弗雷德里克·C·克勒普（Frederick C. Krepp）于 1858 年写成《统计簿记》（*Statistical Bookkeeping*）一书，讨论并举例说明了一些账簿，他称为一种有关制造业的"特殊制度"。然而，真正近距离地考察，你会发现那其实只是一些原材料账及产品账在两个不同栏目保持数量和种类记录。第一个栏目用于记录所购原材料或所产产成品数量，第二个栏目包括所耗原材料及已经装运销往客户的产成品，依业务性质而定。存货价值可以通过数量与相应的平均价格的乘积来确定；但他没有说明如何计算这个平均价，也就是说，他没有说明究竟采用哪种平均方式[81]。

在一本名为《皮革贸易簿记》[82]（*Bookkeeping for the Tanning Trade*）的著作中，作者对在这一黑暗时代[83]成本理论缘何发展成这种可怜状况作了一定说明。他写道：

存货应该按照成本价来计价（除非价值发生贬损），且在实现之前不应该估计利润。这一原则之所以得到认可，并不是因为受只是部分完工的产品影响，在更深层次上，是因为受到市场下跌的偶然性的影响。但这一原则能否用到我们所讨论的情况，却值得怀疑。按照这一计划，所有正在加工的皮革及其他有关产品，都有必要按成本价计价。也就是说，其价值应该是制革过程中所消耗的材料成本、应该负担的工资支出、租金以及其他费用的总和。但是，除了一些确实无法解决的难题以外，还有另外一些原因，说明为什么制革商在估计商品生产利润时，一定程度上应该与在 6 个月时期内所要求的时间、技能、资本及人工联系起来[84]。

在工程行业，成本处理上的错误是很容易发现的，因此，有些企业在这一时期开发了一些比较合适的系统。例如，有人在 1870 年 12 月 23 日写给《工程师》杂志编辑的一封信中，就曾描述了这样一种系统。他写道："（在工厂中）为各种目的而发生的全部费用，按其是否可以在发生当时立即计入各批产品，可分为直接费用和间接费用两部分。间接费用记入过渡性账户，然后按照完成全部工作的要求按比例随着时间推移逐渐扣减。"

当然，写信人想要说明的是，每批产品都应该有特定的主要成本，在此基础上加上间接费用，构成产品总成本。该作者还认识到，各种间接费用项目在分批成本计算中造成了很大麻烦。他谈道："它们每年都在按与其他支出不同的比率发生变化，这种情况只有在企业产量波动幅度很小时才可能有所改变。"

最后这一点对间接费用分配中所面临的困难作了极为清楚的解释。只是该作者走得更远一些。他看到，让在产品按照同样数额负担这些间接费用是不合逻辑、不正确的，因为在企业中，不同部门的间接费用是不一样的。这种不公使他提出了在各个部门分别设置账户的建议，而且，他认为，在设计成本制度时，要注意使所有部门的成本与企业总的运营成本相适应。或许他努力想解释的是在任何时期终了都不应该有未分配间接费用。该作者好像比他同时代的人掌握了更多有关分批成本法的内容。但他依然没有提供任何图式说明，也没有说明实现他的目标需要设置哪些账户[85]。

几年后，英国纽卡斯尔（Newcastle）市一位会计师在他于1873年工程师大会上提交的一篇论文中专门讨论了他的所谓"净成本"制度（Net Cost System）[86]。该制度要求"将生产过程中所使用的原材料与有关工资及费用的准确比例一同计入各项具体工程、订单或合同，并分别贷记用于固定地反映这类材料及工资的账户"[87]。该会计师还提议为每批产品分别设立账户，其借方不只用于过入所耗用或发生的工资及材料费用，还应该负担因为使用工具而发生的费用。工具使用费按以下方式来确定：丢失工具或在用工具磨损总成本应按在制造不同批次产品的过程中所使用的时间，以及每个部门所用工具的相对昂贵程度在不同成本账户之间进行分配；其他间接费用（比如租金、税金及监督管理费用）则按各批产品总成本比例分配。该作者未对他的制度作进一步解释，也没作任何图式说明。他的目的明显在于确定总成本，因此，若能知道他所谓的"准确比例"及"总成本比例"究竟是什么意思，无疑会很有意义。大概他头脑中有主要成本概念。尽管该论文中很少论及当时制造商使用账簿的情况，但这篇文章中所反映出来的含糊与混乱，在当时的成本实践中应该同样存在[88]。

关于英国成本会计情况的这种猜度，可以通过曼彻斯特一位公共会计师〔托马斯·巴特斯比（Thomas Battersby)〕于 1878 年对当时成本会计实践的考察研究来证实[89]。他的讨论涉及面相当广，在此我们只能作一简单介绍。该作者首先说明，当时一般所用的成本处理方法根本无统一性可言，接着又谈道，与工具及人工费用负担相关的"主要成本"费用率的确定也无明确原则，而是依个人偏好各有不同。不过，在有些情况下，他曾见过一些按特定作业或部门所用工具价值来决定费用负担的事例。他似乎认为这种程序是比较可取的。然而，即使在那些案例中，费用的决定也不是按照"营运"（working，这是他的用语）费用的实际数据来进行，因此依然像没有明确原则时一样不正确[90]。

需要说明的是，巴特斯比的术语按今天的定义来看是很混乱的。例如，当他提到主要成本费用时，联系上下文来看，他所指的仅仅是材料及人工成本，但后来他在定义主要成本时又包括了材料、工资、营业费用、支撑费用（upholding）（维护费用及折旧）及一般管理费用。其中营业费用和支撑费用可以构成主要成本净额，而加入一般管理费用之后则构成主要成本总额。他想要做的，或许是探究究竟是直接用各个部门还是将整个企业作为一个整体来考虑作为分配费用的标准。如果真是这样，则他的想法就很明显是领先于时代了。

巴特斯比对他在自己的公共会计实践中所见到的六种不同的成本处理方法作了详细讨论。现概述如下：

第一种方法，须算出因某一特定作业而付给工人的工资总额，并百分之百地加上工具使用费及其他费用。在此基础上，再加上项总计数的 25％ 及所用全部材料的 25％ 作为利润。在全部上述项目的总计基础上，巴特斯比还会再加上材料成本，得出的数据就是售价。

第二种方法，首先要将付给直接工人的工资加到有关车床及其他工具使用情况的一个汇总数据（uniform amount）上去。这个所谓汇总数据，可能等于工长工资再加大约 2～4 个先令。在上述总计数基础上，再加其 25％作为间接费用和利润，同时还要加上所购进材料价值的 25％作为利润。所有这些数据加总之和加上原材料成本，则得出售价。

第三种方法，先在付给直接工人的工资总额上加上按工资的一定百分比计算的工具使用费及其他费用，构成一个总计数。在这个总计数上加上利润，则构成售价。这种方法乃是间接费用分配中直接人工成本百分比法的最初形态。关于计算这一"百分比"的程序，巴特斯比谈道，在实务中，首先要汇总算出全部间接费用，它们占全年产品销售总额的百分比就是各批产品应该使用的百分比。

第四种方法，所有工具"都按进价及所需工作动力来计费。在此基础上再加工人工资。每个工人都是按付给他的工资来计费。接下来在上述两项总计基础上再加上所购材料及一定比例的间接费用和利润，就可得出售价。（不过，上述各项费用率并不是按某种正确的原则算出的。由于计算时未曾考虑直接费用的实际发生情况，因此这些费用率在很大程度上只是一些假定数）"[91]。显然，这里巴特斯比所考虑的是机器设备及工具使用寿命的估计，并以此来计算分配成本费用，从而得到一种间接费用分配的机器工时法。不过，从上面所引最后一句话来看，对这个想法谁都没有十足把握。

第五种方法，是一种完全主观的方法。其所谓的"费用率"是由组织中有关人员根据在用工具及车床进价来确定。这些费用率"用做售价时，既可用于包工（contract work），也可用于散工（jobbing work）"。参与这些费用率确定的专业人员是以自己的经验为基准，除进价以外不用其他数据。对经理人员而言，"他根本不认为除销售费用率外还有必要使用其他数据，原因很简单，因为每项合同都是在这些费用率基础之上来定的，在估计包工情况时，再从总数中作一定扣减即可。这种扣减无疑需根据具体情况而定，其目的是以最小的可能扣减对（客户的）订单提供保护。但是，这种方法显然是最不确定、最难令人满意的，也必然会导致某种程度的失望和损失"[92]。

第六种方法，是用于计件工作制。先将材料总成本与按计件工资率支付的工资加在一起，然后再加上一定比例的工具使用费及其他小额费用。最后在所有这些费用基础之上再加上一定比例的利润。巴特斯比对这一方法额外作了更为详细的说明：在这种方法下，各种费用在"名义分类账户"（nominal ledger accounts）中进行归集，而产成品销售总额在专门的销售账上进行反映。根据这两组数据可算出费用占销售额的百分比，并加计到其他成本上去。按照提出这种方法的人的说法，要对这种方法进行检测，可以汇总他们所谓的主要成本及一年内的售价资料，并将通过这种方式确定的"收益"与资产负债表上的利润相对照。这位权威人士允许所使用比例有所不同，这不只是因为企业之间的差异，还因为确定费用率的主要人物（专家）意见各不相同。

巴特斯比曾亲眼看到上述各种方法的实际应用，他对这些成本处理方法的批评很有意思，主要原因在于他自己曾大胆地提出一种"完美的"方法，即所谓"主要成本及利润"技术。我们会在后面进行介绍。在此有必要先对上述六种方法的缺点作一番考察。首先，按照这位权威人士的说法，会计师不知何为"正确方法"，他们之所以继续使用这些方法，是因为无人想要有所改变。其倡导者们希望所使用的百分比及费用率能够充分包括所有间接费用项目及利润。巴特斯比认为："这些费用不是根据账簿记录来确定，在缺乏具体数据的情况下，唯一的途径就是采用特定的费用率及百分比，其所依据的只是某种意见或假定。"[93]但是，按照他的说法，这种程序含有根本性错误。总成本是不能在各批产品之间分配的，除非在一批产品完工时它们确实可以明确确定。为此，巴特斯比认为，说有关工具或人工费用的特定比例或费用率是成功经营某一企业所必需的，纯粹是一种假定。进而，每个企业的成本各不相同，需要根据企业实际情况分别计算，而不是使用一些以"长官"意志（专家的经验或判断）为基础事先算出的比例或数据。顺便提及，这位权威人士还认为，用所谓主要成本法来分配间接费用，从原则上来说就是一种错误，尽管他曾谈到这种方法是当时通行的方法。不过，为什么会有这种问题，他并没有说明具体原因。巴特斯比在总结他对 1878 年使用的成本技术所作的批评时得出如下结论："……它们忽略了材料和人工费用与营业费用之间关系的差异，混淆了主要成本与利润，并因此产生很有欺骗性的结果。这样算出来的利润很难等同于按照正确原则及按照严格的自然顺序来计算主要成本和利润时得出的结果。简言之，关于费用及利润，根本没有真正的理论解释，其结果往往与工作性质相关，而费用在所有工业企业中几乎是大同小异，一般所用的方法各式各样差别很大，其中许多方法根本谈不上正确性。"[94]

在对其他权威人士作了如此批评之后，人们会期望巴特斯比自己的"主要成本"制度就性质而言会更现代一些。然而，贴近之后进行考察，会发现他只是对他所批评的方法作了局部改进。实际上，巴特斯比更擅长的是发现别人的错误，而不是设计出自己的更近乎完美的成本制度。他自己的制度究竟如何？第一点要说明的是，他建议使用特定的辅助账，不过，就这些账而言，他并不强调与财务记录的协调问题。这些账按不同批次来分析所耗材料及发生的工资费用。各批产品总成本在他所谓的主成本账（prime cost book）中进行归集。在该账中，每项单独的合同或批次各有一个自己的标题。这些数据接下来会转往一个秘密的成本分类账，在该账中会在这些数据基础上加上一定比例的间接费用和利润，从而得出每一批次的售价和毛利。巴特斯比以图示方式对一家铸铁厂每吨铸件的成本处理过程作了描述性说明。熔铁成本以分批成本计算为基础，包括折旧、直接部门费用、熔炼工工资及蒸汽动力费。总成本按完工铸件吨数进行分配，以确定单位成本。在这个总数之上，还要加上模工及其他劳工工资。该厂还有三个如今所谓的辅助生产部门，即：蒸汽动力部门、动力部门①（车床及设备）、铁匠部门。蒸汽动力部门每年单位马力动力成本按如下方式进行计算：

---

① 原文为"power department"，直译为动力部门，但与今天"动力部门"概念的含义不同。从其内容来看，其实是指设备部门。——译者

蒸汽动力部门[95]

发动机、锅炉及传动装置总价值 ....英镑

显示的马力数 ....

年折旧（折旧率____％） ....英镑

每个熟练的复式簿记簿记员所记直接费用，即：煤、工
资等 ....英镑

直接及间接费用账上所反映的每个直接费用及支撑费用
账户的金额 ....英镑

    年度成本总额 ....英镑

年度成本总额除以当期所产动力的马力数，就可得到以年为基础的单位马力主要成本。

下面是动力部门（车床及设备的成本分配）：

动力部门（车床及设备）

设备总价值 ....英镑

年折旧（折旧率____％） ....英镑

直接费用，如：用于支撑及维修的工具及钢材、皮带、
磨刀石、油、损耗等，与直接及间接费用账上的每个
直接费用及支撑账户相同 ....英镑

      每年工具费用总额 ....英镑

      单位设备价值（1英镑）应负担的费用额
（____％） ....英镑

因而，1号设备按____％的比例应负担的价值为____英
镑，相当于其年度成本____马力 ....英镑
............英镑

      1号设备每年总成本 ....英镑

最后一项总成本数据除以1年内的总工作天数，可得出1号设备每天的主要成本，在此基础上加上人工工资率，得出的合计数就是在该机

器上工作所发生的日主要成本率。有关设备的数量及主要工资率要用专门账簿进行登记。

铁匠部门也要作同样处理：

铁 匠 部 门

设备总价值	………… 英镑
年折旧（折旧率＿＿％）	………… 英镑
每个熟练的复式簿记簿记员所记直接费用，如煤等	………… 英镑
直接费用，即用于支撑及维修的工具及钢材，与直接及 　间接费用账上每个直接费用及支撑账户的记录相同	………… 英镑
所要求的马力数＿＿＿＿，每马力	………… 英镑
每年总成本	………… 英镑

这里的总成本数也可以除以 1 年的工作天数，得出每天单位成本，再除以雇佣铁匠总人数，就可得出人均单位成本。在此基础上加上每天付给铁匠的工资及罢工工资①，就可得出从事某一具体作业的铁匠每天的主要成本率。

在上面两个表中，一方面，我们使用（相关的）主要价值基础在同一部门的不同机器之间分配机器（设备）维护成本及工匠成本。另一方面，一般性间接费用项目无法直接分配到上述各个部门，则按直接人工基础分配到各项作业。比如，假定总工资为 10 000 英镑，一般性项目为 1 500 英镑，则分配率就是 15％。

巴特斯比并未说明他关于费用分配率及百分比的讨论是否可以：①以一种回顾的方式进行使用，也就是在会计期终了时用于已完工作业成本计算；②在一项特定作业完成时，以过去经验为基础将成本费用分配到各项作业。不过，他曾在总结自己方法的优点时提到他的目的在于前

---

① Striker pay，指工会在罢工期间支付给工人的津贴。——译者

者。在此有必要将他对自己方法优点的总结全面列示如下：

（1）可以从总体上或者很详细地表明工作的实际成本；

（2）可以提供十分重要的数据，据以对工作作出评价；

（3）可以通过比较表明一项工作是否负担了过多成本费用，并说明费用发生的具体部门；

（4）可以系统的应用并控制利润比例；

（5）可以保证制造商在业务的这一分支中免遭可能的损失，防止过高地估计利润以及可能因此带来的灾难性后果；

（6）它是一种慎重而及时的余额表，是制造商的指南和保证，并因此带来不断的安全及满足感。

他列出的这些优点确实让人钦佩。但是，巴特斯比的主要成本及利润制度却远远没有达到预期效果，尽管他确实预想到了一些有关间接费用的处理方法，这些方法也在后来得到成本会计师的频繁使用（比如直接人工成本及机器工时或工作日基础等）。还应提及的是，他所使用的财务分类账中设立了一个所谓"机器"账户，所有部门制造成本以及从"铁器铸造"（iron foundry）账户所结转的完工铸件成本全部要过入本账户借方。机器账户贷方反映的是按售价计的销售额以及期末库存产成品存货（未给出具体计价方法）。在将特定的一般费用记入该账户之后，再将其余额转入损益账户，作为当期毛利[96]。

以上是巴特斯比的全部贡献。他的努力并没有白费。10 年之后，两位英国人——埃米尔·加克（Emile Garcke）和 J·M·费尔斯（J. M. Fells）——在其著作中称他们对工厂账户的内含原理作了第一次系统阐述，他们的许多想法其实都可以追溯到巴特斯比这位曼彻斯特公共会计师的著作[97]。

在美国，直至 1885 年前后，会计及簿记教科书作者对工业会计议题依然完全是持一种忽视态度。一位作为当时很重要的产业——玻璃制造业的很细心的学生，曾就此得出如下很有趣的结论：

之所以会有这样多破产案发生，原因之一是未能采用一些可靠的会计制度。即使设置了账簿，也全然不能以很认真的方式进行记录，也不能使用任何能够贯穿始终的程序。许多账与其说是企业记录，毋宁说是流水账，而且，企业通常情况下既不提折旧，也不为其他一些主要费用计提准备。以独资或合伙方式经营店铺的个人或家庭在计算损益方面总是粗枝大叶，也可能是认为没有必要仔细计算损益。即使是公司制企业，大多数情况下也只是向少量股东提供公司账目，而这些股东可能同时又是公司雇员。像新英格兰玻璃公司（New England Glass Company）及波士顿-三维治玻璃公司（the Boston and Sandwich Glass Company）这样股东数量较多，会计记录完善的公司，只能说是一些例外，而不是普遍情况。内战之后，簿记方法有很大改进。越来越多的企业开始保持远比以前较为适当的记录[98]。

这一时期最典型的簿记，可能是纽约市的 J·H·高德温（J. H. Goodwin）在其著作中对制造业账户的描述[99]。该作者只是将他在前面说明普通商业会计时所使用的原理运用到了工厂会计技术之中，期间稍微有所不同。比方说，他建议在分类账中设立单独的账户用于"反映我们将"在来年"购入用于制造产品的所有东西"[100]。因此，在任何一个年度，当年购进的"物品"都需记入已经设立的各个不同账户。年度终了则需确定每项物品结存情况，以了解尚未使用部分所占比重（高德温并未说明剩余部分如何计价）。在制造过程中使用及"损失"的数量需记入"制造"账户借方。不过，高德温忘了提到，对于那些就其性质而言不能作存货处理的项目（或者他所谓的损耗）——比如动力费——究竟该作何处理。如果被问到这一问题，他的回答很可能是将其直接结转记入制造账户。为使他的说明更加具体明确，他举了一家毛纺织厂为例，说明其所需账户可能包括"毛"、"油"、"染料"等。此外还用一个"机器"账户来反映购入的所有机器设备。该账户还用于反映各个会计年度设备维修情况。年终，该账户要在考虑"磨损"准备之后，按"近似"价值贷记机器价值。机器的磨损及任何价值上的损耗都要记入制造账户，机器的期末"近似"（他的用语）价值要留在机器账户中作为其借方余额。对人工费用，则需设立一个单独的账户，该账户在会计期末同样应结转至制造账户。运费账户也需按同一方式进行处理，因为高德温把这一项目看做一项工厂成本。或许，联系下面图式说明我们可以对他的制度有更好的理解。

在记完这些分录之后，该账户的余额要转入"损益"（loss and gain）账户。如果制造业务是盈利的，则贷记损益账户；如果是亏损的，则该账户要负担相应的损失。

把上述技术叫做"成本会计"，真的让人难以想象。即便如此，高德温的书依然出了好多版，而且是这个国家很少几本提及制造账户的著作之一[101]。

制　　造[102]

借	贷
(1) 开始营业时库存产成品价值，与在存货中反映的价值相同（未曾给出存货计价方法）。	(1) 贷记所有已经售出的产成品（可推知是按售价来记）。
(2) 借记销货退回（未曾提到计价方法）。	(2) 年末库存产成品的"目前价值"（未曾说明计价方法）。
(3) 本年度在制造过程中"使用或损耗"的"库存"物品。	
(4) 从机器账户转入的金额，等于机器设备磨损的估计数加上价值的其他损耗。	
(5) 从人工费用账户转入的金额。	
(6) 从运费及货运账户转入的金额。	

大量证据表明，内战期间前后大约 30 年时间里，在美国广泛使用着多种与高德温所描述方法类似的程序。这些证据直到过去 10 年间才通过企业史协会赞助下的一个学者群体的开创性研究，并随着《哈佛企业史

研究》的出版逐渐显现出来。这些研究涉及金融业、商业、广告业等多个方面，最近几卷关注的是早在 19 世纪 20 年代就已建立的著名的新英格兰工业企业的情况。研究者们把这些制造业企业的记录和账簿与这些企业管理的所有其他方面放在一起来讨论。由于篇幅所限，我们无法对这些十分杰出的研究中所提出的成本会计的一些很有趣的特征进行全方位讨论，而只能在下面作一些简单介绍。

银器制造业是 19 世纪早期新英格兰州发展最快的产业之一。乔治·S·吉彼（George S. Gibb）经过对里德（Reed）-巴顿（Barton）[103]公司记录的深入调查之后首次提出，在 1860 年前，该厂采用的是双重基础的组织形式——部分按产品，部分按工艺。大约在 1860 年之后，该厂业务开始发生变化，直到最终全部采用以产品为基础。该企业的产品线构成包括：镍、银器、银币、有色金属以及其他产品。这些产品各有自己业务熟练的员工群体，并各有总体上负责的一个工长。这些工长、监工以及主要所有者与工厂业务保持着非常密切的关系。由于该厂对各种活动的部门分工相当精确，因此簿记人员可以很容易地按照产品和业务对直接人工成本进行跟踪反映。自 1860 年之后，他们也正是这样做的。员工工资同时按计件和计时两种方式进行记录。该厂另一种很有意思的成本会计实践是他们所采用的材料处理方法。各个部门实际耗用金属的数量，要在记录上加以说明，同时采用一种在当时看来十分独特的定价方法，即"一种与当前市价毫无关系的标准价格"，而且不用任何准备账户来反映实际成本与标准成本之间的差异。由于避免给销售人员和某些工长可能带来很大麻烦，乔治·布拉勃洛克（George Brabrook）作为成本主管，习惯性地给已用金属赋予远远高于目前市场价格或公司实际所付价格的价值。价格膨胀引出这样一种处理方式，布拉勃洛克觉得这是针对公司销售人员和公司行为给他在降低最终产品成本方面造成的压力而作的一种很好的铺垫。所有制造成本，不仅是直接人工和金属成本，还包括全部管理费用、销售费用，全被当做间接费用处理。公司既没有采取进一步措施将这些费用在不同产品及部门之间进行分配，也没有确认设备折旧并将其计入目前经营成本。为了得出一种能够涵盖直接成本、间接费用及利润的销售价格，布拉勃洛克习惯于采用物品的直接成本并双倍之。这样得出的数字是商人付给公司的价格，所采用的是包含如下因素的百分比基础[104]：

直接成本	50％
间接费用	30％
利润	20％
	100％

　　虽然里德-巴顿公司使用的会计方法十分简单且名目繁多，公司却依然能够在内战之后的大多数年份实现盈利。不过，吉彼认为仍有许多证据表明人们对当时流行的成本处理方法颇多不满。如下所述：

　　在 1860 年，所有成本费用最终都归由两个账户（制造和费用）负担。在这两个账户中，成本费用以一种毫无意义的总计数被永远地终结。制造账户包含所有工厂成本；费用账户反映办公费、销售费、工资及工厂之外所发生的其他杂项间接费用。费用账户在年终结转至制造账户，制造账户的余额中包含公司利润。随着时间的推移，费用账户逐渐分解为许多更重要、更有用的明细项目。至 1870 年，已经设立了如下所示多个独立账户：

利息	保险费
纽约办公费	广告费
版税	专利费
折扣	收入税

到 1900 年，又增加了以下项目：

律师费	费城办公费
建筑费	芝加哥办公费

工资	纽约办公费——联合广场
慈善事业费	纽约办公费——麦登巷
责任险	物料用品
火险	销售费
佣金	装运费

但在制造成本分析方面却毫无进展，而且，在整个时期内，工厂中一直缺乏成本意识。这种情况与质量标准过高有直接关系。一个零件可能会使一个项目的成本成倍增加，但只要它有助于产出更好的产品，就不会被弃置。数以千计的美元被花费在生产十分华丽的模具方面，其中许多模具迄今依然在用。许多发明创造的成本是如此之高，公司根本永远不可能指望靠它而获利，但这些方法能够增强公司的市场声誉，并因此而被继续沿用。几乎可以说，公司当时所花费的广告费支出，除工厂围墙内的那一部分外，其余都毫无用处[105]。

T·R·纳温（T. R. Navin）在讨论惠汀机器制造厂（Whitin Machine Works）情况时提到了有关公司使用成本记录的又一个早期例证[106]。该厂生产丝棉纺织机械，其经营活动大约始于1831年。纳温发现，该企业创始人约翰·C·惠汀（John. C. Whitin）在生产方面是行家里手，但在应付销售及簿记事务方面却像同时代大多数人一样毫无耐心。"他偶尔也会试着去劝说工厂主们购买惠汀产品，但很多时候，他基本上是被动地听命于订单。就像大多数白手起家的人一样，对会计他也是一窍不通。甚至连最基本的簿记形式都无法引起他的注意。终其一生，他从来未曾有过满意的财务记录。他根本不会利用会计报告。为使自己能够及时了解公司经营的进展情况，他不得不一直亲自参与公司日常事务。在这种情况下，对他而言，精心设计的账户只是浪费时间和精力"[107]。他这种态度不禁使人想起英国作家阿狄森（Addison）和斯蒂尔（Steele）1711—1712年所创造的那位著名的虚构式人物罗杰·蒂·柯弗利爵士

(Sir Roger de Coverley)① 所提出的一个问题。在《旁观者》（*The Spectator*）杂志第 174 期中，罗杰爵士曾一语双关地说道："对于这样一个永远只关注账户余额，永远只盯着费用的人，如何能指望他有多伟大和高贵？"

在讲明惠汀的成本哲学之后，接下来，纳温描述了惠汀集团在 1850 年之后所采用的管理技术。其说明如下：

惠汀机器制造厂很少采用早在过去商业时代就已经建立的那些公司常用的十分复杂的管理技术。19 世纪的美国制造业企业一般遵循两种管理模式。有些企业由富有的投资资本家所建立，一开始就有相当大的规模；有些则是由小商人和小店主所建，开始很小但潜力巨大。第一类公司由经验丰富的资本家发起，他们是早期商业资本主义时代延留下来的经营经验的受益者。这类公司一般都有完善的复式簿记系统，有单位成本数据及专门的制造账户等精华的东西。由小资本家建立的第二类公司，由于其发起人的经营知识局限于他们从实践中学到的经验，因此他们保持财务记录的方式，往往像他们的私人账目一样很不正式。确实，在这类公司中，公司账户与个人账户常常难以区分[108]。

惠汀公司无疑属于第二种类型。需要进一步指出的是，纳温竟然将在今天看来十分平常的"单位成本数据"及"专门的制造账户"通称为"精华"。关于第一个方面，今天的作者当然会同意他的看法，因为单位成本的确定在 19 世纪初确实还比较罕见，但专门的制造账户在 1850 年已经是人所共知的东西。

有关公司采用成本记录的第三个早期案例，是乔治·S·吉彼在讨论

---

① 罗杰·蒂·柯弗利爵士（Sir Roger de Coverley）是 18 世纪英国作家阿狄森（Addison）和斯蒂尔（Steele）主办的《旁观者》杂志上所刊文章中的虚构人物，为 18 世纪理想化乡绅的典型。——译者

萨克-洛厄尔工厂（Saco-Lowell Shops）情况时提到的[109]。这家公司与惠汀公司一样，生产丝棉纺织机械。作为其前身之一的波士顿制造公司（Boston Manufacturing Company）早在 1813 年就已经开始经营。其后不久，公司管理部门就对企业在给客户提供报价时采用灵活的弹性报价表产生了好奇。正如吉彼所解释的那样：

波士顿制造公司进行价格方面的试验，发现市场宁愿支付比开始时更高的价格。在机器初次销售之后，织布机、整经机以及服装机械的价格会因为包括了专利费而进一步提高。当这些最终调整完成之后，价格和成本就会变得比较稳定。其相互关系可以测定，但难以解释。自 1817 年之后，制定价格时允许包含很大的利润边际，而各种机器之间的利润边际又有很大不同。各台机器的利润按售价百分比来表示，而且通常要将专利费包含在内，其幅度从经轴的 20％ 到整经机、浆纱机、并条机、翼锭精纺机、双速机的 50％ 左右不等。织布机的定价中利润常常要占到 28％[110]。

之所以如此强调边际利润，通常我们会猜想是为了得到适当的单位成本数据，但吉彼却另有想法。他的理由和结论很有意思，也能够提供更多信息：

这些记录并不能清楚揭示成本数据的构成，从而不能依此来确定实现利润边际所要达到的销售额。不过，我们不能按今天的观念对当时的公司会计进行批判。对它而言这并不是什么大问题。不管怎样，这些利润数据还是很有价值的，因为它代表了公司对其利润的看法。公司不管标准机器成本报价记录簿的实际情况究竟怎样，都确认并记录了制造机器的过程中日常成本的时间差异，从而超越了小资本家工匠所坚持的很不灵活的标准化成本。

在历史上，这些成本和销售价格只有相对重要性，它们只是在与同一公司随后的成本和价格，或者在与同时代其他公司的成本和价格进行比较方面才有一定价值。它们并不能提供可作为美、英之间瓦萨姆（Waltham）机器制造厂及其他工厂比较基础的成本信息，也很少能提供具有某种特定性质的可比价格信息。在 1820 年，据说美国棉纺织机器的价格是英国的两倍，有位观察家谈道，在美国市场上，瓦萨姆专利的价格很高。吉姆（Gilmour）织布机的价格比瓦萨姆织布机要低 55 美元之多。不过，这可能是同时代制造商所生产机器之间唯一的直接比较。比较瓦萨姆与早期机器制造商的价格是为了确定机器的价格趋势，这种比较，是因为缺乏具体信息而引起的困难所致。有一些 1808 年至 1815 年间费城和新泽西棉纺织机器的价格清单被保留了下来。从这些珍贵的资料可知，瓦萨姆公司有些机器的价格在 1817 年至 1823 年间远远超过以前时期同类机器的价格[111]。

尽管该企业管理部门在 19 世纪 20 年代已经有明确的成本意识，但所采用的会计方法与当时的簿记教材作者如派恩和科隆贺姆所提出的技术相比，却粗略得出人意料。其分类账中专门设置了一个机器销售账户。

该账户贷方反映机器销售、专利费及制造权（manufacturing rights）收入。该账户需要负担已售机器标准成本及少量杂项费用，如专利诉讼中的法律费用、马车运货费……商业交易中的会计控制也因工业制度的需要在此得到成功运用。商业会计如果不做实质性改变，则很难在制造业企业中应用。人们确实做了许多改变，但实行严格控制的观念却几乎未做任何改变就通过保持适当记录被全盘接受下来。波士顿制造公司的会计制度对新英格兰纺织业具有不朽的影响[112]。

这家企业在产品间成本费用分配方面是当之无愧的先驱者。这一点在吉彼的描述中表现得很清楚：

一个必然的问题是，波士顿制造公司究竟如何考虑机器制造成本。单位成本反映按某种基础所进行的所有间接费用的分配，波士顿制造公司既不按织物算，也不按机器算。特定成本费用根本不归机器或织物账户来负担，而是与机器及织物账户的余额一同过入中心清算账户（central clearing account）。这个账户可以独自表明企业经营的总成本和总利润。因此，每台机器单位成本数据在一定程度上只是一个人造数据，并不包含某些间接费用。不过，此间的差异并不大，因为公司将总成本的很大比例分配到生产账户，还要很辛苦地把所有直接费用进行编表计算，同时很仔细地将这些成本分配到其发生部门。比方说人工成本，就不只要在服装机械和其他账户之间进行分解，甚至还要进一步按额定比例分配到正在制造或维修的各类机器。一个很明确的意图就是把许多间接费用分归各个生产账户负担。公司行政管理人员工资的处理即是这类成本费用在发生部门之间分配的一个极好的例子。保尔·穆迪（Paul Moody）和帕特里克·特蕾西·杰克逊（Patrick Tracy Jackson）的工资被分入几个不同的账户，而且各个时期随着这些管理人员监管注意力的转移，费用分配也会改变。其分配基础大概是代理人及财务主管花在经营的各个阶段上的工作时数（很可能是估计数而非统计数）。

很少有属于同一时代的例子可据以对波士顿制造公司的会计制度作出评价。一项只有通过对美国会计实务的深入研究才可以得到证实或否决的初步评价表明，在将尽职的商人账房中的会计记录引入制造业方面，该公司对美国企业技术的发展作出了极为重要的贡献。这一贡献足以和瓦萨姆公司在生产组织、工艺技术及劳动力政策方面的贡献相媲美[113]。

早期采用成本记录的第四个实例，是伊夫林·H·洛顿（Evelyn H.

Knowlton）在讨论佩珀列尔（Pepperell）制造公司情况时提供的[114]。这家著名的棉纺织企业于 1850 年开始经营。

该公司的第一任秘书是位男性，名叫海涅斯（Haines）。"在设置其账户系统时，海涅斯吸收了其他纺织公司的经验……早在 1850 年之前，纺织公司就已经创立了属于该系统的会计制度，而且已保持大约四分之三世纪，未有任何大的变动。海涅斯设置了日记账（daybook）、现金账（cashbook）、出纳簿（billbook）、棉花发票清单、工资单、生产记录、工厂费用数据，以及一份棉花损耗记录。以上属于主要账簿记录资料……海涅斯还编制一些汇总资料，其中最重要的是提供给财务主管的半年报……"[115]

洛顿对佩珀列尔公司会计师所编制的制造成本半年报的作用曾作过一些评论[116]，但却对其中所使用的技术未作任何详细说明。以下是她对其数据的分析：

我们来简单看一下同一时期其他制造费用总计数的记录，包括工厂费用及一般费用。如我们前面所提到的那样，工厂费用只包括在工厂中梳棉、纺纱、上浆、织布等车间支付给员工（监工和工人）的工资。在 1870 年 12 月至 1911 年 6 月之间，这方面数据的波动与棉花数据相比幅度要小得多。这正是通常人们希望看到的，尽管工资率及工时计划的变化可能打破正常的增长。从 1870 年至 1899 年，工厂费用的增长率差不多与雇员人数的增长保持了同样比例（33％）。两个时期的工资率差不多完全相同，虽然中间也有些波动。在将这两部分数据结合起来之后，工厂费用总额的增长还是很可观的。在第一次世界大战期间，如同在美国内战期间一样，工人经历了工资及价格上涨。

同样的，一般费用（代理人和主管人员薪金、四个主要部门以外的工人工资、其他物料用品以及各种其他费用如税金等）在 1870 年 12 月至 1911 年 6 月间根本没有表现出任何周期性波动的特点，而是一种逐渐上升的趋势。这部分费用中与代理人和会计主管有关的是税金。尽管它只是一般费用的很小一部分，通常只占其 20%，代理人还是像其他纳税人一样，总是嫌它太高。

制造成本总额（由棉花、工厂费用和一般费用三部分构成）在这一时期（54 年）呈上升趋势。总的来看，制造成本总体上的比例划分与以前还是一样的，棉花占 66%，工厂费用占 22%，一般费用占 12%[117]。

使用成本记录的第五个实例是一家小公司。这个例子是 W·W·考莱（W. W. Cauley）在讨论谢尔比（Shelby）铁厂情况时提供的[118]（并不包括在哈佛系列之内）。早在 1847 年，该公司会计师就已按如下方式计算每吨铁的单位成本：

矿石	$2.00
木炭	10.00
石灰石	0.75
人工	3.00
修理费	1.00
每吨成本	$16.75

一直到 1870 年左右，仍无证据表明该公司会计系统包含任何真实无欺的成本账户。但其许多明细记录让人想起现代会计实务。例如，在 1875 年，该公司就已经有相关折旧记录，而且早在 1869 年之后就开始使用一个熔炉记录簿，记录每台高炉的生产情况。所记信息包括：应负担的费用、矿石重量、耗炭量、熔流量、高炉压力、每天的产量、所产各等级产品数量、各等级产品装运量、时间消耗（时数及原因）、产出比、吨铁耗煤量、每天库存及出货量等。

另外还有一种记录，以永续盘存方式反映存放在公司院落中各等级铁的数量，称为"生铁分析记录"。这是一种订本账，账页上包括以下固定栏目：生产日期，铸件编号，等级，吨数，硅、磷、硫、碳含量以及装货日期。本记录中需要记入每批硅铁的化学分析、等级以及总吨数。发货时则需在"发货日期"一栏中记入具体发货日期，并用红笔通栏画出与该批产品有关的分录。如果发出的只是某批产品中的一部分，剩余部分则要做一笔新记录。

编制工资表及分配人工费用是以员工工时记录簿为基础的。这种记录簿每页有左右两个页面，每天设一个小栏目，由工长和计时员负责登记，工长的名字写在左首页面的左下角，并按日期在适当栏目中画上标记。工资计算以天为时间单位，采用月薪制。每月将各个部门的计时簿集中到办公室，加总算出每个员工的工作时数及应得工资，再将这些数据用于编制工资表。工资表是一张很大的表格，记录有关计时及按每个工人计算工资的信息。表上要设专栏反映各个"扣除项目"。所谓扣除项目，是指需在员工工资中扣除的各个项目，比如供应票（可以在公司换成商品）、房租、医疗费以及其他同类性质的项目。

1868 年之后，间接人工费用及间接材料费用在各种资产及各个业务费用分类账户中的分配成为成本会计中一个引人注目的话题，公司会计师们力求在这方面做得更为准确。为此，不但使用了专门的"人工费用分配"账，而且使用了间接材料及物料用品分配账。

人工费用分配账的记录以计时票为依据。也就是说，要将计时票上所反映的时间过入人工费用分配账的数量栏内。计时票格式如下：

机械工分配票

........18........

姓名

工作　　　　　　　　　　　　时间　　　　　　　　（小时）

材料

计时票上方有一条注解写道：

本表由工长用于时间分配，据以作为登记账簿的原始资料。空白表由派恩公司提供。

各种普通日记账分录表明，在谢尔比公司，直接人工工资费用直接归由按组织中各个部门名称设置的业务账户负担。比如，准备木炭的工人工资由硅铁负担，矿工工资由矿石或石灰石负担。职员及监管人员薪金账户的记录与生产性活动没有关系。公司领导层的薪金通过专门设置的薪金账户反映。这些账户属于总分类账的人工账户，分别反映人工费用情况。

从人工费用分配账中的分录来看，直接人工分为四种类型：机械工、铁匠、木匠及泥瓦匠。对每一类人员要分别保持计时记录。当一位铁匠从事某项锅炉修理工作时，要由负责锅炉管理的工长开出一张铁匠分配票，写明日期、工人姓名、工作内容、工作时间以及所用材料。当机械工、木匠、泥瓦匠在厂内其他地方从事某一工作时，也要按同一方式处理。这些计时票随后会集中在各部门办公室并过入人工费用分配及材料分配记录。

1887年的人工费用分配账实际上是一种明细分类账。为了反映直接人工费用负担情况，需要为每项资产或每项营业费用分别设置一个独立账户。1887年总共设有109个账户，以分别反映过入的直接人工费用。

每个账户皆由8个栏目构成，即：日期、工人姓名、工作、工作时数、机械工、铁匠、木工（木匠）、泥瓦匠。

这些栏目用于登入间接人工计时票中所包含的信息，这些信息可以通过过入人工费用分配账第33页中木炭账户的分录得到证实。为了说明有关问题，我们将该账页复制于后。由这些分录可以看出，霍顿（Horton）是位木匠；西尔（Seale）和斯汀逊（Stinson）是铁匠，他们干一些与蒸馏器盖有关的活计；考尔（Keel）是位机械工；等等。有关费用每周进行分配，而且，明显地，按照工人分类过入各个账户的合计数，必须与各类工人的工资相同。

木　炭

1887年		工人姓名	工作	工时	机械工	铁匠	木匠	泥瓦匠
5月	27	霍顿	吊笼	8			1.40	
		霍顿	吊笼	3			0.52	
	30	霍顿	吊笼	3			0.52	
	31	西尔	吊笼	1		0.28		
		斯汀逊	吊笼	1		0.12		
	31	兰斯克百	蒸馏器盖	3			0.52	
		霍顿	吊笼	6			1.05	
6月	1	霍顿	吊笼	2			0.35	
		兰斯克百	蒸馏器盖	10			1.75	
		本周 人工合计				0.40	6.11	
6月	2	兰斯克百	蒸馏器盖	8			1.40	
	3	西尔	蒸馏器盖	1		0.28		
		斯汀逊	蒸馏器盖	1		0.12		
	3	兰斯克百	蒸馏器盖	4			0.70	
	6	麦柯林	蒸馏炉	1		0.25		
		山迈尔	蒸馏炉	1		0.10		
	7	斯汀逊	蒸馏炉	5		0.63		
		麦柯林	蒸馏炉	9		2.25		
		山迈尔	蒸馏炉	4		0.40		
	8	麦柯林	蒸馏炉	8		2.00		
		山迈尔	蒸馏炉	8		0.80		

1887年	工人姓名	工作	工时	机械工	铁匠	木匠	泥瓦匠
	本周 人工合计				6.83	2.10	
9	麦柯林	蒸馏炉	9		2.25		
	山迈尔	蒸馏炉	9		0.90		
10	麦柯林	蒸馏炉	5		1.25		
	山迈尔	蒸馏炉	5		0.50		
	霍顿	吊笼	5			0.87	
11	霍顿	吊笼	2			0.35	
14	霍顿	吊笼	2			0.35	
15	考尔	蒸馏器	3	0.30			
	霍顿	吊笼	5			0.88	
	本周 人工合计			0.30	4.90	2.45	

人工及材料费用分配记录资料中所反映的信息是普通日记账中用于确定矿石、木炭、石灰石、更新、修理等各类业务应负担费用的汇总分录的基础。此外，还要加上间接人工成本，并贷记以前已经按工资中间接人工部分负担的人工费用。

总的来说，谢尔比公司的会计师在确定硅铁生产成本时采用了如下技术：①每个部门或每项活动所负担的成本合计数——按特定时期来计算；②同一时期所生产的产品总吨数除总成本数，以确定产品的单位成本。不过，分类账中的成本流却并没有得到明确确认。簿记的主要目的是形成有关簿记业务的书面记录，表明究竟发生了什么事，并为定期报告公司资产负债提供基础。因此，他们所使用的制度仅仅是混合贸易账户的修订版。尽管也在算生产成本，但所采用的分类账程序并非真正的成本会计技术。其单位成本的确定，似乎也是在分类账基础之外。这一技术迄今仍为有些企业所用。

注释

[1] 参见 A·C·利特尔顿，《1900 年前会计的演进》（纽约：美国学院出版公司，1933），散见于各处。

[2] "沉没成本"是哈里·加里森·布朗在《运输费率及其管制》（纽约：麦克米恩公司，1916）中使用的一个术语（见该书第 11-12 页）。关于其含义的简明解释，参见约翰·毛里斯·克拉克《间接成本经济学研究》（芝加哥：芝加哥大学出版社，1923），第 54 页。

[3] T·S·阿什通，《产业革命中的钢铁业》（曼彻斯特：曼彻斯特大学出版，经济史系列第 2 号，1924），第 100 页。

[4] T·S·阿什通，《产业革命中的钢铁业》，第 163 页。

[5] 林道尔·尤维克和 E·F·L·布里克《科学管理的构成》（伦敦：管理出版托拉斯，1945），II，第 17-23 页得出了同样结论。

[6] 罗纳德·S·爱德华兹，《英国成本会计发展及早期文献评注》，《会计师》，XCVII（1937 年 8 月），第 194 页。

[7] 克拉克，见前注 [2]，第 7 页。

[8] A·佩能，《欧洲成本会计的发展》《N·A·C·A 公报》，XXIV（1944），第 1060 页。

[9] 尤维克和布里克，《产业革命中的钢铁业》II，第 17-23 页。

[10] 约翰·曼恩爵士，《成本记录或工厂会计》，《会计百科全书》，（伦敦：威廉·格林父子公司，1903）II，第 260-261 页。对这种保密态度其他权威也曾作过评论。参看 H·L·阿诺德《工厂经理与会计师》（纽约：工程学杂志出版社，1903），散见于该书各处。阿诺德是位美国人。

[11] A·佩能 1944 年于《N·A·C·A 公报》，XXIV，第 1061-1962 页中提出了一种有所不同的结论：

    在谈到欧洲会计问题及会计职业时，有必要将不列颠群岛与大陆区分开来。首先，英国是现代会计的诞生地，同时也是会计方面的领军性国家；其次，在世界上没有任何一个地方会计职业像英国这样出名并得到普遍赞誉。在工业会计方面，英国即使没有取得领先位置，起码也是与美国保持了同步。我们甚至发现，除了成本会计方面一些先驱性的作者如 1818 年的科隆贺姆及我们这一时代的斯特罗恩、霍金斯之外，还有许多成本系统方面的早期应用。比方说，英格兰约翰·布朗股份有限公司的阿提拉斯工厂中，早在 1886 年就已经使用了标准制造费用技术。

当产业相对比较简单且管理单元较小时，没有对成本处理或成本记录的需求。因此，直到 18 世纪后期至 19 世纪中期之间成本会计才开始真正取得进展。在此期间，技术的发展改变了工业结构，使得资本扩张成为不可避免的事实。事实上，在产业革命早期阶段，整个趋势就是生产过程中使用资本的大幅度增加。在大型钢铁产品及煤产品贸易，以及蒸汽机、建筑工程、铁路的发展中，这方面的例子随处可见。随着技术单位规模的扩大以及投入资本的增加，工程师发现成本逐渐变得越来越重要。它们为未来交易提供了基础，因为它们已经成了估价的一个重要成分。巨额间接费用的补偿成为机器制造厂控制中的一个重大问题。

[12] F·W·H·桑德斯在《成本会计师》（1948 年 3～4 月），第 78 页所引用，但却是阿姆斯敦提供给他的。也可参见《成本会计师》，XXI（1941 年 10～11 月），第 211-212 页一篇未署名文章，题为《17 世纪的成本处理》。

[13] 尤维克和布里克，II，第 17 页。

[14] 爱德华兹，《会计师》，XCVII，第 225-226 页曾介绍过这部作品的内容。

[15] 参见大卫·默里，《簿记、会计及商业算术的历史篇章》（格拉斯哥（英国）：杰克逊-威吉列公司，1930），第 262 页。

[16] 爱德华兹，《会计师》，XCVII，第 226 页再现了诺斯所用的某些账户。

[17] 摘自爱德华兹上述《会计师》引文中。

[18] 爱德华兹上述《会计师》引文中所引用。

[19] 爱德华兹，《会计师》，XCVII，第 226-228 页。

[20] 爱德华兹，《会计师》，XCVII，第 227 页。

[21] 要进一步获得确认折旧的早期实例，可具体参看利特尔顿，《1900 年前会计的演进》第 223-226 页（纽约，美国学院出版公司，1933）。

[22] 约翰·梅，《簿记的现代化》，第六版（爱丁堡：1760），第 330 页。

[23] 约翰·梅，《簿记的现代化》，第六版（爱丁堡：1760），第 331 页。

[24] 参见约翰·梅，《簿记的现代化》，第六版（爱丁堡：1760）引文中。

[25] 约翰·梅，《簿记的现代化》，（爱丁堡：贝尔-布纳德福特-威廉·格利克公司，1768）。

[26] 爱德华兹，《会计师》，XCVII，第 228 页。

[27] 爱德华兹，《会计师》，XCVII，第 229 页说明了分录。

[28] 爱德华兹，《会计师》，XCVII，第 253 页。

[29] 上述引文中。

[30] 汉密尔顿在他的早期职业生涯中曾是一位银行家。然后成了阿伯丁大学的数学教授，他还是一位经济学家。

[31] 罗伯特·汉密尔顿，《商品导论》，第二版（爱丁堡：格利克公司，1820），第486页。

[32] 爱德华兹，《会计师》，XCVII，第253页有过概述。

[33] A·C·利特尔顿，《1900年前会计的演进》，第486页。

[34] A·C·利特尔顿，《1900年前会计的演进》，第491页。

[35] 爱德华兹，《会计师》，XCVII，第253页。

[36] A·C·利特尔顿，《1900年前会计的演进》，第339页。

[37] 参见《1900年前会计的演进》引文中。

[38] A·C·利特尔顿，《1900年前会计的演进》，第5-7页。

[39] 爱德华兹，《会计师》，XCVII，第254页。

[40] A·C·利特尔顿，《1900年前会计的演进》，第350页。

[41] 尤维克和布里克，Ⅱ，第35-36页。

[42] 同上第17-23页。

[43] 见《大百科全书》第26卷，"S·V·安瑟密·派恩"。不过，后面一位是指他儿子。

[44] A·C·利特尔顿，《1900年前会计的演进》第323-333页；R·S·爱德华兹，《19世纪法国对成本会计研究的贡献调查》（伦敦：吉出版公司，1937），第1-7页。

[45] A·C·利特尔顿，《1900年前会计的演进》，第325页。

[46] A·C·利特尔顿，《1900年前会计的演进》，第324页。

[47] A·C·利特尔顿，《1900年前会计的演进》，第324-325页；爱德华兹，《调查》，第2页。

[48] 摘自A·C·利特尔顿，《1900年前会计的演进》，第327页；爱德华兹，《调查》，第3页。

[49] A·C·利特尔顿，《1900年前会计的演进》，第327页给出的这个数字为24；爱德华兹，《调查》，第3页给出的这个数字为22，显然应该是24正确。

[50] 这两桶胶水究竟是如何定价的未见任何说明。

[51] A·C·利特尔顿，第328-329页。

[52] A·C·利特尔顿，第329页。

[53] 爱德华兹，《调查》，第4页。

[54] 爱德华兹，《调查》，第 5 页。

[55] A·C·利特尔顿，第 330 页。财务或"金额分类账"记录在前一页中有过说明。

[56] 参见引文中。

[57] 爱德华兹，《调查》，第 7 页。

[58] L·F·G·德·卡扎克斯，《一家工业企业的会计以及农村开发中的特殊方法》，1824。爱德华兹，《调查》，第 7-10 页中引用。

[59] 爱德华兹，《调查》，第 8-13 页提供的译文。

[60] 本书作者根据爱德华兹，《调查》，第 10 页翻译。

[61] 爱德华兹，《调查》，第 12 页提供的译文。

[62] 迈西·让宁，《会计导论》（巴黎：1829），爱德华兹，《调查》，第 18 页中引用。

[63] F·N·西蒙，《持有账簿的完全方法》（1832），爱德华兹，《调查》，第 18-19 页引用。

[64] 摘自爱德华兹，《调查》，第 19 页。

[65] 本书作者根据爱德华兹，《调查》，第 14 页翻译。

[66] 路易斯·米泽勒斯，《制造业会计》，第五版（1862），爱德华兹，《调查》，第 30-32 页中引用。

[67] 爱德华兹，《调查》，第 34 页谈到：古堡特曾先后担任威佐冶金协会等多个组织的主管，检查员等。在经过 25 年的职业实践之后，于 1865 年写出两卷本著作《会计及工业管理导论》。

[68] M·杜古，《企业及公共事业中会计的应用导论》（1872）。

[69] M·E·克拉破仑，《会计程序》（1886）。

[70] H·勒弗列，《会计学》（1883）。

[71] 爱德华兹，《调查》，第 35-36 页。

[72] F·W·科隆贺姆，《复式记账的单一应用》（伦敦：朗曼-格林出版公司，1818），第 125-127 页。

[73] 第六章将对这场论战进行讨论。

[74] 乔治·杰克逊，《日记账检查》，第五版（伦敦：1836），第 133 页。（第一版，1826；第二十五版，1904）。1904 版中同样包括少量有关制造业的评论，因此将在后面章节中详加讨论。

[75] 查理斯·班巴哥，《论机器及制造业经济》（伦敦：C·赖特公司，1832）；尤维克和布里克，I，第 25 页中作了复制。

[76] 查理斯·班巴哥，《论机器及制造业经济》（伦敦：1841），第 203-204 页。

[77] 班巴哥的著作对后来那些强调消费品生产的更现代的经济学家具有丰富的寓意。他强调劳动的部门分工及适当的产出计划。从 E·H·安德森和 G·T·舒温宁的《生产组织科学》（纽约：约翰·维勒父子公司，1938），第 40-63 页中，可以看到有关这一问题以及科学管理的其他关系的更出色的讨论。

[78] 参看 E·J·汉密尔顿，《利润膨胀与产业革命：1751—1800》，《经济学季刊》，LVI（1942 年 2 月），第 267 页，他谈道："经济史学家认为，18 世纪后半期开始盛行卖方市场，当实际工资收入稳步下降时，最大的问题是尽快地生产出更多产品，而不用发愁销售。人们公认现有生产方式下的需求压力是采用新技术的主要原因。"也可参看 J·C·L·西蒙的《政治经济中最难的练习曲》（巴黎：1837），I，第 39 页。

[79] 约翰·弗勒明，《复式簿记》（匹兹堡：W·S·哈文公司，1854），第 115 页。也可参看 A·C·利特尔顿，《1900 年前会计的演进》，第 356 页。弗勒明为美国人。

[80] 参看 A·C·利特尔顿，《1900 年前会计的演进》，第 356 页。

[81] 弗雷德里克·C·克勒普，《统计簿记》（伦敦：朗曼出版公司，1858），第 151 页。1862 年出了第二版，但与第一版相比却无任何增进。作者克勒普为英国人。

[82] J·叟耶，《皮革贸易簿记》，第二版（伦敦，1862）。叟耶也是英国人。

[83] 作者特意使用了"黑暗时代"一词。

[84] 叟耶，爱德华兹，《会计师》，XCVII，第 255 页有引用。

[85] 为完善起见，应该提到，在《簿记科学与实践》一书的 1866 年版（费城：叟尔-巴恩斯-包兹出版公司）中，作者洛伦佐·费尔班克斯表示他希望以后能有机会单独就制造业会计出版一部独立的著作。但据目前所知，并未有这样的著作出版。不过，它却表明工业企业的特殊需要得到了人们的认可。费尔班克斯是费城一家商业专科学校的校长。

[86] 指 F·R·戈达德。见《制造业企业的资产负债表》，《克利夫兰（英格兰）工程师学会学报》。《会计师》，XCVII，第 284 页曾有所提及。

[87] 注［86］引文中。

[88] 苏格兰教科书作者 F·H·特在其《实用簿记》一书第二版（1874）中，有比较短的一章专门讨论矿山或采石场成本制度。该制度的目的在于按矿山的每个工作面来反映其业务成本。为此，他专门为每个工作面分别绘制了成本表，可用于按月记录人工成本、工具费用、运输费用以及其他杂项费用。这些费用的合计数会分配到每一吨产品上去，包括原石及已完工石料（卡特心中所想是一个采石场）。这一技术还有一个很有意思的特征是其间接费用是按月在另外一

张表中单独归集，然后再分配到每吨石料上去。这些费用项目会按每个工作面所产石料吨数比例加到各个工作面的成本上去。这一描述预示了现代间接费用分配法中的"产品单位法"。见《会计师》，XCVII，第 313 页。

[89] 托马斯·巴特斯比，《适用于铁/铜铸造厂、机械师、工程师、造船厂、制造商等的完美的复式簿记及理想的主要成本与利润指示器（在部门制基础之上）》（曼彻斯特，1878）。

[90] 巴特斯比，《适用于铁/铜铸造厂、机械师、工程师、造船厂、制造商等的完美的复式簿记及理想的主要成本与利润指示器（在部门制基础之上）》，第 33 页。

[91] 巴特斯比，《适用于铁/铜铸造厂、机械师、工程师、造船厂、制造商等的完美的复式簿记及理想的主要成本与利润指示器（在部门制基础之上）》，第 34 页。

[92] 巴特斯比，《适用于铁/铜铸造厂、机械师、工程师、造船厂、制造商等的完美的复式簿记及理想的主要成本与利润指示器（在部门制基础之上）》引文中。

[93] 巴特斯比，《适用于铁/铜铸造厂、机械师、工程师、造船厂、制造商等的完美的复式簿记及理想的主要成本与利润指示器（在部门制基础之上）》引文中。

[94] 巴特斯比，《适用于铁/铜铸造厂、机械师、工程师、造船厂、制造商等的完美的复式簿记及理想的主要成本与利润指示器（在部门制基础之上）》引文中。

[95] 巴特斯比，《适用于铁/铜铸造厂、机械师、工程师、造船厂、制造商等的完美的复式簿记及理想的主要成本与利润指示器（在部门制基础之上）》，第 34-40 页。

[96] 巴特斯比并没有称这一余额为"毛利"，但他的意思却显然如此。

[97] 加克和费尔斯的著作将在以后章节进行讨论。

[98] W·C·斯克维勒，《玻璃制造业的革命》（剑桥：哈佛大学出版社，1948），第 56 页。

[99] J·H·高德温，《高德温的改良簿记》，第四版（纽约，1881）。1908 年第二十六版的描述完全与此相同。是否高德温真的认为过去 27 年中工厂会计方面毫无改进？单独处理制造业会计的另一个实例是 J·C·布赖恩特的《布赖恩特新簿记》，第六版（布法罗，1880），第 161-170 页。

[100] J·H·高德温，《高德温的改良簿记》，第 15 页。

[101] 在 D·S·道所著《记账》（纽约：D·A·柯蒂斯公司，1882）一书第 80 页，作者有一段话同样表明了这一时期美国作者不甚关注工厂会计的情况。他说道："簿记员设立一个账户，并将其称为制造账户，他对这一账户的处理完全像他所用的是商品账户一样……也就是说，他只要收到东西就借记该账户，只要有付出就贷记该账户。"关于间接费用根本提也没提。不过，利特尔顿在《1900 年前会计的演进》第 356-357 页说道："这种按使用商品账户的方式使

用制造账户的做法未能逃脱批评。比如，《簿记员》（1880）的编者们就曾对缺乏说明性资料表示强烈反对，并坚持在工厂中应该有'系统的会计职务'，要求'信息的部门化'。"

[102] 高德温，第 14 页。他自己的分类账中只列出了前两笔借方记录和第一笔贷方记录，其他记录是本书作者根据他的描述补上去的。

[103] 乔治·S·吉彼，《托顿的锡铁匠——里德-巴顿公司的历史》（剑桥：哈佛大学出版社，1943）。

[104] 乔治·S·吉彼，《托顿的锡铁匠——里德-巴顿公司的历史》（剑桥：哈佛大学出版社，1943），第 267-270 页。

[105] 乔治·S·吉彼，《托顿的锡铁匠——里德-巴顿公司的历史》（剑桥：哈佛大学出版社，1943），第 267-270 页。

[106] 托马斯·R·纳温，《1831 年以来的惠汀机器制造厂》（剑桥：哈佛大学出版社，1950）。

[107] 纳温，《1831 年以来的惠汀机器制造厂》（剑桥：哈佛大学出版社，1950），第 27 页。

[108] 纳温，《1831 年以来的惠汀机器制造厂》（剑桥：哈佛大学出版社，1950），第 149-150 页。

[109] 乔治·S·吉彼，《萨克-洛厄尔工厂》（剑桥：哈佛大学出版社，1950）。

[110] 乔治·S·吉彼，《萨克-洛厄尔工厂》（剑桥：哈佛大学出版社，1950），第 41 页。

[111] 乔治·S·吉彼，《萨克-洛厄尔工厂》（剑桥：哈佛大学出版社，1950），第 42 页。

[112] 乔治·S·吉彼，《萨克-洛厄尔工厂》（剑桥：哈佛大学出版社，1950），第 47，60-61 页。

[113] 乔治·S·吉彼，《萨克-洛厄尔工厂》（剑桥：哈佛大学出版社，1950），第 50-51 页。

[114] 伊夫林·H·洛顿，《佩珀列尔公司的进程》（剑桥：哈佛大学出版社，1948）。

[115] 伊夫林·H·洛顿，《佩珀列尔公司的进程》（剑桥：哈佛大学出版社，1948），第 71-72 页。

[116] 伊夫林·H·洛顿，《佩珀列尔公司的进程》（剑桥：哈佛大学出版社，1948），第 177 页。

[117] 伊夫林·H·洛顿，《佩珀列尔公司的进程》（剑桥：哈佛大学出版社，1948）引文中。

[118] W·W·考莱，"谢尔比钢铁公司会计记录研究"（阿拉巴马大学图书馆中未发表的 MBA 论文）。

第三章

原材料会计的演进

第一部分　原材料处理与控制

　　企业购进和使用的原材料作为产品"主要成本"的一个重要组成部分，其会计问题，早期成本理论家实际上几乎全都曾经提及或作过专门讨论。正如本书第一章中谈到的那样，就连中世纪的工业会计师们——尤其是佛罗伦萨和威尼斯的会计师——也已对它有极好的理解。在 19 世纪早期的会计记录中，原材料处理技术得到了进一步精炼。其中，派恩和科隆贺姆的工作尤其值得注意。科隆贺姆甚至已在推荐使用现在所谓的"永续盘存制".[1]虽然还比较粗糙，但他的首创精神却是很值得肯定的。

　　人们最初之所以会对这一问题产生兴趣，原因不难确定。显而易见，如果一家企业要保持较完好的记录，首先至少必须涉及完工产品中所包含的原材料及直接人工的数量和价值。主要成本制度（prime cost system）作为更完善的成本处理技术的先驱，是后来才逐渐演进并完善起来的。有了这一动机，也就不难理解作为美军军需官的亨利·梅特卡夫

（Henry Metcalfe）为什么会在他于 1885 年所写的《制造成本》（*Cost of Manufactures*）[2]一书中用好几章的篇幅来讨论这一问题。除对材料要素的成本处理提出极好的意见之外，梅特卡夫还就设置活页账提出了好几项建议，他的建议也是关于这一问题最早的建议之一。他认为应该设置一张卡片，将各种类型的材料交易或转移业务记载清楚。此外，每张卡片上还应留下专门空间，用于已用物品计价及记录负担该材料费用的工作单编号。在当时，许多工厂将成本视为企业内部机密，经理人员往往认为让雇员知道材料成本是不明智的，梅特卡夫却认为这种做法弊远大于利，并建议将所有物品进价列成清单，复制后分发给所有可能填写材料卡的员工。如此则可使材料价格在所有有关记录上显示出来。如果工厂内部生产的各种零部件转入下一步骤继续加工，相应地，有关这些零部件的估计成本表就可一同转向各有关部门。这样，这些新填制的卡片就会对其他部门起到最初价格清单一样的作用。每张卡片上只做一笔分录，就是说，每张生产通知单（production order）所用的各种原材料要分别记录。这样做的目的，是为了使成本核算员和库房保管员能在以后根据每张通知单所耗用材料的数量及材料类型对卡片进行分类拣选。达成目的之后，卡片会随使用材料的生产通知单或按所涉及的业务分别归档。对这一点，梅特卡夫没有提出任何明确建议。这样的卡片会大量充斥在工厂的每个角落，工人们将毫不犹豫地使用它们。不过，所有卡片必须由一位工长专门负责进行验证。需要顺便提及的是，验证时他只需使用手动穿孔机在卡片上打孔而不必签名。调拨单和购货单也要登入卡片。另外，还要为各种材料或物料用品设置一种"分类账卡"（ledge slip），用于记录所有发料及发料退回业务。分类账卡事实上是一种库房分类账，只是没有在每笔业务发生之后结算余额的规定，其余额只需在每季末结算一次。该账卡只记数量，但需要将价格标记在每张卡片的题头。[3]

　　显而易见，梅特卡夫的系统中有许多极为现代的东西，虽然上述技术尚需进一步雕琢和完善。不过，有趣的是，他的观点却受到同时代几位杰出工程师的严厉批评，其中包括泰勒和奥伯林·史密斯。史密斯为大型工厂中无孔不入、数量庞大的卡片所震撼，认为应当设计出一种方法以减少卡片数量。泰勒则认为梅特卡夫的程序朝着正确方向迈出了一大步，但从他个人的经验来看，这些程序只是部分地具有适用性。不过，他确实赞同卡片系统，并在自己的公司——威廉赛乐氏公司（William Sellers and Company）——中用了差不多有 10 年时间。[4]

两年后，（1887 年）英国权威埃米尔·加克和 J·M·费尔斯也对材料成本处理进行了深入研究。他们两人都是大型工业公司的高级行政主管兼会计师。加克是英国电气牵引公司（British Electric Traction Company）的执行董事，费尔斯则是盐业有限公司（Salt Union Limited）总经理。他们的系统关注于把工作单分发给工长，工长则进一步要求仓库管理员提供所需材料。这里的工作单被称为"发料凭证"（stores warrant），仓库管理员要留下一份副本。仓库管理员需将所有发料凭证登入发料账（stores issued book），该账包括如下栏目：日期、凭证号、领料部门、领用物品名称、工作单号或用途、体积、数量、重量、单价、金额、总账页数及备注。发料凭证要送往"账房"（counting house），据以登记主要成本账，同时登记商业分类账的材料账户。发料账所反映的情况要定期记入材料分类账有关物品贷方。此外还要设置一本拒收材料账（stores rejected book），记录所有退还给卖主的材料。该账分录以与各该卖主相关的贷项通知单（credit memorandum）为基础。加克和费尔斯都特别强调余料退回的重要性，为此专门设置了仓库借项清单（debit note），包括材料名称、工作单号、用途、数量、重量、单价、金额等栏目。仓库管理员首先要根据借项清单登记车间退料账（shop returns book），然后将其送往中心办公室，据以冲减主要成本账中相应工作单的成本。车间退料账中的所有记录随后都须过入材料分类账借方。[5]

加克和费尔斯还通过收料账来反映材料收入情况。收料账分录需定期过入材料分类账借方。他们将这两种账与现金账借方记录及总账中现金账户的借方记录进行比对。也就是说，它们之间有着相同的关系。他们的材料分类账异乎寻常地完善。其借方栏目包括日期、总账页码、企业名称、摘要、数量、单价、金额、合计；贷方栏目名称也与此相同。因此，除了控制栏（hand column）缺少余额项外，这本明细账与今天所用的几乎完全相同。不过，显而易见，根据上述记录，可以在必要时（如编表日）随时结出余额。加克和费尔斯同时还注意到了总账中材料账户与材料分类账中账户的协调，与那些要求保持独立的成本账的系统相比，无疑有明显的改进。虽然在一些细节性问题上还不是很清楚，但这两个英国权威确实通过成本记录与一般账簿的密切结合，特别强调了保证工厂会计准确性的重要意义。正如他们所说，"在这种系统下，对材料进行定期检验的结果，不仅要与材料分类账中特定材料的实际情况相符，还应与商业分类账中的材料账户符合。"[6]直到几年以后，其他权威人士才开始提出这种技术。总体来看，可以说，加克和费尔斯显示出了他们对材料会计的精深理解，其系统自此之后再无任何大的改进。不过，正如我们将在第五章中看到的那样，对间接费用的处理，他们显得不是那么清楚。

19世纪后期，另一位英国人 G·P·诺顿（G. P. Norton）继承了加克和费尔斯的大部分处理方法。他提出一种原材料存货及成本账，收、发两方皆设置好几个栏目。但他还是未设余额栏，却同时反映了数量和成本价，进而可以在任何时日结出总的发出量，加上实存数之后与收入量核对相符。各部门退回的材料在发出栏里用红笔登记，在最后汇总计算发出总量时加以扣除。最后这种技术可与加克和费尔斯的借项清单相比照。诺顿认为像他们做得那样精细是没必要的。[7]

几年后，英国会计师、工厂经理 J·S·刘易斯（J. S. Lewis）在其《工厂的商业组织》（*Commercial Organization of Factories*）一书中确认，对各种材料进行实物盘点时，与材料分类账不符的可能性反而要比完全相符的可能性大，从而使上述技术又有所增益。这一点是以前的专家们未曾注意到的。对这种情况，刘易斯提出了一种可能的解决方案，当出现短缺时，记入"营业"（trading）账户借方，溢余则记入同一账户贷方；材料分类账则通过调整与材料实有数保持相符。为了累积反映各种余缺，可使用一种专门的检查表（survey sheet）。该表包括如下栏目：各分类账余额、每次检查余额以及按数量和价值反映的短缺或溢余。[8]除此以外，刘易斯对材料会计理论和技术再无任何增进。刘易斯的同乡E·安德雷德（E. Andrade）建议使用一种包含如下栏目的材料分类账：日期、应记账户、发料单页码、发出材料 A、发料单页码、发出材料 B，如此等等，每类材料分别反映。仓库管理员要每天将当天的全部发料情况列成清单报送成本核算员，成本核算员对发出材料进行计价，并将其归由适当作业来负担。对某项特定作业的专需材料，安德雷德建议在购货分类账中设一个专栏，也可在必要时单独设账进行反映。[9]

在美国，这个问题自梅特卡夫 1885 讨论过之后就很少再有人注意。但是，在世纪之交的 1899 年，H·L·阿诺德（H. L. Arnold）出版了他的《完全的成本记录》（*Complete Cost-Keeper*），书中描述了当时几家著名工业公司所使用的程序。其中一家企业就使用了材料分类账卡片系统，并同时为库存材料数量和价值设置了余额栏。这些卡片都是按流动基础（current basis）来记录，也就是说可以在每天终了时知道余额。其中还提到最大最小库存量的计数区间。除这一很现代的特征之外，为使材料分类账记录能够一直保持准确无误，负责材料分类账的记账员还会每天发出一张查询单，要求仓库管理员提供特定项目的实有数，仓库管理员事先根本不知道会被问到哪些项目。如发现有任何短缺（阿诺德提到这是很可能发生的），则要相应地改变永久性材料记录。仓库货物至少必须每 60 天全面清点一次。[10]像今天一样，领料单及其他所有与之相关的记录都要用到。总的来讲，阿诺德的技术和描述与近来人们对这一问题的讨论有极大的可比性。

第二年，另一位美国人 H·迪默（H. Diemer）又提出一种系统，该系统需要提供由制订工作计划的部门编制的所谓"材料单"（bill of material）。材料单栏目有：部件名称、材料、规格或型号、提货号、请领数量、订货日期、收货日期、从库房提出的材料、总重量及材料成本。必须设定专人（计划部门以外的人员）检查库存材料是否过量，同时也还要保证材料数量能够有效地满足目前所需。这听起来很像是计划者的职责，特别是，迪默曾经提到，他还必须负责安排好全工厂的生产流程，使之有序地进行。不过，迪默的主要贡献，依然在于他的材料单，这种材料单后来成了许多成本安排的一个显著特征。[11]需要顺便提到的是，这位权威人士反对使用材料分类账业务卡片。事实上，他根本不赞同保持永续盘存制材料记录，他坚持认为这只是添乱而已，只有库存材料实际数才是真正安全可靠的记录。他似乎混淆了材料分类账技术的根本目的。显然，实际数是更准确，但它是用来检查账簿记录是否正确，而不是用账簿记录来检查它。迪默因此而对这种现代成本会计师广为采用的重要技术进行了谴责。按照他的想法，材料单加上一张由部门专管签名、据以从库房提取材料的单据，就可以代替材料分类账。他还提到可以通过不时的实物盘点来确定准确的材料实有数。所有这些都表明迪默在更大程度上是一个理论家，而非实践家。

到 1904 年，成本权威们开始按目前方式提到永续盘存制。例如，底特律会计师 H·L·C·霍尔（H.L.C.Hall）就提出了一种材料分类账卡，他的设计以能够每月（而不是在每项业务发生之后）便利地结出各种材料数量和价值为目的；他称为"永续盘存制"（perpetual inventory system），并谈到，通过使用这种方法，可以很快编制出每月利润表及财务状况表。同时还可利用这种制度定期针对材料实际盘存数来检查账簿记录是否正确。霍尔还详细考虑了材料的采购和储存问题，这表明他对这一重要课题的把握是非常全面的。[12]

一些英国成本理论家也延续了加克、费尔斯及其他早期权威的工作。

不过，这一时期的英国论著在涉及材料处理时总是比较空洞。例如，H·斯潘塞（H. Spencer）1907年的著作中有一章就是专门讨论这一问题，但他只是强调仓库管理员的工作而已。他提出的材料分类账主要是为了确定各种库存物品数量（不包括价值）的滚存结余。如果愿意，也可将已订购物品登入同样卡片，如此则可同时反映出在库及在途材料数量。他还提出一种连续检查或审计计划，这种计划可以保证有关数量记录资料至少可以每几个月进行一次全面核对[13]。此外，斯潘塞还以几页的篇幅讨论了购货代理商、最大最小库存量以及收发料问题。不过，关于后面这些内容并没有什么原创的东西，不过是拾人牙慧而已。[14]

到1909年，美国成本理论家已经在考虑大公司的要求以及小型加工厂所需的普通业务及形式。例如，为了减轻向材料分类账及成本记录过账的工作量，J·L·尼科尔森（J. L. Nicholson）提出一种领料汇总表。该表可以定期（每周或每月）加总，如此则可一次性确定整个时期的材料成本，而不再是各张领料单分别计算。[15]尼科尔森当时还提议编制一份所谓的"发出材料报告"（report of material delivered），其目的是累积反映仓库管理员在一月之内发送给全厂不同部门的材料合计数，适用于非分批处理的加工企业。这种报告在非分批处理加工企业中所起的作用，基本上与领料汇总表在工程及合同企业（contracting establishment）中的作用相同。这位权威人士还进一步给出了大量他在自己的著作中所讨论的汇总表及报告的不同格式，但却未能对材料会计中所涉及的分类账业务给予足够重视。不过，他倒确实和早先的一些专家一样，提出了使用真正的永续盘存制的建议，并设计了一种与之相关的原材料卡片，上面留有专门空间反映已收、已发及结存材料数量和价值。在他之前的作者一般大都不太注意在卡片上同时登记材料数量和价值。大多数人仅仅满足于数量记录。[16]总而言之，可以说，就对成本中材料要素进行适当控制的重要性的认识来看，尼科尔森比他的前辈们确实要高出一筹，但他的讨论还是有些流于一般，因此，他的著作也更像是一本手册，而不是教科书。不过，或许那正是他想要的。

在 20 世纪第一个 10 年结束时，有关原材料处理及控制的大多数理论和技术都已出现。从那以后很少再有原创性贡献。但这并不是说人们不再关注这一问题。相反，几乎所有权威都感到对前人已涉足过的领域作进一步探索和发展乃势在必行。为此，人们开始特别关注一些程序的细节问题。例如，F·E·韦伯勒（F. E. Webner）引入"重量及计量差"（variation in weights and measures）账户，作为"错误或欺诈的量度"（barometer of inaccuracies or dishonesty）。[17]该账户用于归集 1 年内所发现的材料分类账记录错误。这些差异可能源于物品丢失、被盗或者计量记录错误。该账户贷方反映被制造费用账户吸收的金额，且至少要覆盖一个以上完整的会计期。因此，这个账户实际上是一种预算或调节手段。韦伯勒的系统中包含好几个这样的账户，这是他的工作中特别值得注意的地方。

J·L·尼科尔森在他 1913 年的著作中再次阐述了适当保持材料记录的细节性问题。他设计了一种相当完善的材料卡，包括订货量、收货量（数量及价格）、发货量（数量及价格）、库存余数（数量及价值）、后备量以及最终可用量等栏目。这种形式可以提供所有想要的信息。如果哪家企业不能使用这类极为完善的方法，尼科尔森还提出了可供他们使用的其他方式。[18]

"一战"前后，成本方面权威人士有关工厂原材料（或存货）处理细节性问题的论著，内容变得越来越丰富。费城 E·P·莫克斯（E. P. Moxey）的著作可称为"一战"前一段时期这方面文献的典型。莫克斯首先介绍了为区别成本会计和普通工厂簿记而广泛使用的各种详细记录，接下来又进一步描述了为确定在任一给定时期使用或"损失"（lost）（莫克斯自己的用语）材料成本而使用的实地盘存法（physical inventory method）。[19]当然，这种实地盘存法只是对期初材料加本期购进材料减期末材料等于已用材料这一常见公式的简单表达。这位费城会计师（也是一位教授）强调的是这样一个事实，即：在这种方法下，工厂经理不得不"推断"库房材料的漏耗（leakage）。不过，在第二种被称为"账面盘存"（book inventory）的材料会计法下，推测性工作要少得多，原因在于可以通过永续盘存卡定期检查确定实际库存材料余额。在对他所喜好的方法作进一步描述时，莫克斯继加克和费尔斯之后，使用了后来极为流行的图表法。比如，在他的图表中，有一张专门描述材料记录与商业记录间的关系；他用了 12 种不同的图形来表示各有关项目，并用箭头标明费用、业务等流转的方向。

E·P·莫克斯对材料收发细节的描述十分清晰，但却依然偏于简略。他的系统具有如下值得注意的特征：①他喜欢每月登一次总账；②逐日登记债权人分类账；③低于规定质量标准的材料，其发票经批准后可按常规程序进行处理，但随后应向对方发出贷项通知（credit memo）；④仓库保管部门应设置拒收材料登记簿（stores rejected book），作为登记材料卡的依据；⑤莫克斯完全不考虑领料单中涉及的定价问题；⑥工厂员工发现发给他们的材料过剩，则应填制一份材料借项清单（stores debit note）；⑦他建议使用一种非常完善的材料活页账卡，包括以下栏目：a) 已订购但尚未发出的材料——订货日期、件数或数量、收货日期、订单号、交货日期；b) 在库材料——收到日期、件数或数量、金额、发料日期、领料单编号；c) 已分配材料——件数或数量、金额、发料日期、通知单编号；d) 可用材料——日期、件数或数量、金额；⑧他要求对材料计数卡和材料清单作通行检查；⑨他通过解释实地盘存制存在的问题和困难对整个讨论作了总结。他特别强调实地盘点的时机选择，认为应该在库存数达到最低限时进行盘点。正如他所说："这样做并不只是为了图轻松省力，这时候的实际存货量对于准确确定是否需要向卖主发出新订单订购更多材料最为有利。"[20]

就美国而论，J·P·乔丹（J. P. Jordan）和 G·L·哈里斯（G. L. Harris)[21] 的工作堪称"一战"后这一领域研究的典型；至于英国，则数 E·T·埃尔伯恩（E. T. Elbourne）的《工厂管理与成本会计》（*Factory Administration and Cost Accounts*）最为精深。[22]埃尔伯恩在很大程度上借鉴了前人的研究成果，将各种优势技术融为一体。从 20 世纪 20 年代初期起，标准成本成为最热门话题，它不仅适用于材料，而且适用于其他成本项目。各种权威人士早在几年前就已经提出这种计划，但只是到近几年这方面的问题才更显突出。在此，我们无法就这方面的发展作详细考虑，不过，有关这一问题的一些特定方面，将在本章第二部分予以讨论。

除一般成本方面的著作之外（其中对材料问题只是顺便提及），各种专题研究也开始出现。章后所附注释中有一些例子，其标题已经很好地说明了它们的意旨。[23]概而论之，可以说，至 1925 年，有关工厂材料处理与控制的技术和理论已然众所周知。此后唯一的发展，应该算是大公司中制表机日益广泛的使用，但这种现代化实务并不需要任何新的理论支持。

第二部分　发料及其计价

1885 年之前只有很少几位权威人士考虑过发料及其计价问题。他们认为材料"成本"只是在考虑产品应负担的材料要素时才用。然而事实上，在此之前很少有著作谈及这方面的具体技术。众多复杂的问题没有一个被提及，也没有人对这一问题感兴趣。但从 1885 年开始，这一问题开始变得重要起来。也就是在这 1 年，亨利·梅特卡夫提出将材料的"真实成本"（true cost）（他的用语）价在厂里广泛公布，并登记到他建议使用的所有卡片上。[24]该价格应该与材料单或发票上所反映价格相同，并应写到领料单及其他材料卡正面。这位权威人士似乎认为在确定成本价方面不会有任何困难，他也很少为一些可能不很确定的项目（比如存储或处理费用）而烦心。以下是他典型的处理方式："当会计年度终了进行存货盘存时，实有材料价值应贷记过去 1 年中占用该材料的工作通知单。这样，所有的疏漏就尽归该工作单负担了，而且所有未分配费用也很自然地落在最适宜之处，因为最可能负担这些费用的也就是该工作单"。[25]尽管如此，他的工作依然是很值得注意的，因为他确实提出了许多完全符合发展方向的很明确的建议。

此后不久，英国人埃米尔·加克和 J·M·费尔斯规定，在他们的存货分类账及领料单上，需要反映出因各项工作使用而发给工长的原材料的"单价、金额及合计数"，但他们未曾说明上述价值由何而来，整个事情仍属未定事宜。不过，可以想到，他们所用的应该是成本价。[26]他们的同乡诺顿比起他们来就更具体了一点，他提出的原材料存货及成本账包含一个单价栏。诺顿认为这里的价格应该包括运费及其他有关采购费用，比如佣金或手续费。不过，在该账的发出方，价格却被省略了。由此来看，该成本只是为了方便资产负债表日进行材料项目盘点。事实上，诺顿对材料记录的看法在以下言论中已经表现得淋漓尽致：

在材料会计中……应该关注的是数量而非价值。引入价值只会导致无尽的混乱，毫无用处可言。[27]

由此来看，他对我们这里所讨论的话题并非特别关注。

稍后，英国工程师 F·G·伯顿（F. G. Burton）建议在工程及机器制造行业采用一种发料簿（stores issue book）。该账簿由普通仓库管理员用于记录发出物品金额及单价。他采用的单价为成本价，按他的定义，等于发票价加应分摊的部分水陆运费（freight and cartage）。他承认这种分配有时会很困难，因此接下来他又谈到，很多企业并不采用这种技术，而是将这类费用计入间接费用。不过，伯顿还是认为用"实际成本价"为好。[28]至于发料单，伯顿感觉极不确定，他更倾向于让企业自己来决定。[29]

在世纪之交的美国，关于是否需要在材料成本基础上加上一定比例，以补偿这些材料成本被加入某一作业成本之前因其成本及存储、检查、处理、运输费而占用资金的利息，曾经引发过一场争论。比如，亨利·罗兰[30]坚持认为，正确的方法应该是增加这样一部分费用，但难以确定适当金额却是这项技术的一大缺憾。这位权威人士对如何计算这一比例的细节性问题未作任何讨论，而是仅仅提到，能否有准确数字是一个很值得怀疑的问题。与此相反，加拿大人埃迪斯（Eddis）和廷德尔（Tindall）则认为，一定类型的原材料总会经历价格波动。当发生这种情况时，他们建议使用加权平均数，在会计期终了时计算，并用到当时的产品上去。不过在另一处，他们似乎又站到了自己的反面，认为：如果货物是在不同时期按不同价格购进，比较适当的处理方式，应该是"根据先前经验，将原材料价格固定在受市场状况所支配的时候"。[31]这一说法意味着他们希望制造商使用市场价格，但其实并不是那么回事，因为他们观察到，"因原材料价值增加而带来的利润，不应该予以考虑……"[32]或许只有材料减值应在物品价值被计入产品成本时在存货账户上予以确认。显而易见，他们的观点是很混乱的，很难确定他们推荐的究竟是什么。

芝加哥的毕安（B. C. Bean）采纳了埃迪斯和廷德尔关于发料单上使用固定价格的建议。固定价格的选择之一是"买价"（buying price），另一种则是根据几年情况确定的平均价。平均价被称为"市场价值"（market value），毕安对其可能的使用作了详细讨论。不过，他不同意以前作者关于材料价应该包括运输费的观点；他认为，这种做法不适当地增大了物品的价值，因为，当物品进入企业备用之时，其价值并不总是会变得更大。毕安这里所论及的似乎只是存货估价问题，虽然按他所写他是在考虑发料单的定价。除此而外，他的观点没有任何价值。[33]

世纪之交，在发料凭证计价方面，人们已经提出如下方法：①普通成本法；②成本加运费及其他费用法；③平均成本法；④市场成本法。也就是在此时，人们开始考虑先进先出法。至于其数量方面，英国会计师兼造纸厂经理 J·麦克诺顿（J. MacNaughton）在其《纸厂簿记》（*Factory Bookkeeping for Paper Mills*）（1899）一书中已经有所讨论。他展示了一种只有数量记录的分类账——一边记收入，另一边记发出。他在该账中使用了先进先出法，但他未曾说明在需要保持价值资料的商业账簿中是否同样遵循这一原则。[34]另外还有两三个作者也曾触及这一问题，但却因感觉这是一项没有多大意义的提议而放弃了它。但对另一位英国作者 S·S·道森（S. S. Dawson）而言，情况却并非如此。道森于 1897 年就面粉厂会计进行了专门研究。他并没有特别提及这一问题，但在对"磨粉账户"的图式说明中（该账户用于反映每周加工小麦的累积成本），他曾提到，假如某一特定类型的小麦因购进批次不同而价格各异，则应在进入加工过程时仔细考虑该小麦的定价问题。[35]虽然他没有明确表态，但今天的作者们皆认为，从他所举的例子来看，道森其实是希望采用先进先出法。对道森的程序我们将在第八章作更为详尽的讨论。

1903 年，英国会计师斯坦利·加里（Stanley Garry）在化学工业学会上宣读的一篇论文中提出了一种适用于加工业的定价系统，当时显得很怪异，但很快就显示出极其重要的意义。他首先讨论了价格波动情况下原材料会计所面临的总体问题，接下来谈到，这种价格变动并不会使他的建议变得更为复杂，因为他要求采用一种正常标准，通过这种标准可对经营成果和效率进行很好的计量。按照这种方法，首先需要以有效的产出为基础估计企业的原材料需求，其次是设定一种"正常的标准价格"。所谓正常的标准价格，乃是以过去结果和未来前景共同作为基础。正如他所言，这一计划的优点，在于"获得了一个可据以对产出进行计量的标准，不仅仅是数量的计量，而且是对材料质量的计量。同样方式也可用于产品质量计量。通过这种数量和质量的双重计量，首先可以表明管理成效；其次在确定这一点之后，可以进一步确定下列因素对成本的影响：

（1）市场价格的升降；

（2）生产标准的降低。"[36]

这两个方面也正是现代标准成本管理的目的所在。虽然加里没有提出完整的分类账处理方式，但他提供了一些表格，说明他的头脑中确实有很好的计划。不论是材料成本还是总成本，其实际成本与标准成本之间的差异都被分得很清楚。除此之外，作者还用好几段的篇幅对标准的设置及有关问题作了讨论。面对有些人关于这种技术既不可能又不可行的嘲笑，加里谈到，他已经对这一计划作过一些尝试。开始时确实有许多问题需要解决，但这些问题是可以解决的。按他的话来说：

要想既不花时间又不遇到任何麻烦就得到一个标准，可能性当然不是很大，好在我们已经有了对处在原材料阶段的产品价值比例进行计量的经验法则，可以作为参考以获得所需标准。[37]

在另外一个地方，他把（进入产品的）原材料计价标准与人寿保险公司使用的死亡率表作了比较。也就是说，可以以平均的方式来计算价格，这种平均有十分宽泛的基础，足以消除任何短期/意外事件或价格波动所造成的影响。总之，可以说，加里在他的计划中表现出了很强的原创性，虽然就其计划的采用而言，他所处的时代可能是块不毛之地。直到大约 20 年之后，人们才在他所指引的方向上迈出了重要的几步。然而，他的讨论却具有极为重要的历史意义。

至 1905 年，人们开始明确推荐在按不同价格购进原材料时采用先进先出法进行计价。英国特许会计师 S·佩德（S. Pedder）认为，在他看来，每购进一批材料就调整价格（平均价）一般是不太可能的，领料单和库存物资的计价应该按收料次序进行记录。但他在提到这种方法时却没有使用今天所用的这种名称，而是就让它保持在无名状态。[38]

在美国，以平均成本作为领料单的计价基础似乎正在逐渐成为一种趋势，而且不断有所改进。例如，在 1906 年，约翰·惠特莫尔（John Whitmore）提倡采用基于发料时实有材料存货平均成本的平均价格。这个数据只有在新购进的材料价格与之前有所不同时才会改变。不过，到最后，惠特莫尔却并不明确表态他究竟倾向于哪种具体方法；按照他的说法，企业应该以自己的经验和判断为指南。其目的完全在于集中体现"材料存货应该是能够尽快满足企业所有需要的目前所必需的存货"[39]这样一种观点，而不管这种观点究竟是什么意思。很快，一些英国权威人士也开始提倡在特定情况下——价格发生上下波动时——以市场价格作为材料计价基础。W·斯特罗恩（W. Strachan）就是这种思想的典型代表。他认为市场价可以给制造商提供与那些刚买了材料的企业一样的竞价优势。为此，可以拟定一份以现价为基础的价格表供发料时查阅。斯特罗恩既没有讨论当市场价和成本价之间出现差异时应如何处理，也不管进行存货账务处理时遇到种种难题该怎么解决。随便提到一点，按照他的想法，不论价格高于还是低于材料成本，都应该使用市场价。[40]

接下来的六七年中，关于这个问题的讨论几乎完全是空白。有关间接费用处理的讨论不断深入，关于生产领用材料的计价方面却没有任何大的进展。各方面权威人士似乎已经默许个别成本或某种平均成本的使用。事实上，很少有人再提起这一话题。例如，在 1913 年，费城一位细心的名叫 E·P·莫克斯的成本会计学者就曾作过这样一种极为简单的描述："当领料单递给仓库管理员时，他先是发出所需材料，接着确定材料价格，在领料单上填上金额。"[41]他根本提都没提采用的计价方法。然而，在第一次世界大战开始之后，这一问题又显示出极为重要的意义。随着价格不断上升，许多公司开始关注材料定价技术对其竞争地位的影响。在 1915—1925 年之间，人们对这一问题的关注越来越多。

在 20 世纪最初 10 年内，好几位美国专家继续推荐一种平均成本法，[42]按照这种方法，当新进材料价格与以前价格不同时，需重新计算发料价格。另外还有一种倾向，就是在可以用一种公平的方式进行运费分配时，则将运费也加到材料成本中去。[43]虽然采用平均成本受到很多人拥护，但依然有一些专家偏爱先进先出法，[44]另一些人则坚持只应采用市价法。[45]所有这些成本会计师中竟然没有一个人能够深入地说明为什么他更青睐某一种方法。但同时又很少有人考虑采用其他方法的可能性。他们这种轻慢态度与 20 世纪 20 年代人们的态度形成鲜明对照。

20 世纪 20 年代初，成本界的权威们开始更加仔细和深入地应对发料成本计价问题。他们中的许多人对这一问题作了更为细致的讨论，列出了各种可供使用的方法及其利弊得失。其中尤其值得一提的是美国人 J·P·乔丹和 G·L·哈里斯的工作；他们对这一问题作了更全面的分析，并用一整章的篇幅来讨论各种不同的方法。[46]他们首先开宗明义地指出，材料成本包括所有运输及处理费用（这一理论到 1920 年已经十分确定），然后对有关发出材料计价的如下诸种方法进行了讨论：①采用储存时间最久的材料原始成本的方法；②采用耗用时市场价的方法，这种方法主要用于木材加工业及钢铁行业；③使用平均成本的方法，包括移动平均法和月末一次平均法；④使用价格最高的材料原始成本的方法，这种方法被认为是最稳健的方法。除了未包括只为少数企业所采用的正常或最低存量法（normal or base stock method）外，上面所列出的关于发出材料计价方法的清单，差不多是非常完善的了。这一时期，后进先出法也开始被少数企业所采用。

在此有必要提到有关这一话题的另外一项极为重要的因素，它涉及美国所得税法的有关规定。的确，人们之所以在 1913 年之后对这一问题再无更多想法，可能与财政部那种相当短视的观点不无关系。财政部一贯厌恶新奇的或与其想法不一致的材料计价方案，通常情况下只是推荐使用先进先出法。正常或最低存量法的使用首倡于 1913 年，最终在 20 世纪 20 年代后期被宣布为违反所得税法，而平均成本原则也只是被允许在极少数行业使用。直到最近，国会才准许产业中使用后进先出法。不过，这并不意味着公司不能根据自己的意愿采用适合自己的方法，而是意味着必须在所得税报表中使用财政部准许的方法。

在这一时期，英国成本会计师对这一问题的考虑更为仔细。A·C·里奇韦（A. C. Ridgway）（英国特许会计师）于 1919 年推荐使用"最后进价法"，因为这个价格将是材料重置价格。[47] 由此来看，他明显倾向于以市场价作为发料价，虽然他没有说明在公司账簿中应该如何具体使用他的方法。另一位英国成本会计权威，L·W·霍金斯（L. W. Hawkins），在其《成本会计》（*Cost Accounts*）第四版（1920）中对严格的成本法与市价法的相对优劣作了一丝不苟的比较分析，其最后结论是，在大多数情况下市价法要更好一些。霍金斯还谈到两种可供采用的平均定价法，一种是平均进价法，另一种则是在库存货平均法。按照他的观点，后者相对更好一些。至于市价的使用，霍金斯认为，如果差异或波动较小，则可忽略不计；只有当发生较大变化时才应予以考虑。显然，采用这一技术时必须设置一个账户专门反映由于物价变动所引起的损益。霍金斯提到了这种可能性，但却未曾深究。[48] E·T·埃尔伯恩（E. T. Elbourne）1 年后也对这一问题作了深入研究，他认为确认市场变化在实际中难度很大，作为工厂经理，如果要想发挥这种方法的优势，就应该采用一种只在半年或 1 年以上的时期变化一次的价格——一种事先确定的市价。他最后的观点是，对大多数加工企业来讲，先进先出法可能更为适用。[49] 由上可知，截至 1925 年，英国的成本权威们已经在很仔细地研究这一课题，但是，从 1900 年到目前为止的大部分时间中，他们的讨论大都落后于美国同行。从那时起，他们的贡献很少。

20 世纪 20 年代初期，某些原材料价格剧烈波动，市价与成本价之争在美国再度兴起。有几位权威人士就采用重置价值法提出了更充足的理由，特别是对大量耗用、价格经常发生波动的原材料的工厂而言。[50] 所谓材料标准成本或正常成本也被人们以更大的热情提了出来。此外，人们还热切地期盼所得税要求方面能有所变化，使制造企业可以在自己乐意的情况下，甚至在税务报表中也能采用最低存量法进行原材料计价。

不过，到目前为止，这方面的努力还很不成功。

注释

[1] 散见第二章各处。

[2] 亨利·梅特卡夫，《制造成本》（纽约：约翰·维勒父子公司），1885 年第一版，1907 年第三版。后两版中基本未有任何变化。

[3] 梅特卡夫，散见各处。

[4] 这类批评散见于 1886 年《美国机械工程师学会学报》。有趣的是，这里所看到的泰勒的观点，是他在管理及成本处理文献方面的最初贡献。在此之后，他开始在科学管理的各个领域大放异彩。有关他情况的介绍，可看 E·H·安德森和 G·T·舒温宁的《生产组织科学》（纽约：约翰·维勒父子公司，1938），第 226-231 页。有些权威人士将后来泰勒著名的讨论"车间管理"的文章视为对标准成本的早期贡献之一。参见《美国机械工程师学会学报》，XXIV（1903），第 1337-1456 页。

[5] 埃米尔·加克和 J·M·费尔斯，《工厂账目：原理及实务》第四版（伦敦：克罗斯比，劳克武德父子出版社，1893），第 52-57 页。（初版于 1887 年）两版内容完全相同。参看约翰·惠特莫尔《一些成本会计术语》，《会计学杂志》，L，No.3（1930，9 月），第 200 页。有关加克和费尔斯的概略情况，可参看大卫·所罗门斯《成本研究》（伦敦：斯维特-马克斯韦尔出版社，1952），第 35 页。

[6] 加克和费尔斯，《工厂账目：原理及实务》第 50 页。

[7] G·P·诺顿，《纺织品制造商簿记》第四版（伦敦：斯皮金，1900），第 248-262 页（1889 年第一版）。第四版内容也完全没有变化。需要顺便说明的是，诺顿的图式中标注的日期为 1884 年，而他的著作是在 1889 年出版，这可能说明他的著作是在几年前写成。他是一位英国执业会计师，生于 1858 年，1939 年去世。

[8] J·S·刘易斯，《工厂的商业组织》，第三版（伦敦：E·及 F·N·斯本，1896），第 376 页。

[9] E·安德雷德，《制造成本账户：使用与处理》，《会计师》，1899 年 2 月 11 日，第 171 页。

[10] 加克和费尔斯《工厂账目：原理及实务》第 117 页推荐同样做法。

[11] H·迪默，"机械厂的商业化组织"，《工程师杂志》，XIX（1900），第 511，707

页。迪默是美国人。

[12] H·L·C·霍尔，《制造成本》（底特律：簿记员出版公司，1904），第45-50页。

[13] H·斯潘塞，《工程公司的商业化组织》（纽约：斯本-张伯伦出版公司，1907），第40-50页。

[14] L·W·霍金斯《成本会计》（伦敦：吉出版公司，1905）中也提到一种与斯潘塞类似的材料分类账——只反映数量。不过，霍金斯却谈到必要时也可以使用价值记录。

[15] 在美国，早在1905年就有人推荐同样技术。比如H·C·M·维德就曾提出一种"已耗材料汇总表"，有了本表以后，成本分类账可以每月登记一次，也可以按其他时间间隔定期登记。其栏目包括日期、工作单号1、工作单号2、工作单号3等。本表也可用于登记材料及物料用品账户贷方以及制造账户借方。参见《成本会计：关于其理论及原理的说明》，《会计师》，1905年11月11日，第549页。转载自《商业世界》。

[16] J·L·尼科尔森，《工厂组织与成本》（纽约：科尔技术出版公司，1909），第274页。

[17] F·E·威伯勒，《工厂成本》（纽约：罗纳德出版公司，1911），第92页。

[18] J·L·尼科尔森，《成本会计：理论与实务》（纽约：罗纳德出版公司，1913）第255页；J·B·格林，《实际库存业务中的永续盘存制》，《工程学杂志》，XLVIII（1915），第880页曾介绍过一种与尼科尔森的方法极为相像的形式，唯一的不同之处是在每一部分加了一个日期栏。

[19] E·P·莫克斯，《工厂成本记录原理》（纽约：罗纳德出版公司，1913），第22-39页。

[20] E·P·莫克斯，《工厂成本记录原理》，第40页。

[21] J·P·乔丹和G·L·哈里斯，《成本会计》（纽约：罗纳德出版公司，1920），散见各处。

[22] E·T·埃尔伯恩，《工厂管理与成本会计》（伦敦：朗曼-格林出版公司，1921），第370-398页。

[23] H·B·图福德，《采购：经济特征与适当方法》（纽约：D·范·罗斯特兰德公司，1915）；H·H·法库哈，《工厂库存：材料控制与储存》（纽约：麦格劳-希尔图书公司，1922）；J·H·巴伯，《存货的经济控制》（纽约：法律图书公司，1925）；F·W·凯达夫，《存货实务与材料控制》（纽约：麦格劳-希尔图书公司，1925）；R·C·戴维斯，《购进与存储》（纽约：亚历山大-汉密尔顿学

会，1931）；M·卡特梅尔，《存货与材料控制》（纽约：罗纳德出版公司，1922）。

[24] M·梅特卡夫，《存货与材料控制》，第 171 页。

[25] M·梅特卡夫，《存货与材料控制》，第 176 页。

[26] 加克和费尔斯，《工厂账目：原理及实务》，第 50 页。

[27] G·P·诺顿，《纺织品制造商簿记》，第 247 页。其中斜体字为诺顿自己所加。

[28] F·G·伯顿，《工程估算与成本会计》第二版（曼彻斯特：技术出版公司，1900），第 63 页（1895 年第一版）。

[29] E·安德雷德，《会计师》，1899 年 2 月 11 日，第 171 页采用了同样的实务处理方法。

[30] H·L·阿诺德的笔名，《机械厂及铸造厂的成本处理方法》，《工程学杂志》，XIV（1898），第 631 页。

[31] W·C·埃迪斯和 W·B·廷德尔，《制造商会计》（多伦多：作者自己出版，1902），第 65，100 页。

[32] 埃迪斯和廷德尔，第 66 页。

[33] B·C·毕安，《生产成本》（芝加哥：A·W·肖公司，1905），第 35 页。

[34] 约瑟夫·麦克诺顿，《纸厂簿记》（伦敦：木质纸浆有限公司，1899），第 12 页。

[35] 见 S·S·道森《面粉厂存货及现金账户》，《会计师》，1897 年 4 月 3 日，第 370 页。

[36] H·斯坦利·加里，《工厂成本》，《会计师》，1903 年 7 月 25 日及 9 月 25 日，第 956 页。

[37] H·斯坦利·加里，《工厂成本》，《会计师》，1903 年 7 月 25 日及 9 月 25 日，第 957 页。

[38] 斯坦利·佩德，《成本账户，其优势及与经营成果的关系》，《会计师》，1905 年 4 月 29 日，第 524 页。

[39] 约翰·惠特莫尔，《工厂会计在机械厂的应用》，《会计学杂志》，III（1906），第 356 页。

[40] W·斯特罗恩，《成本会计》（伦敦：史蒂文斯-海恩斯，1909），第 19 页；L·W·霍金斯在这点上并非如此武断。他同时给出了两种观点，并对按成本及平均成本法定价进行了讨论。按照他的观点，如果采用市场价，由于价格波动而引起的成本与市价之间的差额应该作为损益处理。不过，他并没有表明这种差异如何在账上进行处理。参见他的《成本会计》，第 77 页。两人皆为英

国人。

[41] 莫克斯，第 28 页。

[42] A·汉米尔顿·丘吉尔，《制造成本与账户》（纽约：麦格劳-希尔图书公司，1917），第 163 页，及 F·H·鲍，《成本会计原理与实务》（巴尔的摩：F·H·鲍,1915），第 64 页。

[43] 参看 C·H·斯克维尔，《成本会计与费用负担》（纽约：D·阿普尔顿出版公司，1916），第 28 页；丘吉尔，《制造成本与账户》1917 年，第 160 页。

[44] 斯克维尔，《成本会计与费用负担》第 41 页。

[45] 参看 C·E·武德斯，《统一工业会计方法》（纽约：罗纳德出版公司，1917），第 78 页。

[46] 乔丹和哈里斯，《成本会计》，第 152 页。

[47] A·C·里奇韦，《成本会计》，《会计师》1919 年 12 月 6 日，第 488 页。

[48] 霍金斯，1920 年，第 76 页。

[49] 埃尔伯恩，《工厂管理与成本会计》，第 379 页。

[50] 可参看 C·O·惠灵顿，"实际成本与重置成本比较"，《国家成本会计师协会年鉴》(1922)，第 52 页。

[51] 参看《会计学国际会议会议录》(1929)，有关这一方法的讨论散见各处。

第四章

直接人工会计的演进

 直接人工作为成本要素，不论处理还是记录都相当简单，因而在过去50年里许多权威人士有关工业会计的论著很少论及。事实上，除工资计划（wage plan）（并非我们这里关注的重点）在形式上有所创新之外，三四十年前的成本专家所创造的有关这一问题的各种处理方法迄今依然十分标准，仅有过一些小小的修改。不过，随着时间的推移，也还是出现了一些新的特征。本章的目的之一，即是指出这方面发生的一些发展变化。

 1885年前的会计师经常会谈到在完成一定作业或工序的过程中记录所发生的劳动力成本的必要性，虽则如此，但却从未见有过任何通盘解释。他们之所以对此表示关注，原因是显而易见的。如果能保持产品产出时的所有成本记录，这些记录至少应该能够表明所耗原材料数量及所涉及的劳动力情况。顺便提及，在人们开始考虑工厂间接费用要素之前，这种所谓"主要成本制度"（prime cost system）曾经十分流行。因此，直接人工会计问题为早期成本方面的权威人士所关注，也就是十分自然的事情。正如19世纪80年代美国流行作者之一的 J·H·高德温（J. H. Goodwin）在以下评述中所指出的那样，当时的处理通常是相当粗陋而含混的：

> 我们在每周、每半月或每月给雇员支付其应得工资时，无需按人分设账户，而是按所付数直接借记薪金或人工账户（Salaries or Labor account）。如果我们不是定期支付，而是允许员工按自己的意愿随时支取工资，我们将会给每个员工开立一个账户，在他们支取现金或为了私人使用而领取货物时随时在其借方进行登记，并在月末按其当月工资数贷记各该账户……接下来我们会结束分类账中为了表明制造过程中所消耗的不同物品数额而设立的所有账户，将所有这些账户中所记录的数额过入制造账户借方，这一账户用于替代所有刚刚结束的账户。与此同时，还要结束人工账户，将其反映的所耗人工数过入制造账户借方。[1]

尽管如此，19 世纪末期的进步依然是相当大的。1885 年，亨利·梅特卡夫在撰写《制造成本》一书时，已经能够总结出一套相当完整的人工工时及雇员成本报告与记录制度。正如上一章中所述，梅特卡夫建议在可能的情况下尽量使用卡片。依照这一建议，人们为车间工人设置了卡片账，每张卡片都附有存根。当工人完成一项工作转向另一项工作时，必须填一张卡片，时间间隔大多为四分之一天。每天必须至少填一张卡片。卡片列明工人的编号、姓名、当天所做的工作，此外还要摁上手印。所有卡片每天由成本核算员进行分类，先按姓名分，然后按每个姓名下的车间派工单号分。此外还要提供一份工时记录簿，与车间派工单所记录的工时相对照。作业完成之前，所有卡片按作业号归类；作业完成之后，所有与之相关的卡片需进行归总并记入车间派工单。工时记录簿有许多栏目，包括：车间派工单号、备注、该月的天数、工作天数、日工资及总计数。显而易见，梅特卡夫的制度在性质上是相当现代的，卡片的使用尤其新颖。然而，必须记住，当时人们才刚刚开始使用钟表，而他所倡导的这一技术所要履行的，乃是与自动化记录手段相同的职能。

不知道他的制度应用的程度究竟如何。当他 1885 年在美国机械工程师学会会议上讨论这一问题时，他的意见遭到一些人的强烈批评，因为这些人发现工厂里的工人就像众所周知的那样，在记录和计时方面是很差的。[2]

几年后，英国人埃米尔·加克和 J·M·费尔斯提出给每个员工分别设置一个"基本板"（prime board）。这是一种有关每天人工费用发生情况以及该雇员工作单号码的记录。这些记录由工长做成，并由计时员复写记入时间分配簿，其后于每一付薪日加计出总数，呈送商务办公室用于计付工资。此外，计时员还须定期拟出一份概要，表明与时间消耗有关的各种工序单。这份概要可用于登记主要成本分类账（prime cost ledger），以反映该期间内各种作业或业务上所发生的人工成本，它还可以与财务部的工资簿进行核对。加克和费尔斯以分类账账户为手段，对人工成本流作了非常细致的处理。他们还是较早提出将成本账与普通账紧密结合的成本会计师。因此，在别无他法的情况下，他们有关人工费用会计的讨论是很值得关注的。[3]

在这方面，诺顿的工作也是很值得注意的。这位英国专家在 19 世纪80 年代后期对纺织业会计有特殊兴趣。他建议采用工资票以有助于控制和记录人工成本。工长每周都会得到一本票据，他给下属每人签发一张，表明各人应得工资数。原件被交予工人，复写件则按他的话说是被交予"账房"（accounting house）。后者实际负责发放工资。在工资票撕下之前，必须全部交由公司一位官员进行检查，该官员同时负责核实工资票上所反映的数额。在不便使用工资票的情况下，可代之以工资簿。工资簿上分编号、姓名、工资率或工资额等栏目，并依所包含的周数相应地设置十个以上栏目。诺顿的工资簿是按部门设置的，因此他建议分部门进行工资汇总，因此又有了为不同部门专设的栏目（总共 13 个）及现金账页码，后者与现金账分录总体上相对应，表明工资支付情况。若经理人员不想要部门数据，则可在总账中设工厂工资账户，以节省现金支出簿空间。所付工资总额过入本账户借方，会计期末再作各种贷方记录，这些记录必须与借方记录严格保持相等。其贷方记录有关所付工资的各种转账记录，包括支付给动力厂员工的工资，为货物运输及搬运而支付到固定账户上的工资，由营业账户（trading account）负担的工资如工厂员工工资，经理人员薪金，技术人员、工匠、水管工、警卫、计时员工资等。由此可见，工厂工资账户是所有已付工资的集合结算账户（clearing and collection account）。诺顿为人工成本要素的处理提供了多种技术，对当时的纺织业具有相当重要的意义。[4]

上述 4 位权威人士的工作表明，直接人工问题早在制造费用得到人们普遍重视以前，就已经受到一定程度的重视和关注。[5]以后的作者对此也同样关注。比如，在 1894 年，一位英国匿名作者提供了一份 1890 年按周记录的标准工资簿样式：

第×周（至 1890 年 1 月 7 日）

工人编号	姓名	部门	星期一工时 工长号码	（一周内其他各天，内容与周一同）	总工时	工资率	工资额

以上形式必要时可作一定修改。比如说，当工人人数很多，而正在进行的作业数很少时，所有员工每天在每项作业上所花费的工时总数就可单独计入，只要其工资率相同。对于规模很大的工厂，这一技术可以大大减少登入工作量。[6]另一位英国人（J·S·刘易斯）在几年后提出一种内容更为丰富的人工成本要素处理方案。刘易斯的计划是每周在一个独立的表格中记录每个员工的工作时间，表中需要表明该员工所从事工作的工作单编号。该表以分栏方式同时反映正常工作时间和加班时间，必要时还可对一周中的每一天分别设定一个栏目。其记录每周一次转入

工资簿。工资簿对所有时间记录表进行汇总。工资簿上设了许多栏目，可用于检查员工编号、姓名、工作时间（包括加班时间）、工资率、工资额；计时工资、工作单编号、借、贷；应付工资总额；分部门总计数，现金账页码、金额。工资簿由工资部门用作计发工资的信息来源。成本核算员也可用它登记工作单分类账（job order ledger），该账用于汇总各项工作的主要成本。工作单分类账每周登记一次。该账包含大量信息：既有所耗原材料信息，也有不同作业所涉及的人工费用。仅人工费用方面，就设置了应付工资的工时数、工资率、正常工时、应付工资的加班工时、记账的计件工资、月合计、计件所得（piecework earnings）——件数、计件工资率、计件工资总额。总体来看，他所倡导的这种制度是相当复杂的。在此有必要提及的是，以上种种，全都在工厂财务账之外。为了实际支付员工工资，还必须同时反映其他各种业务。[7]

与刘易斯同时代的 F·G·伯顿对工程技术工作中的成本账户特别有兴趣。他提出了一种比较简单的工资账。他把成本计算工作分解到一项作业（比如大型船只的建造）的不同部分，因而其工资表中需设如下栏目：员工姓名、工序（真的只是作业的一部分）、工时（一周中各天分别反映）、一周总工时、小时工资率、每道工序工资以及每人工资总额。由此来看，该表实际上相当于工资发放表（payroll sheet）及刘易斯的人工费用汇总表（labor allocation sheet）。计时员（timekeeper）要对应记入各个部门或某项作业的各个部分的数额每周或每月进行汇总，然后将有关数据过入先前设立的各个成本表。[8]

世纪之交，有关人工费用要素处理的各种专门方法开始不断涌现。美国人 H·L·阿诺德提出了所谓"时间明细卡"（detailed time cards），包括编号、业务、周天数、合计、工资率、金额等栏目。在"业务"一栏中需详细列明生产产品（如哈特滚筒式轴承）时所涉及的各个生产步骤，每个步骤后都留出了一定空间，以填列件数及工时数。产品批号及日期列在卡的上端。按阿诺德的说法，本卡的优势在于可以对某一特定业务中各个工人的工作时间进行比较，并标明差异。他所描述的另一家公司在其成本会计中使用一种"加班及半工报告"（overtime and half-time report），把周天数列在左下方，而将所完成的工作、加班时间、半工时间及合计数列在右上方。所有这些项目的合计数要依次转至一种该工人所在的工资表中，该表反映有借方、贷方（或扣减）以及付薪日实际付给每个员工的工资数。对计件工资，则要提供两种账簿：第一种称为"计件工资时间簿"（piecework timebook），它实际上是一种将计时工资制下的时间与计件工资制下的时间相互对照的比较性记录；第二种为计件工资率账（piecework rate-book），它可以反映编目号、说明、规格、式样编号、重量以及每件计件工作的工资率。两种账簿合为一体，对按这种方式进行成本费用处理的工序所涉及的人工成本构成有效的控制。阿诺德在其著作中对可供机器生产条件下使用的各种计时卡作了一定说明。每种卡都留有一定空间，用于反映所涉及的时间，以及各台机器上所进行工作的种类。[9]稍后，阿诺德又提出一种新方法，他称为"发散式周工资表"（"scatter-good weekly payroll" sheet），栏目包括：实付工资总额、参考号、扣减额、计时工作、按时间计算的工资额、计件工作时数（hours piecework）、按件数确定的工资额，然后对一周内的每一天各设一个栏目。显然，这种形式也是为了便于进行计件工资与计时工资的比较。其多样化的栏目设置，或许就是为了同时满足两种工资制的要求。[10]总的来看，阿诺德有关直接人工处理的讨论在当时是相当先进的。不过，人工费用会计的演进本身要比其他两项成本要素会计快许多。

1902 年左右，一些成本会计权威人士，比如加拿大的埃迪斯（Eddis）和汀达尔（Tindall），开始致力于人工费用部门化及人工成本汇总问题研究。当有一大批员工从事多种不同作业的生产并构成不同部门时，埃迪斯和汀达尔建议使用一种包括日期、工人编号、工资率、详细情况等栏目，以及好几个"工具"（tool）栏的工资表，每个栏目都有一定空间反映工作时数及工资额。这些栏目定期加总过入成本账。这一技术大大节省了向按工作单分别设置的表格分别过账并进行全部人工费用汇总的工作量。他们还建议当采用计件工资制时，每两周为每个工人编一份计件工作时间表。该表提供的信息包括：配工单号、工作说明、产量、工资率以及工人应得的工资额。如果工厂经理人员想要有关时间记录，也可以为该数据留下适当空间。此外，还专门配备产品质量检查员对产品质量进行检查，确定合格品，挑出废品。[11]

美国人 H・L・C・霍尔也对人工费用或工资项目部门化的可能性进行了考虑。他认为，应该对雇员进行编号以表明其所在的部门。霍尔继梅特卡夫之后进一步提出，对那些工作场所不断变换的工人，应该每天填一张卡片，详细反映出其工作情况作为计费基础。[12]

正如在本章前面内容中我们所看到的那样，在 20 世纪前 10 年的中期，当按工作天数计算的工资制及计件工资制日益为人们所关注时，人工费用会计已经发展到了相当完好的地步。机械化的工时记录也已经相当完善，并得到许多成本会计师的推荐。在 19 世纪 90 年代，人们就已经提出各种类型的奖励工资制。有些成本方面的权威人士（尤其在英国）将部分精力投入对与之相关的特殊会计问题的讨论。举例来讲，亨利・斯潘塞就曾建议使用一种"奖励工作记录"（premium job note）以表明有关工作情况的说明、产出量、支付额（the payments on account）以及许诺的奖金。与该工作记录相应，他还设计了专门的奖金分类账，以详细反映每个员工获得奖金的情况。实际支付的工资额需要记录在工资簿中，它其实只是一份工资表。总体而言，斯潘塞的讨论在当时是相当完善的，[13]尽管他并未说明要使用他的制度应该如何设账，如何做分录，从而避免了很多麻烦。[14]

另一位英国人 G・A・米切尔（G. A. Mitchell）于 1907 将所有有关工资支付的内容通过一个假设的工厂全部纳入了一种人工费用总计簿（labor summary book）。其栏目包括周次、表格编号、工作单号（数量可按需要设定）、工长、职员、车间费用（间接人工）、工具（资产）、工厂维护、模型（patterns）、维修部门、新车间（new plant）以及总计①。工作单号栏目用于记录与每一工作单相对应的直接人工费用，总计栏反映贷记工资账的金额。本总计簿的详细资料来自工长的计时卡和每周的人工费用表。人工费用表仅仅是对计时卡的汇总。需要顺便说明的是，米切尔明确提出在工厂中使用时钟进行工作时间控制。[15]当时有些权威人士对使用时钟计时的优越性很是怀疑，但总体上使用时钟还是比较受欢迎的。

在 20 世纪前 10 年的后期，有人开始建议将人工费用要素纳入机器费用，然后一同结转计入由一定部门或工序生产的产品中去。不过，这种技术仅被推荐在机械化程度很高且所产产品始终如一的工厂中使用。A·汉米尔顿·丘吉尔（A. Hamilton Church）（著名的英国电气工程师，1900 年左右移居美国）在其 1901 年所写的系列文章中曾对此种计划有过暗示，[16]但他并未将其发展开来。而另一方面，J·L·尼科尔森在他 1909 年于纽约发表的内容丰富的文章中对此作了充分说明。实际上有两种技术可用。第一种称为"新机器费用率"（new machine rate），即按部门归集除材料以外的所有成本费用。这些费用接下来会以各机器工序中所发生的时间在所生产的产品单位间进行分配。这种很特殊的程序，与间接费用的归集和分配问题有密切关系，我们将在下一章作更为充分的讨论。第二种技术称为"新工资费用率"（new pay rate），其核心基础是将一个部门内的员工工资率与同样按部门确定的制造费用负担率加计在一起。这两项成本要素的合计数随之通过员工在特定业务上所花时间

---

① 这里所讲的是人工费用总计簿中所包含的具体栏目，本账按周汇总反映全厂工资费用发生情况，栏目中包括了账页上所要反映的基本资料及发生人工费用的有关部门。其中"表格编号"是指各部门按周编制的人工费用表的编号；工作单号是按工作单（产品批次）分别设置，有多少批产品就设多少个栏目，以分别反映各批产品的人工费用，因此括号中加注了"数量可按需要设定"字样；工长栏汇总反映全厂所有工长的工资；"职员"栏反映全厂职员的工资；"车间费用"栏反映车间管理人员工资，所以注明为"间接人工"；其后的工具、工厂维护、模型、维修部门、新厂反映的是其他有关部门包括新建车间人员工资。——译者

与新工资率相乘用于产品，而不再是将人工费用和工厂间接费用各自作为单独的项目。顺便提及，这一技术的确是一种很特别的成本制度，其后的一些权威人士也曾按此方式对其作过讨论，其中有些人下面将会提到。这种方法也曾遭到一些成本专家的批评，理由是它将太多项目合在一起而缺乏进行成本控制所必需的详细情况。[17]除了这方面的贡献外，尼科尔森还曾描绘出大约 28 种计时票格式及 14 种工资表，工厂会计师们可按其所面对的特殊情况择适而用。这在当时足以称作最丰富的收藏，为成本制度设计人员提供了很有价值的参考。尼科尔森还对 7 种互不相同的工资制度进行讨论，指出了它们各自的优缺点。不过，当涉及人工成本要素的分类账处理时，他的论述却是软弱无力的，其大部分内容，仅是对如何使用各种表格，以及如何在必要时进行某些修改作出说明。

各方面的专家不久就开始对尼科尔森的处理方法作进一步扩展和深化。比如，在第二年（1910 年），纽约的约翰·R·威德曼（John. R. Wildman）就曾提出一种人工费用汇总表，包括部门、总计、间接人工以及为厂内各部门在各项作业上所发生的直接人工费用所开列的各种栏目。成本核算员只是将直接人工栏目的数据过入成本表，而总计数作为应付工资额，由工薪出纳员负责。[18]

1911 年，美国一位从事具体工作的会计师 F·E·威伯勒（F. E. Webner）出版了《工厂成本》（Factory Costs）一书，其中好几章涉及直接人工成本项目的处理。在对有关时间记录及表格的使用问题作了一番虽然有些一般化但却十分详细的讨论之后，他对工资支付的构成因素以及工资的实际支付作了一些思考。他认为，后者并不包括在成本制度的固有范围之内。与尼科尔森一样，威伯勒也对各种工资制度——尤其是那些按"奖金"分类然后再进行分组的工资制度——的比较优势进行了讨论。不过，威伯勒的主要贡献在于对将人工成本用于产品成本核算的各种方法的讨论。在各种权威不断倡导各种技术时，并无一人对其进行归总。威伯勒则对当时通用的大约六种一般性工资制度作了总结性说明。要把他的讨论在此全盘复制下来显然太过棘手，因此这里只是作一些简单的介绍。第一种工资制度名为"工作单号评估制"，它是通过高质量的推测或测试对车间工作单成本预先作出估计。对种类相同的工作单，人工成本可按预先确定的估计数为基础来算。这并不是威伯勒推荐的方法，他认为该方法很多时候不太安全。第二种为"具体作业号费用法"，以每个员工的准确生产时间（乘以其工资率）来计算每项作业的人工费用。第三种为计件工资制，前面已经作过讨论。第四种称为"平均工时制"，或"旧工时制"，是与尼科尔森的"新工资费用率"法相比较而言的。在这种方法下，需要将间接费用与直接人工费用加在一起，以根据具体情况确定每单位产品或单位工时应负担的各部门费用。第五种方法为"报价单百分比法"（list-percentage plan），根据该类产品过去的成本记录，以与该项成本费用在产品报价单中所占比例相同的百分比，预先得出产品人工成本[①]。这一百分比"可直接用于每个部门在给一定期间内所生产的整批产品，也可在必要时用于某一具体批次的产品。实际成本与报价单百分比成本之间的任何差异可在随后予以确定并加以记录。"[19]威伯勒的第六种制度是当时常见的机器工时法，这种方法不仅将人工费用与间接费用绑在一起，而且用了相当精确的间接费用项目归集及分配办法。除上述六种方法外，还有一种"点数法"（point plan），可在工人领用某一特定材料（比如木材）用以生产出几个不同产品的情况下使用。对其中最大的产品要配定某一具体数值的点数，其他项目则配以较小的点数。然后可按产出项目的累积点数来计算分配人工费用。总体来看，威伯勒关于人工费用会计的讨论是当时最全面和最充分的。尼科尔森提供了许多表格，威伯勒则对如何进行分类账业务处理作了更为适当的说明。虽然如此，关于人工成本却依然有许多遗留问题需进一步

---

① 这种方法目前很少采用，因此在理解上可能会有一些困难。其核心是以工资费用在产品价格中所占百分比来简化地计算目前工资费用。实际上是以这一百分比作为预先确定的工资费用分配率。——译者

阐明，至少从初学者的角度来看确实是这样。

一位第一次世界大战前的观察者——E·P·莫克斯——在作出如下说明时，似乎更贴近于对标准成本法的描述：

显而易见，当编好工资表并将有关分录从商业方（即现金账）和工厂方（制造日记账）过入总分类账的"人工"账户之后，本账户两边应该是平衡的。然而，如果有任何差异存在，比如支付的人工费用额与计入在产品的人工费用有所差异，这种差异将直接在总分类账的"人工"账户中表现出来。许多制造商不喜欢将这一余额留在本账户，因此会将其转账至"人工费用调整账户"，该账户余额反映人工费用损失。[20]

莫克斯先前曾经解释说"调整"账户应直接结转至损益账户。

在"一战"前一段时期内，英国成本会计师忽略了这一特殊议题的大部分内容。虽然 L·W·霍金斯对这一问题作过极其详尽的探究，但却一无创新。他曾介绍过如何在"成本账"和"总账"上做分录，这一讨论倒是极有价值，原因在于这两种账本身是各自独立的，未曾以任何形式绑在一起。霍金斯还给出了一些他自己为直接人工工时计费及工资支付所设计的表式，但关于其使用却无任何新颖之处。[21]

1915 年之后，英国几位成本专家撰文讨论这一问题时，对如何在一家工厂中进行直接人工费用处理作了一定讨论，其中有些人的讨论十分仔细。在这些讨论中开始出现了一些新的很具体的议题。举例来讲，S·H·巴莱尔（S. H. Bunnell）认为，一些"外部工作"就很值得关注。这类特殊活动包括建筑工及机器安装工在将企业所销售的大件设备安装到位时所发生的人工费用。显然，这些活动很少被作为直接人工考虑，巴莱尔却作了考虑。[22]在讨论其具体运用时，他给出了必要的报告及时间表的具体格式。

1920 年左右，出现了一些更全面的论述，我们可以举乔丹和哈里斯为例。这两位卓越的美国专家在其《成本会计》（1920）一书中花好几章篇幅对这一问题进行讨论，他们的讨论几乎到了别人不容置喙的地步。他们首先对所采用的主要表式作出解释，然后考虑当工人由一个部门借调到另一个部门时所涉及的程序。接着又概括介绍了用于检查人工费用卡的各种技术及其适用范围。随后是工资支付制度，并对不同的表式作了说明。在此，他们对用什么样的程序处理有关借出工人的业务作了进一步讨论，这次强调的重点是工人工资。随后，他们又考察了日记账分录。该分录与直接人工费用的处理相联系，定期进行。总体来看，他们有关这一成本要素项目会计处理的描述，是美国 20 世纪 20 年代早期出版的有关这方面问题文献的一个典型。

　　20 世纪 20 年代英国会计师对这一问题的忽视，因埃尔伯恩新版《工厂管理与成本会计》（*Factory Administration and Cost Accounts*）的出版（1921 年）而得到了一定程度的弥补。虽然他有关成本处理的种种安排，仍是处在财务账之外，与财务账没有明确关系，但他有关人工费用处理的论述却是很值得注意的。他对管理及人员问题，以及计时表、工资表等对成本会计数据至关重要的项目给予了极大关注。他用了一种被称为"工作费用分配汇要"（works cost allocation abstract）的表格来归集每月工资费用，这些费用按其发生分为：办公室工作人员人工费用、部门工序账户人工费用、工厂辅助人员人工费用、修理人员人工费用以及其他各种项目。[23] 必要时还可使用机制卡进行人工费用处理。不过，作为一种信息处理方式，早在好几年前，美国一些成本会计师就在推荐机制卡。[24] 埃尔伯恩对直接人工问题的讨论最后以一份清单作为结束。该清单列出了可供采用计时工资制（按小时计算）的企业在计算应付工人工资时使用的八种不同的"时间记录"（time-booking）法（他自己的术语）。他是很少几个认为有必要进行这种汇总的人之一，因此我们可以将他所用的方法简单列在这里：①工人可以将他的时间每天记在黑板或每天的计时表/卡上；②由办事员根据工人的口述每天在计时表上记下每个工人的时间；③工长在计时表上记下每个工人的情况；④工人自己在工票上记下他自己的时间，方式是在时间下面写上"上班"或"休息"字样；⑤工人可以通过计时器在工票上盖上"上班"或"休息"的戳记；⑥在每次换工作时由工长给每个工人发一张新的工票；⑦每次换工作时由工长填一张工作通知单，并将有关详情告知工资部门；⑧由办事员通过实地观察将时间记在工票上。[25]这位英国专家就是用这些内容丰富的方法来处理这一问题的。后来的成本专家充其量也只能做到这个程度。

以上是工厂人工费用会计的演进情况。其起始很粗略却很早，随之经历了一个缓慢的演进过程，这一过程总是能够和制造业公司对各种制度和技术的巨大需求保持同步。从 1870 年可能仅有 1 000 个工人的工厂到今天用工人数高达几十万个的巨型工厂，会计需求的变化之大，堪与工业革命初期的变化相比拟。正如本章开头几页所揭示的那样，在这一时期，人工成本要素的处理是准确而有效的，与今天工厂经理及管理者的需求也是完全一致的。

注释

[1] J·H·高德温，《改进后的簿记及商务手册》，第四版（纽约：作者自己出版，1881 年）①。

[2]《美国机械工程师协会学报》VII，（1886），第 152-155 页，第 269-272 页。

[3] E·加克和 J·M·费尔斯，《工厂账目》②，第四版（伦敦：克罗斯比，劳克武德父子出版社，1893），第 20，39 页。（初版于 1887 年）

[4] G·P·诺顿，《纺织品制造商簿记》，第四版（伦敦：斯皮金，1900），第 154-155 页（1889 年第一版）。

----

① 第二章注 [99] 中高德温的书名为《高德温的改良簿记》（*Goodwin's Improved Bookkeeping*），同为第四版，也是作者自己 1881 年出版于纽约，但这里的书名却是《改进后的簿记及商务手册》（*Improved Bookkeeping and Business Manual*）。不知何故，特此说明。——译者

② E·加克和 J·M·费尔斯著作的名称和第三章注 [5] 也小有出入。该处书名为《工厂账目：原理及实务》（*Factory Accounts, Their Principles and Practice*），版次时间皆相同。——译者

［5］间接费用会计将在第五章进行讨论。

［6］《会计师》，1894 年，第 633 页。

［7］J·S·刘易斯，《工厂的商业组织》（伦敦：E. 及 F·N·斯本，1896），第 298-301 页。

［8］F·G·伯顿，《工程估算与成本会计》，第二版（曼彻斯特：技术出版公司，1900），第 64 页。（1895 年第一版）

［9］H·L·阿诺德，《完全成本核算》（纽约：工程学杂志出版社，1899），散见各处。

［10］H·L·阿诺德，《工厂经理与会计师》（纽约：工程学杂志出版社，1903），第 198 页。

［11］W·C·埃迪斯和 W·B·廷德尔，《制造商会计》（多伦多：作者自己出版，1902），第 50-53 页。

［12］H·L·C·霍尔，《制造成本》（底特律：簿记员出版公司，1904），第 113 页。

［13］H·斯潘塞，《工程公司的商业化组织》（纽约：斯本-张伯伦出版公司，1907），第 107 页。

［14］A·G·奈斯博特在《终极成本会计》（伦敦：吉出版公司，1906）中也曾对奖励工资制的性质及优点进行了说明。奈斯博特与斯潘塞一样是一位英国成本方面的权威人士。

［15］G·A·米切尔，《单一成本会计》（伦敦：吉出版公司，1907），第 82-85 页。

［16］A·汉米尔顿·丘吉尔，"公司费用的适当分配"，《工程学杂志》XXI（1901），散见各处。丘吉尔的大部分学术工作都是在美国完成，但他曾经一度在英国某家电话公司。参看大卫·所罗门斯《成本研究》（伦敦：斯维特-马克斯韦尔出版社，1952），第 25 页。

［17］J·L·尼科尔森，《工厂组织与成本》（纽约：科尔技术出版公司，1909），第 54-57 页。

［18］约翰·R·威德曼，《成本会计》（纽约：会计出版公司，1910），第 42 页。

［19］F·E·威伯勒，《工厂成本》（纽约：罗纳德出版公司，1911），第 105-139 页。

［20］E·P·莫克斯，《工厂成本核算原理》（纽约：罗纳德出版公司，1913），第 61 页。

［21］L·W·霍金斯，《成本会计》，第二版（伦敦：吉出版公司，1912），第 6-14 页。

［22］S·H·巴莱尔，《制造厂成本核算》（纽约：D·阿普尔顿出版公司，1911），第 108 页。

[23] E·T·埃尔伯恩，《工厂管理与成本会计》（伦敦：朗曼-格林出版公司，1921），第 735 页。

[24] F·E·威伯勒，《工厂会计》（芝加哥：拉撒勒普及大学，1917），散见于各处。

[25] E·T·埃尔伯恩《工厂管理与成本会计》，第 350-355 页。

第五章

制造费用会计的演进

第一部分　包含的项目[1]

1885 年以前，工业会计权威很少谈到制造费用应该包含的项目。[2]有位专家在其 1913 年的著作中写道："在早期工厂会计中，制造商除了主要成本以外根本不考虑其他费用……所有其他生产费用均反映在他们所收到的高于这个成本的利润当中。"[3]

上述结论其实也有一些例外。比方说，法国人派恩就曾在胶水生产成本中加入了一组杂项费用（见第二章），包括支付给债主的利息、租金、折旧、"零星物品"及煤。英国人科隆贺姆则将他假想的纺织厂中与经营业务相关的全部采购费用统一记入了"商品账"（他的用语）。这样，在他的商品账中，我们不但能看到不同等级羊毛的购进情况，而且可以看到邮费、办公用品费、银行费用、燃料费、运费、工长工资、税金以及搬运费。得益于他们这种特殊的处理方式，这两位早期权威人士一点也没有因这些费用支出的归属问题而受到任何困扰，所有项目都被无差别地汇集在一起进入了单位成本。罗伯特·汉密尔顿作为科隆贺姆和派恩的前辈，曾在其著作中谈到应该为制造业企业的各种不同支出分别设立分类账账户。他特别提到了机器维修费、租金、营业税以及杂项费用。这些费用将在年底转入"总"账户（他的用语）。曼彻斯特的公共会计师托马斯·巴特斯比（第二章中曾经提到过）将费用分为直接费用和间接费用两大部分。直接费用包括煤和工资，可以具体分配进入特定部门的物品成本之中去；间接费用则是指那些无法直接记入各个部门的费用。间接费用需在一本独立的账簿中进行归集。巴特斯比更关心的其实是间接费用的分配问题，因此，对于目前这个话题，即制造费用项目的实际构成，他谈得很少。其他 19 世纪早期作者的贡献在第二章中已经有过介绍。

　　大约从 1885 年开始，这个主题变得日益重要。就在这 1 年，作为美军军需官的梅特卡夫上校出版了他的《制造成本》一书。书中在两个标题下对"间接费用"进行了考虑：首先，"诸如租金、保险费、薪金之类的费用被归为固定费用；其次，是那些与雇员人数有密切关系（一种直接的比率关系）的费用如维护费、磨损及损失浪费等。"[4] 这种分类很明显就是现在人们非常熟悉的固定成本和可变成本的区分。[5] 在另外一个地方，他将这些费用的范围作了进一步扩大，并称为"杂项费用"，包括：监督管理费，职员雇用费，动力费，工具、机器、厂房使用及磨损费，油料费，暖气及照明费，人工费，看门费。[6] 显然，梅特卡夫是把这个问题仅仅作为利益的消逝来考虑的，他的讨论中未包括销售费用及企业一般管理费用的处理。他的著作谈论的是政府工厂中的会计问题，这类工厂没有销售费用，这或许是他之所以未曾考虑销售费用的原因。但我们很难确定，如果面对的是一般工厂，他又会怎么做。

　　埃米尔·E·加克和 J·M·费尔斯就这个问题谈过很多。早在 1887年，他们就对"车间费用"（shop expenses）和"一般费用"（establishment expenses）作了极为严格的区分，这两个术语也随之成为其后 30 多年中英国作者在讨论成本会计时普遍使用的概念。[7]车间费用包括工长工资、厂房租金、燃料费、照明费、取暖费、清洁费，这些项目需在各种产品之间进行分配。一般费用则需在每个会计期结束时结转到损益账户。这些费用中包括职员薪金、办公室租金及办公用品费。依这两位作者之见，不将一般费用作为制造费用的一部分进行处理，乃是出于逻辑上的考虑。首先，将这些费用分配到所产物品没有任何好处；其次，它们与产量的变化没有固定的比例关系。按照他们的说法，"它们不会因业务量的变化而发生等比例的变动……一般费用总体上或多或少的有些恒定，而制造费用却会随着人工成本及材料价格的变动而发生波动。因此，如果将一般费用分配计入产品成本，则会在业务量增加时使生产成本不成比例地降低；反之，当业务量下降时，产品成本却会上升……"[8]

加克和费尔斯对车间费用和一般费用的区分并未被后来的英国作者完全不变地沿袭下来，美国人也是如此。美国人 G·L·福勒（G. L. Fowler）认为企业所发生的全部费用都应该作为制造成本的一部分。[9]他特别提到职员薪金、办公费、折旧及借款利息。对他而言，这些支出究竟是什么并无不同，因为所有费用都要汇总之后通过分配加计到铸件成本中去（他所讨论的是铸造业务会计）。然而，从当时一本相当权威的著作，G·P·诺顿的《纺织品制造商簿记》（1889）中，我们却可以看到与福勒完全相反的观点。诺顿对应该计入正在加工的布料成本的费用与和布料加工无关的费用作了相当仔细的区分。在无关的费用中可以发现"仓库及办公室固定费用"，即：马厩费用、租金、仓库及办公人员工资、差旅人员（销售人员）工资及费用、佣金、固定设备折旧。此外还有一些"一般管理费用"，如银行手续费、销货折扣、坏账。[10]所有这些费用需从毛利中加以扣除，以最终确定净利润。诺顿的程序在几十年后开始为人们所遵从。

虽然诺顿和加克、费尔斯皆对各种费用作了严格区分，但他们的想法却并没有得到人们普遍的认同。在美国机械工程师协会的一次讲演

（1893）中，Ｆ·Ａ·哈塞（一位工业工程师）列出了他认为应该加计到某一特定时期总"费用"（loading）（他的用语）中的特定项目，但他接下来又说："如果办公费用被认为是生产成本的一部分，则可将它们包括在计算中；如果考虑将销售账户与制造账户分离开来，这些费用则可忽略不计。在后一种情况下，所给出的商品成本只是在工厂内部所发生的成本。"[11]

Ｆ·Ｇ·伯顿也是工程企业成本会计的早期研究者之一，他的一般费用中包括了机器及工具折旧费，合伙人薪金（如果公司属于合伙企业），董事、经理、普通工长、仓库管理员及计时员薪金。[12]所有这些项目的合计数必须加计到企业的项目预算中去。显然，伯顿是希望将所有的杂项支出全部计入一般费用中去，而不分它们究竟发生在车间还是办公室。事实上，虽然他并不是特别关注制造费用要素的构成，但他还是很愿意通过更为细心的考虑把总的费用分配到造船商或机械制造商所执行的各种合同中去。

在其1896年发表于伦敦的相当完美的著作中，Ｊ·Ｓ·刘易斯用了一整章的篇幅阐述一般费用，并将其分为三类。[13]第一类是企业的工资、材料支出以及应该具体计入特定作业的其他直接项目。这三项费用之和构成订单的主要成本，按他的意见，应该与一般费用完全分开。第二类是在车间或部门中发生，无法直接分派到具体订单中的所有支出。他称这类费用为"车间一般费用"，并列出了其中应该包含的各个项目。第三类是"总的一般费用"包括办公用品支出，职员、经理及办公人员薪金，租金，税金，保险费，煤气费，水费，蒸汽动力费，仓库管理员、门卫、计时员及机械师工资，广告费，差旅费，编录费，以及维持分支机构的费用。[14]从以上分类中可以看出，刘易斯在区分制造费用与销售及办公费用时是相当粗枝大叶的。但他依然认识到了这种区分的重大意义，因为他曾谈到基本的制造性间接支出应该与企业的商业类分支机构的支出区分开来。[15]其原因在于商业"可能受环境及商业失误的负面影响，而这些都与直接生产成本毫无关系。作为竞争对手的两家企业制造效率可能极为相似，但其商业效率却可能大相径庭"。[16]当谈到企业成本会计账的账务处理时，刘易斯又认为总的费用合计数应该在当期所完成的各项订单之间进行分配才比较合适。因此，在最后的分析中，他的区分是相当肤浅的。也就是说，他并没有真正了解其基本属性。

在美国机械工程师协会1897年举行的一次半年会上，人们就制造费用的内容问题进行了详细讨论。H·M·诺里斯（H. M. Norris）在会上作了一次演讲，引领了整个讨论。他在演讲中谈到，所有的费用，"不论其性质如何，凡不能直接归入具体订单的"，都应普遍分配到各种产品中去。[17]当时一位著名的工程师奥伯林·史密斯对诺里斯的观点表示赞同，同时他又认为，坏账（诺里斯并没有明确提到这一项目）也应该包括在内。史密斯代表的乃是当时的潮流，为此有必要在这里更多地引用他的观点：

个人经验使我确信，按年进行处理，采用足够高的费用率，确保所有费用都包括在内，将更为可取。这类费用包括……电话费、电报费、速递费、贴现……对我而言，要得到一个费用账户，最好的方式就是去把握所有的费用，由……坏账……以及这里所提到的其他费用——保险费，税金，折旧费，差旅费，广告费，办公费，修理费，动力费，取暖费，照明费等——开始，同时也把不是直接生产费用的工资及薪金账户金额涵盖进去。在有些情况下，公司领导人的部分薪金，尤其是工程技术部门的领导人薪金，可以直接由特定的作业负担，这些费用仍属非生产性费用。[18]

不过，在另一处他却说道，商业费用只有在它本身不是很高也不是很突出的情况下，才可以进入生产成本。

诺里斯和史密斯的观点引起了很大的争论。哈塞工资支付计划的创始人 F·A·哈塞谈到："生产成本中所包含的应该只是在工厂内部发生的那些费用项目，工厂外部发生的那些不应该包括在内。厂门外发生的费用最好当做销售费用而不是生产费用。"[19] 当人们要求他进一步阐述这一观点时，哈塞显示出了他对成本理论相当深刻的理解，不过，他说这些只是对牛弹琴而已。他认为这种区分至关重要，原因在于办公费用和销售费用对存货计价有很大的影响。如果一个企业不是按订单，而是按照销售管理人员的判断组织生产，会计期末的库存待售存货量就可能相当大。哈塞认为，在这种情况下，如果像主发言人讲的那样将办公费和销售费作为生产成本考虑，存货价值就会不适当地膨胀。在他看来，这是很没道理的。如果一家企业只是为一些特定的订单而生产，除了在产品以外没有其他存货，将办公费和销售费计入成本将不会有违实际利益。然而，即使在这种情况下，按照哈塞的观点，也还是将上述项目排除在外会比较好。他继续谈到，将这些费用计入成本是一般常用的实务处理方式，"尽管它用得很普遍，但从原理上来讲却是错误的"。[20]

另一位发言人 W·S·罗杰斯（W. S. Rogers）说他完全同意哈塞的观点。不过，他的理由是，如果这样做，一旦将销售和管理部门分离出来，算出的生产成本数据就可能呈一种直线下降的趋势，那会是什么意思！"经营部门就可以按照自己的意愿，毫无阻挠地在成本之上加上百分之十，甚或百分之百，他们认为怎么好就可以怎么算。"[21]

诺里斯的观点最终也没有因为哈塞和罗杰斯的意见而有所改变。在总结性发言中，他再次重申，商品的"真实"（true）（他的用语）成本应该包括办公费用，即使它会进入存货数据。他直言不讳地讲，如此存货价值确实会膨胀，但在他看来这种高估根本算不了什么。实际上，应该说诺里斯根本没有真正理解批评者的基本论点，因为他在总结时谈到，他不明白为什么办公费能作为销售给顾客的产品成本的一部分，就不能成为送交仓库的商品成本的一部分。[22] 这和哈塞的论点完全是两码事。诺里斯还认为，就成本应该包含什么而言，无论为订单生产还是储存 1

个月甚或 1 年，根本没有任何差别。显然，这中间大有差别，正如他的反对者所指出的那样。

也是在 1897 年，一位美国工程师出于好奇，向 40 个著名的工业企业发出一份调查表，要求他们指出他们认为适当的生产成本的构成要素是什么。大部分企业认为"车间成本"由以下四项构成：①生产者的劳动，也就是今天所谓"直接人工"；②材料成本，包括被盗和浪费部分；③一定的工厂费用，也就是按照工作时数来计算负担的折旧费、维修费，以及生产产品的过程中所使用的不同的机器所耗用的动力费；④制造费用（burden）；按他的说法，这是"在弗拉瑟（Fraser）和钱默斯（Chalmers）的回函中偶遇的一个很恰当的术语。"[23]制造费用是"车间中发生的除生产者劳动和材料以外的其他所有费用的总计数。"[24]他还特别说明，办公费用也时常被作为制造费用的一部分，哈塞曾谈到这是当时很普遍的一种做法。然而，这位作者在谈到这种做法时，却说这是"一点小小的修改"。奥伯林·史密斯在回复调查问卷时，再次描述了他自己公司所用的方法，和他原来所谈的完全一样，没有任何增益。[25]

两年后的 1899 年，美国执业会计师 H·L·阿诺德写了一本书，概括介绍了几种不同类型的制造公司采用的工业会计实务，其中包括现为通用汽车公司一个分部的哈特滚柱轴承公司（Hyatt Roller Bearing Company）。该公司的做法是要在主要成本之上加上一定比例作为车间费用和办公费用。其中车间费用包括不动产利息及税金、折旧费、保险费、修理费；办公费用则包括办公人员薪金、物料用品费、广告费、差旅费、销售费。[26]其他企业实际上差不多都采用相同方法。由于阿诺德所选的企业代表了当时会计的最高水平，因此可以很有把握地说，尽管诸如哈塞之类的少数权威人士在一定程度上已经感知到了后来很流行的观点，但当时一般的实务处理方式却与他们的观点极不相同。在大多数情况下，销售及管理费用确实包括在产品成本之中。

英国人在这一时期的思考与此相当类似。举例来说，J·麦克诺顿

（造纸商、会计师）在其"固定费用"（fixed charges，他的用语）中包括了造纸厂发生的每一项的费用，并要求将固定费用在造纸厂所生产的纸张中进行分配。其中包括：坏账、销售折让、办公费、租金、利息及其他费用。[27] A·G·查理顿（A. G. Charleton）在讨论矿业成本会计时推荐同样的业务处理方式。[28] 各种支出按月加总以得出当月采掘成本合计数。他甚至没有提到还可以有任何其他方法进行办公费和销售费处理。当然，这种技术可以产生一个可接受的净利润数据，但却无法准确说明采掘成本。

A·汉米尔顿·丘吉尔在他写于 1901 年的一系列论文中，以比此前任何一位作者都更加深入的方式对这一议题进行了讨论[29]（丘吉尔大部分时间在美国写作和工作）。虽然他当时主要关心的是"一般费用"的归集和分配问题，但对他而言，依然需要首先对这一术语作出定义。按照丘吉尔的观点，"生产成本"是由"主要成本"（材料和工资）加"车间费用"（折旧、动力、最低限度制造费用——保险费和税金、监督管理费以及其他杂项费用如油耗、修理等）再加"一般费用"所构成。他特别感兴趣的是第三部分。丘吉尔像在他之前的刘易斯一样，认为上面所提到的所有项目都应该在产品或作业之间进行分配，但在会计记录中保持车间费用与一般费用间的独立更为重要。之所以要这样进行区分，原因在于生产业务和销售有着本质上的区别，且要求不同的才干和天分。"一个企业可以按偏重于某一具体方面的方式进行十分有效的组织和管理，但它未必一定成功，因为一方面的得必然会有另一方面的失。因此，有什么可以比在会计系统中以类似的方式反映出这种自然的部门化区分更有用呢？"[30] 但是，丘吉尔继续说道，鉴于他所谓的一般费用"依然"不能进行任何大量的分析，他将不会对其进行很细致的考虑。然而，在他系列论文的最后一篇中，他却对有关一般费用分配的诸多方法进行了讨论。我们的研究并不特别关注那一方面的问题，因此这里我们将其一带而过。

丘吉尔关于这一问题的看法，一言以蔽之，即：他完全同意在"工厂成本"中不包括销售及一般管理费用的想法。进而，他觉得，这些费用应该分配到所从事的作业或产出的产品上去，不过，不论其分配基础还是分配原则，都不应该与"车间费用"的分配相同。更进一步，它们甚至不能放入相同账户。一旦总的工厂成本确定之后，就要对一般费用进行分析，并按最适宜的基础将其分配计入各项作业成本。丘吉尔承认，无论选择何种方法，都必然是相当武断的；然而，不论如何，依然必须坚持进行一般费用分配。在最后的总结中，他用很尖刻的语言对诸如H·M·诺里斯、奥伯林·史密斯之类的权威提出了严厉的批评。他认为，所有那些不加区别地将所有费用归结在一起，然后将其平均计入一定百分比费用的成本会计系统，不只毫无价值，更是十分危险的，因为这种技术会导致虚假的安全。[31]

W·C·埃迪斯和 W·B·廷德尔发表于 1902 年的著作致力于阐述加拿大人在这一时期的思想。[32] 在其中一章，他们对"车间费用"与销售费用作了明确区分。在这方面他们走得更远，甚而提出车间费用应该作为生产成本的唯一组成部分。这些费用由与车间相伴的所有项目所构成，主要因加工过程而发生。在此，销售及一般费用被直接结转记入损益账户。[33] 尽管在这里他们的区分十分清楚，但在后面一章描述一个假想公司的会计系统时，他们却又转向了一种与此不同的实务处理方式。在这里，他们认为成本预算不仅应该包括"工厂费用"，而且还应包括销售及管理费用。[34] 这种前矛后盾的做法似乎证明，在讨论成本理论时将销售及管理费用排除在外是完全正确的，但从实务的角度出发它们却应该被包括在成本内。

让我们回头再看看英国的情况。约翰·尤尼尔（John Urie）于 1902 年提出将"外加成本"（on cost）[35]（英国人对制造费用的叫法）分为两大类项目：第一类称为"部门费用"（departmental charges），第二类称为"一般组织费用"（general organization expenses）。[36] 每一类在辅助日记账中分别归集，与账户无关联。一般组织（或一般管理）费用囊括了今天销售及一般管理费用下所含的所有项目，包括：办事员、通讯员、管理人员工资，办公用品费，编目费，广告费，折扣，分店维持费，电报费以及其他费用。不论部门费用还是一般管理费用都须在已完工作业之间进行分配，但分配基础各不相同。之所以会采用不同的分配方法，是由于它们在归集时就已经作了区分。这两部分费用皆被认为是订单成本的适当组成部分，在编制作业投标预算时尤其应该记住这一点。[37]

1903 年，约翰·曼恩爵士（Sir John Mann）继尤尼尔的严密分类之后又对这一问题进行了讨论，[38]他在讨论中进一步增加了一些被尤尼尔所忽略的理论方面的考虑。他怀疑将这两类费用都在不同订单或作业之间进行分配是否明智，是否合乎逻辑。[39]他还对两类费用分别进行了命名。他把第一类费用称为"直接费用"（direct expenses），包括所有那些能够直接归由合同、作业或业务部门负担的费用。需要注意的是，这类费用所涵盖的范围远比今天"直接费用"概念的含义宽泛得多。因为它还包括工长及监督管理人员工资、燃料费、照明费、取暖费、租金、税金、保险费、折旧费、维修费。显然，曼恩将它当成了"制造费用"的同义词。他曾说道："严格来讲，直接费用是主要成本的构成要素。在一个适当的系统中就应该这样处理。这就是说，它们属于生产费用而非销售费用。"[40]他把第二类费用称为"间接费用"（indirect expenses），包括除直接费用以外的所有费用项目，一般是行政管理费用和销售费用。其中包括办公人员薪金及办公费、坏账损失、借款利息。以上两类费用都应该被看做"外加成本"，并在不同产品之间进行分配，尽管如尤尼尔所说，分配方法应该视具体情况有所不同。[41]进一步来看，直接费用"更便于预知或预先估计；企业所生产的每一种物品——必要的情况下还可以包括每一项制造业务——都可以配属与实际极为贴近的动力、租金、监督管理费用以及其他生产费用的适当份额。与此相反，间接费用则大多属于波动性的，且与特定的经营条件无关。它可能因贸易状况、货币市场条件等的变化而变，且毫无因果关系"。[42]

我们更感兴趣的是，以上区分究竟在多大程度上为制造业企业所实际采用。曼恩爵士自己就曾谈到，通常的实务处理中并不作任何区分——他们只是将所有费用归拢在一起。不过，最好的理论家们依然坚持独立分组，曼恩自己也认为分组具有极为重大的意义。无论怎样，在许多情况下，那些尽最大努力小心细致地进行人工及材料处理的企业，依然忽略了区分制造费用与销售费用及管理费用。

在美国也可以得出相同结论。比方说，J·E·斯特雷特（J. E. Sterrett）1903年12月在宾夕法尼亚州注册会计师协会上宣读的一篇论文中[43]就曾谈到：许多知名企业都将制造费用和销售费用包含在所谓的第三成本项目中；也就是说，他们将诸如差旅费、销售费、广告费之类的费用作为生产成本的一部分。斯特雷特认为他们把这些费用也包含进去，自然有他们的道理，但他自己还是觉得应该将其排除在外。正如他所说："制造部门将产品完工准备销售之前所发生的所有与生产有关的费用计入产品生产成本应该是恰当的。"[44]因此，较好的处理方式，应该是从成本账户中剔除掉商业及销售费用。后来流行的观点在此又一次得到了详细解释，但要使它生根开花，看来依然很不容易。英国《会计师》杂志的编辑认为斯特雷特的演讲具有极为重要的意义，因此专门写了两篇社论。在其中一篇社论中他曾经指出，将销售费用包括在生产成本中是很愚蠢的，并认为这种做法有违"统计性会计的基本原理"，这是会计专家几年前就想到了的，但工厂管理者可能从来不这么认为。也就是说，大多数制造项目基本上完全是随生产而变化的，而销售费用却是随着商品的发出而变。[45]当然，这并不是什么新思想，以前已经有好几位权威人士把这个问题说得很清楚。这位编辑也得出了与F·A·哈塞相同的结论，即，假如没有完工产品入库，或者每期的库存数量恒定不变，则无论是否将销售费用包括进去，都不会影响最后的分析。最后一项条件只有极少数企业才可能满足，因此，对绝大多数制造商而言，只要他们继续将各种费用不加区分地混在一起，就不可能有"可靠的"（该编辑的原话）生产成本。由此来看，这位英国重要会计杂志的编辑赞成（从工厂成本中）排除销售及商业费用。他于第二年（1905 年）评论斯坦利·佩德（Stanley Pedder）的一篇获奖论文时重申了他的观点。在这篇论文中，佩德主张，为了得到生产总成本必须加上因销售及一般行政管理而发生的间接费用。[46] 按照佩德的主张，这些费用须在产成品之间进行分配。无疑，佩德反映的是当时流行的实务处理方法。

然而，这位编辑在他的第二篇社论中却声称佩德的思想有"原则性错误"。[47] 他也认为试图将所有费用尤其是那些与产量无关的费用都包括在工厂成本内是无益的。因此，他提出了一种观点，这种观点后来成为人们争论的焦点；也就是说，他得出结论，认为：既然工厂管理者无法控制"账房"费用（"counting house" expenses，他的用语），他（工厂管理者）也就无需对这些费用负责，让他解脱这些责任的最佳办法，就是将销售费用从成本中剔除。按这种方式，成本会计将能够解释在车间或工厂中究竟发生了什么。此外，该编辑还指出销售及管理费用不可能依照任何科学的基础进行分配。即使生产条件持续不变均衡如一，只要进行这种尝试，就会引起成本数据的剧烈波动。关于这一问题的争执，至此总算有了明确的结论，成本权威们也开始依赖这一结论。

《会计师》杂志编辑的建议不久便结出硕果。1906 年，斯坦利·加里写出了他的《多重成本会计》（*Multiple Cost Accounts*），很快便成为会计师图书馆中最受欢迎的作品之一。书中没有再谈论将销售及管理费用纳入生产成本的问题。作者将制造费用分为：①工厂费用，包括煤、动力费、照明费、间接工资、税金；②一般费用，如模具费、计时费、仓储费、办公费等。[48] 这两部分费用会计期末都要结转记入制造账户，而销售及一般管理费用将转入贸易账户。这种区分完全符合上面的结论。

即使在被认为可能会一直抵制到最后的工程建设作业中，为了实际目的，也很快就采用了这种区分。例如，A · G · 里斯伯特

（A. G. Nisbet）就将所有支出和费用划分为两类，分别称为车间费用和一般费用。[49]对工程公司而言，前一类包括工长工资、修理费、煤、焦炭、油料、水费、折旧费、照明费、场地费等。这些项目构成桥梁、铁路或其他工程项目建造成本的一部分，而一般费用（需要明确与其他项目相分离）却要结转记入损益账户，[50]作为建筑利润的扣减项。应该注意的是，加里和里斯伯特使用的"一般费用"意义有所不同。术语之事需要读者细心观察耐心体会，在当时这种情况比今天更甚。此外，鉴于工程合同的间歇性特点，里斯伯特建议在对意向中的作业项目编制投标概算时加入一定百分比，以补偿这两类费用。但这仅仅是为了概算的目的。在账户中两类费用项目是绝对不能混淆的。

1900 年以后，当讨论成本的制造费用项目时，美国的专家们唯A·汉米尔顿·丘吉尔[51]的马首是瞻。比方说，约翰·惠特莫尔就是完全受了丘吉尔思想的影响。在写于 1906 年的系列文章中，惠特莫尔详细考虑了他所谓的"机器费用率"及因此而吸收的成本费用，[52]包括修理费、折旧费、取暖费、照明费、税金、保险费、监督管理费、物料用品费及工具费。所有这些项目都被认为是物品或产品成本的合理部分。因而，就像在他之前丘吉尔所做的那样，这位作者对分配行政管理费用、一般办公费及销售费用的方法进行了讨论，[53]就当这些费用是成本的一部分一样。然而，两年后，惠特莫尔差不多就给出了有关标准成本的很清晰的解释。他关于这一问题的谈话在当时具有极为重要的意义，为此我们特详细引录如下：

关于成本的定义，我要说的是，真实而正确的成本没有必要包括商品生产过程中所发生的所有费用。偶然和错误是经常发生的，成本费用——就像在有些情况下未使用工厂设备的成本费用一样——可能会因此而变得非常之大，如果把它们当做生产成本的一部分，将会非常可笑。确定了这一点，就等于形成一项有关成本处理的基本原则，通过这种原则可以把不适当的成本费用分离出来单独放在一个名目之下，如此则可以将它们与适当的必须发生的制造费用区别开来。这种原则并非易得。它的应用可能具有极大的实践价值，但它又很容易受滥用的影响。其风险在于可能采用一个不可能做到非常完美的工作标准，以及无法容忍一定的不可避免的事故和失败……

只要能将这个原则运用到成本计算中去，就可以用它来区分适当与不适当的成本，然后用它去指导成本会计，表明实际成本与估算成本的差异。这涉及制定完善的材料质量及工作效率标准，且不应该与通过肤浅的方法所获得的估算成本相混淆，此外还需排除以实际成本与估算成本作为对应的参照物，不断地进行相互测试的想法。

利用会计中的资料来计算适当的成本，以显示实际成本与估算成本之间的差异，构成了一种计划。之所以要采用这一计划，除了上面所讨论的原因外，还有另一个原因。在有些行业，订单量是非常大的，根本不可能拥有一个独立的成本账户，可以为每一份订单提供全面的服务，在这种情况下，采用这一计划可以为每种商品提供一个估算成本，并表明估算成本在何处以及如何发生变化……[54]

此时，其他作者也开始涉足标准成本问题。比如，哈林顿·埃默森（Harrington Emerson）就曾在 1908 年对标准成本差异作过极为清楚的分析，虽然他在讨论中没有涉及日记账分录。[55]

英国的权威们也没有始终一致地坚持加里和里斯伯特 1906 年所作的严格区分。仅仅 1 年之后，作为工程师的亨利·斯潘塞就提出了一种大胆的设想，认为应该将销售部门发生的各种费用归集起来，与销售价值进行比较，通过比较得出一个百分比，加到产品上去，以得出工厂总成本。[56]接下来他又谈到："通过这种方法，可以将在一定时期内生产及销售部门所发生的所有记录在案的费用项目分配到正在进行的各项作业的主成本之中去，这其实是一种清算。"[57]这其实又回到了世纪之交英国所流行的观点。

G·A·米切尔出版于 1907 年的《单一成本会计》却再次作了明确区分。他的制造账户说明这样一种事实：他并没有将销售及一般管理费用作为生产成本的一部分。[58]在有关存货盘存的一章中他明确谈到，资产负债表日实存的任何已完工产品价值中，都不应该包括分配费用，[59]不过却要加上所谓"车间费用"。

我们再来看看美国这一观念的发展情况。我们发现，克拉伦斯·戴（Clarence Day）（其《会计实务》一书出版于 1908 年）拒绝接受英国权威们所强调的有关这两部分费用的区分。他在好几处谈到应该将一般管理费用及销售费用像"部门及工厂"费用那样在产品之间进行分配，只是分配基础有所不同。不过，他的确坚持在加上销售费用之前必须先确定制造成本。[60]可见克拉伦斯·戴似乎承认分配项目不是工厂成本的组成部分这一事实；不过，还是要将它们在成本表上反映出来，作为生产订单成本的一部分。由此来看，他已经部分地认识了后来的成本分类基础，但并非全部。

美国著名工业管理顾问 C·E·克罗贝尔（C. E. Knoeppel）将"费用"分为三类：第一类为"车间费用"（shop expenses），包括修理费、动力费、取暖费、照明费、仓储费，以及一般人工及材料费。第二类包括监督管理费和记录费，称为"管理费用"（administrative expense），第三类只包括销售费用。[61]上述每类费用在报告及分类账中都需严格区别开来。不过，就像克拉伦斯·戴一样，他用三者的合计数得到"生产性"（productive，他的用语）人工成本的百分比，据以确定应该加到作业成本中的金额。

《工程学杂志》刊发了 F·E·威伯勒关于制造费用构成的部分早期观点。[62]他这里的讨论是不完全的，[63]但他提到了制造费用应该包括"各种固定费用，非生产性人工及其他直接费用，此外还应包括折旧准备、厂场设备更新及修理费，以及许多被称为无形费用的项目"。[64]用现在的观点来看，把"更新"也包括进去是有点太草率，我们不应该管它。至于"无形费用"究竟包括哪些内容，只有留给读者去猜了。

第二年（1909 年），格绍姆·史密斯（Gershom Smith）在具体讨论制造费用的应用问题时，完全排除了将营销及管理费用包括在分配到产品的成本总额中的观念。[65]他的"制造成本"由材料、直接人工及车间费用组成，至于其他费用，他只是提到了它们确实存在这一基本事实。

当 J·L·尼科尔森的《工厂组织与成本》于 1909 年在纽约出版时，有关区分各种制造费用的基础在美国已经牢固确立。他关于这一问题的讨论再无任何新意。他称此为"决定性区分"，并谈到，尽管他在实践中发现常有人把销售费用作为产品成本的一部分，但这样考虑确实是错误的。理由是：①它们不会增加工厂生产的产品的价值；②它们"与制造成本很少或实质上全无关系"。[66]换句话来说，产品一完工，工厂成本也就终止。尼科尔森的第二项理由与早先《会计师》杂志编辑的结论极为相似。[67]这样看来，那位英国人的观点终于在美国开始流行了。

1 年以后（1910 年），甚至连汉米尔顿·丘吉尔也都同意了基本的区分。我们应该还记得，早些时候他曾建议将销售及纯行政管理费用在订单或产品之间进行分配，并且还讨论过具体分配方法。在《生产因素》（*Production Factors*）（1910 年）一书中，他改变了自己的看法，并宣称，销售费用是如此远离生产，如此多变，永远都不应该把它们和制造费用混在一起。[68]他进一步提到应该将销售费用转入损益，他想要强调一项重要原则，那就是，当产品离开工厂进入库房，生产成本就已经终结。需要提到的是，即使早在这时，"销售成本"还是被认为值得单独进行处理，真是很有意思。[69]

S·H·巴莱尔在讨论销售及一般行政管理费用处理时，继承了丘吉尔的观点。[70]他指出这两类费用与工厂运营无任何关联这一基本事实，因此不应再包括在组成制造费用分配率的项目中。他也像在他之前的好几个人那样得出如下观点：资产负债表日在库的任何完工产品，只应按工厂成本计价，而略去所有销售费用。但巴莱尔并没有停留在此。他进一步说明了如何更好地进行管理及销售费用处理，即使它们并不构成生产成本的一部分。由此来看，在最后的结论中，他又回到了 10 年前有些人的理论中。事实上，他仍然想在订单的工厂成本上增加一个百分比，以涵盖销售及一般管理费用。他用了好几页的篇幅讨论如何计算或估计这个百分比。[71]

当时一位很受欢迎的作者，H·M·罗（H. M. Rowe），就有关方法选择的因素问题作了一定阐述，可以说是当时有关这一问题最清楚的阐述之一。他早在 1899 年就已经开始会计教科书写作。以下引用的是他1910 著作中的观点：

工厂费用由间接人工、物料用品、间接材料以及其他工厂运营中所必需的，可直接归由生产成本负担的费用项目所组成。这些费用被称为"制造费用"（burden），毫无疑问是因为它们必须作为产品工厂成本的一部分。

间接费用是指那些发生在公司行政管理部门，但事实上使工厂、车间或工场中的生产成本增加的费用。这些费用要么表现在管理上，要么表现在技术或职员所提供的服务上。它们不是直接归由工厂费用负担，而是记入公司的一般或行政管理费用账户。这些费用被称为"间接费用"（overhead），无疑是因为它们代表的是那些超出了工厂费用或制造费用标题下所包括的项目内容①。

要恰当地区分哪些费用应计入行政管理费用，哪些计入制造费用，有时确非易事。一个例子是有时候官员及办公人员的服务有一部分是提供给生产部门，而另一部分是提供给销售及财务部门。另一个例子则涉

---

① 这里所指间接费用的英文为"overhead"，有时也翻译为制造费用。这里是从其字面含义来进行解释。"over"意为超过、超出，"head"为标题，故有"是因为它们代表的是那些超出了工厂费用或制造费用标题下所包括的项目内容"之说。——译者

及制图及模型费究竟应记入哪个账户才比较合适。

关于哪些间接费用应该计入"工厂成本"、"作业成本"或"生产成本"，乃是因不同的观点而定。有些人认为，除了影响销售以及公司财务管理的那些费用外，其他费用的发生皆与生产过程有关，因此，在确定"工厂"、"作业"成本或"生产成本"时，应将其计入制造成本。有人对这种观点持反对意见，认为这样做可能走极端，使行政管理费用及其他一般费用绝大部分进入工厂成本，事实上使这些费用因进入产成品成本而被资本化，反映在完工产品账户上，并最终进入企业报表以资产的形式出现，而不是作为费用从收入中扣减。

另一些观点认为，制造成本只应该包括那些发生在工厂或车间中的适当的费用，而那些与公司行政管理或财务部门相关的费用，即使包含了工厂技术人员或职员人员提供服务的费用，也无论如何都不应作为工厂费用，不应包含在生产成本项目之中并最终归由订单、作业或合约负担。究竟如何划分工厂费用和其他费用之间的界线，持这种观点的人以一家工厂在农村而商业办公室在城市的公司为例作了说明。他们认为，只有农村工厂中的费用应该计入工厂成本，而在城市商业办公室发生的费用从簿记意义上说应该作为收入的抵减项目作费用处理。

不过，一般认为，最好的处理方法是将划入工厂费用的所有费用在做分录时直接记入该账户，这样可以避免涉及以后的分配问题，还可以从行政管理及一般费用账户中消除所有可疑项目，以使这些账户清楚地表明应该抵减收入的费用额以及只应该在贸易或损益表中出现的余额。

通过对这些观点的仔细思考，我们会发现，区分工厂成本与行政管理及其他成本的界线，应该是：制造费用只应包括那些在商品生产过程中所发生的明显属于直接成本的费用项目，而不管它们究竟记在哪个账户。在任何情况下，什么应该被看做制造费用，什么应该构成管理及其他费用，以及前者由何处终后者在何处始，在每个采用成本系统的企业中，都应该由业主或会计师作出具体的区分。[72]

F・E・韦伯勒在其《工厂成本》（1911）一书中，进一步发展了他1908年的观点[73]。正如他这特殊的书名所指，韦伯勒根本不理会那些他认为不足以作为产品或订单生产成本的项目。为此，他努力将读者的注意力引向必须在他所称的两类费用之间划一条清楚的界线这一事实。第一类费用只包括制造费用，第二类费用由商业及销售费用组成。他断然坚持将后一类费用从生产性成本中剔除出去，并认为这是明智和符合逻辑的。按他的观点，为"纯粹因产品销售而发生的费用而烦扰"是很不明智的；"对其他因发货、收款而发生的商业费用如现金及商业折扣、包装费、运杂费、产品离厂准备等来说也同样如此"。[74]进一步来讲，"这类费用适宜从损益中扣减（直接或间接地），但不通过生产。任何将它们与生产相联系的企图都将是一个纯粹的武断的过程，没有任何可取之处，且会破坏成本的准确性。"[75]对当时有关这一问题的思考，没有比这更清楚的阐释，然而，令人奇怪的是许多追随韦伯勒的权威竟然忽略了他所作的区分。

在R・R・科理（R. R. Keely）提交给美国机械工程师协会1913年度会议的论文中，我们可以发现对这种更为流行的区分基础粗心大意的忽视。这位演讲者拒绝在制造费用与销售及管理费用之间作任何基本的区分。他的观点是每一段管道（他的企业生产铸铁水管）都应该负担一定比例的监督管理费、税金、保险费、折旧费、修理费、取暖费、照明费、销售与广告费，以及一般办公费用。[76]其中销售、广告费及一般办公费用应该用一种不同的方法进行分配，或者以材料及直接人工为基础，或者仅以直接人工为基础。不过，按照他的想法，并不是总要用一种不同的方式进行分配，把销售及行政管理费用与上面提到的其他所有费用混在一起其实也没有太大关系。

科理的观点当时就受到了挑战。威廉・肯特（Willian Kent）在评论中认为，将销售费用的任何部分计入制造费用率，一般来讲都是一种失策。企业的销售费用应该考虑完全与工厂分离开来，它甚至应该有一个独立的会计系统。[77]

L·W·霍金斯在 1912 年写于伦敦的《成本会计》（*Cost Accounts*）一书中，也回到了将办公及销售费用项目包含在制造费用分配率中的观点上来，他认为应该通过这种方式将办公费及销售费用加到已完成订单的成本中。[78]他以这种方式得出他所谓的"总成本"（gross cost）。不过，他的确提到，在采用这种处理方式时，为了编制资产负债表，必须在最终计价时对在产品及产成品成本进行一定的扣减。[79]但他并没有指出这样做会有多大困难，即使 1 年只需计算一两次。

尽管有科理和霍金斯的这种意见，后来广泛推荐的销售及管理费用处理技术依然取得了很大进展。比如，宾夕法尼亚大学的 E·P·莫克斯教授就认为这些项目根本不值一提；[80]它们的差异太大，完全不应该放在同一个范畴之内进行处理。然而，几年之后，F·H·鲍（F. H. Baugh）在区分他所谓"生产成本"和"辅助成本"（supplementary cost）时（后者包括办公费、行政管理费及销售费用），通过其日记账分录举例表明，他还是喜欢将两类费用全部在产品间进行分配。[81]他甚至连使用不同分配方法的想法都没有，他也不认为有必要在期末结账时扣减存货价值。[82]他的著作在其他方面异乎寻常地完善，但在这一问题上却又如此疏忽，不能不令人感到奇怪。[83]

从 1915 年开始，美国权威们有关这一问题的观点变得极为统一，也就是说，他们对有关费用作了极为仔细的区分，将生产费用作为一方面，销售及管理费用则作为另一方面。N·T·费克（N. T. Ficker）在那年写了一系列文章，主要关注制造费用成本项目。[84]文章中完全不考虑他所谓销售及一般管理部门，而是将内容限制在讨论严格意义上的车间问题。他实质上是将工业成本会计与后来形成的销售成本会计的内容分了开来。另一个例子由 C·H·斯考维尔（C. H. Scovvell）的《成本会计和制造费用的应用》（*Cost Accounting and Burden Application*，1916）所提供。作者在该书中将"制造费用"具体定义为"工厂中除直接材料或销售费用以外的所有费用"。[85]《成本会计》（*Cost Accounting*）一书的作者，著名的乔丹和哈里斯也注意到应该进行区分，[86]原因在于需要分清责任。也就是说，制造部门和销售部门通常都分属不同的人员，出于控制的目的，必须区分清楚。[87]以前的专家们也得出过与此相同的结论。

同样，在1915年以后的英国，几乎所有的著作和演讲中也都开始严格进行这种区分。然而，A·C·里奇韦在伯明翰特许研究者协会（Birmingham Chartered Students' Society）的一次演讲中，却将外加成本分为加工费用和商业外费用。[88]这两部分费用都需分配到订单或产品上去，尽管在进行"存货盘点"时，销售费用不应该包含在任何在产品价值中。当有学生问及为何要将商业费用包含在分配的制造费用中时，里奇韦的回答是："关键在于你所持的观点……为什么应该把行政管理费用计入成本总额中，根本没道理可讲……"[89]这些情况在美国有关这一概念的演进中也是所见多多，很值得玩味。

代表"一战"后英国思想倾向的第二个实例是E·T·埃尔伯恩的《工厂管理与成本会计》。该书作者将商业费用与生产成本完全分离，并声称从控制的角度来看这种区分是绝对必要的——与乔丹和哈里斯相同的理由。[91]将这两个项目不加区分地混在一起，将无法确定生产效率；进而，若在制造费用分配率中包含了商业费用，就不可能合理地进行制造费用处理。[92]然而，就他所知，这种做法就在当时也还是大有市场。[93]

在美英两国，20世纪20年代的整个10年中，对生产成本与销售及管理费用的区分一直在继续（生产成本或制造成本为一方，销售及一般管理费用为另一方）。可以给出的解释有很多，但都是大同小异。在此只需指出：在各种各样的权威之中，大多数人不只看到了它们之间的基本差异，而且开始不约而同地进行一项技术研究，从而出现了后来我们所见到的"销售及商业成本会计"。汉米尔顿·丘吉尔的早期思想在此结出了硕果，具体体现在以下文献之中：《销售成本会计》（*Cost Accounting* for Sales）、《制造费用成本的理论与实务》（*Overhead Costs in Theory and Practice*）和《销售成本控制与销售》（*Control of Distribution Costs and Sales*）。[94]

第二部分　应付利息及租金

在过去 60 年中，有关应付利息及租金（imputed interest and rent）的声音几乎是从各个方面奔涌而至，其中既有非正式的个人观点表达，也有学究气十分重的专业文献，尽管其中不无偏误。大量的文字被印成铅字，更多的人则是以口头形式表达他们或赞成或反对将利息及租金纳入生产成本项目的观点，然而，这一问题远未得到解决。思想和观点的急流在过去 10 年减少了，但似乎仅仅是在沉默中等待再次爆发。这一部分的目的绝对不是要回顾有关这一问题的所有书面材料（那会是毫无结果且冗长乏味），而是从最早时期一直到权威们不再痛苦地反对将利息包含在成本中，或拒绝将它排除在外的所有理由时的文献中析理出思想发展的脉络。

托马斯·巴特斯比在他之前的任何人都更全面地总结了应该包括在生产成本中的项目，[95]但对这个后来变得如此重要的问题他却绝对地什么也没说。显然，在 1880 年以前利息根本不是什么问题。一个直接原因在于其自身。事实上，那些对这一问题的理论方面作出了卓越贡献的政治经济学家们，之前很少对利息与作为资本家回报形式的"利润"加以区分。例如，英国著名经济学家拿骚·西尼尔（Nassau Senior）在 1862 年 10 月 31 日的《工厂考察报告》（*Report of Inspectors of Factories*）中给出的制造费用表中就没有利息。顺便提一下，这个表在当时来说已经是相当全面的了。其中包括租金、费用（rates）①、税金、火险、

---

①　这里的费用用的是"rates"一词，一般指与特定数额或数量有关的费用或收费，在英国也指地方上征收的不动产税。这里作一般意义上的理解，译为"费用"。——译者

永久雇员的工资及机器折旧。[96]从弗朗西斯·沃克（Francis Walker）起，人们开始进行这方面的区分（沃克于19世纪70年代末及80年代在美国从事著述工作）。总的来说，后来的经济学家把利息当作企业家的成本，而把利润分离出来作为一项剩余。以此为导向，后来的成本会计作者们开始在自己的作品中考虑这一问题。

梅特卡夫上校在他1885年的《制造成本》中没有提到利息和租金，他的同时代人，英国的埃米尔·E·加克和J·M·费尔斯则提出了一些令人迷惑且不甚完善的观点，在此需要作个概略介绍。[97]他们在其著作第73页曾明确谈到，资金利息在任何情况下都不应该作为生产成本的组成部分，接下来他们又说道，把它包含进去不会有任何好处。在第124页上讨论存货盘存日完工存货计价时他们又重申了这一观点。在第133页，他们谈到，"固定资金利息"是一项具有持续增长趋势的因素，如同工厂的机械化程度越来越高一样。这个阐述确实正确，但却与以前的观点有些冲突。这两位著名的权威人士也曾认为在特定情况下将利息作为成本的构成要素来考虑是合理的。比方说，"当工作人员居住企业房屋时，他们可能不需要支付房租，但他们收到的工资将会比不占用企业住房的情况下少，这样，实际上等于投资于房屋建筑的资金利息构成了生产成本的一定要素。"[98]不过，从政策角度来看，这些作者一般会认为"全额"支付工资，然后再从每个住房户那里收取租金，并将租金作为杂项收入来考虑要好些。

G·P·诺顿的意见与此全然不同。他认为在计算生产成本时应该将企业所"使用"（employed，他的用语）资金的利息作为一个重要项目来考虑。他对之所以要将它包括进去的原因的解释，与后来我们所熟知的观点不谋而合。也就是说，企业业主可以因它的资金运用到其他方面而获得回报。为此，企业应该将利息作为成本来考虑。[99]另一个原因则是，如果企业所用资金是从外界借入的，企业理所当然就要为这种借贷支付利息。因此，也就没有理由在业主自己提供资金时不将利息计入成本费用。然而，诺顿并没有具体说明他是否认为应该将这种利息支付作为产品成本的一部分，[100]尽管从他对原因的分析中我们可以推断出他应该是对此持肯定的态度。顺便说明一下，这位英国特许会计师把费用记在交易账户的借方，同时贷记资本账户。这样处理的结果会是净利润报告数的减少。为了便于计算，他采用了一个5％的速算比率，这个比率以企业业主的资本账户为基础。然而，关于为什么采用这一特定比率，诺顿未曾给出任何线索。[101]

1年以后（1890年），一位未署名的英国作者提出了将利息列入成本制造费用项目表的观点，但他却没有对此作进一步阐述，也没有指明他所指的究竟是应付利息，还是借入资金的已付利息。[102]

在美国，这一问题最早是在美国机械工程师协会会议上引起人们关注的。比如，在1893年，E·P·贝茨（E. P. Bates）要求一位发言人说明投入资金利息是否应该计入产品生产成本。[103]这位发言人L·S·赖特（L. S. Wright）在回答时显然立场很不明确；他没有很明确地表明他究竟持什么观点。事实上，他对这一问题的分析如此冗长而零乱，使人很难确定他究竟是什么意思。引述如下：

我可以说，当你看你的工厂运营时，你会发现你拥有土地、建筑物、工具、器具设施、劳动力和材料。如果工厂是一个新厂，就有可能将购入的一部分土地作为一项投资。你可以把它留出来。剩下的余额与改良以及改良项目的维修费用一同计入制造业务。在这片土地上是各种建筑物。每个建筑物都会占有属于自己的一部分土地成本。也就是说，它可以租用自己的那一部分土地，因此要在营业费用成本中计入它的那一部分土地的价值。[104]

这就是他给出的利息是否属于成本要素的答案！赖特这里所考虑的，似乎是土地自身资金价值的成本要素，也就是其成本的摊销，而不是这个成本的应付利息。

1894年，《会计师》杂志一篇未署名的文章也谈到这一问题。这位作者提出的利息处理方式与诺顿一样。他将资金利息作为一项费用归由损益账户负担，以冲减公司当期所获利润。[105]要说诺顿及这位匿名作者认为应将利息作为生产成本要素，显然是不太确切的。更恰当地说，他们认为利息是一项需要在确定"真正的"（他们的用语）利润之前处理的费用。从利息没有出现在他们的"成本汇总表"中而只是反映在交易账户中这一事实，可以推断出这一论断的正确性。用另外一种方式表达这一观点，可以说，他们看待资金利息的方式，与年代会计中对合伙资本利息的看法确有几分相似，也就是将其作为一种利润分享方案。[106]

几年之后（1899年），美国人奥伯林·史密斯谈到，他们公司的处理方式，是在"费用账户"中按"总资本"的"适当"比例（5％或者6％，这是史密斯本人所确定的利率）加计利息。[107]H·M·拉恩（H. M. Lane）赞同史密斯的观点，同时又谈到利息费用应该以"营运"资本及"固定"资本为基础。史密斯所指"总资本"仅是厂场的价值。不知他们两位所提到的这两家企业的处理方式使用范围到底有多广。当时有人对美国40家企业进行了一项问卷调查，调查结果显示，大部分企业都是将应付利息作为成本处理。

H·M·诺里斯在他的"一般费用"表中专门为利息及退废设置了一个项目，明显意味着他希望将折旧和减值与利息费用混在一起。[108]他建议使用6％的比率，但却没有说明作这种选择的原因。同年，亨利·罗兰（Henry Roland）在他发表的一篇文章中谈到，就他所知，有好几家大型美国公司没有在其成本预算中包括厂场设施价值的利息费用。[109]依他看来，这种处理方式是"最无道理的遗漏"。他的观点足以说明当时的论证方式：

> 如果厂子是租的，毫无疑问会将租金记在费用账户中并按时分配计

入机器建造成本作为其一部分。接下来，如果将厂子卖掉，但价款尚未收回，债权人当然会希望按照应收金额的一定比例收取一定利息。如果把车间或工厂看作为交易进行处理的单个实体，情况会是相同的；企业会负担等于其现金价值（现在的或原始的）的债务。这项负债是建厂所必需的，只要这项负债存在，其所负担的利息就必定应该作为一般费用账户的一部分。这项负债只有当车间盈余超过总费用时才能勾销。工厂营业利润应该贷记到车间，直到这笔负债和利息完全勾销，且初始投资者已收回他们的投资。在这种情形下，车间将拥有其自身且不再有对任何人的欠款，利息费用也自然会从一般费用账户上消失，但是，只要公司建设成本尚未以某种方式得到清偿，费用账户中存在利息费用就将是合理的。[110]

退一步来讲，罗兰关于工厂是单个实体的想法，确实有点首创的意思。正如引文中所见，他似乎真的不知道利息费用会持续多少年。它以某种方式存在，直到"清偿"（liquidated，他的用语）完为止。他的论证足以说明早期包含说的代表人物们为其费用处理寻找理由时的局限性。而包含论反对者的意见似乎并没有使他们对其观点的实质性解释受到太多困扰。他们仅仅是完全忽略了合理性问题。

世纪之交英国人的观点在伯顿的《工程估算与成本会计》（*Engineering Estimates and Cost Accounts*）中得到了充分展示。首先，他认为利息问题是一个相当复杂的问题。它是如此之复杂，以至于他不得不建议工程公司在进行项目投标时不将其包括在内。[111]然而，一旦回到实际成本会计上，就必须在企业账务记录中加上机器使用费，包括其应计利息。推想起来，之所以在编制项目预算时不将利息包括在内，原因可能在于各个竞争者的处理方式不尽一致。既然有些企业没有考虑任何这方面的费用，至少为了便于进行标的的比较，其他企业也只好将它排除在外。[112]然而，却有一个例外。他建议，如果公司的建筑物是以付费的方式取得的，企业就应该在场地租金中包括按照建筑实际成本4％～5％的比例计算，不高于应计折旧的估计利息。但他同时也强调指出，企业合伙人或股东不应贷记其资本利息。应付利息的计算应该以每月编制的汇总报表中的数据为根据，一项项列出工厂的各种资产。使用的金额应是前1个月结账日的数据，而不是最近一个资产负债表日的数据。此外，还要为"存货"（他认为应该包括在产品）设置一个专栏。如此来看，据以作为计算利息基础的资产，明显包括土地、建筑物、机器、工具、存货等多种类型。[113]究竟用什么比率？在这一点上，伯顿与同时代其他人之间的距离，远比在其他任何方面更大，因为，近距离观察，你会发现他根本完全不考虑应付利息，而是采用公司应付票据、债券、优先股股息甚或普通股股利等的合计数。事实上，关于合伙人资本的利息问题，他是自相矛盾的，因为他甚至连这都包括在了应分配金额之内。关于股利，他曾谈到："既然这些利息（原文如此）① 是在因工作分工而形成的各个部门内部所产生，因而必然构成他们所执行工作成本的一部分。"[114]伯顿的推论以今天已经拥有了有关这一问题的许多知识的眼光来看，确实是很容易造成读者的误解的，因此也就难怪他为什么会说"我们承认利息问题确实是一个很复杂的问题……有许多理由可以对利息不是工作直接成本的一部分的论点提供支持"。[115]事实上，从来没有人认真考虑过应该把他所认为的各种利息（股利等）作为工厂成本的构成要素。他在结语中谈道，他之所以会不厌其烦地提到它，唯一的原因是因为兰开夏工程公司（Lancashire Engineering Establishments）已经习惯地认为"利息是在利润之前赚得，而且是成本的增加"，即使建议采用另外一种方法，也不见得能完全消除这种观念所带来的危险。伯顿在最后声称，如果一个公司决定从其账户上取消部分利息费用，那还不如干

---

① "原文如此"四字是本书作者在引用伯顿的话时所加。原因是这几句话要谈的是股利问题，但伯顿的原文中却写成"利息"，估计是笔误之类。为保持原貌但又不致产生误解，本书作者加注了说明。——译者

脆全取消好了。他对部分包括的说法毫无兴趣。[116]

有关利息作为成本的文献在 1900 年以后迅速增加。在美国，A·汉米尔顿·丘吉尔在他 1901 年所写的一系列重要文章中，将投资于工厂建筑物、土地及机器等项目的资本利息纳入他的"生产因素"。事实上，这是计算制造费用率方面迈出的第一步。他指出在得出利息费用基数时必须特别仔细，也就是说，要搞清楚成本差异究竟是重要差异还是非主要差异。[117]除了有关将利息纳入成本的必要性的一些简单空洞的陈述之外，该作者当时没有再对自己的意见作任何进一步的阐述。然而，正如我们将在本节中进一步指出的那样，他在后来的作品中确实对自己的观点作了很好的发展。

当时加拿大人的情况可以 W·C·埃迪斯和 W·B·廷德尔的观点来说明。他们谈到有些厂家将投资于厂场的资本利息作为成本要素，他们并不推荐进行这样的处理。[118]但他们没有说明他们推荐什么。H·L·C·霍尔则只是简单地提出应该将投资在每台机器上的资本的利息作为一项费用来处理。[119]他们的著作很典型地反映了 20 世纪初许多专家在这一问题上极为随意的态度。另一个例子是约翰·曼恩爵士纳入《会计百科全书》的一篇论文。曼恩写道，在厂场属于企业自有而非租入的情况下，同样应该将一部分相当于租金的费用（租金等价物）计入产品成本并贷记租金账户。租金账户余额在会计期末的处理与从对外投资中获得的收益一样。如果资金是借入的且已支付利息，则可用租金账户去冲减这种费用。[120]在这个迅速成为老问题的话题中，这至少是一种比较新颖的观点。曼恩还提出在成本中加入一项费用作为新的成本要素，以反映那些亲身参与企业经营管理的业主的"公正的"（他的用语）工作薪水。尽管这与我们这里所讨论的主题没有直接关系，但从这些论述中我们可以很明显地看到，按照他的想法，在真正考虑所有与企业家有关的项目之前，是无法得出"真实"（他的用语）利润的。他还说道："按照最小比率计算的企业一般营运资本利息，应该作为成本的一个项目。"[121]

曼恩的同胞 H·S·加里在利息包括与否的问题上曾经说过很多。在第一次谈到这一问题时，他赞同伯顿有关编制目标项目预算或确定出标价时不考虑利息的观点。[122]但正规的成本账应该如何处理？对这一问题，他更倾向于不作正面答复。他讨论的要旨是，除非将企业所控制的厂场所占用资金的利息作为费用处理，否则将无法有效地表明企业的管理效率。也就是说，由于各个企业所采用的设备各不相同，若不考虑利息费用，将无法进行企业间的比较。这一论断在后来同业公会成员的论争中是很令人回味的，也是利息准备之所以会出现在许多行业统一会计制度中的根本原因。不过，加里关注的重点并不在此，他之所以考虑利息，是为了判断已经并入控股公司的各个工厂的经理人员的经营成果。在同一论点中，他还坚持认为，企业应该为它所持有的原材料存货计算利息费用。[123]企业为了取得优势地位而使用的"额外"资本，也应该作为一项与企业效率相悖的费用。此外，在企业拥有其厂场土地所有权的情况下，也应该像曼恩所建议的那样，创设一项租金等价物（rent equivalent）。然而，有趣的是，尽管加里有这样多理论上的考虑，但在他用于进行示范说明的虚构工厂的账户中，他却并没有将利息包括进去。或许这正代表了他的真实想法。[124]

约翰·惠特莫尔在其 1906 年的著作中谈到，直到那时，人们还不习惯在生产成本中包括资本利息，大多数制造商和会计师都不愿采用这种做法。不过，他却依然认为包含利息是"精确区分各种成本的"基础。[125]他的结论是以企业的各个不同部门会有不同的回报率为基础。有些时候，企业的产品可能会提前出售而不必经过所有的加工工序。按照他的观点，在这种情况下，除非把所用资本的利息计入成本，否则将可能无法得出必要的利润数据。在谈到利息的会计处理时，惠特莫尔变得更加直率了一些。当时人们把利息作为一项"费用"计入好几个部门，贷记利息贷项账户（interest-credit account）。他曾列出这项费用的计费基础，包括：建筑物、土地、机器、动力设备、仓储设施，以及"平均"在产品（"average" goods in process）。[126] 支付利息时（比如支付借款利息），需借记利息贷项账户。要使上面的处理与关于"两方的差额即是我们需要在成本数据中提供的资本利息"的说法相一致，显然会有很大困难。似乎只有贷方合计数能够反映出资本利息总额。但你没必要把这种不一致看得太重，因为惠特莫尔讲了，"我想我应该告诉你，这只是我自己的方法，而且，据我所知，除了我自己以外，还没见其他人用过。"[127]

在接下来的 1 年（1907 年）中，关于利息处理已经很长的清单上，又加上了几位英国专家的意见。比如，H·斯潘塞提出，在各种一般公司费用中，应该再加上按以厂场、建筑及内部设备价值预先确定的比率计算的利息费用。他的理论是，如果先将上述各类资产售出，然后再以支付租金的方式租回，我们必然会要求将为此所支付的租金计入产品生产成本。"换言之，在后来的持股人能够从所赚得并宣布的利润中分得一定份额之前，公司实际资产的初始投资者有权首先得到投资回报。"[128] 他并没有对"初始投资者"和"后来的持股人"作出定义。G·A·米切尔在其《单一成本会计》中按资本账户的 5% 考虑利息，并将结果加入一般费用合计数。[129] H·S·加里则以最近一个资产负债表日其假设的化工厂不同部分资产的净值为基数，按其 5% 的比例计算利息费用。[130] 正如他在《多重成本会计》中所辩称的那样，除了将利息加入加工成本之外，再无其他更好的办法可以对新设备的相对效率作出评判。[131]

两年后的 1909 年，J·L·尼科尔森在其内容丰富的《工厂组织与成本》一书中作出了他的定论：工厂利息应该始终计入生产成本，尽管当时很少见到这样处理。他有两方面的理由。他首先给出的是我们现在非常熟悉的观点，即：投资于工厂的货币在其他任何地方都可以获得利息；其次，如果是为抵押贷款或票据而支付利息，这种支付可以实质上视为租金等价物，按照与租金相同的方式进行处理，即作生产成本要素处理。

第二项理由似乎与第一项并无关系。这位著名的美国人并没有说明他是否会将已付利息和应付利息全都计入费用。[132]但他确曾提到，无论其最终金额是以什么为基础确定，都应该按各个部门所用设备的"现值"（present value）比例在企业各部门之间进行分配。[133]但他并没有对"现值"作出定义。

到20世纪第一个10年末为止，所有曾对将利息作为成本处理的问题发表过看法的作者，似乎对把利息计入费用都不再抱有敌意，但对于因何要将它计入，理由各有不同，对利息费用化技术的看法也是迥异。人们提出了许多很有意思的观点，但却基本上未曾有过完全的讨论。不过，这一问题正在吸引越来越多的注意，而且几乎每一位专家对此都有许多话要说。[134]

从1911年开始，讨论变得更加激烈。在这1年，著名会计师A·洛斯·迪金森爵士（Sir A. Lowes Dickinson）提出了他的看法，他认为在任何情况下都不应该将应付利息和租金作为产品成本的一部分。[135]按照他的说法，不论工厂是租入还是自己所有，其实都无所谓，不管是付给地主的租金，还是支付的借款利息，都不应增加成本。换言之，迪金森的观点与前人观点截然不同。先前的作者们为了统一成本，认为应该计算资本利息，即使自有财产也应计算应付利息，迪金森却认为连实际支付的租金和利息都不应该作为产品成本的一部分。它们皆属利润分配的内容，尽管是付给组织外部人员。通过这种方式，迪金森同样可以保证生产同样产品的不同企业之间成本的可比性，不是通过将租金包括在制造费用之内，而是排除在外。这一建议使得利息成本说的倡导者们不得不为了维护他们的信仰而加倍努力去寻找更多似是而非的理由。这也直接导致了几年后《会计学杂志》的一场大讨论。[136]就有关资本应付利息及借款已付利息问题，迪金森有一位有力的支持者，那就是L·W·霍金斯。霍金斯也不把其中任何一项作为生产成本来考虑。[137]E·P·莫克斯却不认同他们两人的观点。他认为应该把付给地主的租金看作成本，因为它是"为提供必要的（生产）工具而付"。[138]如果真如此，则投资利息也同样应该包括进去。莫克斯在随后的讨论中认为，当企业拥有自己的建筑和设备，没有债务的情况下，它扮演双重角色，一方面是地主，另一方面又是承租人（以前亦曾表达过同样观点）。如果可以按这种方式来划分企业的角色，按他的观点，就有必要将投资利息计入产品成本。

美国执业会计师F·E·韦伯勒在主张将利息归为成本的同时明确指出，如果假定两种情况下的销售价格完全相同，则最终的会计处理不会产生任何差异。[139]进而，他又对迪金森有关租金支付是利润分配而非成本的论断进行了批判。他的辩驳很有引用价值，因为它所代表的思想倾向在以后的讨论中占了很大分量：

从实际成本处理的角度来看，迪金森先生的逻辑是很难令人满意的。厂场设备投资利息或因租用工厂而支付的租金，应该像人工、材料、动力及购货时的运费一样作为直接成本处理。显然，制造商生产产品不可能没有厂房，其租金或利息通常都是首先发生的制造费用之一。那么，为什么单单要把它与其他制造费用分开而排除在产品成本之外……从实务的角度来讲，产品生产过程中所发生的任何必要的成本费用，最方便和最安全的处理方式，莫过于计入生产成本。[140]

这一问题到此已经变成一种"实际考虑"。在接下来的讨论中，韦伯勒详细描述了利息费用的构成。他认为，利息应按年或半年为期来计，记入准备账户贷方，该账户其实是一种收入账户，代表投入资本利得。在已经实际付出利息的情况下，比如说付给抵押持有人，所付金额应直接作为费用计入"准备"账户借方，以抵减贷方已赚得的利息。为了强调不论是在排除论下还是在包含论下，损益账户都可以反映出同样"净收益"（net gain，他的用语）这一事实，韦伯勒举了两个假设的例子进行说明。[141]此外他还提出，未使用或暂时停用设备的利息最好直接计入损益账户，而不再进入生产成本。这是因为，"将暂时停用设备所占用投资的利息计入其他部门产品的制造费用显然有失公允。"[142]

反对者现在也开始更多地关注细节问题，比如 A·汉米尔顿·丘吉尔，曾举土地抵押为例，力图找到一些理论上的差异。他发现，用抵押方式租入土地所支付的利率，要比购入土地并用现金支付的情况下可能允许的利率要高。他似乎认为，在这些情况下，应该使用一个允准利率，所付利息超出这一利率水平，则不作为生产成本，而是用其他某种方法进行处理。[143]韦伯勒在其《工厂成本》一书中指出，这种精工细作没有丝毫实用价值。[144]他认为，因抵押所付的全部利息皆应计入制造费用，只有当抵押是最初购买时对财产所作的抵押———一种购买财产工具（purchase money instrument）———的情况下才另当别论。如果最初购买之后利息碰巧发生浮动，所付利息将与产品成本无关。丘吉尔可能有充分的理由来回应韦伯勒，说他的这种细化"是否有实用价值也很值得怀疑"———韦伯勒曾用于评价丘吉尔思想的词。《工厂成本》的作者①还坚持，为了有效运营，产品成本总体上应该能够反映出资本缺乏的状况，那些拥有的资源可能无法与其他竞争对手相比的制造商，真的很希望了解自己的实际成本，而不是在给定条件下成本会是多少。当然，这种说法与现在标准成本的目标有些矛盾，但却反映了当时的想法。

当双方于 1913 年在《会计学杂志》上发表的一系列凝集了他们最强才干的论文进行论战时，事情发展到了紧要关头。当时第一流的成本会计专家权威们，就利息费用究竟应该包含还是排除的问题，竭尽所能地进行论战。不过，他们的注意力，大都集中在将应付利息和租金作为生产成本要素或排除在成本之外的理由上。"包含论者"没有进一步去发展利息费用的会计处理技术，而是将过多的精力花费在一些鸡毛蒜皮的小问题上。在此没必要再去总结不同作者的观点。他们中有些人的观点前

---

① 指韦伯勒。——译者

面已经作过介绍，其他未曾介绍的人实际上没有提出多少新东西。事实上，这个问题到此为止已经降格成了简单的"是"、"非"问题。[145]在后面的注释中我们将列出各个作者的最后结论。[146]

"一战"前，英国人的观点又如何？应该记住的是，除霍金斯以外，大多数英国权威赞同将利息包括在产品成本中。不过，M·W·金肯森（M. W. Jenkinson）却在一次演讲中（《会计师》杂志于 1914 年 4 月 18 日对这次演讲作了报道）承认对这一问题的看法有分歧，或许可以从经济学的观点证明利息费用的合理性。此外，它还是对作业进行估计时应考虑的一个基本项目。最后这一点主要是针对他的同胞中有些人的观点而发，那些人坚持不应该考虑利息因素。基于以上观点，他认为，在为了分配股利而计算法定利润时，应该将利息排除在外。之所以这样做，金肯森认为，原因在于利息"只是利润的一种形式，为了编制资产负债表，如果产品中包含有利息因素，则必须冲回"。[147]顺便提及，如果要将利息作费用处理，按他的观点，必须以生产中所使用的全部资产（扣除商誉和组织费用）为基础。[148]以记账方式所付的债券或银行贷款利息，应从制造费用中扣除，作利润抵减处理，也就是说，直接结转至损益账户。总的来讲，金肯森的结论，是说在大多数情况下将利息分配到每一项工作是很麻烦的，会引起许多不必要的工作。不过，他的观点总体上是矛盾和摇摆不定的，即使经过全面研究，你也依然很难搞清他的倾向。

同年（1914 年），英国印刷商们拟定了一项印刷行业成本计算制度（cost finding system），他们在该系统中建议按每个企业所用资本 5% 的比率计算利息费用计入订单成本，并与其他成本一起在各项作业间进行分配。在美国，同样也是印刷商首先采用了一种统一制度。[149]

工业管理工程师 N·T·费克批评倡导包含论的美国同行们用于计算利息费用的基础不够广泛。他发现会计师们一般只考虑工厂设备方面的投资而不是公司全部营运资产上的投资。他认为，计算应付利息时不能只包括固定资产投资，而且应该包括原材料以及部分已经耗用计入车间费用的材料。[150]不过，在倡导将利息计入生产成本时，他表现得有些犹豫，他更赞同将其作为财务费用。至于他这里所指究竟是已付利息还是应付利息，尚不太清楚。在他的观念中，如果要将应付利息计作成本，则应该是同时以固定资产和营运资产为基础，这是毫无疑问的，把营运资产排除在外是毫无道理的。顺便说明一下，他曾说，到目前为止，还没见有哪位作者曾经讲过在计算利息费用时应该把流动资产也包括在计算基数之内。实际上，美国的 H•M•拉恩和英国的约翰•曼恩爵士都曾提出过这种理论。[151]

到 1916 年，有关利息成本化问题的文献上升到了另外一个阶段，以至于 C•H•斯克维尔（C. H. Scovell）觉得有必要用一整部分的篇幅在他的《成本会计与制造费用的应用》中来讨论这一问题。他对这一问题的调查，可能是到当时为止有关这方面问题最为全面的调查了。他首先说道，很少有管理者和会计师不厌其烦地用逻辑的方式对这一问题作过深入思考。[152]紧接着他马上宣布，他本人属于包含论者，并说，如果有人不同意他的观点，那就请到政治经济学家那里去寻找最终的答案。[153]为了了解经济学家有关利息成本化问题的观点，斯克维尔专门请了一位训练有素的经济学家下大工夫去搜寻经济学家们各种不同的观点。[154]据这位经济学家讲，经济理论权威们一致认为应该把利息从利润中分离出来，虽然所依据的原理有所不同。现代经济学家中唯一的例外是欧文•费舍尔（Irving Fisher），但他的不同主要是在术语及分类方面，而非根本性问题。斯克维尔最为强调的似乎只是经济学家群体的这种一致性，在他自己的讨论中并没有多用他们的观点。[155]他在自己的作品中开创性地列出了将利息计入成本可能带来的种种好处，包括更准确地确定售价、确定不同设备的效率、存货置存成本（cost of carrying inventories），以及更为贴近地对计划中的作业进行估价。按照他的说法，利息作为成本对于成功地实现这些目标具有绝对重要的意义，完成这些目标是绝对基本的。关于应该使用什么利率，他转而求助于哈佛大学企业研究所的研究。按照该研究所的意见，这个利率应该是投资于特定企业的高等级证券（主要是债券）、在无实际风险的情况下所赚得的利率。所考虑的投资应该是长期性的，且在同一地方。显然，这个利率在全国各地是不一样的，但在这个问题上，斯克维尔再次采用了哈佛研究所的观点，认为这种不同是不重要的。他说："至于……在成本会计中使用的利息率，最重要的应该是合理且得到了有关人员的认同，除此之外不应该再管那样多。"[156]

斯克维尔采用的会计技术与前面有些作者所用的十分相似。即，确定"各种"资产的价值，[157]采用当地的目前利率，将此金额分配到产品上去。贷方记入一个"计入成本的利息"（interest-charged-to-cost）账户，然后定期结转至损益账户。借款利息与此毫无关系，它只是财务费用，应付利息与它毫不相干。这种处理方式与以前有些专家的主张相悖，如 F·E·威伯勒。斯克维尔坚持认为，由于有已经发生的银行贷款或债券利息要付，所以商品的生产成本既不会过大也不会过小。

斯克维尔关于利息成本化问题的广泛讨论，进一步加剧了争论。然而，一些著名专家开始变得小心起来，且更倾向于将两种观点都展现出来，让读者决定他究竟喜欢哪一种方法。教条式的陈述变得越来越少。举例来说，A·汉米尔顿·丘吉尔在他 1917 年的新作中改变了他早期的观点，认为应付利息是否需要包含在生产成本中是可选择的。[158]但他确信支付给外界的利息不宜作为成本项目，因为那是纯粹的财务问题，与"生产效率"无关。需要记住的是，斯克维尔持同样观点。事实上，在"一战"结束时，这一观点已经成为共识。丘吉尔还认为，当对比两种不同的加工方法（比如一种方法使用大量劳动力，而另一种使用很少的手工劳动）时，也应该将利息加入成本。但他不同意斯克维尔有关利息费用计算基础的观点。他（丘吉尔）认为作为计算基础的只应该是建筑、土地及设备。[159]总而言之，这位著名的成本专家并不认为有关利息的这个恼人的问题有多重要。在他长达 452 页的著作中仅仅用了两页来讨论这个问题，即是明证。

英国人的观点也开始改变。到 1918 年，《会计师》杂志编辑开始质疑当时流行的将对外支付的利息作为成本要素的观点。他认为工厂管理者无法控制的任何费用项目都应该从成本会计中剔除。[160]他指出，既然有许多公司是因财务问题而招致失败，而不是由于生产业务效率低下，那么，公司管理者就应该将工厂效率与总的公司效率区分开来。只要不将贷款利息从成本中剔除，这项工作就无法进行。生产成本就会反复无常，因非工厂因素的影响而发生波动。

至于应付利息问题，该编辑主要是对其计算基础不甚确定。他承认，对此要说的话很多，但是，只要资本利息还是被作为成本，计算基础就只应该局限于厂场及设备投资。之所以要作这种限制，原因在于企业账面总资产中，执行同样业务的资产很少很少。[161]有些资产可能是从前业主那里以虚增了许多的价值买入，也可能由于过度保守而大大降低了账面价值。所有这些因素都可能对可比性造成影响，该编辑因此而怀疑该理论是否有效。

但是该编辑的观点在英国并没有得到普遍接受。例如，J·H·高德温就一点也不怀疑应付利息属于成本的事实。[162]在指出支付给地主的租金无疑属于应分配到产品上的成本以后，他接着谈到，如果工厂资金属于自有，也应提供租金等价物。他认为，若非如此，则会产生不一致。如此，除非将每种技术下所使用的厂场设施的利息都包括进去，不然也不可能做到成本可比，这是以前几位专家曾经指出过的一个理论上的优点。在计算利息费用时，尤其是在生产过程要求的材料或物料用品存货量非常高时，营运资本和固定资本皆应作为计算基础。高德温并没有就利息费用的计算基础明确提出自己的主张。他提议特许会计师协会会员就究竟应该以成本、现值还是重置成本作为计价标准进行表决，他说这样至少他可以知道协会的正式观点。

同年（1920年），L・W・霍金斯（前面讨论过他的早期观点[163]）表示完全同意《会计师》杂志编辑有关已付借款利息实际上属于财务问题而非生产成本问题，[164]应该完全保持在成本账户之外的观点。此外，他还认为他根本看不到把应付利息放在成本内有什么好处，也不理解这样做的逻辑及合理性。他的著作至少有5版一直保持了这一立场，并因此而成为英国包含论者的一个可怕的反对者。他的推论与以前相同，即，"资本的报酬是利润，不论是对一个单一的商人，还是对一个合伙组织或一家公司，尽皆如此。即使公司资本中包含部分优先股，也不会对此产生影响。"[165]此外，他无法理解为什么有些利息成本学说的倡导者会认为5%的利息率会是个差不多比较好的比率，他认为，这个假定本身就已经表明他们的观点是不合逻辑的。顺便说明一下，霍金斯更赞同将支付的租金作为工厂成本的组成要素，而非应付租金。

到1921年，当E・T・埃尔伯恩写成他的鸿篇巨制《工厂管理与成本会计》时，英国成本会计权威们就有关应付利息及租金费用成本化问题的观点似乎正在分成两派。埃尔伯恩承认英国公司在实务中一般会省略这些费用，但他认为不能因此而回避这一问题。[166]一个制造商拥有厂场设施而不在账户中提供租金等价物，只会是自欺欺人。此外，如果不确认所涉及的资本价值，对不同部门而言，制造费用率也将是不公平的。这位权威人士甚至回到了将支付的长期借款利息也作为生产成本要素的理论上。《会计师》杂志编辑的努力似乎对埃尔伯恩的观点毫无影响。然而，埃尔伯恩却认识到，在资产负债表日应扣减存货价值，原因是产品存货中包含的利息费用会使预期利润增加。这里他的结论与前面的观点不尽一致。当在前面所提到的情况下存货价值发生膨胀时，这位英国作者继续写道："由于利息的支付要视利润而定，在这个意义上讲它相当于一种利润分配，将任何利息因素计入存货价值并向后结转就将具有一定欺骗性，那些年内尚未售出的商品，也因此而没有机会实现利润并用之于支付利息。"[167]但前面有一页中他曾经说过只有付了利息之后才会有利润。他在两处所指的照理应该是同一种利息，尽管他并没有明确说明这一点。顺便提一下，当时介绍利息费用会计处理技术的英国作者很少，但埃尔伯恩即是其中之一。但他既没有讨论应该使用的计价基础，也没有讨论该用的利率。

前面曾经提到，"一战"后美国的工业会计作者在相当程度上倾向于同时提出两种观点（包含论和排除论），让读者自己进行选择。在最近的分析中，这一问题已经蜕变为成本的解释和个人观点的阐述。例如：J·L·尼科尔森和J·F·D·罗班克（J.F.D. Rohrback）坚持土地、建筑物、机器及设备应付利息应记作成本；[168] J·P·乔丹和G·L·哈里斯却认为，在关于这一问题的论争中，优势的观点是赞同将它完全排除在外。[169]乔丹和哈里斯的结论是通过对两种观点优劣得失的深入调查研究之后得出的。与此同时，有关这一问题的讨论业已渗透到各种会计协会会议中。美国大学会计教师协会（American Association of University Instructors in Accounting，美国会计学会的前身）1918年年会的分组会议中就专门讨论了这一问题。C·H·斯克维尔和L·H·哈雷（L. H. Haney）为主发言人，[170]分别代表控辩双方的观点。

也是在1918年，美国会计师协会开始介入这场论战。他们任命了一个由5位知名人士组成的特别委员会来起草一份有关"利息与成本关系"的报告。这份报告后来登在协会的年报上，明确表达了委员会关于应付利息不应视为成本的观点。一句话，"将投资利息包含在生产成本中，在实践上虽然说不上是荒诞不经的，但在理论上却是缺乏稳固基础的、错误的。"[171]不过，委员会认为，利息纯粹作为一个统计手段而计入工厂成本，可能对企业管理者有一定价值，但每个公司应该从自己的角度出发去考虑这种可能性。

当时，新组建的全国成本会计师协会（National Association of Cost Accountants）也比较早地任命了一个特别委员会，专门收集这方面的数据资料及参考书目。协会后来就特别委员会的报告在1921年的年会上进行了讨论，[172]年会上还准备了一份调查问卷，分别寄给协会成员，征求他们对这场论战中一些主要问题的意见。总共寄出的调查问卷大约有2 016份，收回 567 份。[173]在收回的问卷中，确信利息是生产成本的"合理"要素的仅有 112 份。不过，应该提到的是，在表决中回答为"否"的 455 人中，大约有 252 人没有说明为什么他们会作这种选择；而选择"是"的 112 人中，只有两人没有说明理由。这个结果好像在说，包含论者觉得举证的责任在他们一方，也算是这场论辩中一个小小的趣闻。

这场争执在 20 世纪 20 年代初的几年中逐年升温，到 1924 年 C·H·斯克维尔《作为成本的利息》（*Interest As a Cost*）一书出版而达到一个暂时性的高潮。该书全部内容都在讨论这一主题。[174]最近的分析认为，各个公司或成本会计师必须根据自身要求而作出自己的决定，因此，G·H·纽拉乌（G. H. Newlove）于 1928 年在以下结论中作出了一个很明智的解释："既然成本会计的主要目的是为管理提供指导，成本会计师……就应该将投资利息包括在成本中作为其构成要素，以使成本数据能够对管理更有价值。"[175]本部分内容到此也可以以这句话画上一个圆满的句号。

第三部分　制造费用控制账户

作为制造费用会计的一种典型情况，在 20 世纪以前，人们对制造费用控制账户毫不关心。之所以会有这种疏忽，至少有两方面的原因。

第一个原因是，此前很多制造业公司所使用的是经过改进的商业（贸易）会计技术。也就是说，他们将流行的商业系统调整之后用于自己的目的。按照这种方式，他们可以通过不定期的存货盘点（不只是产品，而且包括生产设备）获得成本和利润的粗略的近似值。如果按这种方式进行工厂簿记处理（有大量证据证明他们确实是这样做的，参见第二章），就没必要使用控制账户进行制造费用项目的处理。举例来说，一位很受欢迎的美国作者（J·H·高德温）曾在 1881 年提到，在分类账中设置一些独立账户，分别反映最终产成品所消耗的各个项目的金额，是一种很明智的做法。[176]这些账户定期结转记入一个制造账户，而这个所谓制造账户，实际上也是一种贸易账户。关于这种技术还可以引证其他许多例子，但没必要。在此只需说明，按照这种观点，在工业会计中根本无需考虑使用制造费用控制账户，就已足矣。

第二个原因则是，当现代成本技术演进到其第二个阶段时，也未对使用和发展控制账户提供支持。也就是说，在这一阶段，人们使用了独立的、统计式的"成本账"，与财务账或他们所谓的"账房"账互不关联。这种外设式的成本处理持续了几十年，尤其在英国（这个话题将在下一章讨论）。很显然，只要工厂成本要素本身没有完全进入商业账簿，制造费用会计除了分配以外，就很难再提出其他问题。这种工业会计下所需要的，充其量也就是在财务分类账中设置一些账户，反映按记账方式发生的各项制造费用支出。[①] 制造费用的部门化及分配完全在"成本账户"中发生，使用的术语感觉上完全像是所执行作业的统计记录，与早年所用别无二致。顺便提一下，这种实务使得世纪之交的一些成本会计作者因成本记录与账房记录核对时一直无法做到完全相符而痛悔不已。人们在追索其具体成因时，发现这种错误乃是由以下原因所造成，对此也就有了一些谅解：①与财务记录上所显示的数据相比，分配到作业中的制造费用不是太多就是太少；②原材料和直接人工记录错误。显然，只要这两种记录依然保持互不关联，不通过交互账户方式紧紧联在一起，办公室中分类账上所显示的生产总成本与工厂成本分类账中所显示的成本数据之间就总会有些小的差异。这个问题困扰着一些早期作者，然而其他人却认为这是理所当然。偶尔，也会有人试图调和这种不一致，或者指出应该定期进行试算调节，作为对厂内监督管理情况的一种内部检

---

① 即各项应计制造费用。——译者

查。有趣的是这些作者往往认为，任何错误、欺诈、误差，必定发生在"成本账"中，账房记录却不会错，因为它们是以实际对外交易为基础的。

亨利·梅特卡夫的成本系统就是由一组独立的记录所构成，对于两套账从来都难以平衡的事实，他感到十分懊恼。他说："我试着去寻找一些简单实用的方法来调节成本表与现金账（实际上是财务账），以便在最高审计法院进行审计之前得出真实的成本表总计数，但却总是徒劳……"[177]

19世纪晚期，英国人在这个问题上的观点也与此相类似。G·P·诺顿在19世纪80年代进行写作时认为，将成本记录与商业记录合并是非常不明智的，为此他专门在财务账中设置了几个账户来反映制造费用支出。[178]

最早提及"制造成本应用"账户的，当数美国公共会计师协会（American Association of Public Accountants，美国会计师协会的前身）会长布洛克（Broaker）在1897年的一次演讲。这位权威人士谈到，当一项作业或商品完工时，应该在直接人工和直接材料基础上加上一部分足以抵偿交易及管理费用的金额，以结束成本表。这项金额需贷记到一个被称为"估计费用"（estimated expenses）的专门账户。[179]这个专门账户需在随后结转计入收入，"抵销实际发生的费用"。在使用这种方法时（也就是贷记估计费用账户时），如何进行借方处理，布洛克说得相当含糊。不过，从道理上来推，应该是借记制造账户，因为他曾特别提到，当商品（钢琴）完工时，要将所用的人工和材料记入该账户，而按他的观点，杂项支出也是成本的一部分。真希望他曾对他的观点和方法作过详细讨论，可惜的是他仅仅满足于一些解释性材料，而没有给出日记账或分类账分录举例。顺便提及，他曾谈到他的这套方法已经用了好几年了。

J·S·刘易斯（1896，英国）曾提到一个"车间一般费用账户"。近距离的检查证明这只是一个财务账上的汇总账户，所有的杂项费用要按月从"购货账"（bought book）过入本账户。所谓"购货账"其实是一种采购日记账，其中专门有一个栏目用以登记各项这类支出。[180]刘易斯曾在其著作的第386页谈到车间一般费用账户要结转计入损益。这说明他认为这一账户是作业实际成本计算的附带部分。但在另一处（第475页）他又主张通过该日记账借记作业成本，贷记车间一般费用账户。然后，车间一般费用账户"每月按照它应该负担的薪水、工长工资、燃料、照明费、取暖费、车间租金等的一定比例在借方进行登记，这些费用全部是从日记账的贷方过入，通过这种处理日记账被结清"。[181]这一说明意味着各项支出首先是被记入各个独立的账户，其贷方定期登记该记入反映机床费用的账户的金额，这个数额，如上所述，被记入车间一般费用账户。由此来看，刘易斯其实描述了两种不同的费用控制账户处理方式，但没有一种能让人满意，尽管有证据表明他的方法不只英国人在用，甚至美国人也在用。[182]

　　大卫·科万（David Cowan）是第二个关心并研究这个特殊话题的英国权威，显示了远远超出他同时代人的知识和理解。他用于处理制造费用的方法，尽管在某些方面尚不够精确，但仍然明显优于当时所用的种种方法。不过，在那个时代（1899年），它被广泛运用的可能性微乎其微。[183]和诺顿一样，科万建议在商业分类账中设立一个账户，所有车间费用在发生时以总计的方式过入其中。不过，它却被称作"抵销账户"（the compensating account），并要在作业完成预先确定的一定数量时，根据该作业所耗用的工时数作贷方记录。他认为，这个账户期末无需结清，其余额从借方转到贷方，作为年关结转的"典型循环"（他的用语）。很明显，他是在考虑一种业务循环。在营业情况良好的时期，本账户为贷方余额，在较差的时期，则会转为借方余额。第二个账户也是在商业分类账上，被称作"车间费用恢复账户"（shop charges recoveries account）。本账户借方反映从抵销账户贷方转入的金额。所谓恢复账户其实是一种在产品制造费用账户，因为当作业完工时，要将商品中所包含的制造费用从这个账户的贷方转出。其借方对应"净成本账户"（net cost account），属于产成品和存货账户之间的中间账户。恢复账户的余额总在借方，任何时候都等于在产品成本中所包含的制造费用。顺便提及，一般管理及销售费用也是按同样方式进行处理，但却要单独设置账户，以便与作为成本项目的制造费用相区别。总的来说，科万是将他的调整账户作为一个工具，用来在一个正常的营业周期中分配支出。也就是说，在他的心目中，必定有确定的制造费用率，以保持不断的循环周转。不过，这是下一部分将要详加讨论的问题。

A·汉米尔顿·丘吉尔 1901 年引入的制造费用控制账户只需稍加提及即可。他设立了一个"车间费用账户"（shop-charges account），该账户借方包括构成机器费用率（machine rate）的所有项目。[184]该账户贷方则用于记录所谓机器收益（machine earnings），以及用于结清该账户的附加费用率（supplementary rate）。丘吉尔在他的早期论文中从来不提分录和账户，因此他所认为的具体会计处理方式究竟如何一直无人知晓。从他 1909 年的著述中可以确定，他必定已经设立了工厂费用账户，这些账户随后会在会计期末转入损益账户。由上可知，对于我们这里所讨论的问题，他其实没有提出任何新东西。

埃迪斯和廷德尔倒是提出了一种新观点。[185]他们认为，既然工厂费用支出的详细情况只会使总账显得散乱，那还不如干脆在该账中设一个纯粹的控制账户来反映这类项目的总体情况，其详细资料则记入"费用明细账"（expense detail book）。[186]该明细账从性质上来看十分现代，其多栏式账页按照通常的工厂费用项目名称分栏进行反映。"工厂费用"（控制）账户贷方登记作业完工时按估算数分配的制造费用，与之相对应的借方则记"制成品存货"（manufactured stock）账户。在每一会计年度结束时，工厂费用账户将表明是否所有制造费用已分配计入各批产品成本。他们没有详细说明工厂费用账户若有余额将怎样处理，尽管他们曾暗示余额将会结转至损益账户。他们的方法最重要的方面，在于他们将控制账户原理运用到制造费用处理这样一个事实，这是一个非常明显的进步。

1905 年，格伦·H·弗罗斯特（Glenn H. Frost）在其著述中汇编并报告了一些 H·C·M·威德尔（H. C. M. Vedder）提出的成本理论，其中有一部分涉及目前这一话题。威德尔建议在分类账中设立一个"应计制造费用"（accruing manufacturing expenses）账户，用于归集与生产有关的各种附加费用。尽管他未作详细说明，但还是暗示了这个账户是作为一个半控制账户来用。至少，它是按制造费用项目的合计数来作借方记录，这些数据首先记录并列示在"凭证汇总表"（summary sheet of vouchers）上。所有必要的准备项目，比如折旧，也要借记本账户。会计期结束时，要编制一笔分录，借记制造账户（实质上是在产品），贷记应计制造费用账户。这笔分录作为最后一笔分录，目的在于将制造费用分配到期末尚在加工或本期已经完成的产品上去，其所记金额应该恰好能够完全结清应计制造费用账户。威德尔确信这些处理就已经足够，因为他已经建议将制造费用的分配延迟到会计期结束以后，也就是说，如此已经不必要再使用预先确定的比率。尽管最后这个建议在当时已经有些过时，但这位美国会计师确实显示出了他对通过分类账的成本流转有非同寻常的把握，而且也确实另辟蹊径地提出了一些建议。[187]

同年，美国工程师 H·戴顿（H. Deighton）提出在总账中设立部门费用账户，他认为应该按照企业的部门设置，在每个主要业务部门各设一个账户。这些账户分别反映各该部门应该负担的全部制造费用或间接费用。[188]他接下来又建议为无法归入任何一个部门的各项制造费用分别设置独立账户。这些账户接下来会通过分录账，在较为公平的基础上，按月结转到部门账户中。当作业或工作单完成时，须借记"制造"账户，同时贷记相应的部门费用账户。这一步骤也将通过分录账来处理，所用的是一个预先决定的分配率。戴顿尽管没有使用埃迪斯和廷德尔有关控制账户的想法，但他却以图示方式提出了在总分类账中设置生产性部门费用账户的观念，必要时它可以很容易地转换为控制账户，以后人们也确实是这样做的。

事实上，C·E·克罗贝尔第二年（1906 年）就在更大范围内采用了费用控制原理。[189]有一个他所熟悉的美国组织，总账中有大约 500 个账户。克罗贝尔发现该组织起码应该设立 7 个费用控制账户，即：修理费，动力、取暖、照明费，仓储费，一般管理费，人工及材料费，监督及记录费，销售费。他给每个控制账户配定了一个编码号，并对每个账户中所包含的明细项目用字母作了标记。这些明细项目在月内累积反映费用的发生情况时作贷方记录，控制账户则只是月末一次性地在借方登记费用合计数。这种方法在明细账户的登记方面很明显与后来更为现代的方法是相反的。克罗贝尔并没有把他为什么要采用这样一种做法讲得很明白。他的理由是："这里……并不是像高级会计中所运用的那样逐字执行控制账户的原理，实际上，这里甚至未曾想过要把复式簿记规则应用到这一成本比较系统中来。但是，当控制账户负担具体的支出时，其所属的明细账户，必须、也有必要以相同金额在其贷方栏进行记录。"[190]或许，他所做的只是为了尝试使用一种相反的登记程序。但如果真是这样的话，从实用的角度来看，则是完全不必要的。他的明细账户是以卡片形式作为一个文档单独保存的。从费用控制账每月过一次，采用的是活页"记录簿"（record book）形式。作为一种很大的账表，其左边依次排列着 7 个代表各个控制账户的栏目，分别反映各账户的汇总情况。每月最后一天，各个栏目分别汇总然后过入适当的控制账户。在今天来看，这似乎是一种很繁琐的系统。按目前的处理方式，控制账户是直接从凭单登记簿或分录账等过入。但克罗贝尔却建议先通过这些中间记录。尽管他的系统中控制账户每月只做一笔账，但与现代实务相比，还是有明显的缺点。[191]

英国成本专家这一时期在制造费用控制账户的使用方面没有作出多

大贡献。他们中大多数人依然坚持外化的成本处理法，也就是说，成本记录与财务账相互分离。因此，他们根本涉及不到控制账户问题，而是满足于在商业分类账中设立制造费用支出账户，并定期将其结清，转入贸易或损益账户，至于具体转入哪个账户，则取决于他们的个人偏好。

F·E·威伯勒在 1908 年写的一篇文章里[192]提出他想要在总账记录中设立一个应该称为"应计生产费用"的控制账户，但他没有解释这个账户究竟怎么使用。我们可以推测它是一个制造费用控制账户。[193]他的文章并不是专门讨论这一问题，接下来他也没有进一步再说什么。

1909 年，在《商业、会计及企业管理百科全书》（*Cyclopedia of Commerce，Accountancy and Business Administration*）中，有位作者提议在总账中为公司的每个车间分别设立一个费用账户（可能各个部门也在他考虑之列）。这些账户的借方将登入所有相应的制造费用项目。这听起来似乎和几年前戴顿提出的方法一样。不过，该作者却对它作了进一步的深化。按照他的描述，第一步应该先将那些不适于记入车间费用账户的项目记入各个独立的费用账户，然后每月将各个独立账户的记录结转到总费用分配账户。很难明白最后一步究竟出于什么目的，因为总费用分配账户并不是作为一个将费用合计数分配到不同车间费用账户中去的工具，而只是每月全部结转到制造（在产品）账户。这种方法像克罗贝尔的记录簿一样，看起来也像是没有必要的官样文章。不过，在对早期技术提出批评时，我们尽可以不必这样性急，尽管他们未能做到像后来者那样优雅和灵巧，他们的目的却值得嘉许。

到 1910 年，设置制造费用控制账户的想法在美国已经深深地扎下了根，虽然仍有许多权威认为不值得使用这样一种手段。比如 A·汉米尔顿·丘吉尔和 J·L·尼科尔森就依然坚持采用个别费用账户，并定期将其结转至损益账户。当时对这种程序的解释是，它使用了辅助性制造费用账户，这些账户受总账中一个或多个账户的控制，有位专家乃至于提示用了一个已分配制造费用账户（burden applied account）。这时少分/

多分制造费用账户（under or over absorbed burden account）尚未发明，但科万和他的抵销账户的基本优势已经显现。后来的专家们开始在前人提出的框架上进行具体构建。

比如，B·A·富兰克林（B. A. Franklin）提出所有款项的支付在一个凭单系统下进行，并为此专设一个登记簿，登记簿中设置"费用"专栏。[194]专栏中的合计数过入分类账中的一个费用账户。月末将会在这个专栏的基础上编制一份分析报告，把各个费用项目再详细分为各项具体支出。该报告中还要反映各项非付现成本，比如折旧。所有的制造费用项目会按照部门进行区分。由于这份报告是专门为管理部门使用而设计的，因此，所有费用要分为"可控和不可控"费用。这些术语在现在讨论弹性预算时人们耳熟能详，在当时却是第一次使用。[195]

《会计科学》（The Science of Accounts）一书的作者，波士顿的H·C·本特莱（H.C. Bentley）在这个问题上的观点与《会计百科全书》作者的观点大体相同。他建议保持独立的制造费用账户，直到月末结转记入制造费用账户。[196]在同1个月的月末（如果利润按月确定），或者在其他任何一个会计期末，该制造费用账户要结转到制造账户（一种在产品账户）。此外，还要按月进行制造费用账户中费用的比较分析，这种分析须同时以累计及当月数据为基础。这种分析要呈送给管理部门，用于检查和控制。因此，从实践的角度来说，本特莱通过这种方式达到了与辅助账户系统相同的目的。

尽管很多权威（在1910年以前）都曾涉及在成本会计中使用控制账户的方法问题，但却没有一个人有过全面而深入的讨论。这种缺憾因1912年L·H·伯舍（L. H. Bosher）一篇论文的出现而得到了一定程度的弥补。在引出自己的体系时，这位美国会计师首先提到，如果需要，可以为每个部门在分类账中设立一个独立的费用账户，通过这些账户可以记录有关各该部门的所有支出。对那些不属于任何特定业务部门的杂项费用，可以设置个别账户，这些账户的记录可以每月结转到部门账户。[197]这种处理与戴顿的处理基本上如出一辙，但伯舍提出了一些改进意见，可以在一定程度上节省工作量。他建议在总账中设立一个制造费用控制账户，用来登记上面提到的杂项工厂费用。再设一本费用明细账，反映明细账户及有关的明细资料。在这种方法下，当杂项费用控制账户结转到部门账户时只需作一笔贷方记录。此外，如果部门费用有许多，就需要为不同的部门分别设置控制账户，与辅助账户一起放入一本独立的分类账。这种方法还可以进一步浓缩。也就是说，如果必要，可以在总账中只设一个费用控制账户，而将所有的明细资料全部记入明细分类账。伯舍认为，就一般使用而言，最后一种方法可能是最好的。[198]但这位作者对这种看来十分明晰的实际制造费用处理方法只是部分满意。他希望用另一种方法来处理分配到在产品账户中的所有成本。针对这一目的，他提出了一个"生产账户"（production account），其全部意图，就是以它作为在产品账户的抵销账户。它不仅可以用于已分配的制造费用成本，而且可用于已分配材料和直接人工。因为这一点，使得伯舍的观点很贴近前面曾提到的已分配制造费用账户观，唯一的不同就在于他的"生产账户"包括了主要成本项目和制造费用。这至少能够使后来的权威人士比较容易接受他的建议并增加必要的细节。按照他的理论，工厂分类账不应每月结清，但财务报表却要按月编报，因此他觉得有必要通过一定程序求得制造成本账户内部自身的平衡，也就是说，能够按月编制一份试算平衡表。为此，他提出，如果某一月的实际成本没有全部分配出去，未分配余额应通过编制分录簿分录结转下1个月。分录簿分录应借记递延费用账户，贷记未分配费用账户。以后，当这部分成本超出额最终分配出去的时候，则做转回分录。他没有考虑超额分配的可能性，或许认为这种余额永远不会出现。这里又一次非常接近于现代技术，所缺的只是闪光点。

J·L·尼科尔森在他 1918 的作品中提出了一种制造费用处理方法，与他的一些美国前辈的意见极为相似，只是在某些方面有所不同。他建议将月内发生的个别间接工厂费用记入专为此目的而设的独立账户。这些过账业务通常都是源于现金账或采购日记账。

这些账户月末须贷记其余额，除非其中部分要作递延费用处理。制造费用账户每月要通过分录簿负担所有构成间接费用的项目。当用固定的制造费用比例将应分配费用合计数分至各生产工作单或成本表时，贷记该账户。其借方余额表示尚未分配的部分制造费用，意味着按固定比例加到人工成本上去的部分费用不足以涵盖全部间接费用。若出现贷方余额，则表示允准比例过高。不论出现哪种情况，下期所用的比例都应当按照透露出的信息加以调整。[199]

尼科尔森当时没有讨论若出现余额应怎样处理。

C·H·斯克维尔在几年后进行著述时，不再像尼科尔森那样对如何处理少分或多分的余额一无主张。他认为，这种金额应结转损益，因为它所代表的通常是因闲置生产能力而引致的成本。[200]联邦贸易委员会同年发布的一份公报表达了同样观点，其有关处理少分或多分数的方法则更为明确。公报指出，大多数公司的业务量在1年的各个月份会有很大波动，所以应根据全年的业务量而不是下个月的业务量来确定制造费用分配率。但这依然会引起各月所分配制造费用额的波动。如何处理每月多分或少分数？"解决这一问题的方法是设立一项制造费用准备，在旺季贷记该账户以减少成本，在淡季借记该账户以增加成本。"[201]但该公报对如何具体进行处理未作进一步说明。这里的制造费用准备账户似乎已经包含了少分/多分制造费用账户的思想精华。

第二年（1917年），C·E·武德斯（C.E. Woods）建议设立"制造费用账户"，不仅可以作为各种在明细账上详细反映的个别制造费用成本的控制账户，而且可用于贷记已分配制造费用。由此可见，它是一个复合账户。如果某个月发生的制造费用为 $ 100 000，已分配数仅为

＄97 000，"将有＄3 000 的余额，需在以下两种方法中任选一种进行处理：第一种方法，可以将它从这个账户中转出，通过损益账户转销；第二种方法，就是在'资产存货'下创设一个'持产账户'（holding account），以便有时间确定作为未分配费用留下来的那部分制造费用是否应作为一项资产。"[202]为此，武德斯认为只要用一个混合性控制账户，就可以满意地对制造费用项目进行控制。他也曾经提出至少有两种方法可用于处理少分的制造费用。后来的权威人士在他的基础上又增加了其他一些建议。

在同 1 年，F·E·威伯勒对他原来提出的"应计制造费用"账户作了进一步说明。该账户依然只是制造费用支出及来自分录簿的费用的控制账户。有关明细资料反映在"费用分析"表中，该表可以按需要分成许多部分，按照下属部门分部门进行反映。费用分析表实际上是一种费用分类账，只是所有内容全反映在同一个页面上。[203]部门间的费用分配则在另一张很大的多栏式表格中进行。

A·汉米尔顿·丘吉尔 1917 年对他所喜欢的制造费用处理方法作了更为全面的总结。他曾于 1901 年提出他的观点。正如他以前建议的那样，各项费用首先记入各个账户的借方，但接下来却是通过制造费用分录簿的方式，定期转入各部门制造费用账户，在其借方以合计方式进行反映。随后，分配到在产品上的费用额会从部门制造费用账户（并非控制账户）转移到部门制造账户。这一次是通过制造分录簿来完成转移。部门制造账户按部门分设，一个部门一个账户。[204]丘吉尔实际上是用迂回的方式，在不使用真正的控制账户的情况下，确保对制造费用的控制。这种方法在实际执行中可能比已经推荐的方法或技术更加麻烦。

C·M·比格劳（C. M. Bigelow）（1919 年）使用的是一个纯粹的制造费用分配账户。他的著作讨论木工厂会计。他主张在总账中将实际制造费用项目个别化，就像他以前许多人所提出的那样。但是，为了对分配到在产品中的金额进行跟踪控制，他提出在一个独立的"工厂制造费用准备"账户中作贷方记录。按照他的说法，这个账户的合计数可以不时地与它们各自的账户所显示的实际支出数相对照，极为方便。[205]尽管他的准备账户本身并不是一个控制账户，但其实际效果与现在常见的制造成本分配账户完全相同。

为封面纸制造商设计的统一成本制度中提供了一种比较独特的制造费用处理方法。[206]与此相关的有三类账户：①分部门的制造费用账户；②一个超支及未实现制造费用账户（overearned and unearned burden account），以及③一个制造费用差异账户。第一类账户用来汇集各部门的固定费用、物料用品费、间接人工及各种服务费用。紧靠账户名称下方应写上该部门账户应负担费用的预算数。这一步骤当然是在期初进行。期末（期间的长度并没有具体规定）将对照预算数对实际已分配费用进行检查。如果预算数超过已分配数，差额为未实现费用，需借记超支及未实现制造费用账户，同时以相同金额贷记部门制造费用账户；反之，如果已分配费用额超过预算数，则做相反记录。在做完所有分录之后，则要将部门制造费用账户借贷两方的差额结转制造费用差异账户。制造费用差异账户的余额和超支及未实现制造费用账户的余数（在所有部门制造费用账户都已按上述方式作了处理之后）将于期末结转损益账户。显然，这种方法不仅可以用于记录实际费用发生情况，而且可以对各种项目进行预算控制。

D·C·埃格斯顿（Eggleston）在制造费用控制账户方面虽然没有任何创新，但却也有长处。他提出，当一个企业期末未分配制造费用数额很大时，不应将其直接结转损益账户，而应当用"统一费用率"（flat rate）将其分配到在产品、库存产成品及销售成本账户上去;[207]反之，如果未分配数额很小，则可1年1年转下去，丝毫不会影响数据的精确性。为了达到这一目的，他建议设置在当时已经司空见惯的制造费用准备账户。

在同1年，乔丹和哈里斯十分精准地描述了使用他们所谓"制造费用贷记账户"（burden credit account）时潜在的哲学思考。[208]设置这样一个账户并非新观念，但他们第一次充分解释了设置这类账户的真正原因。需要顺便提及的是，他们的制造费用贷记账户不是一个纯粹的控制账户，因为他们建议为全厂每个（生产性）部门分别设置一个这样的账户。按此方式，它们可以用作（实际）制造费用账户的对应账户。为什么要采用这种账户？他们的见解是：如果在制造费用被分配到生产成本中时直接贷记制造费用账户，"为了编表目的而进行的所有控制将会失效，同时也不可能再在整个年度内持续进行制造费用比较……为此，应该将每个制造费用账户的贷记业务放在制造费用贷记账户中进行，这样就可以免去调整制造费用账户之烦，使它一直反映费用的累积发生，直到年终。"[209]制造费用贷记账户每月登记一次，最好是通过一种复合日记账分录。那么，年度内编制损益表时制造费用账户和制造费用贷记账户之间可能出现的差额该如何处理？损益表上只需反映各个部门的差额，或少分、或多分。假如部门太多，担心分部门反映差额会使报表变得凌乱不堪，则可另外编制一张明细表，正式损益表上只需反映净差额，作为毛利的增加或减少项。[210]

美国专家 G·H·纽拉乌于 1921 年提出了一种制造费用预算控制技术，与封面纸制造商的做法和目的基本相同。他建议在期初首先确定间接费用预算数，按其合计数借记"在产品制造费用"账户，贷记"工厂费用"账户。后一个账户也用于累积反映当期内所发生的实际支出或费用。[211]当实际进行制造费用分配时，要编制一笔分录，在在产品账户中记费用，贷记在产品制造费用账户。如果工厂费用账户期末出现借方或贷方余额，制造费用的过少或过多分配就会非常明显地显示出来；反之，如果期末结账时在产品制造费用账户出现余额，则表示"一定的生产费用已经被记入或要被记入未完成订单、作业或合同的成本卡片上"。[212]

直到 1921 年，英国的工业会计权威们依然强调成本会计应作为独立的体系，[213]尽管也有诸如 E·T·埃尔伯恩之类的一些人提出了一些方法，想把"生产"账户与财务会计结合起来。[214]与美国技术相比，他们的方法显得过于繁琐。他们的会计分录也重复太多，尽管埃尔伯恩认为这是出于内部控制及业务便利的需要。他的制造费用控制体系实际运作极为复杂。不过，要想说清其基本构成却比较容易，无须涉及很多细节。他要求在财务分类账上设置"生产支出暂记账户"（works disbursement suspense account），所有与制造费用有关的支出项目，以及大量其他项目结转记入本账户。在生产分类账上，首先是与特定的制造费用单（standing orders）相对应的几个生产费用归集账户。这些账户中所归集的费用转入一个生产费用分配账户借方。这个账户的贷方随后登记费用分配情况，与生产费用摘要（abstract of charges to production）所报告的情况相同。制造费用单之外发生的费用需要设置单独的账户进行反映（需要记住的是，制造费用单是在生产费用归集账户中处理的）。不计入制造费用单的费用项目有很多，其中包括折旧、资本利息、工具耗损、材料处理费等。生产分类账有自己的销售账户、损益账户以及其他许多账户。不过，值得一提的是，财务分类账账户却相当精简，尽管财务账上的某些信息，一定程度上会在生产分类账上重复反映。[215]

同年，《企业成本》[216]一书的作者（美国）提供了一份费用账户编码表，其中包括一个控制账户。表中对部门项目也是作个别化处理。此外，表中还列了一些特定的杂项账户（miscellaneous accounts），这些账户须定期结清，转入制造及销售费用账户。这实际上等于完成了制造费用支出或费用控制体系的开发。[217]

20 年代中期，至少有一位美国专家 J·L·道尔（J. L. Dohr）发现有必要对制造费用贷记账户和制造费用调整账户（burden adjustment account）进行解释；制造费用调整账户用于记录所有在成本期末尚未计入生产成本的制造费用。[218]

虽然制造费用的三个控制账户［即：制造费用（实际）、制造费用分配、少分/多分制造费用］于 1927 年前已在各种成本文献中反复有过多种描述，但却没有人对这三个账户的使用及优点作过充分、细致的总体说明。这个缺憾因美国专家 G·H·纽拉乌《成本会计》（*Cost Accounting*，1927）一书的出版而得以弥补。他在书中建议在分类账中建立三个控制账户，每个控制账户都有相应的明细账户提供支持。第一个账户是实际制造费用控制账户；第二个称为"制造费用贷记"账户，用来记录每月分配到生产部门的制造费用合计数；第三个称为"少分/多分制造费用账户"，用于控制每月已发生制造费用和已分配制造费用之间的差额。每月月末，制造费用贷记账户结转到少分/多分制造费用账户。为此需要在各自的明细账中做适当的辅助分录。为了制造公司固定费用的预算控制，在这些账户中还要预先作出一些规定。[219]制造费用控制的体系结构至此已经完全建立。后来的专家发现，要使这一体系的灵活性和准确性再有所增进，已是极难。

第四部分　制造费用的分配

人们对制造费用分配问题的关注，可能远远超出其他任何一个成本会计问题。举例来说，C·B·汤普森（C.B. Thompson）在其《如何确定工厂成本》（*How to Find Factory Costs*，1916）中谈到："间接费用是制造业账簿上最重要的账户之一。关于其分配（他实际上是指归集）方法的争论，甚至要超过对人类的起源问题的争论。这是一块巨大的礁石，许多企业之舟都曾在此触礁……"[220]许多作者（既有实践家也有理论家）都曾对有关这一问题的文献贡献过自己的一份心力。从 19 世纪 70 年代初开始，工业会计的作者们就开始注意工厂成本的其他项目在总成本计算中重要性的增强。此前，虽然曾经有人已经提到过成本的制造费用项目（见第二章），但并未引起重视。这个显见的疏忽在 19 世纪最后一季因一些英国会计师的工作而得到了弥补。

远在 1873 年，一位来自纽卡斯尔（英格兰）的会计师就提出工厂

"一般费用"如租金、税费、薪金等应该按照"总成本"（指材料、工资及工具折旧）的一定比例归集到企业所产的产品上去。[221]在此之前，曾有一位权威人士指出，间接成本不应该在各部门间按同样比例来分配，因为公司的各个部门不见得会发生同样数量的这类费用。[222]

托马斯·巴特斯比曾偶然提及几种制造费用分配方法。[223]首先，按他的理论，从实务的角度考虑，每个公司都应该部门化。[224]比如说，电力部门累积自己的费用，然后按各生产工序的动力需求分配到产品上去。不能部门化的任何成本——现在称为"一般制造费用项目"——按已发生的工资额（直接工资和部门工资）的某一统一比例分配到作业中。至于他整个成本系统与财务账的分离，则根本无需再提。在这些处理中，一般费用被转入损益账户，与那时早期的习惯别无二致。由此来看，巴特斯比关于成本分配的讨论，仅仅局限在"成本分类账"范围内，这种做法持续了几十年。

分配间接费用的产量法为 F·H·卡特（F. H. Carter）所首创。他这种方法是特地为英国采矿业设计的。[225]在这种方法下，制造费用项目须首先在一种独立的成本表中进行归集，一月一表。然后，这些成本根据月内生产出来的石料或石板的吨数来分配。在工资基础上加上一定的一般成本（按每个矿道或工作面产出的吨数比例）就可得到每一工作面的总生产成本。这种成本计算方法在当时肯定得到了广泛应用，因为好几位经济史学家都提到了它。[226]

在美国，亨利·梅特卡夫较早关注这一话题，且做了许多考虑。他的成本处理是在财务账之外，但他的确提出了一些新东西。他发现当时许多大公司在成本处理中根本不考虑其他费用，他认为这种做法会造成很大伤害。[227]按他的观点，成本中应该包含一般制造费用项目。他认为应在成本中加上一定比例，并提出如下四种方法：①根据具体情况，通过人为的判断加上一定费用；②作业总成本的一定比例；③劳动力价值的一定比例，加上（也可以不加）材料价值的一定比例；④一定价格，随作业所耗用的实际工作时间而有所不同。他最喜欢最后一种方法，因为按他的理论，杂项费用与时间因素的关系，远比与劳动力价值、材料价值或这两者共同价值的关系更为密切。他提到威廉赛乐氏公司（一家非常著名的公司）就采用了第四种方法。此外，他还认为附加费用主要是为了提高劳动效率而发生，与耗用的材料数量或价值实际上没有关系。很明显，当时人们普遍采用主要成本总额作为分配基础，而他想要结束这种习惯。[228]不过，应该注意的是，梅特卡夫是一名军需官，因此，他所感兴趣的成本分配实例中，一般制造费用数额往往都相当小。

梅特卡夫接着对他所喜爱的方法加入了一些细节性的东西。每个部门都须确定一个"成本系数"（cost factor，他的用语），由分入的一般制造费用项目、制造费用单上的费用，以及每个部门自己的个别费用所组成。上项合计数除以每一个部门上一年的实际工作天数，即可得到所需的"系数"，它表示每天的费用额。接下来，以各部门在各项作业上所花费的工作天数为基础，即可确定各部门所完成的各项作业应该负担的费用。按照梅特卡夫的说法，这个系数通常不会有很大变化。他还将它与人寿保险公司的概率特征作比，也就是说，经过一段时期之后，就可得出一个可靠的比率。[229]顺便提及，他还曾提出这样的观点：廉价劳动通常需要比高价劳动花费更多的监管成本，这是上述计算中之所以以劳动数量而非劳动成本作为除数的另一原因。如果哪家公司采用劳动成本，就会出现反方向的差异。就像梅特卡夫说的那样："高价劳动将因此而负担比廉价劳动更多的费用。"[230]

在英国，埃米尔·加克和J·M·费尔斯同一时间也在谈论同一问题。他们也发生许多工厂根本没想着怎样把间接费用在作业或产品间进行分配，[231]而只是确定主要成本。他们认为，这种做法唯一的可爱之处就是简单，要使成本处理更为合理，必须按适当方式分配附加支出。这两位权威人士虽然提出商业账与成本分类账应该保持一定联系，甚至完全绑在一起，但对于如何在账簿上分配间接费用，他们却相当含糊。不过，他们在讨论中对这一不足已经有所认识，他们认为，他们之所以未能很好地处理这一问题，是因为当时流行的方法实在太多。显然，按他们的理论（尽管他们没有这样说），只要与分类账业务有关，工厂制造费用项目就应该按照与材料、工资相同的方法进行处理。至于可用的分配方法，他们共列出三种：①一项作业所花费的工资成本；②一项作业所用的工资及材料成本，或③一项作业所花费的人工工时。第三种方法只是在一些特定情况下才用，但在那些情况下它却是唯一正确的方法。在此，他们持与梅特卡夫相同的观点，也就是，间接费用的发生常常与一项作业或一道工序所需的工作时间有密切关系。埃米尔·加克和J·M·费尔斯还对机器折旧费和设备维修费的处理提出了一些建议。在这方面，他们提出应该对各台机器的总工时作出估计，在机器使用过程中，应该在工作通知单上根据已耗用时间作借方记录。每天应由专人负责填写"工厂借记票"（plant debit notes）。表明所用的机器数、加工的工作单以及耗用的时间。这些情况周末或月末再在"工厂借记汇总"（plant debit summary）上加以汇总。这里他们还是没有提到如何进行分类账处理。不过，他们确曾提到，若按这种方式进行处理，折旧就不会像这样出现在损益账户上，而是会包含在所产产品的成本中。顺便说明一下，这两位专家这里更关心的其实是如何恰当地进行厂场资产的记录，而不是制造费用的分配问题。上述所有材料都来自他们专论"固定资本"的一章。总的来讲，关于制造费用分配问题，他们两位并没有谈多少。他们的意见似乎更多地认为有关费用分配的整个问题，或多或少，应该交由各个企业自己去决定，他们并不想过深地牵涉制造费用分配的理论或实际问题之中。下面这句话可能能够很好地表明他们的观点："企业有自己的原则可以判断出需要在成本之上加多少毛利，才足以抵偿一般固定费用和资本利息。"[232]

1888年，G·L·福勒写到美国一家铸造厂的成本记录。当时人们习惯于在铸件主要成本的基础上加一个平均百分比来获得总成本，他为此感到十分伤神。[233]按照他的想法，只有当所生产的所有产品都统一且标准时，才可采用平均数，其他任何情况都不应该用。为了避免这种错误，他推荐使用特定的公式和比率，这里无需详加说明。在此只需说明他的比率在最后的分析中退化成了一个需要和模具工工资相乘的百分比，就已足够。这一数据①与模具工工资及耗铁成本加在一起，就可得出某一特定铸件的总成本。福勒并没有称自己是这种方法的创始人，他把它归功于一位德国人，A·默瑟舒密特（A. Messerschmidt），他用这个方法已经有 17 年之久。按照福勒的说法，这是为铸造业务成本处理所设计的最精确、最灵活的系统。然而，他却一点也没有提到如何进行制造费用项目的账务处理。

G·P·诺顿，一位非常著名的英国纺织厂会计师，只是顺便提到这一问题。为什么仅仅是顺便，原因不言自明。纺织厂的成本处理，必然以生产工序而非作业或生产通知单为基础。因此，他的问题主要集中在制造费用的部门化方面，而不是如何把它分配到特定产品上去。在前面一个问题上，他的处理是非常清楚的，后面一节中我们将详加考察。在特定情况下，纺织厂也可能会按件组织生产。当出现这种情况时，诺顿认为应该将非制造费用（感觉上应该是非部门化项目）平等地分配到厂内各部门所完成的工作中。他指出也可使用其他一些基础，比如支付的工资或耗用的原材料成本，但这需要额外计算，也不一定能给出更准确的结果。因此，总的来说，平等基础"将是最安全也最可靠的方法。"[234]

涉及工程公司方面，一位自称是总经理的人在 1890 年对分配间接成本的不变基础法和直接人工成本基础法作了对照检查。他认为如果把所有因素都考虑进去的话，直接人工成本基础法要更好些。[235] 第二年

---

① 这里应该是原作者行文有误。前面内容中并没有指明"这一数据"为何，但从内容上分析，应该是指上句话所称百分比与模具工工资的乘积。这个乘积数即为铸件应该负担的制造费用。——译者

（1891年），约翰·曼恩爵士（英国）出版了一份很重要的小册子，名为《成本记录评注》（*Notes on Cost Records*）。书中认为材料数量或价值根本不适合作为间接费用分配基础，并对其完全不予考虑。按他的说法，主要成本基础也具有误导性。顺便说明一下，他举例说明了使用主要成本基础可能引起的一些误解。同时，在工人工资率不同的情况下（这种情况经常出现），使用直接人工成本基础会很危险。总而言之，曼恩的观点与梅特卡夫、加克、费尔斯一样，劳动时间是最重要的因素。因此，间接项目应该按这一基础进行分配。有些人为了结果更正确可能会使用机器工时比率，对此曼恩也作了一些一般性评论。这可能是文献中第一次涉及这种特殊方法，这种方法后来变得非常流行。[236]曼恩还建议定期贷记"外加成本"账户，同时借记成本分类账中的"工资及材料"账户。

　　显然，在当时那个相对来说还比较早的时期，制造费用分配问题已经得到了相当程度的重视。人们在著述时开始认识到细致地进行制造费用分配的重要性，但他们中大部分人尚未真正领会这种分配中潜藏的成本理论。他们对是否需要分配持肯定态度，但对有关的论证还不是很有把握，对成本记录的处理方法也是如此。没有人清楚地解释分类账的处理方法，主要原因在于大多数情况下成本都是做外部化处理。然而，从19世纪90年代开始，相关文献快速增多，从那时到现在，有关这一问题的资料累加起来，恐怕几千页都不止。但其中大部分材料不过是翻来覆去重复同样的内容。倘若对这大量的理论及实务观察资料作一番调查，你可能不得不得出结论，说每位作者似乎都觉得自己是在讨论一个别人都未曾涉足的话题。这在一定程度上解释了为什么会有那么多的观点流传下来。有鉴于此，从1890年起，对有关这一问题思想发展的梳理，将只是指出其中的主要贡献，而将其他许多几乎无以计数的权威们重复性的工作置之不理。

　　几年以后，《会计师》杂志上一篇未署名文章建议将管理费用和折旧在成本表之间进行分配，分配时可采用毛利率比例，也可以采用工时比例。[237]在这类建议中前一种建议极为少见。很明显，不论其含义究竟为何，使用毛利通常情况下都必然引出与上面提到的第二种基础完全不同的结果。这又可以作为早期成本会计师在处理分配问题时马虎大意的一个例证。巴特斯比几年前也曾有过同样的提议。[238]

《工厂的商业组织》一书的作者 J·S·刘易斯（英国）极好地代表了 19 世纪 90 年代成本作者的主流态度。刘易斯为前面有关当时的成本理论家对制造费用的账务处理毫无兴趣的观点提供了佐证。[239]他说："只是为了商业簿记之目的……它……与一般及车间管理费用的处理方式毫无关系，也就是说，这些费用只要在赚取利润的过程中能够实际付得出，至于它们表现在账上时是计入总收入，还是分配到正在车间加工的在产品项目上，都无关紧要。"[240]不过，关于分配问题他也很少考虑。他认为，除了盘存日以外，成本账应该纯粹按主要成本作为记账基础，"如此则在车间所发生的有关经营成本的未经证实的所有事实，都将在账户上袒露无遗。"不过，在编制投标预算时，企业却必须很详细地考虑制造费用，以便在目标项目可能发生的直接工资基础上加上适当数额。为达此目的，刘易斯提供了进行部门化及确定不同类型机器设备相关费用的详细方法。在铸造部门（假如有铸造部门的话），间接费用应该以耗用的材料成本为基础来分配，因为在铸造成本中材料成本往往占很大比重。另一种可能则是以铸件产量为基础。在主要成本制下，只有当会计期末进行存货盘存时才需在人工及材料成本基础上加上一个百分比。为了便于进行这种处理，刘易斯建议设立一个"暂记"（suspense，他的用语）账户，当新的 1 年开始时再予以冲回，如此则可使账簿继续保持按平常的主要成本基础进行记录，无需间断。

不过，这位著名的英国权威并没有完全忽略对手的技术。他承认许多大型企业确实把车间费用在已完工产品或作业间进行分配。但是，按他的说法，这是一个很讨厌的过程，复杂得毫无必要，麻烦、工作量极大（事实上，它比刘易斯自己喜欢的方法要好许多）。如果某位读者想要用这种"复杂得毫无必要"的方法，具体该怎么办呢？第一步，应该以"各类人工"为基础，得出一个有关一般管理费用分配的近似比率，"直至有充分的新数据出现，使这种费用率明确固定下来"。[241] 为此，必须使用一种特殊的主要成本账，有一个专门栏目能够反映出一般管理费用的发生情况。每个月末，应对每项作业进行检查，并在间接费用项目账户的特殊栏目上计入一定数额。具体数额会因不同作业所使用的劳动力的不同而有所不同。所有这些都不会直接完成，必须有一本费用日记账作为原始分录簿。应该在该日记账上做一笔分录，贷记公司各车间或部门的一般费用账户，借记主成本账中的订单（order sheet）。在这种方法下，所有已完工项目将按其总车间成本转入仓库。应该记住的是，所有这些都是在"账房"记录之外来完成。一般费用账户总是按实际支出的一定比例作借方记录，因此，会计期末若有余额，则表示费用少分或多分的数额。若为借方余额，可作资产处理；如果出现相反情况，则按负债来处理。刘易斯并没有解释此后该怎么办，而只是满足于"某1年因为费用标准定得太低而出现资产，下1年又可能因为费用标准定得过高而转化为负债"。[242] 由于一般费用率是变化的，而刘易斯又似乎认为这种变化会很频繁，因此他觉得绝对有必要对在产品和完工存货进行重估价。至于这样做是为了什么，他并没有作进一步解释。为了达到上述目的，需要另外设置两种日记账，分别称为"存货调查日记账"（stock survey journal）和"在产品调查日记账"（goods in process survey journal）。每种账上都要为材料、人工、一般费用及其他项目设两组栏目。第一组称为"旧价值"，第二组称为"新价值"。重估的借项或贷项，要根据具体情况，保持在损益账户中。只有不同栏目的合计数需要办理过账。这种处理对存货分类账、商业分类账等有何影响，刘易斯还是没有明确说明。[243] 他在最后总结时谈到，就他所知，很少有企业通过复式簿记系统对所谓的主要成本进行检查，绝大多数企业都是依靠"通过极为讨厌的单式簿记系统获得的数据"。[244] 不知刘易斯是否意识到，他所描述的技术也都不能归为复式簿记。他是否打算把他自己也包括在"极为讨厌"之列？

刘易斯的著作发表 1 年之后，H·M·拉恩（美国）提出制造费用不能笼统地进行分配，而应分为他所谓的"工厂费用"及普通项目两大部分。工厂费用指按工时或天数计算的机器设备及工具使用费，包括投资利息、折旧以及机器动力费。[245]这样产生的数字必然因每个机器项目而异，不过，一旦企业建成，就不会经常发生很大变化。它需按与工人付薪完全相同的方式加计到作业成本上去，也就是说，按照每小时或每天多少的方式来计。A·汉米尔顿·丘吉尔后来巧妙设计出的以生产因素法追根溯源就是来自这一思想。普通制造费用项目则是按当时人们已经很熟悉的直接人工工时法分配。[246]

上述工厂或工具费用思想，虽然在道理上没错，但实际做起来却并不像拉恩说的那样简单。工业工程师 F·A·哈塞对通常所用的除数——也就是工厂在 1 年内保持开工的工时数——表示质疑。他认为，许多机器可能常常被闲置，这个因素不能不考虑。[247]哈塞还认为，对一台价值50 美元的磨粉机与一台价值 50 000 美元的钻孔式磨机按同样的人工工时费用率分配费用，怎么说都让人觉得有点"奇怪"。[248]拉恩的"工厂费用"可以在一定程度上弥补这一缺陷，哈塞批评的主要是那些完全不作任何调整的专家。尽管工厂费用可以使准确性提高，哈塞最终却依然不相信值得为这个"簿记系统巨大的赘生物"而努力。不过，当他在说下面的话时，却似乎又站到了自己的反面："与此同时，这些事情的艰巨性又很容易被扩大……我并不认为它如许多人认为的那样艰难"。[249]

H·M·诺里斯也是尽力避免就使用个别工具费用作出明确结论。[250]每个公司不得不自己就此作出决定。他同意哈塞的说法，认为当企业拥有大量轻重机器（他是指机器价格的高低）时，这是相当重要的。另外，他并不认为为了提高准确性值得花费额外的簿记成本。他和哈塞都有一种夸大困难的倾向。哈塞的观点我们前面已经提到过，诺里斯则说这项工作"大得惊人"。总之，按诺里斯的观点，根本没有一种方法是完美的，所有的方法所能给出的都只是近似的结果，因此他不喜欢那些精工细作的技术。这多少有点失败主义的味道，如果所有人全是他这种思想，成本会计可能至今依然处在从前那种很低的水平。

过些时候，英国特许会计师 E·安德拉德（E. Andrade）又提出一个有关制造费用分配技术的新观点。[251] 为了有一个"公平公正的分配基础"，他建议对不同的制造费用项目按照与成本的关系进行统计分析。举例来说，监督管理费用应该根据特定作业或合同耗用的直接人工工时比例分配，折旧、租金和税金也应该使用同样基础。已付利息及销售折扣则应该按周转额基础来分配，但他却没有指明是哪种周转额。员工工资随各项作业的工资支出数而变，而仓库管理人员薪金和运费则需按材料耗用量来分配。其他各种制造费用项目都可以根据对其实际性质的类似分析进行分配。这种方法虽然可能比一般平均处理法要精确些，但却需要成本核算员特别注意。安德拉德没有说如何进行有关制造费用分配的账务处理，不过他提出了一种"分配账"（apportionment book），用于一般支出分配。

另一位特许会计师——G·E·高德（G. E. Goode）——建议连续式生产的企业可以按如下比例进行附加生产成本的分配：①销售的货币总值，或②已售相关产品的重量。[252] 对销售的重量进行记录是他的系统中一个不可或缺的部分，需要在账簿上设置专栏进行反映。他没有说这两种可能的方法中哪种更好，而是把这个问题留给了公司自己去定。顺便说明一下，这是第一次提到多步骤加工企业的制造费用分配应该与分批生产的企业有所不同。以前关于这一问题的讨论主要是围绕所谓工程技术企业而进行。

高德的同胞 J·麦克诺顿谈到的同样是多步骤生产企业——造纸厂的会计。[253] 在他的经验中，"固定费用"（fixed charges，他的用语）占了纸张生产成本的很大一部分，而且，不管一个特定时期内的生产量有多大，这部分费用会非常稳定。鉴于此，他建议用上1年的固定费用总额除以上年机器设备的实际开工天数，作为本期分配率。不过，如果只有一台机器开工，或者只生产一种纸，所得出的将直接是每天的费用额。如果使用的机器超过一台（通常都是这种情形），按天来算的固定费用就不得以其相对产量或准备材料的费用为基础来分配。麦克诺顿对所涉及的问题理解得相当透，虽然他的技术有些细节问题还不是太明确。他的观点是："工厂的最基本指标是在一定时间内（一天或一周）机器的生产能力，因此，固定费用的成本处理应该以机器工时为基础。"这是另外一个较早提及用机器工时来分配制造费用的例子，他强调以机器的实际生产能力总额作为分配基础。麦克诺顿的方法明显比通常的平均法要准确，并在总体上超出了当时绝大多数人的讨论。

在美国，机器工具费用原理继续受到广泛关注。在一本试图总括反映主要制造公司所使用的会计方法的著作中，作者指出，每一个机器都应该负担自己的成本因素以及人为确定的一般工厂费用和模具费用。[254]不过，当某一特定工具或机器进行大修或发生破损，则应该在保持费用总额不变的基础上，提高它所占的比例或金额，同时降低其他工具或设备应负担的比例或金额。有位会计师认为，每一项生产工具都应该有一定的固定费用和它相对应，如果企业不想欠债的话，它就必须盈利。[255]这位专家继续说道，如果一项工具被闲置，"就必须靠其他赚钱的工具生产的产品所赚取的利润来抵补因闲置工具而引起的债务，闲置工具则坐吃山空。"[256]他认为，上面所提到的方法事实证明是很令人满意的，而且比一般的直接人工成本法要准确得多，尽管有些过于武断。在书中另外一部分中，作者还提到哈特滚柱轴承公司以1个月内在岗员工人数作为分配制造费用项目的基础。[257]在这种方法下，分配比例每月都会发生变化，即便这样，实际制造费用与分配到"统一成本"（flat cost，他的用语）中的数额之间的误差幅度（margin of error）也常常不超过一个百分点；如此可见估计的准确性是如何惊人。

在 1901 年发表的一系列文章中，A·汉米尔顿·丘吉尔提出了他的"科学生产中心"（scientific production center）法，这种制造费用分配法后来声名远扬。丘吉尔起初在英国工作，1900 年移居美国。他所提出的并非一种全新的方法，虽然他称为"理想的系统"。事实上，它很大程度上只是发展和完善了以前好几位专家都曾提到过的机器工时法。丘吉尔的方法主要涉及停工时间的处理，我们将留待以后作更为详细的介绍，这里将只讨论与制造费用分配问题密切相关的部分。此外，他还开辟专门的空间对流行的制造费用分配方法进行了批判，在此也不必多管那些批评性言论。丘吉尔新技术的第一个特点，是对车间费用范围的限定。按他的观点，车间费用大体上可限定为六七项"要素"，诸如土地、建筑、动力等。也就是说，大部分间接费用并不如通常认为的那样普通。事实上，他会对所有这些费用进行仔细的区分，最后只留下很小一部分按武断的基础进行分配。只有在有利可图的情况下，才会作这种限制，这一点需要由各个企业自己来确定。当这些"要素"确定以后，就要将工厂分成他所称的"生产中心"。所谓生产中心并不是一般所指的部门，它可能是一系列的机器或工作台。它们实际是什么并不重要，重要的是要在工厂内部分出一些独立的生产单元。分完之后，再确定机器或中心应该负担的"要素"及一般项目。这种区分是以场地空间、员工数量、设备价值或其他逻辑基础为基准，取决于费用的性质。机器或生产中心要以每月"标准"工作时数为基础，贷记每月产出或完成的工作。各项作业要按在每项业务上所耗的机器工时负担费用。很明显，如果使用一个标准基数，而机器在月中曾经闲置过，就不可能吸收全部费用。这种差异必须通过"补充费率"（supplementary rate，他的用语）加以处理，对此将在本章后面部分详加解释。至于"非要素"费用及由于闲置设备而引起的未分配费用，丘吉尔建议用工时基础来分配，而不是工时—价值基础。原因在于，"这类费用的负担范围不是因不同的机器价值而变，而是随着时间的推移均衡地发生在车间中所完成的所有工作上，与它究竟是在哪台机器上完成的毫不相干。"[258]这就是丘吉尔系统的实质之所在。它被认为是迄至当时这方面所迈出的最伟大的一步，受到热烈欢迎，许多成本专家后来都在很大程度上采用了他的建议。他自己也在后来出版的著作和发表的文章中加入了这一技术的精华。不过，正如在本章后面将会看到的那样，他的部分理论却在1910—1912年之间受到了大量批评。但在几年之后，他的意见却又被当成了这一问题的定论。从有关数据记录来看，是否有许多大型制造公司采用他的制造费用分配法还很值得怀疑，基本上，许多公司依然在使用工资比率法或人工工时比率法。[259]丘吉尔本人也承认，只要事先注意一下工作种类及员工类型对费用负担的影响，前一种方法同样可以产生令人满意的结果。不过，却只能局限于符合特定条件的车间或工厂。科学生产中心法适用于需要考虑大量复杂因素的情形，按照他的说法，根本不可能设计出一种简单的系统来处理这些错综复杂的情况。

大卫·科万在同1年对世纪之交英国思想的变化作了个很好的总结。[260]他提到了"机器费用"并对采用这种方法时可能出现的一些问题进行了讨论。然而，总体上来看，他认为需要采用这种方法的情况很少。"在一个生产多种重型产品的工程技术车间里，以当前的车间管理水平，这种会计处理既不可能也难如意。在产品很相似且属于专门化生产的情况下，则完全没有这个必要。"[261]这样一来剩下的企业就不多了。科万根本不相信机器费用应该作为间接费用分配法的一分子。把他的观点与同一时期美国人的观点相对照，更可以说明与美国相比英国人对成本会计的一般态度。科万列示了当时在英国使用的七种分配方法，并对其作了一番比较和批评。这些方法包括：①主要成本百分比法；②直接人工价值百分比法，只是进入主要成本的部分；③同时使用两种比例，一种是按直接人工价值计算的百分比，另一种是按材料价值计算的百分比；④全车间直接人工工资率的平均数，这个平均工资率必须有效地加以扩大，以涵盖制造费用；⑤一种固定费用率，按每小时多少的方式来表示，以直接人工数量为基础，再加上这类人工工人的实际工资支付率；⑥一种平均费用率，按每人每天多少来表示；⑦一种武断地确定的费用率，根据具体情况确定。他认为最满意的是人工数量法。一般制造费用项目应该按某些公平的基础分配到生产部门，然后再将全部间接费用按照直接生产工人在每项合同或作业上所花费的工时基础分配到产出的产品上去。他称这种费用为"要素"，但与丘吉尔的"生产要素"无关。科万在制造费用账务处理方面远远超出了他同时代的人，但在分配方面却没有任何创建，只是对实务作了一定总结。他确曾提到企业各部门应该有各自的每小时费用率，除非其产品高度统一，或者专业化程度极高。在这种情况下，可以使用"合并"（consolidation，他的用语）费用率而不会使准确度大幅降低。不过，这样做却总是有一定的危险性。关于这一话题，科万曾提到它所具有的一个尚非十分确定的间接优点，今天的作者却可以肯定其独特性。援引如下：

把这些费用（制造费用）合并起来，用一个完全统一的比率来将外加成本分配到产品之上，实际上最适合不过。这种比率是一种自然选择（莫非是达尔文主义对成本会计的影响），是公司作为一个总体进行内部工作竞标而筛选出来；如果对某些产品而言外加成本的平均负担会成为一种过重的负担，订单就会逐渐转移到其他车间，同时，那些索价较低的产品又会新增加到竞标的产品线中去。这在开始一段时间内必然会表现出一些明显的问题，但如果管理部门认识到这一政策的影响，并且能够找到一些更为经济的生产方式来完成这些特殊订单，则曾经的大众化小型加工车间，将会转化为一个特殊产品的专业化生产厂，至少也可以是在一定程度上制造——而不是加工——一定零部件。[262]

这一观点与每一个曾经描述过平均法缺点的人的观点正好相反。科万没有提到这样一个事实，即：在演进为专业化工厂的过程中，企业可能因为长时间按低于成本的价格做生意而招致失败。另一个问题则是，这一演进过程到何时为止？当然不会是直到只生产一种产品为止，假如它真的可以持续那样久的话。他没有说明他最后一句话中用"制造"和"加工"两个词究竟有何差别①。一般认为这两个词是同义词。

在 1902 年之前，许多专家都已有了定见，认为直接人工工时或数量基础是分配制造费用的最佳方法。与此相反，两位加拿大作者，埃迪斯和廷德尔却认为人工成本是最合理而且最准确的方法。他们的理由立足于这一事实：一般情况下，使用的劳动力不会是同一级次，如果以一个新手的工作时间作为标准工作时间，则需按几倍于标准时间来计算熟练工的工作时间，否则将失去可比性。但是，按照这两位加拿大专家的说法，这会大大地增加复杂性。因此，如果遇到这种情况，最好还是使用直接人工相对价值。[263]尽管他们未曾提到，但直接人工基础还是必然会有它的一个重大缺陷，也就是它假定大部分制造费用因一项作业或一道工序人工成本的多少而变化，他们之前有许多专家曾经指出过这一点。

约翰·曼恩爵士在其 1903 年的著作中对哪种方法更为准确的问题干脆避而不谈。在列举并讨论过各种常用方法之后，他接着指出，所有方法都是一种折中，因此，在通盘考虑各种方法的特性及企业所处的具体环境以前，根本不应该作出武断的选择。[264]他曾提出一个很明智的建议，认为即使同一企业的不同部门，在有些情况下也应该采用不同的方法；或者更进一步，用不同的方法分配不同的制造费用项目。有几位专家之前也推荐使用后面这种方法。曼恩不喜欢武断的分配程序，这一点与以前的成本会计师形成了鲜明的对比。这位专家也提到"工具基础或

---

① 上面引文中最后一句话"至少也可以是在一定程度上制造——而不是加工——一定零部件"，作者用了"manufactured"和"made"两个词。这两个词一般都是指制造，并不作区分。但科万用这两个词，很明显认为它们存在程度上的差异。因此在翻译时我们分别译为"制造"和"加工"，以示区别。按中文含义，制造比加工有更为正式、专业之意，应该比较符合科万所要表达的意思。本书作者有这个疑问，则是因为对一般英文读者而言"manufactured"和"made"乃是同义词。——译者

机器比率"法，但在英国国内得到的支持还不如在美国多。

曼恩在会计百科全书上的文章发表后不久，美国人 H·L·C·霍尔出版了他的《制造成本》，遵循的是与曼恩相同的策略，也就是说，他也不愿意承担确定大多数情况下哪种方法最好的责任。[265] 不过，相当明显的是，他不觉得丘吉尔提出的科学机器工时法有多么值得关注，他认为这种方法只在很少的特例中才可使用；反之，工具费用法却得到了霍尔的细心关照，他甚至对其中所涉及的闲置时间问题也作了讨论。这位专家对部门化及间接费用项目在部门间的分配问题表现出了相当的兴趣。他提供了两张"费用分配表"，很有助益。[266] 总体来看，霍尔对这一问题的处理是当时的典型。虽然没有提出什么新东西，但却带领读者领略了制造费用分配中所涉及问题的种种内情，并强调了使用恰当基础的重要性。

约翰·惠特莫尔继承了丘吉尔的科学机器比率分配理论，并解决了在特殊情况下应用的细节性问题，这是丘吉尔没有做过的。丘吉尔更感兴趣的是其方法的理论方面，却忽略了账务处理。惠特莫尔并没有给丘吉尔的计划增加什么新东西，但他写于 1906 年的一系列文章却给当时的美国工业会计师提供了很大帮助，[267] 他的文章主要关注有关账务处理问题。对费用的部门化及生产中心的组织，他也提出了比较明确的建议。不过，当涉及工厂一般费用在部门间的分配时，这位美国专家并没有遵循丘吉尔的做法。惠特莫尔认为，工厂一般费用应该按照"一个处在部门总机器费用加上在完全开工条件下操作机器的直接人工总额与工厂一般费用额之间的比例进行分配。这个比例需在成本账中加计到该部门的直接人工和机器费用之上"。需要记住的是，丘吉尔认为应该按工时费用基础来分配这些费用。特属于某一单独部门的一般费用也用同样方法进行处理。总的来说，惠特莫尔的观点要比当时典型的成本作者的观点高超一些。他相对要彻底得多，对成本理论提出了一种更先进的观点。

1908 年，一家铸造厂的制造费用分配问题得到了密切关注。在这一年，美国执业会计师 C·E·克罗贝尔对以前人们提出的种种建议进行了讨论，最后得出结论，认为同时以产量和直接人工为基础的分配方法为最佳。[268]最早采用这种方法时需要使用如下公式：

$$C_3 = \frac{(W \times M) + L + (W \times B_3 A) + (L \times B_3 B)}{W}$$

式中，W＝每人每天生产的重量；M＝金属成本；L＝每天支付给铸工的工资；B_3＝与直接人工 B 和产量 A 有关的制造费用；C_3＝每一百磅产量的成本及直接人工的分配。

克罗贝尔对如何使用他所喜欢的方法以及当时流行的其他方法作了相当冗长的说明。顺便说明一下，在 20 世纪前 10 年中，人们对铸造厂成本处理极为关注。不过，直到克罗贝尔时代，一般使用的分配技术依然是铸件产量为基础。

随着时间的流逝，制造费用分配继续受到越来越多的关注，但很多专家都只是在重复前人的工作和理论。举例来讲，杰舒姆·史密斯（Gershom Smith）在 1909 年对机器工时法作了相当细致的描述。[269]同年，J·L·尼科尔森出版了他的《工厂组织与成本》，他花费了大量篇幅从理论上讨论当时流行的七种分配方法的优缺点。据他观察，尽管许多成本专家都十分强调这一问题，但他却发现许多公司都没有归集和分配制造费用的适当方法。他像其他许多作者一样强调制造费用作为成本项目的重要性，并进一步阐述了他自己关于分配方法及其使用条件的看法。他提出的方法有一种用起来很有优势，称为"新工资率法"（new pay rate），但不为公众所熟悉。间接一般费用经过部门化，加到各部门特有的费用之上。前一部分费用是按各部门的直接人工费用率分配到各个部门。[270]做完这些之后，再将部门费用率加到各该部门的员工工资率上。这种制造费用与人工成本的联合费用，通过具体业务或作业上每个工人所付出的实际工作时间与新比率相乘，归到经过该部门的产品上去。再加上消耗的材料成本，就可以得到该工序或订单的总工厂成本。按尼科尔森的说法，这种方法最适合在那些不需要对制造费用项目进行严密控制的工厂使用。若要进行严格控制，则需采用一些更棘手的制度。它在很大程度上节省了维持一个复杂的成本制度所需的费用，但只能用在不需要进行深入的产品成本分析的企业。尼科尔森还提出了一种所谓"新机器率法"（new machine rate）。这种方法以联合每小时直接人工和机器人工费用作为分配基础。产品在经过一个部门时，需要按上述合并费用率及对该产品进行加工所耗用的机器工时来计算确定应该负担的费用，加上材料成本，即可得出产品总成本。尼科尔森认为，这种方法只有当大多数工序所用的机器价格和规格都差不多的情况下才可用，员工工资也应该大体上差不多才行。[271]尼科尔森在对自己的讨论进行总结时谈到，要从根本上解决整个问题，关键在于如何恰当地实现工厂产品及生产的部门化。他认为，部门化是人们对解决这一古老问题所作出的最大贡献。它使我们在选择方法方面有了更大的余地，同时也使很大一部分制造费用项目得以地方化。在非部门化系统下，这些费用只有用一些一般的总体平均技术来分配。不过，正如前文所指出的那样，早期的一些文献在提到工厂间接费用（作为一项成本项目）时，强调的是对其作适当的部门化所具有的战略意义，因为它是分配的先决条件。由此来看，尼科尔森所强调的也只是一个老观念。

就在尼科尔森著作出版的同1年，A·汉米尔顿·丘吉尔发表了一系列文章，为他以前提出的科学的机器工时生产因素法新增了许多细节性内容。[272]生产因素有了新的累积，生产中心也已经建立，由之而来的费用按月记入废料或余额账户借方。这个余额账户用以反映未分配到产品上去的机器费用。机器收益贷记到余额账户并记入他所谓的工厂工作单月度汇总表（monthly summary of works orders）。余额账户所剩的金额稍后也会通过他所谓的补充费率（supplementary rate）全部记入月度汇总表。补充费率将在后面进行讨论。[273]只有普通的机器费用会分配到各个生产通知单上去。丘吉尔认为极少有机会用到补充费率。如果有这种信息需求，也可能会这样做，但因为："当我们知道工资及机器工时时，所有的实际成本项目就已经全部反映出来……利用与未利用生产能力的比率也就与详细的成本资料通常所要达到的目的没有任何关系。"[274]上面引文中提到的比率，当然也就是补充费率了，它只是在工厂工作单汇总表上出现，而不会出现在工作单上。他也对将这个未分配金额逐月向后结转的可能性进行了讨论。需要顺便说明的是，丘吉尔的全部成本处理都是在财务账或总账之外。在总账中，间接费用项目在会计期末直接结转记入损益账户。上述讨论并不是对丘吉尔系统的完整分析，他在阐述自己的意见和建议时占了好几十页的篇幅，这里所提供的只是他方法的要点而已。

晚些时候，F·E·威伯勒在他的《工厂成本》中综合了所有重要的分配方法。他在书中不仅描述了每种技术的主要特征，而且把它们整合纳入了一个成本"计划"，不过各种方法依然沿用了以前的名称。几年前尼科尔森曾做过同样事情，但他使用了不同的基础。威伯勒毫不犹豫地指出了每种情形下应该使用的方法。此外，这位专家还介绍了一两种相当新颖的制造费用分配方法，比如"价格百分比法"（list percentage plan）。在这种方法下，制造费用率是按占所生产的各种产品的价格（可以认为是销售价格）的百分比来表示。这个比率本身可以通过测试、估算或考察过去的生产记录来确定。[275]为了使每一种特定商品的各种成本项目与其"定价"之间保持正确的比率，需要不时地进行检查。威伯勒还介绍了他所谓"销售工时法"（sold hour plan）。[276]这样做的全部目的，就是把合并的直接人工和每小时间接费用加到作业或工序所消耗的材料成本上去。这可以与尼科尔森的"新机器率法"相比较，唯一的不同是尼科尔森的计划注重的是机器和直接人工工时费用的合并，而销售工时法以一个部门中每小时直接人工平均成本加上每小时间接费用为基础。当产品流经各个部门时，则按这个小时费用率来负担费用，负担的多少取决于产品在各部门停留的时间。[277]这又是一种为降低记账成本而设计的方法，对于加强成本项目控制并无裨益。

第一次世界大战前夕，制造费用应用程序得到了迅猛发展。有位成本会计师就制鞋业情况得出如下结论："今天公认的基础是生产性人工成本。制鞋的难度大小，所需时间的长短，以及所需机器设备的多少，都会在生产性人工成本的增减变化中体现出来。假设劳动力报酬的支付严格地以工作价值为基础，人工成本将成为分配费用的一个非常准确的基础……没有任何一种分配基础可以比它更为精确。"[278]

这一时期英国的成本专家只是随波逐流，而不再领导潮流。然而，他们并没有忽视它，尽管没有理论上的创新。当时所有英国专家都致力于讨论各种分配方法的优点。[279]他们中大部分人的结论都是说不论是直接人工成本法还是直接人工工时法都是最好的方法，至少够简单。1911年，L·R·蒂克斯（L. R. Dicksee）提出了一个具有重大意义的建议，由于一般管理费用必须在会计期结束之前分配到合同或作业上去，因此，如果能在更短的周期内进行分配，比如说每周，可能会更好些，尽管那时各项作业可能尚未完成。[280]他的"成本账"独立于财务账，因此，为了检查的目的，"账房"工作人员需要在同样周期内向成本部门提供实际制造费用数据。这样将很容易发现并调整一些不太公平的结果，因此，他认为采用这种技术进行分配会更加准确。不过，为了安全起见，他认为按预估数进行分配时应该比可能发生的实际数略高一些，如此则反映在成本分类账上的已完工或未完工作业总成本估计会更为稳健。此外，同样的分配方法并不能用于所有制造费用项目的分配上，应该对费用进行细分，然后分别各类项目采用最"适宜"的方法。有些费用应该采用直接人工工时基础，另外一些则用人工成本基础，如此等等。约翰·曼恩爵士10年前就曾提出过同样建议。概括来说，蒂克斯可以称为是1910年左右英国作者的典型代表。除此而外，一些有关普通会计的书籍也曾提到制造商的需求。[281]

科学管理的领军人物，美国的F·W·泰勒几年后对丘吉尔的生产因素法、机器工时法进行了改进，改进后的方法被称为"成本数或成本要素法"。[282]其机器费率的确定与丘吉尔的提议大同小异，但比率本身不再是价值数，他所用的是相对数，称为"相对成本数"，或者仅仅称作"成本数"。举例来说，如果两台机器的维护和运转成本各为每小时4美元4美分，成本数将各为404美元。当生产产品时，则用所耗费的工时乘以所用机器的成本数。在每一会计期末，"将需要计算成本的每件商品或每类产品的工时与成本数的乘积加总起来，即可得到该件或该类产品总成本，同样的，也可以按此方式算出整个车间的成本。"这一结果与丘吉尔从他自己的系统中得到的数字实际上是一样的，唯一的不同是不再需要使用补充费率。闲置时间将用另外的方式处理，本章中将在另外一部分进行介绍。泰勒认为大多数普通制造企业都可以使用成本数法，但严格来说，它只适用于机器加工占绝对重要地位的企业。这是泰勒对制造费用分配问题的贡献。

另一位美国专家C·H·斯克维尔也非常关注科学机器比率问题。他在1913年发表的一次具有深远影响的重要演讲中谈道，它是这一时代成本会计技术方面取得的最大进展。斯克维尔所指的时代，当是自开始执行各种现代成本计划以来各种著作不断涌现的时期。他坚持认为机器比率在估计制造费用、项目费用方面的准确性，和以前获得的直接人工成本一样高。这当然是夸大其词，没有哪个系统能达到这种水平。此外，按照他的观点，这种方法不需要花费更多的成本努力，它还有进一步的优点，就是可以对改进生产技术或工艺所带来的成本上的降低进行准确计量。他强调这一事实，即：当设计出一种新的或经过改进的业务处理方式时，不仅会降低企业的人工成本，而且常常会对企业的制造费用成本产生巨大影响。当谈到在大量使用自动化设备的条件下如何进行制造费用分配时，斯克维尔提到有家公司通过使用图表解决了这一问题，该公司根据有效地操作每一台机器所花费的成本来将制造费用分配到各项作业上。在使用这一计划后，成本记录可以很准确地反映出由于生产水平低下或操作工注意力不集中而招致的损失。然而，斯克维尔却没有对这一技术的细节作更多说明。他只是满足于如下审慎的评论：

不管对销售政策有什么影响，好的成本会计，包括正确的制造费用分配，从生产的角度来讲永远具有重要意义。量的变化可能使效率的损益变得晦暗不明，且使得各季之间同样作业的成本丧失可比性，而这一切，却仅仅是由于所完成的业务数量上的偏差所致。准确的成本可以在任何条件下都具有可比性，但要做到准确，却必须保证把制造费用真正分到实际工作的设备上去。从管理者的角度来看，一个重要的事实是，当企业的作业计划缩减时，却往往不见需要通过一系列设备比率进行分配的制造费用有所降低。电费可能确实会稍微降些，但各种固定费用，包括场地费、利息、保险费、税金、折旧以及有些情况下可能发生的修理费，却不会在机器闲置时降低。机械工厂的经理在成本计算方面所能犯的最大错误，莫过于在其设备开工不足的情况下高额制造费用的分配，无论他用什么样的分配方法；原因在于，其余设备可能只是临时闲置，或者因为企业只是部分时间开工，从而不得不为少量的劳动力支付高额工资。这些差异常常会吸引留心的经理人员的注意，它们几乎全都是损失或浪费，应全额确认并直接记入损益账户。清楚地区分因正常使用或销售机器而发生的损益与由于怠工或未能有效地使用机器而造成的损益具有重要意义。应该牢记的是，完工产品只吸收在生产它的过程中所使用设备的制造费用。它不会吸收未使用设备或闲置机器的费用。如果企业自己有铸造设施而管理方却决定从外部购进铸件，闲置的铸造设施将对产品毫无贡献。如果管理部门选择购买而不是制造机器螺钉，导致自己的自动化设备闲置，却把闲置设备的制造费用加到产品中去，显然有失公平。如果一个企业只有四分之三的车床运转，闲置的车床对实际生产的机器零件毫无帮助，尽管企业可能会因为不能有效地利用设备而走向破产，但基于上述理由，实际完成工作的成本却不会增大①。[283]

F・E・韦伯勒（美国）于 1917 年提出多步骤生产的加工企业按以常用计量单位（吨、磅、码、加仑等）为基础的常数来分配制造费用。[284]这种方法把部门间接费用看作一个整体，以实物单位为基础，在经过各个部门的产品中进行分配。如果企业生产好几种不同等级的产成品，不能用一个同一的分母进行分配，则可采用与泰勒的"成本数"法相类似的"点数制度"（point system）法。按照这种方法，先给耗时最多的那个等级的产品所需要的时间配定一个特定的点值，比如说 10 或者 100，其他等级的产品根据其所需时间相应地配定较小的点数。这种方法也可以用于将员工的人工成本分配到各种不同性质的产品上去。韦伯勒建议在采用这种方法时，要不时地对以前确定的点数进行检测。韦伯勒认为这种方法可以在许多行业使用。

韦伯勒的同胞威廉・肯特 1 年后对一个特殊问题进行了研究，这个问题在采用科学机器工时法时经常出现。具体情况是：某些作业或工序正常情况下是用型号较小的机器来加工，但在特定情况下，由于适当型号的机器正在忙于其他业务，因而不得不用大型号机器来加工。显然，大型号机器的费用负担较高，因此，除非成本表中容许有一定的扣除，否则这一作业或工序会仅仅因为这种替代而负担额外的费用。肯特认为在这种情况下，该作业或工序只应按正常用适当型号机器加工的情况负担费用。由此而产生的差异将留下来不作分配。他没有说明接下来该采用什么样的技术进行处理。为了便于成本核算员恰当地进行分配，需要在记录中记清所用大型机器的型号。[285]

D・C・埃格斯顿（美国）在 1918 出版的著作中对纺织企业制造费

---

① 指管理人员会以闲置车床对生产没有帮助为理由，不将其费用加到产品成本中去，从而使得完工产品成本不增加。——译者

用的分配作了详细讨论[286]。他推荐的程序与美国关税委员会在比较研究中使用的程序相同。纺纱车间的制造费根据使用的纺锤数在不同纱线之间进行分配。这种做法很容易被接受，因为操作每个纺锤所花费的成本基本是相同的。织布厂则用一种所谓的"织机日"（loom day）制度。在这种方法下，需要先确定一台织机运转一天所需的费用，然后按在织机上织出每种织物或布匹所用的天数来计算应承担的费用。这种方法也很容易被接受，原因是生产能力相当的织布机之间成本差异很小。埃格斯顿还讨论了用于确定普通棉产品转换成本的"平均数"法，但这与我们这里讨论的主题无关，故省去不提。[287]

1915 年以后，对制造费用分配理论最重要的贡献是对如何完善各种已知方法进行了讨论。从讨论开始到现在这一直是一个代表性的话题。人们开始更多地关注闲置时间和闲置生产能力问题，而不再是分配方法本身。但这并不是说专门讨论这一问题的文章变得很少。相反，所有的专家都感觉到一种推力，促使他们研究这一问题，即使很少再有创新。不过，有些人已经在怀疑如此关注制造业企业制造费用分配方法的细节问题是否合适。例如，G·查特·哈里森（G. Charter Harrison）早在1919 年就怀疑："当成本会计师费力地区分和分配每一项费用，运用大量以成本的名义、活页表的形式而设计的精巧技术，辛苦地分摊了每一美元之后，是不是就可以提供一种比最简单的费用汇总表更为准确、更为正确的结果……这里有一个界限，超过这个界限，许多情况下费用分配的进一步改进将得不偿失。"[288]在一些实例中，他发现关于费用分配的努力到了几近荒谬的程度。然而，不要忘了，哈里森是标准成本的坚定的倡导者，这种成本处理方法也涉及细节性问题，但这些细节确实是无法与所谓"实际成本"计划下的细节相比的。这位特殊专家几年后仍然继续着他对现行实务的批评。当时他作了一个很直率的声明，他说，对一个企业来说，试图月复一月地追踪同样产品制造费用的发生情况，是很荒谬的。[289]按他的说法，精益求精地进行分配是最无用的形式主义，解决制造费用分配问题，最好的办法就是对这些成本进行仔细而准确的分析，然后将其作为以后进一步比较的基础。为此，需要用一些"简单的"（他的说法）方式记录与以前确定的数据之间的差异，但并不需要改变最初的成本估计数，除非制造技术已经过时。除了每月按预先确定的金额进行一种单一的比例分配之外，所有复杂的分配都可以避开。[290]

到 1921 年，一些更先进的分配理论和方法充斥于英国的成本文献。在一本 20 世纪 20 年代出版的著作中，E·T·埃尔伯恩对当时流行的方法作了最为全面的评述，提出了他称为"生产服务"和"生产单元"的制度。这些与丘吉尔的生产要素和生产中心属于同义语，但他对这思想的运用又有一些不同之处。[291]在将主要的制造费用项目归为八大类生产服务后，他对如何在这些类别之间进行间接费用的区分作了仔细研究。各种服务性账户——财务账之外——随后需转往部门外加成本账户及一些工序汇总账户，这些账户可以表明外加成本是否已经分配到产品中。在部门账户之间分配制造费用时采用的是标准比率。埃尔伯恩对采用的技术作了极为详尽的讨论。然而，他的方法总体上来讲在分配和再分配方面是头重脚轻的，正是前面哈里森曾尖刻地批评过的那种东西。尽管如此，依然可以说，埃尔伯恩的处理方法在好多年中一直保持了它的权威，其他英国权威在全面性方面与他相去甚远。[292]

这便是制造费用分配方法的演进过程——从 19 世纪粗略的方法到最近几十年非常复杂的系统。后来的方法有时显得那样棘手，以至于人们对其功效产生了极大的怀疑。若把 19 世纪 80 年代权威人士简明的观点与 A·汉米尔顿·丘吉尔或 J·M·克拉克[293]的鸿篇巨制（都写于 20 世纪 20 年代）相比较，反差会显得更大。他们两人的著作整个都是致力于费用分配中的种种实务及理论考虑。至少没人可以再说这一问题被实务界或学术界所忽视。不过，最近几年，人们将更多的注意力集中在销售费用分配和标准制造费用分配率的管理方面，关于制造费用分配本身却很少再有新东西提出来。

第五部分　预定费用及停工问题

尽管人们在几十年前就已经意识到在会计期结束之前计算作业或工序成本的好处，但在实务中迄今未见这种做法。关于这点，应该提请注意的是，在成本计算方法的早期发展中，关于成本计算的性质，总体上有两种不同的观点：第一种可以称为严格的历史法（historical basis），它要一直等到月份结束以后才计算成本。第二种为半历史半预计法（part historical and part predetermined basis）。材料和人工项目为历史性的，制造费用或间接费用则是在实际获知准确的合计数之前预先确定的。当然，两种方法都是以假定要确定的是生产成本合计数为基础。19世纪绝大多数企业使用的只是主要成本制度（prime costing system）。这种方法在今天的小企业中实际上依然流行。只要工业会计师和制造商依然坚持主要成本理论，制造费用问题就可能被忽略，关于上面所提到的两种成本法之优势的讨论就毫无必要，预计费用率问题自然也无从谈起。鉴于此，我们目前的讨论自然只能局限于那些期望从他们的记录中得到工厂成本合计数的专家。顺便提及，他们的成本记录既可能与财务账合并，也可能独立于财务账之外，合并不合并在此并不重要。

在谈到本部分的第一个方面问题时，必然会涉及许多细部的东西，第一个需要注意的是停工问题，我们需要对有关它的一些早期情况进行讨论，这个讨论将与预计制造费用率一同进行。这两个话题之间究竟有何关系而需要并行地进行讨论，或许我们应该先作些说明。乍看上去，它们并无共同之处。然而进一步观察就可看出，在许多情况下，如果不需要使用预先确定的制造费用率（也就是说，成本计算可以推迟几年，或至少推迟1年），停工问题就会很容易解决。由此人们认识到，提前确定制造费用分配率与解决停工时间和闲置生产能力的技术所蕴含的理论紧紧纠缠在一起。19 世纪 90 年代，早在停工问题为人们所重视之前，预计制造费用分配率问题就得到了极大的关注。在 20 世纪开始之前，就有一些人断断续续地提到停工时间问题，[294] 但当时人们并没有把这一问题看得像后来那样重。因此，这一部分的主要目的，首先是追踪预计制造费用分配率思想的发展，其次则说明停工问题处理技术如何从早期实务中逐渐演化出来。

1885 年以前所有成本会计专家实际上都认为制造费用问题是历史性的。我们可以举出其中一些，但那会是多此一举。上述结论无疑为真，因为当时的成本实务本质上就是那样。尽管如此，也不排除一些工程公司在编制投标预算时对目标作业或合同中可能的费用进行推想或预测。这些推测无疑是非常粗略的、武断和近似的，它们只需涵盖该作业中可能发生的所有费用支出即可。正如第二章中所述，作业成本计算本身就是来源于这种需求。曼彻斯特（英国）的公共会计师托马斯·巴特斯比曾含蓄地指出，即使有些情况下确定了间接费用率，也不过是纯粹的猜测，常常与实际"运作"（他的用语）费用本身没有一点关系。[295] 埃米尔·E·加克和 J·M·费尔斯在几年后讨论"工厂费用"，但其寓意，却是要在某一期末将这些费用加计到作业上去。不过，应该提及的是，他们并没有非常仔细地考虑这一主题，而是倾向于描述一种用以比较预算成本和实际成本的方法。他们的描述显然超出前人，故详细引用如下：

在下达生产通知单之前，为了使生产成本能够更为经济，设计师、制图员以及其他所有熟知生产工艺及有关细节的人员，应该以一种适当规范的形式和冷静的头脑，对产品生产过程中可能发生的工资和原材料成本进行估计。这个估计应当是最小估计而非最大估计。应该向项目经理或工长提供一份有关估计中所用全部材料及零部件的完整说明。仓库管理员也应该拥有相同的资料，而且应该在授权时规定他们不准按超过预算数发出材料。

为了保证能够很好地考虑在建筑或制造过程中怎样才能算是经济并有切实的可行性,当每项工作单完成之后,应该将该工作单的成本详细告知设计部门和制造部门负责人,以便他们对实际成本和估计成本进行比较。为方便起见,成本估计表中应该事先为实际成本留下空栏,当实际成本确定之后可以很便利地插入。应该按其所需将实际成本与估计成本之间的差异告知员工。为了表明在不同时间、材料、部件或数量条件下生产相同或类似产品的成本差异,最好能够编制一份比较成本登记表(comparative cost register)。该登记表在编制工作单预算或定额时很有用,并能随材料市价的变动对配额进行必要的调整。[296]

加克和费尔斯的同胞 G·P·诺顿(1889)对预计制造费用率的说法非常简单,但在涉及分部门已完工作业汇总时,他却专门设了一个"固定费用平均"栏。关于此栏的填制,诺顿谈到:"固定费用平均以部门账户以前年度的记录为基础。"[297]这似乎暗示着它是一种预计制造费用率,但这位早期成本专家并没有在此基础上作进一步的展开,而是留待读者自己去研究其他的细节。不过,我们却依然有理由相信,在这方面,当时的教科书作者是落后于时代的,因为阿方斯·珀能(Alphonse Perren)曾毫不含糊地写道,标准制造费用率"早在 1886 年就在英格兰约翰·布朗有限公司(John Brown and Co.,Ltd)的安他拉斯(Atlas)工厂中使用"。[298]

在当时的美国,人们对这个问题的考虑则要多一些。例如,亨利·梅特卡夫就曾在 1885 年提到,直到一个年度结束之后都难以准确知道间接费用究竟有多少。[299]倘若真的如此,按照他的观点,则很有理由认为这种费用在各年之间没有大的差异;因此,若要得到本年度的负担系数,则可以用上年度的费用总额除以上年车间总的生产工时数。这样会得到一个用金额(美元和美分)表示的数字,可用于在本年度内计算各项作业应负担的费用。不过，他进一步又说道，如果一个公司经营已达 3 年以上，则可以 3 年的平均来计算确定间接费用率，如此等等。但他从来没有提到公司营业的第一年该怎么办。

几年之后，G·L·福勒在其有关铸造业务成本会计的著作中，对如何处理这一问题作了极为清楚的说明，并顺便提到了一种用于解决停工的很简单的方法。[300]首先，应该从年度一开始就对所有间接成本——他称为"费用"——作出估计（不过，他并没有确切指明"一开始"究竟是何时）。然后：

在完成上述估计的基础上，对过去几年的经营情况进行有计划的回顾，了解过去几年都做了些什么，生意好的时候和不好的时候平均工资各是多少，以及什么时候只是生意平平。将这三个方面与目前情况及接下来 1 年中的工资进行比较，就可得出一个应该加到每个铸工以及付给他的每一美元上去的比率或百分比……确保能够设定这样一项比率，并使它做得十分准确，是一项必须彻底做好的工作。但是，当它一旦完成，从形式上来看，它应该只是目前工资的一个简单的参照物，表明我们目前的生意究竟是很好、一般还是十分惨淡，能据以确定本月应该使用的系数。[301]

如上所述，福勒并没有明确指出"系数"究竟是在某一铸件完成时使用，还是在月底使用，但本书作者认为它是作为一个预定数使用的。另外，福勒的全部实际成本处理都是在财务账之外进行的。而且，就像梅特卡夫那样，他也没有提及一个刚刚组建没有以前年度资料可用的公司该怎么做。福勒把这一计划归功于德国埃森（Essen）市的 A·默瑟舒密特，后者使用这一方法已达 17 年之久。如果是那样的话，等于是把现代成本制度（有关制造费用处理问题）产生的时间又向前推移了几年，同时也是最早确认停工问题者之一。

1894 年，英国《会计师》杂志上一篇未署名的文章对这一问题进行了讨论，但主要局限于如何提前确定制造费用率。这位匿名作者大胆地指出，制造费用率是在过去经验基础上的一种预估，不过，却应该像其他任何预估一样尽可能仔细地进行估计。[302] 差不多与此同一时间，英国一家大型工程公司的经理 F·G·伯顿谈到大型合同（比如建造一艘轮船）招投标中停工时间的处理问题。[303] 按照他的观点，估计制造费用项目的常用方法是采用未来 6 个月中预计可承担作业中工资额的一定百分比。但万一该"年度"只能部分开工（比如说开工程度只有一半），并且这种情况估计还会持续下去，又该怎么办？显然，在这种情况下，该百分比会更高。[304] 高出部分可以从客户那里收取吗？对这个问题，伯顿的回答是否定的，原因在于，如果所有公司的营运能力都差不多，竞争的压力会使出价趋向其应有的价格。这样，额外成本就必须从利润中扣除。伯顿还发现，许多公司的合同工程师在做投标计划时总是习惯于按照公司全速运转时的情况来进行各种估计。不过，伯顿并不赞同这种做法，尽管它确实具有"可以估计出和中标价相近的金额这样一种优点，但它更有缺点，而且是非常危险的缺点，那就是不能尽可能地接近合同的期望成本"。[305] 如何克服这一缺点？关于这一点，伯顿显得非常含糊。例如，他提到要在估计净成本基础上为使用机器和工具加上一个"固定的比例"——按每份多少来算，还要为管理费用（包括租金、地方税、保险费、煤、煤气及水费、监督管理费）加上一个"固定的比例"，但具体比例却属未知。这三项之和加上一定利润，就可得出投标价。奇怪的是，除了所提到的固定比率是一种正常的费用率之外，他并没有说明通过这种方式如何就能解决停工问题。他没有给出任何线索让人能够了解他的用语究竟是什么意思，也没有说明他的方法对预算有何帮助。

虽然伯顿在考虑投标问题时已经至少意识到了闲置能力问题，他这一思想并未在他的"成本会计"中体现出来。与当时的一般情况一样，他的成本会计也没有与财务记录统一起来。在成本会计中，每个成本项目都必须按月在产品或作业之间进行分配，更甚者，所有的间接费用也要在发生的当月以适当的方式计入成本。成本处理工作必须按月完成，"因为时期再长的话问题将会变得十分复杂。为了得出正确结果，最根本的是要将每个月的一般管理费用按照当月的直接工资比例进行分配。"[306]

伯顿的观点一定程度上可以看作那些认为产品或作业的制造成本是作业或商品在厂内流转时所发生费用的总计数，而不管企业是否完全开工的成本会计师的代表。简言之，假如某期只生产一件产品，该产品也必须承担当期所发生的全部制造费用。与此形成鲜明对比的观点，即正常费用率，将随后进行讨论。这个问题在几年后变得十分突出，不过，其中的矛盾冲突也将是我们后面所要讨论的内容。

邻近世纪之交，会计师和工程师们开始很认真地考虑事先确定费用率的问题。例如，美国工程师奥伯林·史密斯在一次演讲中提出，确定"费用"率的"理论方法"是使用上一年度的比率，根据上年实际费用支出情况对它进行调整，然后将调整后的数据用于本年度。[307]同样是在这次会议上，H·M·拉恩和H·M·诺里斯却在发言中表示不同意奥伯林·史密斯的观点。他们认为成本计算应该在每月末或每个会计期末进行。[308]他们还提到停工问题，因为停工期间的机器费用也要包括在制造费用之内。作为工业工程师的H·L·甘特（H.L. Gantt）首先提出一个问题：倘若只开动了一台机床（也就是说，可能只用了总生产能力的十分之一），又该怎么办？接下来他对自己的问题作出了回答。他的意见是，上年维护该车床的成本与上年总运行时数的比值应该作为确定本年费用率的基础。他认为"这种方法可能与其他方法一样准确"。[309]然而，奥伯林·史密斯并不同意他的观点，他坚持认为设备还是应该按完全开工时的费用率累积计算费用。然后，他会把"所有相关事项集合平均得出一个统一比率，使会计处理尽可能比较简单"。[310]F·A·哈塞也认识到大型机器在年度内大部分时间未使用，以及用于小于它们的作业能力的工作所带来的问题。按照他的观点，不管使用何种方式，都不可能使这一问题以与必要的额外记录相和谐的方式得以解决。你可以保持有关车床工作时间的记录，但为了使准确性更高而花费更多人力值得吗？哈塞认为不值得。[311]

这就是1900年前后成本处理的状况，至少工程行业是如此。在美国，对成本问题感兴趣的会计师很少。像停工之类的问题似乎只是琐碎小事。这种疏忽表面上看相当异常。通常的解释是说，直至当时，存在巨额间接成本的大规模企业依然很少。[312]至今，人们知道并确认繁荣与萧条的时期更迭——经济周期——也已经有几十年了，停工问题却依然未得到彻底解决。这种环境变化使以上疏忽显得更加奇怪。而且，事实上，在1900年之前，就已经有了相当数量的大型制造企业。种种决定性因素早在进入20世纪以前就已经出现。然而，对这一问题进行全面考察的著作依然未见出现。[313]因此，对这种疏忽的通常解释仅仅是部分成立。导致这种疏忽的其他原因究竟是什么？在此可以至少提出一点。这与人们在世纪之交对企业管理的各个方面重新恢复兴趣有关。洲际战争之后，国内经济进入一个快速发展期，商业、交通运输以及农业都获得了很大发展。出口商品主要是矿产品和农产品，由于两个方面的资源都很丰富，因此不可能大规模地需要提高效率或减少损失浪费的手段。只要经济按照这种形式发展，就不会要求对工业会计进行大规模改进。甚至在英国，尽管其企业体系早就已经扩大，并在20世纪初已经有了自己完整的体系，但同样没有对进一步深化会计处理技术提出特别要求，停工问题的处理即是其中一例。只要一日未曾遇到强大的竞争对手，她就依然可以在没有科学管理优势配合的条件下保有其市场，她也就没有任何动力花费大量时间和精力去发展更好的成本实务和理论。

但是，大约从1898年开始，在美国兴起了对企业进行各种改进和改良的浪潮。尽管美国的实业家们尚未知晓，但他们确实已经使自己在世界商业贸易中所占的比例变得越来越大。与西班牙的战争向欧洲国家表明，尽管经受了洲际战争的影响，但美国的企业已经重新联合在一起。它之所以轻易赢得与西班牙人战争的胜利，不只因为强大的军事实力，也是因为它丰富的燃料和钢铁资源——工业战争的原动力。大约就在那个时候，美国人（包括欧洲人）开始非常关心其煤、铁、铜、食品及劳动力的供应能力。这些自然资源得到很好的处理和配合，就可以确保它们在日益扩大的制成品世界市场上享有一定份额。在这个关键时刻，天生具有机会主义者特性的美国公司管理者开始认识到更为准确的成本会计的重要意义。不论是在繁荣时期还是萧条时期，生产成本都已变成绝对的必须。熟练的管理者需要了解自己产品的成本，首先是为了在世界市场上确定销售价格，其次则是使自己产品的价格低于竞争国家。详情变得比以往任何时候都更加重要。合意的产品必须以低成本制造，为了实现这个目的，必须对生产成本进行越来越细的划分。如果缺少适当的控制手段，再警惕也毫无用处，除非能够很明确地确定种种事实，否则正确性将无从谈起。对种种事实必须按一种可以依赖的方式进行编汇。总而言之，成本处理的准确性已经成为必需品而不再是一种奢侈。

当然，并非所有公司都对世纪之交出现的改进后的成本处理方法抱一种激赏的态度。例如，有位细心的研究者通过对萨克-洛厄尔（Saco-Lowell）公司——一家纺织机械制造企业的研究得出如下结论：

该公司的会计制度来源于当时小型企业的实务，由公司的两位董事组成的一个委员会于 1841 年 11 月起草完成，其中包含了一系列琐碎的指令。这两人都是银行家，这个事实或许可以对为什么公司账户不是那样很专业化作出解释。有关该公司的记录并不全，但保留下来的部分已足以说明公司缺乏详细的成本处理程序，这一点与 20 年前波士顿制造公司所用的会计方法形成鲜明的对比。公司的直接和间接成本被分配到各类机器和各种活动中，但却不像沃尔瑟姆公司那样分配到部件即各工序。后来倒是这样做了，但在当时账上只有一项合同而且活动数量也很有限的情况下，这好像并无必要。

　　1897 年至 1912 年间，会计实务方面的进展微乎其微。的确，公司的簿记方法非常简单，使人回想起波士顿制造公司的早期情况，如此简单化也与公司成本及财务会计领域已经开始构建的各种复杂的观念不甚相称。这种简单性其实是许多纺织机械企业的普遍特点，据说直到 1916 年该行业还在很大程度上忽略成本会计。至少有一家大型企业直至当时总账中用的依然是单式簿记系统。有一家规模较小的公司长期不对存货进行盘点，到 1912 年已有近 30 年时间。另有两家大公司倒是有详细的支出记录，但却没有单位成本制度。萨克-皮特（Saco-Pettee）机器厂的单位成本制度非常出色且详细，但总部办公室却没有对一般管理费用、税金、保险费及其他间接费用进行分配。因此，在算出厂内单位成本后，却无法得知单位总成本。[314]

　　有些实业家对此却有不同看法。在哈特滚柱轴承公司开始其职业生涯，后来又加入通用汽车公司的小阿尔弗莱德·P·斯隆（Alfred P. Sloan Jr.）用一种非常有意思的方式提出了他在世纪之交对固定及变动成本的看法。当然，这些成本与预计制造费用率及停工损失问题的处理有密切关系。引用如下：

　　我刚开始与福特公司接触就遇到了 C·哈罗德·威尔斯（C. Harold Wills）。表面上看，寇曾（Couzen）和威尔斯两位先生在福特公司无职无位，其实两人都有很重要的工作。福特先生决定用更好的钢材造出更坚固的汽车，同时还不能加重重量。经过一番努力，威尔斯找到了钒钢。当福特先生准备把这种新型材料用到他的 T 型车上去时，我在哈特也做了同样事情。

威尔斯先生是在底特律润滑公司（Detroit Lubricating Company）的车间里作为学徒开始他的职业生涯的。4 年学徒期满，他成了一名精密工具制造工。此后他在晚上学习，选修了工程技术、工业、冶金方面的课程。今天，许多大型钢铁公司为了按他的配方炼钢都要给他支付特许费。

虽然我每次和福特汽车公司高地公园厂发生生意上的往来时，通常只是和威尔斯先生打交道，但我每次去几乎都能碰到福特先生，而我当时却并不知道福特先生乃是公司的中坚人物。每次成功的拜访都会给我带来增长和效率，他们则是产量大增。

产量的增加证明机器及所使用的方法是正确的，若非如此则产量不可能大增。产量的增加也改进了我们所谓可变费用及固定费用之间的关系，也使得公司能够降低成本和售价。我忙于设法造出更多更好的哈特滚柱轴承，以至于没有时间去考虑哈特公司的经济问题。我记得我在哈特厂的时候有连续 4 年时间，除了星期日和节假日以外，都是每天从早上 8：30 忙到下午 6：00。根本没有享受过 5 天工作制。没有额外的假期。没有 8 小时工作日。当福特先生告诉我价格影响销量时，我才第一次认识到价格的重要性。他认为，较低的价格可以把销量增加到一定数量，这一销量可以通过成本的降低证明降低价格的合理性。自从福特先生以十足的勇气把他的信念运用于实践以来，这一伟大的思想就统治了整个汽车行业。

有一天，当我走进高地公园厂去讨论哈特公司未来的轴承生产时，威尔斯先生打断我说："或许应该由我来先说。"然后他告诉我，福特先生决定大幅度降低福特轿车的价格。他们将只生产一种底盘。他们作出了那一著名的决定："只要底盘是黑色，顾客可以想要什么颜色就能有什么颜色的车。"所有的一切都以福特先生期望增加的销量为基础作了预期，这将为降价提供依据。

在福特的供应商中，哈特的地位比其他大多数公司都要牢固。我们的产品属于专利产品。我们有把握认为他们不会轻易和我们断交。我也知道我们需要他们比他们需要我们更甚。

我知道我们的成本体系是合理的。但威尔斯先生告诉我，由于福特汽车要增加销量，所以轴承成本也应该按相应的比例降低，这种降低应该通过降低轴承价格反映出来。

"看"，威尔斯先生说，"我们将订购相当于你去年总产量65％的产品。你不想再考虑考虑吗？"

"威尔斯先生，我们到哈里森那里去，我会给你看所有的东西。"

一同看了我们的账簿之后，威尔斯先生指出了许多销量之外值得探讨的问题。

"斯隆先生，在你的销售费用中，我们所占的，只是你寄账单给我们所用的两分钱邮票。"为这夸大之词他莞尔一笑，但是别有意味，"为了对我们销售你花广告费了吗？为什么你要将剩余35％的产品所花的销售费算一部分在我们头上？"

大概是一星期或者10天吧，在经过日夜盘算之后，我回到了底特律。我想我们的轴承还有六七十美分的赚头。我进去后提出实质性的降价。

威尔斯先生搓着他的手说："好家伙！"

现在我已经忘了，为了福特公司这张大订单，我们究竟对生产程序做了哪些改变以适应如此低的价格。有一件事我们没有做，那就是降低工资，那是当时在这种情况下许多公司的惯常做法。我从中认识到生产率的提高会为高工资提供支持。

汽车工业在早期主要是由制造者、工程师和技师所统治。市场对汽车的需求极其旺盛，因而生产一直是最关键的问题。福特公司以前所未有的方式成长起来。哈特滚柱轴承公司则是被迫跟随福特一起成长，若非如此，则只有将机会让给其他能够跟得上步伐的供应商。企业成长的整个轨迹就是不断提高制造技术，降低汽车价格以进入更大的市场。[315]

从上面的观点中可以看出，预计费用分配率和停工问题在 1900 年前后的成本会计文献中受到了更大程度的重视。实际上，也就是在这时候，A·汉米尔顿·丘吉尔首先公开了他著名的"科学"机器工时法，前面我们已经对其总体框架作过介绍。为了简化停工问题的处理，丘吉尔使用了目前视为经典的有关"小车间"的说明。他说，让我们来考察一下费用的性质，这些费用要针对每个所谓的独立小车间来估计。[316]无论它是忙是闲，租金依然会照常；如果车间完全停工，动力费就会全减下来；如果开工一半，动力费将不会刚好是一半，而会比一半多些。"如果其中某一车间的某位技工开工时间只有一半，则很明显，在他将当月的租金和动力费分配到当月工作上时，他采用的分配率应该是按这项工作的实际情况计算的费用率的两倍。但他不会直接采用两倍的费用率，而是会继续采用标准费用率（normal rate），然后到月末算出究竟有多少尚欠费用，再将尚未分配部分以补充费用的形式加以分配。"[317]按丘吉尔的说法，这种按标准费用率计算的技术（顺便说明，它其实是当该小车间或部门以实际生产能力运转时所应负担的预计费用率）有两个明显的优点。首先，经理可以获得不同时期同样产品的可比成本，因为标准制造费用率各期应该是大体相同的；其次，补充费用金额或补充费用占标准费用的比率可以作为一种以生产能力浪费的形式反映停工损失的晴雨表。后面这点对大型工厂助益更大，因为大型企业的经理及监督管理人员很难直接掌握各种明细资料。补充费率的使用是区分丘吉尔系统与一般机器工时系统的关键。他把它定义为"由于生产中心能力闲置而造成的未分配车间费用余额"。[318]

就像前一部分提到的那样，丘吉尔提倡以直接人工工时为基础在产品之间分配补充费用和未分配的一般制造费用项目。他之所以喜欢这种方法，是"因为未分配费用的发生不随机器价值的不同而变，而是随着时间的推移一点点逐渐加到车间内所完成的所有工作之上，与工作究竟在哪台机器上完成并无关联"。[319]但是，闲置机器的工时又该如何处理，是否可以不把它作为单位小时一般费用的一个部分，而作为发生故障的机器（也就是闲置的那台机器）的一种额外的附加费用？这种特殊方法可能会倾向于将停工损失归于发生故障的机器。丘吉尔认为这会是一种理想的方法，但却不实用。我们应该特别注意他的结论，因为它在几年后引起了十分激烈的批评和争论，在成本文献中至今依然非常突出。引用如下：

发生故障的机器不能独自负担停工成本，因为如果一台机器在某月中只工作了一个小时，其他二百多个小时及临时加工中所发生的费用就可能全由在那一个小时内所做的极为不幸的工作来承担。更糟的是，如果当月根本没有开工，未分配费用要么全部成为损失，要么完全归集到车间附加费用中。因此，以私利来计，我们将不得不把停工看作是应该由整个车间负担的上天的惩罚。[320]

既然这种替代方法有这些缺陷，很难理解丘吉尔为什么还要称为"理想的"方法。一种理想的技术本身应该是没有缺陷的。

这一问题到现在至少已经有了清楚的区分。丘吉尔作为电气工程师，具有在英美两国工作的丰富的经验背景，对此问题的研究比之前任何一位权威都更加充分和深入。英国的成本专家也在大约同一时间开始调查这一问题。[321]比方说，此后不久，大卫·科万就谈到一种"车间工时系数"（shop hour-factor），这其实是一种综合直接人工单位费用。[322]它并不是具体某1年的预计平均制造费用率，而是过去几年的"累积平均"，涵盖了一个完整的经营周期，或者按他的说法是"商业周期"。此外，它还需随效率的提高、设备的改良等不时地修正。如此来看，他的想法是要确定一种比率，这种比率在某些年份可能会显得过高，在另外一些年份则显得过低，但在经过大约 10 年之后，它会变得刚好合适。这种系数需要针对"费用登记簿"记录不时地进行检查。科万还倡导设立一定的补偿账户（compensating accounts）和还原账户（recoveries accounts），这些账户有助于逐年反映多分或少分的制造费用。由于他的成本处理全部是在财务账之外进行，而编制年度资产负债表却需以财务账为基础，因此他不得不用一种专门的方法来表明低于或高于已分配制造费用的金额。但关于后面这一点，他的观点极不明确，他说要把余额转到一个商业账账户上去，以便"在必要时表明业务的真实状况。"[323] 然而，他却并没有解释具体应该怎样做。这种疏忽或忽略在成本账与商业账相分离的情况下尤其让人困惑。他所表明的只是"当两个账户（补偿账户和还原账户）皆为贷方余额时，应将其保留在原账户中作为未来年度经营恶化时利润的平衡器。谨慎的经营者从来不愿把补偿账户的借方余额当做一项资产，这种余额应该在出现时通过贷记转入损益。"[324] 科万的技术尽管有许多地方不甚清楚，但至少也是解决许多公司中存在的一个重要问题（停工时间的处理）的值得注意的尝试。

两三年之后，英国人 H·S·加里在化学工业协会的一次演讲中提出一种理论：如果某个行业具有这样一种性质，即不管其产量如何波动，工资单都会保持相当稳定，公司就应该将全部开工和部分开工时的成本差异作为一项"死费用"（dead charge）处理。[325] 他没有展开进行讨论，但可以认为他主张将由于生产能力闲置而造成的损失作为一种浪费来处理，而不是记作产品成本。他的成本汇总表中，是以单位成本的形式来反映制成品的成本合计数；接着他又扣除了"因开工不足造成的额外成本"，最终得出单位"标准成本"。[326] 已用材料价格的增加（超过标准部分）则作为一个独立项目处理。他因此可得到三项数据：①实际成本；②标准成本；③标准成本、停工造成的额外成本以及材料成本增加三部分的合计数。就像早期英国作者通常所做的那样，他既没有给出分录，也没有给出分类账处理方式。不过可以推想，他的成本处理全部是在商业分类账之外。顺便提及，这也是较早时期有关标准成本系统优点的一次重要的探索。加里的"开工不足造成的额外成本"归因于这样的事实，即：大部分公司发现他们无法随产量的波动而削减生产能力，而且，有些企业运营时要求有个特定的最低生产量。这两个原因在化工行业及其他类似的加工企业最为常见。

同年，约翰·曼恩爵士在提交给《会计百科全书》的一篇论"外加成本"的文章中提出，只要总工作时数无法保持稳定不变，就不可能有简单的制造费用分配方法能给出令人满意的结果。[327]有一种可用于补偿工时变化的调整方法，那就是根据在岗工作雇员人数的变化逐日改变制造费用负担率。按照曼恩的说法，这种方法虽然有些优点，但成本的比较价值却会因此而丧失。淡季所生产的产品的成本将无法与生产旺季所产产品的成本相比。要避免这一问题，最好的办法就是根据"标准产量或周转额"确定"标准"（normal，他的用语）制造费用率。曼恩承认："计算这两项因素并厘清其间关系，在任何企业都需要最高的技巧和充分的注意——而且并非只是在经过较长时期或固定的时间间隔之后才算，任何时间，只要结算商业账簿，或者交易结果显示出来，就需要进行计算。在这些时候，成本账也要结算并将结果与商业账进行比较和调节，必要时还要调整费用率。"[328]在为计划中的作业估计或拟定出价时，企业经理要在很大程度上依赖标准费用率来指导他确定应增加的制造费用。关于标准费用率，曼恩有一个十分重要的观点，他认为，如果一个企业"订单不足"甚至连查询都很少，就可能会希望把价格定在能够补偿原材料、人工及部分标准间接费用的水平上。这样企业可以比完全拒绝别人的出价稍微忙碌些，尽管如果把全部间接费用归由该作业负担依然会表现为净亏损。如他所说："是否接受这种工作，必须通过判断损失与分配到每个项目上的标准外加成本的差异来决定。这种考虑会引向这样一种结论，要解决如何增加商务量的问题，可以采用一种能够将费用率区分为标准费用率和非标准费用率的方法，并在编制预算及计算成本时只考虑前者。"[329]这种做法后来被称为"严酷"①竞争，当然，它也是导致这类竞争的诱因之一。曼恩还提到一种计算机器工时率的方法，实际上与A·汉米尔顿·丘吉尔提出的是一样的。曼恩制度的关键是区分标准与非标准间接费用，标准部分按常规机器工时分配，非标准部分则用一个随企业的经营情况而波动的"调整"比率来分配。曼恩在文章中加入了很多图式说明，尽管如此，他的解释作为具体操作的参考依然过于笼统。

在同一篇文章中，曼恩还提出以较短的时间间隔对企业间接费用预算进行修订，并与实际制造费用进行比较。这项工作完全不必等到年度资产负债日。所获信息可用于对成本计算中所使用的"外加成本"预算数进行调整。不过，这好像与他先前提出的制造费用率不宜频繁改变以免丧失可比性的观点相悖。尽管曼恩是当时一位极为杰出的成本权威，他的著作中依然难免有些暧昧之处。[330]

预计费用率观点也有它的反对者。1905年，英国人S·佩德提倡当时常见的实务处理方法，即当作业完工时就按预估的间接费用额进行费用分配，而不必等到期末。佩德对基于过去结果的估计与预期业绩估计作了技术上的区分。他更倾向于前者，因为它可以允许不断的修正。后者表现为应该达到什么样的程度，前者却与以往年度或期间实际达到的水平紧密相连。[331]在佩德的严厉批评下，《会计师》杂志的编辑——他当然是代表许多英国成本会计师说话了——对制造费用会计的整个基础进行了考察，并对那些提倡预定、标准或估计间接费用率的专家提出了挑战。他坚持认为只有历史悠久、体系完善、经营稳定的企业可以采用这样一种技术，他潜在的含义是说这种企业很少很少。对其他企业来说，这种做法既不可靠也不科学。不过，这位编辑尽管很不情愿，但也不得不承认它可以用于招投标。但在他看来这也绝对只是个例外。至于成本

---

① 这里用的是"cutthroat"一词，本意为切喉自杀，汉译一般译作"残酷的"，但汉语中"残酷竞争"一说用得很泛，不是这里所要表达的那种力度，故译为"严酷"以示区别，但严酷与残酷哪个词程度更重些，实难准确区分。——译者

记录本身，则只应该反映实际成本，这是在会计期末具体聚集间接费用之前无法确定的。依照他的说法，成本会计的主要目的是对各种估计进行验证，只要预计费用率依然在用，这个目的就无法令人满意地实现。不过，他倒确曾指出，在他看来，会计期间完全不必像半年或一年那样长，成本计算当然不应拖延那么久。进一步他还看到，每周或每两周确定一次企业间接费用合计数，并在确定的当时进行分配，并没有"不可逾越的困难"（他的用语）。他并没有提及季节性差异、停工及其他波动等难题。在这个问题上，他唯一的说法是，"这种每周或每两周一次的合计当然要遵从最后的调整，但是为了不至于对结果的准确性造成太大干扰，这种调整应该尽可能保持在很窄的范围之内。"[332] 对这些调整的性质，以及如何具体在成本账户中进行处理，他均未给出详细说明。这恰好是问题的关键所在。

这位编辑也未采纳科万的主张，也就是说为整个经营周期确定一个标准费用率。这对他来说尤其危险，因为这样有可能会掩盖实际成本大大高于或低于他所提出的标准费用这一事实。如果制造费用成本项目按一个很长时期的产量进行平均，管理部门将永远无法获知某一特定作业上的盈利究竟有多少。此外，如果成本会计无法对萧条期悲惨的结果作出解释，经理人将无法理解保留成本会计究竟有何必要。为什么预计制造费用率理论在成本处理实务中能够站得很稳？这位专家认为那是因为要证实对具体作业所作的估计，"不过，若事实确实如此，我们认为，必须承认，当具体完成某项工作的过程中恰好遇到意外的压力或萧条，导致实际成本未能证实原先的估计，也并不意味着原来的估计有根本性错误。"[333] 虽然在接下来的几年中很少有成本方面的权威持这种观点，但这个观点本身到此已经是阐述得清清楚楚。无疑，许多企业的会计记录是遵照以上建议来保持的（预计费用率的确定确非易事，在对成本处理的时效性要求并不高的情况下，纯粹的历史成本显然更容易确定）。提出这样一种观点并不要紧，可是，成本处理的一项最为重要的作用却会因此而丧失，那就是在条件发生变化的情况下迅速采取行动的可能性。在回头考察美国的情况之前，有一点需要说明的是，在 1905 年左右的英国，大部分成本专家并不同意《会计师》杂志编辑的观点，我们在附注中提供了有关文献。[334]

1902—1910 年间的美国，大部分专家致力于进一步深化丘吉尔的科学机器工时法。预计制造费用分配率也受到一定关注。例如，O·N·曼勒斯（O. N. Manners）建议以过去几月或几年的平均数作为本月间接费用率。按照他的观点，对任何 1 个月来讲，以当月发生的制造费用项目来计算当月应负担费用都是极"不公平"的。原因在于某 1 月发生的费用项目可能因与当月成本毫无关联的外来因素而发生变化。正因为这样，他建议使用长期平均数。[335]顺便说一下，他偏好以直接人工成本为基础分配制造费用。

1906 年，美国会计师约翰·惠特莫尔对丘吉尔的系统做了多方面的改进，并对其基本技术作了进一步精炼。首先，正如丘吉尔所说，需要取得机器费用总额，然后除以总的有效运行工时，得出每小时费用率后再按实际运行的机器工时计算应负担费用。很明显，未包括在运行工时总额中的停工时间在会计期末将依然保持在未分配状态。丘吉尔曾建议将未分配金额加计到企业一般费用中，并以直接人工工时为基础进行分配。惠特莫尔并不认为特别仔细的方法就是最好的方法，尽管他也认为在某些情况下它会产生令人满意的结果。[336]在开发他自己有关停工损失项目处理的技术时，惠特莫尔首先提出以下重要看法：①现实中，在将企业因生产能力闲置而导致的"费用"计入生产成本方面，根本不可能有哪种方法会是绝对理想的方法；②任何物品的成本在一定程度上皆取决于对时间因素的人为划分。举例来讲，"假如按月进行费用分配，那么，某月第一周生产的某一物品的成本就会因最后一周机器停工而增加；"[337]反之，如果每两周分配一次费用，就不会出现像刚才这种不合理的情况。不过，如果每个厂家都是按订单进行生产且从来都不会出现库存商品，这一因素也就会失去意义。在后一种情况下，最终装配完成并售出的产品，有些可能是在旺季生产，其他则可能是在淡季生产。按照惠特莫尔的观点，在上面所提到的各种情况下，"装配完成的产品成本并不具有人所共知的特点"。这实质上是他对丘吉尔补充费用技术的主要批评。如何避免这一问题？作为对这一问题的回答，惠特莫尔建议在分类账中设立一个名为"工厂闲置生产能力"（factory capacity idle）的独立账户。这个账户将反映所有不能通过一般的标准机器比率分配到产品中去的成本。然而，惠特莫尔却并不像后来的一些专家那样，认为闲置生产能力不是成本，而是一项彻头彻尾的损失。他坚持将闲置生产能力分配到产品成本中去，但"产品的生产成本与闲置成本"应该互相区分开来。[338]很明显，这同丘吉尔的观点有些相似，但它的好处是闲置生产能力作为一个项目单独反映，有利于管理部门进行研究并将其尽可能控制在较低水平。

关于机器费率的计算，惠特莫尔认为至少应该考虑九种费用。此外，他还对机器的类型作了区分。丘吉尔却忽略了这一点。他认为企业一般需要三类机器。第一类是那些能够"充分发挥效用的机器设备，作一般性使用，其全部生产能力在正常条件下都能够稳定地得到运用。第二类是那些也能够充分发挥效用，但却是为特殊及偶然情况下的使用而安装的机器，安装这类机器不是出于持续经营的考虑。第三类是那些无法充分发挥效用，只是当其他可以更经济地完成特定工作的机器忙于其他工作时才使用的机器。"[339]对以上三类机器应在考虑诸如闲置等各种可能因素的基础上，分别确定工时费用率。惠特莫尔并不认为他所提出的程序会有多大困难，尽管它并非只是一个简单的算术计算。他以每4周作为一个期间，每期终了编制一张表以反映产品应负担的机器工时数以及本期停工账户上的损失。这将有助于管理部门把注意力集中在如何充分有效地使用机器上。闲置生产能力账户设在总账上，在贷记机器费用账户时作借方记录。顺便说明一下，如前所述，惠特莫尔提倡把闲置能力项目看作产品成本的一部分，但在另一页中，当阐述以下观点时，他又差不多完全改变了自己的看法：

成本数据因此要免受波动及闲置能力费用的影响，利润是在这些成本数据的基础上确定的，但在与利润相对时却总是要首先确定需从中扣除的闲置能力费用，为了得到经营的净成果，还要因流动资产账面价值的缩水而进行一定的价值调整。[340]

这好像意味着闲置能力"费用"不计入产品成本，而是作为年报的调整项目。如果真是这样，惠特莫尔就是最早提倡这种做法的美国人之一。不过，这位专家并没有始终一贯地坚持他的观点，而是指出两种方法都不错。

A·A·默多克（A. A. Murdoch）是位执业公共会计师，不久就对惠特莫尔提出的把机器分为三类的观点进行了强烈的批驳。他认为，按照这种提议，需要为工厂里的每一台机器确定各自的业绩标准，这将导致没完没了"吹毛求疵式的"（他的用语）无聊的争论。进而，它还将在很大程度上破坏为了比较而设立的闲置设备记录的功效。概言之："一个机械工厂如果安装了一些专用设备却不能充分发挥其效能，会更想要采用与其他机器同样的基础来反映停工时间，以便平滑因安装这些设备而导致的损失。"[341]

默多克还认为应该向销售部门提供成本资料，让他们知道在企业以实有能力运营时他们该怎么办，让管理部门有充分的空间增加足够的"附加费用"（loading，他的用语）以补偿停工费用。企业高层管理部门有责任将闲置时间保持在最低水平。默多克显然赞同采用标准成本，特别是对制造费用项目。他的目的只是为了便于与实际成本相比较。[342]

同年（1906年），D·C·埃格斯顿指出，由于停工而导致的未分配费用——在机器工时比率制下必然会出现——应该按照未分配费用占已按机器单位制分配的费用的比率分配给产品。因此，为了目前成本计算的目的，他会在"标准成本"（standard cost，他的用语）中加上补充费用。这种方法最大的优点在于成本比较将更科学，因为它们将基于相似的条件。[343]显然，他考虑的只是标准成本的比较，因为加上补充费用后数据会具有非齐性。

用超出生产必需的更大型设备进行生产的问题，也很早就引起了成本专家的关注。例如，在美国，P·J·达林顿（P.J. Darlington）认为，应该以正确有效地完成该工作所需恰当型号的机器费用为基础采用机器费率。如果使用的是更大型号的机器，为了简化起见，或者因为这种超出毫无价值，该项作业只应该承担该类工作的标准费用。他并没有提到如何处理这些差异，想来会是作为停工损失的一部分。机器费率不是以实际活动而是以预期标准活动为基础也是他的基本原则之一。实际活动计划在萧条时期有从厂里驱走工作的倾向，此外还是不切实际、不合逻辑的。他还认识到，当使用超过需求标准的大型机器时，工作时间又可能会加长或缩短。不过，在他看来，这个差异通常非常小，不值得作任何调整。[344]

达林顿像惠特莫尔那样，毫不犹豫地赞同将停工时间或闲置生产能力的未分配机器费用余额直接计入损益。他坚持认为，如果工厂在某一时期部分停工，因生产不足而引起的费用不应该构成产品工厂成本的任何一部分。因此，他与丘吉尔持相反的观点，并且是推荐这种程序最早的成本专家之一。此外，他对诸如《会计师》杂志编辑以前所提出的经常改变间接费用率之类的建议毫无耐心。[345]达林顿看不到有任何理由需要随活动的变化而改变费用率，他认为这样做会破坏数据的可比性；而且，就像许多人曾经指出的那样，降低售价为企业赢得市场，改变制造费用率却会在产量降低时增加成本。然而，有趣的是，所谓实际成本的倡导者们也正是运用相同的论据来支持他们的观点；现在事情已经演变为两种理论相对优势的争战。显然，两种成本数据其实都是需要的。实际上，标准成本计算作为实现特定结果的一种手段早就开始得到认同。比如，C·E·克罗贝尔（美国）早在 1908 年就已经在使用所谓标准制造费用率。其在产品账户借记实际制造费用，贷记标准成本。这种处理所产生的差异记入部门制造费用调整账户。克罗贝尔认为，当一个企业按标准水平运营时，利润将达到最高水平。因此，应该对制造费用率进行处理，以免因为企业运作费用低于标准费率而失去生意。克罗贝尔并没有进一步说明如何确定标准费率，但有证据表明他用了一种与后来的实务很类似的技术。[346]

几年后，美国工业工程师杰舒姆·史密斯声明他的公司自 1902 年以来就一直采用一种修正的科学机器工时比率制度。他首先于年初估计每组机器预期的标准工时数，用它去除估计成本，得出每小时费用率。他知道对每一台机器都分别这样做是不现实的，因此他把机器分成了差不多十大类。每一大类各自配定一个不同的比率，每台机器各归其类，获得其最接近的比率。按照他的说法，这种程序可以大大节省簿记量。因为他觉得应该有一个安全因素，因此他总是把各类机器的比率定得稍微高一些。这种做法的效果从他的另一种做法中也可以窥见一斑：在忙碌的年份他会积累下一种准备，等到低于正常的时期再用出来，以使制造费用更稳定一些。在这种方式下，"当成本不太能负担得起额外制造费用时"就不一定非得要提高费用率。[347] 不过，他的制度的这种特征，管理部门除非乐意，否则不必接受。超额费用可以按月进行处理，方法是除以直接人工工时，然后计入当期正在加工的订单。如果遇到大萧条，正常期间建立的准备全被预料之外的停工所冲销，又该采用什么样的程序？在这种情况下，他会将停工损失直接记入损益账户，从而保证他所谓的标准成本。这一建议与达林顿几年前提出的观点相同。[348] 应该还记得，英国人大卫·科万早在 1901 年就曾提出在一个商业周期内采用统一的费用率。史密斯的思想实际上好像是直接继承了这一提议。只是不知道究竟有多少企业实际采用了这些"长期"制造费用率。不过，从人们很少注意到它们这一点上，可以推断出它们被采用的几率应该不会太高。

如上所述，丘吉尔的机器工时制度在好几个方面已经遭到批评并作了一定修正。J·L·尼科尔森于 1909 年指出了补充费率的内涵推论中所存在的基本错误。他认为，不论已分配标准费用与实际发生费用之间的差异落在哪个方向，都应该是对已分配到产品中的机器费用进行增补或扣减。当然，这种批评不能用到主张把超额费用计入损益的那些人头上，而只是对丘吉尔的程序而发。按照尼科尔森的观点，真正的问题在于估计机器工时时用了理想化的标准工时数，从本质上来讲，这有些太过武断。鉴于此，尼科尔森建议以平均或实际运行的工时作为除数。他认为这种方法更合乎逻辑，由此产生的需要通过补充费率处理的差异（超额或不足）也会小许多。总之，"问题并不在于机器能做什么，而是它究竟在做什么，哪怕它只能发挥 40% 的功效。"[349] 不过，尼科尔森的程序却使得丘吉尔制度中停工"成本"（损失）与标准成本相分离的优势再也无法显示出来。

当时，所有的美国专家没有人建议使用年度预计费用率。比如，《会计百科全书》的一位作者建议以月为计费期间。他谈到，只要对构成间接成本的各个项目设立适当的控制账户，要做到这一点并不难。他认为以年为计费期间时间间隔太长，会使已分配制造费用与实际发生费用之间的差异变得很大。选择较短的期间，则可对制造费用分配率及时进行调整，使之与实际支出相一致，避免分配错误。这位专家指出，某些在某月一次性支付的项目（比如税金、保险费等）须在各月之间分摊，但却一点未提因其方法而引起的成本季节性波动。他所关注的好像只是每月大致的实际成本，而不是制造费用在整个年度的平滑。[350] 如果上述假设成立，那么他所走的就是几年前《会计师》杂志编辑的老路。不过，该作者对他的控制账户表现出了极大的兴趣，他之所以提倡上述方法，或许只是为了强调控制账户的普遍效用及优势。

历史费率与预计费率间的争战逐渐扩展到了一般性会计文献。例如，亨利·R·哈特菲尔德（Henry R. Hatfield）1909 年在他的《现代会计》一书中讨论了这些针锋相对的观点。这位著名的美国权威认为它是一种"方法上的重大差异"，并提出了一些各派持有的令人信服的理由。他说，提倡以月为期间计算成本的一大好处是准确性高，但要拖到月末以后才能确定制造费用，未免太过拖延。他的观点与诸如《会计百科全书》作者等所倡导的按月而非按年计算预计费用率的观点形成鲜明的对比。按照哈特菲尔德的说法，另一派的观点也很有力度，那就是：成本计算不能拖延，一旦作业或工序完成就应该立即算出成本。他并没有说从实用的角度来看哪种方法最令人满意，而是把这一问题留给各个企业根据自身的特殊需要去决定。但关于预计费率法，他的确曾谈到："应该注意的是，对特定目的而言，重要的可能不是生产一定商品的实际成本会是多少，而是生产更多同类商品预计会耗费多少成本。这在执行某些特殊合同时会更加明显。"[351] 至于应该以上月、上年或者过去几年为基础确定预计费用率，他的态度很不明确。他认为，"刚刚发生的数据能够给未来成本提供最佳启示的观点是值得质疑的。本月的数据未必比上年的更适合作为评判标准"。[352]

与此同时，美国一位咨询工程师威廉·肯特也对丘吉尔在部署他的补充费率时所采用的方法提出了尖锐批评。达林顿和杰舒姆·史密斯也像丘吉尔一样，认为停工损失不是产品成本的构成部分，肯特在他们观点的基础上作了进一步的深化。他认为附加费率并不真像丘吉尔所写的那样，是一项反映企业效率的指标，而是对企业经营条件的总的计量，尤其是对企业销售部门效率的计量。[353] 他还认为，企业的效率只能是在全年机器费率固定不变的条件下，通过两个不同时期做同样工作所耗费直接人工的比较来测定。丘吉尔等人把停工损失计入产品成本，不但无法准确估计车间效率，而且使会计系统变得非常复杂。他认为，将停工损失转入损益而不是产品成本，可以弥补所有这些缺陷。需要顺便说明的是，肯特声称他早在 1887 年就已经在用这种思想，但却是与分配间接费用的直接人工比例法结合在一起用。那时是在"工厂分类账"中一个称为"工厂费用"（factory expense）的账户中反映发生的制造费用（他并没有对工厂分类账的性质作进一步说明）。该账户贷方反映分配到产品中的费用额。如果年度终了该账户还有余额，则结转损益账户。[354]肯特并没有明确说明他的比例是不是预计的，但很明显，若不是预计比例，期末就不会有未分配费用余额。

对科学机器费率法的各种批评使得丘吉尔开始怀疑将停工损失计入成本的功效。他在 1910 年出版的一本重要著作中写道，补充费率与"标准成本"之间的关系是很武断的，事实上前者根本不是一项成本，"而只是闲置能力占在用能力的比例"。[355]尽管有这种推测，他还是继续提供将费用分配到产品中去的方法——通常都是通过直接人工工时进行分配；同时却又一直坚持它不是一种成本，"因为它不能为估计或比较同类作业的过去或未来提供信息。它所能提供的只是车间在当期所发生的一些意外情况，在这个意义上，它只是环境的一种晴雨表。"[356]既然如此，为什么还要分配补充费用呢？丘吉尔承认这样做并没有什么实际意义，这种制度的全部价值就在于为管理层提供单一的每月成本合计数。但是，为了那些希望看到分配到产品上的"每一个费用项目"的管理者和会计师，他还是建议将其分配到实际完成的工作上去。需要注意的是，他仍然把停工损失称为"费用"，并清楚地表明最好的做法是把停工损失分摊到已完工产品，而不是作为损失转入损益。

书中另一处还曾提到，各项具体工作单不应该承担任何补充费用，因为工厂成本的所有要素已全部在材料、人工和预计机器费用合计数中得到体现。[357]如果遵循上述程序，补充费用应该如何处理？丘吉尔提出它应该只是"以月份合计的形式总体上反映在工作通知单上，而不必分到各项具体作业"。[358]这好像与上面描述的程序有些矛盾，除非他头脑中当时另有想法。无论如何，按照他的想法，特定具体工作而需要停工费用（表现为补充费用）的情况很少出现。不过，万一出现这种情况，也可以很容易地通过把费用转入完成该作业的具体月份而达到目的，必要的费用率也很容易获得。如前所述，他很难想到曾经有过能提供这种数据的情况。正如他所说，"已利用能力占未利用能力的比例与一般需要详细成本的目的之间没有任何联系"。[359]总之，很明显，丘吉尔在1910年已经转向批评者的说教，但却还没有完全接受他们的观点。然而，随着时间的推移，反对者的声音越来越强、越来越有力，丘吉尔在后来的著作中再一次修改了自己的观点。[360]

一位当时很受欢迎的美国作者H·M·罗也于同年发表了自己的看法。关于究竟怎样处理补充费用，他不愿明确表明自己的倾向。他先说必须将它分配给当期生产的产品，但接下来又说应该把它转入下一期并用于增加下一期的制造费用，完全推翻了自己的观点。如果采用后一种方法，将会导致第二年成本大增；如果两种方法都不用，补充费用就会成为企业的"纯损失"（dead loss）。在高估机器费率的情况下，究竟该怎么办？罗认为这种情况下就会像提留了一项准备一样，可以将它转入下一年，等到下一年再抵减制造费用率。总之，应该尽量避免出现极端的情况。他不会明确表态说哪种做法更好。[361]顺便提及，他在确定制造费用率时，先是编制制造费用预算，然后用费用预算数除以预算期内的月数。可以推想，接下来会用每月数除以每个月内机器工作时数的估计数。不过，他并没有具体说明这一点。

另一位美国专家约翰·R·威德曼延续了H·M·罗的观点。对他而言，最后的决定很大程度上取决于"意愿"或偏好，尽管从一般原则上讲他觉得停工损失应该包括在产品成本之内。不过，在罢工期间或其他不可抗力造成的停工期间支付的人工费应该计入损益。[362]需要注意的是，威德曼这里提到的主要是直接工资。至于应归入少分配制造费用项目的停工损失，他认为应该按照丘吉尔的补充费用法分配计入产品成本。威德曼还对经常被混淆的预计制造费用和估计制造费用概念作了详细的区分，他认为前者是"通过以科学的方式获得的预定标准构建起来的，估计成本则纯粹是一种假设，是在假定当期成本和下一期成本相同的基础上确定的"。[363]他希望这个定义可以澄清对这两个概念本质的误解。实际上，直至当时，或多或少这两个概念都是被当做同义词来用的。

美国著名会计师 H·C·本特莱（H. C. Bentley）在《会计科学》中作了进一步思考。如果一个厂子会在几周内关闭，应该如何处理在此期间所发生的支出？本特莱认为这种项目本质上是一种非常"费用"，应该由损益来负担。在某一时期如果大部分活动都已停止，只有很少的作业在加工，他将只把一部分应该由它们负担的制造费用分配给那些作业。然而，他既没有说明如何确定这一"部分"究竟是多少，也没有说明需要达到什么样的闲置程度才可以采用这一程序。[364]

从 1911 年开始，在美国，关于停工费用本质的争论变得更加激烈。一些专家认为应该依照丘吉尔修订以后的制度，将停工费用计入产品成本，另一些专家却强烈建议直接记入损益账户。著名会计师 C·H·斯克维尔是损益说的坚定捍卫者之一。虽然他的看法直到 1913 年才正式发表，但他早在 1911 年年初就已经在使用自己喜欢的技术。他在这方面的观点毫不犹疑：[365]

除了季节性原因造成的停工以外，机器闲置期间的制造费用不应作为生产成本的一部分，这就如同其他公司的制造费用不应计入本公司生产成本一样。适当的费用分配应该是仅仅把代表正在生产中发挥效用的那些设备的制造费用计入成本，剩余的未分配费用余额则在月末、半年度末或年末直接记入损益账户。这种分配可以通过制造费用账户很容易地完成。该账户通过非常简单的账务处理把特定种类的费用全部归集起来，当同类费用依照制造费用率计算转入在厂内流转的产品成本时，记入该账户贷方。某些情况下出现的未实现制造费用（unearned burden）代表一种误差，需要在下期通过使用更准确的比率加以校正；但如果已经确立了适当的记录，未实现制造费用就会是一种损失，应将制造费用账户的余额直接转往损益账户。如果已制造完成并售出的商品损失或收益之间存在持续的差异，且损失是因为限制产量而造成，管理层就要以远比产量变化时因平均成本而模糊了事实的情况下更为确定的方式来考虑销售政策。至于制造费用，则会使平均成本由于产量的上下变化而发生极大的变化，使人们比较的愿望落空。成本会计实务中，在仔细区分材料及人工主要成本（几乎直接随产量的变化而变）与间接费用（或制造费用）的情况下，管理者可以在生产淡季很准确地看到应该采用什么样的价格，才能保证在直接材料及人工成本之外，还能有适当空间抵补车间制造费用。必须承认，在某种程度上这是个政策问题，因为在稳定价格的基础上限制产量，可能要比通过改变价格打破市场获得暂时的额外利润好得多。

斯克维尔在随后的 10 年间只要有机会就会宣扬他这种观点。[366]

与此相反，作为注册会计师的 F·E·威伯勒却认为这种损失应该采用某种方法分配计入产品成本。一种方法是设立一个准备账户，定期结转至产品成本；另一种方法是不设立准备账户，而是把停工期间发生的制造费用总额除以产品的实际生产工时，然后加到作业成本上去。威伯勒并不推荐这种方法，它即使用也只能用于以直接人工工时为基础分配间接费用。至于公司经营中的季节性波动问题，威伯勒建议在确定间接费用分配率时至少考虑 1 年的活动，以消除季节性波动的影响。准备账户用以记录 1 年内不同月份之间少分或多分的费用。[367]他认为这种方法和不是很理想的"平均"法有某种联系。之所以推荐这种方法，是因为其结果具有一定优势，即，至少在当年之内成本是统一的。他还认为，经过几年之后，企业确定的分配率将越来越好，期末少分或多分的余额将会很小（完全停工的情况除外）。停工问题需要用一种不同的方式进行处理。

由上可见，威伯勒与斯克维尔的观点截然不同。两者都建议使用预计费率，但在有关停工问题的处理上却完全相反。H·A·埃文斯（H. A. Evans）复归到了以每月末确定的实际费率为基础进行成本计算的观点。按他的说法，这样做有很多优点，至少从有关簿记处理的角度来讲是这样。全部"费用"都会在每个月进行分配，而无需"损益费用"（loss and gain expense）之类的账户。[368]不过，与前面几位专家相同，埃文斯认为在对预期合同进行预算时，应采用以前年度的平均费率。必要时，可根据预期未来条件的变化对平均费率进行调整，以获得更准确的投标竞价基础。然而，埃文斯又提出应清楚地保留历史制造费率，在这点上他是孤立的，因为当时其他专家在这个问题上几乎都持相反意见。

20世纪初，英国成本专家在细节问题上也是模棱两可。比如说L·W·霍金斯，尽管他建议使用预计制造费用率，以便在作业完成时立即计算确定其成本，但在这样做时，他却无法保持"成本账户"与总账账户的平衡。同时，他还建议设一个暂记性质的账户，以处理期末尚未完工的在产品应该负担的工厂制造费用。[369]如果是一个新成立的公司，估计数应该基于其他公司的数据，在一定程度上按照本公司内部各个具体工厂所存在的具体情况进行调整。尽管它只是一个估计数，但也应在每次结清总账时予以适当的调整，以免在管理层头脑中变得过于僵死。他提倡各类费用项目不管是否属于该厂，都应该一律归由各项作业负担，他的整个观点都因此而在某种程度上变得黯然失色。需要顺便说明的是，他并没有谈到停工问题。

《高级会计》（*Advanced Accounting*）一书的作者，英国人蒂克斯并不推崇预计的方法。他承认这是一种很流行的做法，但他认为就制造费用处理而言，这只是一种权宜之计。他说，人们之所以采用它，是因为"账房"（这是他对会计室的叫法）人员无法频繁地为成本核算员提供"外加成本"项目的合计数。他认为，如果能够累积提供"外加成本"项目资料，比如说按周提供，则可以更准确地分配费用。[370]此外，他还继承了《会计师》杂志编辑的观点，坚持认为应该算出实际成本，并随企业活动情况的变化而变化。这与他有关延缓成本计算的观点完全一致。用另外一种方式来表述他的理论，那就是，在成本账户中，同一作业或产品在生意萧条时的成本数，应该比繁荣期更大；因此不应采用平均法和预计标准费率法。按照蒂克斯的说法，这些做法会破坏结果的有用性。与霍金斯相反，他认为在可能的情况下，最好把费用每周分配到作业或工序上，而不是等到产品完工以后。这样工作会做得更精确，各种不公正的结果也可以及早得到校正。蒂克斯似乎忘了时间间隔越短分配问题就会变得越复杂越困难的道理。总之，他认为不论企业采用何种制度记录制造费用，都可能会在某些时候出现难以令人满意的结果或误差。如果能缩短间接费用分配的时间间隔，则很容易发现误差。但他没有说簿记工作量因此而大大增加又该怎么办。

　　从以上介绍中可以看出，"一战"前夕英国会计师在有关停工问题的理论方面没有多大贡献。但在美国争论却在继续。例如，S·H·巴莱尔1912年提出在生意好的时期从盈余分配中形成一定积累，以应对低迷时期成本的增加。他比照稳定股利的方式进行这种处理，分类账也是按同样方式进行处理。他还有一项新颖的建议是让销售部门负担季节性使用设备在正常的闲置期所发生的维持费用。他的理论是，使这种设备忙起来是销售部门的责任，如果销售不能提供充足的订单，就应该为自己的失败承担责任。不过，销售人员和经理们是否会认同这种方法的优点，却很值得怀疑。应该谨记的是，他的提议只是针对专为满足季节性需求而购置或建造的设备。[371]在前一部著作中，巴莱尔提倡将停工损失计入损益，与斯克维尔等人的观点一致，理由也完全相同。[372]唯一有点不同的是他认为它们表示的是"交易"损益，而不是业务成本。他认为，在仔细地确定了机器费率之后，应尽量保持稳定不变，除非营业条件发生永久性变化。因停工或生产能力闲置而引起的变化除外。当时多数专家都未提及这一点，或许因为他们的立场不太确定。不过，他们潜在的意思是至少每年应该重新确定一次新的费用率。巴莱尔则非常明确，他还特别强调用批判的眼光检查预计数与实际成本之间差异的重要性。在他看来，这种差异反映效率的高低。

J·L·尼科尔森在 1913 年出版《成本会计》（*Cost Accounting*）时对机器费率的计算作了进一步改进。我们曾讨论过他的早期观点。他在本书中所提出的方法与停工问题的处理有密切关系。他的观点大体上是说各类机器的费率可以至少分为三部分：第一部分只包括营运费用；第二部分是分配到特定部门或某一组机器上的年度固定费用；第三部分是总的间接费用项目估计数中部门应分摊的部分。他对这三类费用的用途作了如下说明：

> 现在需要提留停工准备……每台机器运转时数的最大值乘以该机器的总费用率，即可得出该机器应负担的费用总额。所有这类费用的总计数构成工厂费用的总预计数。然后再用每台机器的停工工时数乘以营运费用率，得出的数字即表示应由该机器负担的费用，但并非实际发生的费用。当从预计工厂费用总额中扣除停工准备的总计数之后，得到的结果为净估计数，接下来可以通过补充费率对实际费用进行调整。在上述情形下，补充费率显得尤为重要，因为它不再只是局限于调整估计数的误差，更重要的是成为反映企业机器闲置情况的指标，同时也为在所有产品之间分配所得出的制造费用提供一种手段。补充费率用于分配这些费用，其实际数据反映的是这样一个事实：企业中某一部分的闲置对其他部分而言是一种费用负担。[373]

可见，他的理论是要将停工损失包括在产品成本中，但他对机器费用的划分又使得停工损失能够更明显地独立显示出来。然而，实际上他的理论并没有被后来的大多数专家所接受。例如，差不多与尼科尔森同时代的 E·P·莫克斯认为，停工损失并非制造成本的一部分，应该作为直接费用结转损益。莫克斯还提出在总账中设置一个所谓"闲置能力"（idle capacity）账户，用以归集所有此类费用。至于 A·汉米尔顿·丘吉尔提倡的补充费率，莫克斯认为：

通过补充费率分配间接费用极没道理，很难令人满意。首先，其计算要依赖公司事先量度分厂可能的运营时数的能力。在需求不确定的情况下这几乎是不可能的。较好的方法是把停工费用归入"闲置能力"账户，该账户年末余额将转入损益……"闲置能力"账户的相对规模是反映企业效率的最佳标志之一，因为它占全部间接费用的比率是衡量管理者能否保持机器有效运转的一项重要指标。[374]

这种观点与约翰·惠特莫尔大约 7 年前的观点如出一辙，虽然惠特莫尔对如何处理该账户余额看法极不明确。[375]

直到 1913 年，英国《会计师》杂志编辑仍然坚持全部成本应采用历史成本，而且制造费用项目一直要等到特定会计期结束以后才能在产品间进行分配。1913 年的一篇社论对英格兰大印刷商协会（Master Printers of England）刚刚提出的统一成本制度作了评注。该制度建议以上一年度的间接费用作为分配本年度数据的指导，倘若上年度数据有所异常，则采用前几年的平均数。按照该编辑的观点，这种做法所导致的是全然的估计，而不是成本计算，它"绝对不可能是有关这一问题的最终结论……充其量不过是为了一个完善的成本制度而做出的基本努力。"[376]这位专家并不信赖预计制造费用率，进而认为，所有运用这种方法的行业都是在走险路。自 1905 年以来的种种反对意见并没有对这位编辑造成任何影响，他依然坚定地坚持自己的立场。

这位编辑的观点并不能代表那一时期大部分英国成本会计师的观点。许多人都不赞同他的观点。例如，M·W·金肯森坚定地认为应该提前估计制造费用，并按占年周转额（同样为估计数）百分比的形式表示。

他并没有说明他所指的究竟是什么样的周转额,[377]但却指出这是一个需要详加注意并仔细计算的问题,尤其是企业在好几个不同部门生产好几种不同商品的情况下更应注意。作出上述估计之后,企业管理者将知道他必须在每项作业的成本之上增一个够大的百分比,以吸收全部间接费用。顺便提及的是,也许会有两种原因使得年末尚有未分摊的间接费用。一种原因是客户订单没有达到预计数,在这种情况下,分厂经理可以免受指责。另一种原因是间接费用的百分比不够高(假定周转额达到了预计水平)。这种情况说明高估了"特定作业"的利润。[378]金肯森并没有指出如果存在差异该如何处理,而是把它作为未决问题留了下来,他的办法是"一战"前英国人的典型做法。

大约从 1915 年开始,停工损失不适合作为产品成本的构成部分而应看作一种损失的观点逐渐占了上风。这虽然不是一种新观点,但在一战初期却也显得特别突出。有几位权威甚至开始争辩这一观念的提出究竟应该归功于谁,而且明显由于各方面主张不同以致导致了一定程度的恶意相向。实际上,就像大多数新观点一样,这种观点的提出也不能归功于具体某一个人。某一位专家可能最初发现某些端倪,接着被另一位提出来,最后则被第三位或者第四位专家所倡导。不过,事实证明 1915—1920 年是一个转折点。1915 年,美国著名的机械工程师 H·L·甘特批判性地考察了成本理论的主要基础,其中特别提到停工与闲置生产能力问题。他认为,能够从大多数成本会计系统中获得最大收益的是他所谓的"金融家"群体,而非企业监督管理人员或经理。当时使用的方法往往有这种倾向,就是把整个公司的病看在工厂身上。在他看来这是极不公平的,也不利于最大限度地从各方面提高工厂效率。他认为,成本计算应该与工厂的适当需求相适应,要做到这一点,成本系统必须能够为工厂经理提供适当数据,说明在条件许可的情况下他是否在经济有效地工作。甘特认为,到当时为止,人们所使用的成本程序都严重忽略了这一目标。要达到这一目标,必须用不同的方法解决这一问题。他特别提到停工问题。如何解决这一令人困惑的问题呢？甘特的回答是，"工厂在计算产出应负担的间接费用时，应该按工厂以标准生产能力运行时所需的间接费用来计算分配率，停工时产量采用与按标准能力生产时产量相同的比率进行分配"。[379]这一理论没有什么创新之处，本质上和Ｃ·Ｈ·斯克维尔等人几年前提出的观点属于同一回事。但甘特的主张似乎更有分量，至少在当时得到了更多人的接受。他也指出大部分企业并没有听从他的建议，不管企业营运程度如何，把某一时期的全部支出都归由生产成本负担。他认为，很多完全错误的经营政策可能直接归因于这种错误观念。总之，他认为一件商品的工厂成本并不是它在过去的实际所耗，"而应是企业采用适当的生产方法，且车间全部生产能力都充分发挥作用的情况下应该发生的成本。这或许应该叫做理想成本，要达到这种目标必须付出全部的努力。"[380]这一主张引发了随后10年中不同观点支持者之间的激烈论争。

同年，Ｎ·Ｔ·费克在《工程杂志》上撰文进一步阐发了"标准"制造费用率观念。他指出，人们经常使用"标准"一词，寓意却各不相同。对他而言，它所代表的是"过去的经验及目前对未来条件的了解证明车间正常活动可能发生的"制造费用。[381]显然，就这个问题而言，一个非常重要的方面是确定车间正常活动，但费克却未作详述。不过，若对间接费用数量的估计存有疑问，则最好保守些。正如他所指出，"标准费用应该既不高也不低，只是计算成本的一个可靠基础"。[382]在接下来的讨论中，他对丘吉尔极力倡导的补充费率法作了考察。按照他的说法，作为一种成本控制的实用手段，这种理论几乎毫无用处，因停工而导致的损失在任何情况下都不应该被看做成本项目。管理层应该了解除工厂条件变化以外的因素所导致的产出波动引起的成本差异。为此可在账簿中设置一个专门的账户，停工费用记入该账户，直至被超过标准活动的贷项所抵销，或结转计入损益。关于工厂成本分配额的确定，他建议，"车间应该负担的费用等于按当期活动占标准活动的比例来计算的固定费用加上当期实际变动费用。也就是说，如果某年的活动只达到标准活动的

60％，车间当年应负担费用将是 60％的固定费用加上当期实际发生的变动费用。"[383]费克没有明确表态未分或多分停工费用是否结转，[384]即使不结转，几年中的结余数亦可作为衡量管理效率的指标。为了让人明白有关固定及变动成本的观点，他就其具体编排计算作了详细推演。此外，他还用了好几段的篇幅对当代成本实务进行了批评。

在同一期《工程学杂志》上，H·L·甘特又一次提出了有关仔细分析停工损失的建议。除了他对自己的推论显得更有把握之外，这里所表达的观点在本质上与前面所描述的观点是一致的。他试图使自己的读者相信，没有哪种成本计划可以名实相符地把停工损失作为产品成本项目来处理。他进而坚信，这种做法是导致企业经营失败的最重要原因之一。换言之，企业之所以可以在没有很好地考虑闲置能力的情况下继续存在下去，并非因为其成本安排，而是因为身不由己。此外，甘特还特别强调了闲置厂场设备给企业带来的巨大损失。事实上，他认为那是"绝对难以置信的"。[385]需要注意的是，美国在那时才开始走出 1913—1914 年的萧条，甘特的个人观点也可能是新鲜出炉。因此，在他看来，停工损失需要一种更为精确的会计处理方法。[386]成本技术及理论需要一种新观点，强调生产一定产品所需的标准成本而非实际成本。换种方式来表达，则是：工厂的产出不应该负担全部间接费用项目和金额，而只应承担生产产品所必需的部分。如果能够定期编制一份报表，表明因设备闲置造成的损失，管理层就可以作如下处理。首先，他们可以问自己：是否可以为闲置设备找到一些能够带来正常利润的工作？如果答案是否定的，则可以再问问是否能够为机器找到一些可以比让机器继续闲置着少受些损失的作业。也就是说，管理层可以有一些有形的基础据以作出决策。尽管甘特从理论上没有提出任何新东西，但他强调停工损失的重要性也给他带来了一定声誉。

然而，不久之后，甘特的理论却遭到 R·E·佛兰德斯（R. E. Flanders）全方位的批判。他所批判的其实是与甘特持同样观点的一批权威人士。佛兰德斯对那些主张将停工损失直接结转损益账户的美国同仁的最终目标深表同情，但他坚持认为，要想获得可比成本及有效的控制，就应该采用那些古老的方法，按整个经营周期来确定制造费率，并通过产品成本来结转所有制造费用项目。他称这种方法为"平均费率法"（average rate plan），而给甘特的系统冠名曰"比例费率法"（proportional rate plan）[387]。佛兰德斯的计划与 1903 年时几位作者的观点相同。在这种方法下需要设置一个间接费用账户，该账户余额逐年向后结转，其理论是说在经过一个完整的营业周期之后，该账户的借贷方将相互抵销。这种方法下的费用率不会经常变动，他认为这正是这种方法相对于比例费率法的优点所在，比例费率法下的费用率至少每年需要变动一次。佛兰德斯认为有"很好的理由将这种周期性发生的费用计入成本（停工损失项目）而不是计入损益。这种费用就性质而言并非来自外部的不幸……不幸的是，我们不得不将营业周期看做是经营中必须面对的一个基本条件，这个条件也因此成为生产成本中的一项常规因素，应该做这种处理"。[388]这是对停工时间应该作为生产成本的观念所作的一项非常清楚的阐释。佛兰德斯认识到了保持稳定间接费用率的价值所在，他的功绩在于再次强调了达成这一目标的两种具体方法。他认为他的技术更合乎逻辑，因为"所有成本"最后都将分配出去。事实上，最后的决策取决于有意采用这些方法的企业的不同偏好，虽然两种方法的最终结果相同，达成结果的手段却各有不同。

尽管佛兰德斯坚持认为他自己的方法与别人的不同之处在于其作为基础的观念上的区别，即什么是生产成本，什么不是成本，但他也只是局部正确。甘特、斯克维尔及其他人为之奋斗的，是标准制造费率，而非使用哪种平均计划。尽管他们也只是暗示他们的技术是以实际理论为基础，但与佛兰德斯相比他们还是更坦率些。一个适当的成本安排并不需要以几年为期对间接费用率进行平均，这一点很快就成了常识。比如，W·E·麦克亨利（W. E. McHenry）不久后指出，在产量变动的情况下，只有预计标准制造费用率会给出令人满意的结果①。尤其当特定成本计算期结束时有好几件产品处在不同完工程度的情况下更是如此。麦克亨利对那些坚持认为长期平均比率属于同样性质的专家（比如佛兰德斯）的论点表示怀疑。麦克亨利认为这两者之间根本无法相比。[389] 只有预先设立了比较标准，才可以科学地累积成本差异。需要顺便说明的是，这一计划在接下来的几年中不断被提及。不过，不论从哪种意义上说，麦克亨利都不是这一思想的首创者。其基本特征的出现至少可以追溯至1889 年，甚至更早。当时有几位权威人士曾对其基本细节作过相当全面的描述。[390]

联邦贸易委员会的成员中很多人极力倡导标准制造费率法，因此，该委员会于1916 年出版的一份有关成本处理的小册子中建议使用这种方法，这本小册子的读者面很广。书中谈到，应该在年初估计间接费用或编制间接费用预算，然后再除以按工厂机器工时表示的预期年度标准产出量，在年度内不论任何时候都不能改变这一比率。所有未分或多分金额将于会计期（1 年）结束时结转损益账户。[391]

大约在同一时期，美国工程师 D·S·金博尔（D. S. Kimball）就停工损失记入损益账户的做法提出了一些警告。他并不是要全盘否定它，而是提出了其中一个基本假设——即工厂中的机器在年内会全部满负荷运转——所存在的问题。这个假设是构成该系统的基础，同时也得到了其他人的承认。按照他的观点，这个假设不一定合乎逻辑。他谈到，在大部分工厂里，总是不可避免地会有一些设备长期得不到使用。因此，如果假定它们也是一直在运转，难免会得出错误的分配率。不过，事实上，人们所提出的计划几乎都是建议以"实际"生产能力作为分配基础。如果这一建议被采纳，金博尔的异议[392]将不复存在。

金博尔还对所谓"平均费率法"提出了批评，认为作为一种平均计

---

① 前面提到标准制造费率时"标准"一词都是用"normal"，麦克亨利用的则是"stand-ard"。前一词很多情况下表示正常之意，后一词则是典型的标准、准则。——译者

划，它具有所有以这种方法为基础的计划都必然面临的风险。如果通常用于解决停工问题的两种方法都无法令人满意，那么，有什么方法是可以采用并能同时做到既准确又科学的呢？答案是，没有任何一种方法在各种情况下都能产生理想的结果，不过在金博尔看来，似乎"机器费率计划若伴有以较长时期为基础的补充费率，则可以较好地解决问题"。[393]按照他的说法，这一计划至少可以准确地将制造费用分配到完工产品上去，除非遇到大萧条，否则其结果将会是令人满意的。通过使用长期补充费率，因生产能力闲置而造成的损失可以均摊到整个营业周期内，而且可以预见在萧条时期过多分配费用的极端危险。金博尔不知别人是否曾经有过同样的提议。有趣的是，它好像恰恰是长期平均法的缺陷，而他刚刚还认为长期平均法是完全不适当的。虽然金博尔对如何确定"长期补充费率"未作任何详细说明，实际上它是很类似的。他认为："产量变化条件下的费用负担问题虽然很复杂，但却十分有趣。要想找到一个普遍的解决办法是不明智的 ……如果产量发生显著变化，成本计算的这一阶段将置于管理者的严密监视之下。"[394]

至 1917 年，将停工时间作为损失处理的观念已经取得很大成就。A·汉米尔顿·丘吉尔在他当年出版的著作中同时讨论了两种观点（费用观和损失观）。[395]他对补充费率法作了再一次的总结，然后解释说，未分配制造费用余额反映在制造费用账户上，代表的是纯粹的损耗。不过，他依然认为应该把这部分金额分配到生产通知单上去。丘吉尔单辟一节讨论将闲置时间作损失处理的观点。他谈到，归根到底，只要有利润，所有的损失就都应该冲减利润。他承认将停工损失转入损益是一种非常简单的方法，在特定情况下——也就是说在一个只有很少几个部门的大机器在正常运转的企业——这种方法是值得推荐的。不过，一般来讲，将这一损失作为实际成本的一部分会更合乎情理，在他看来，工厂经理在运作效率方面被骗的风险是比较小的。他也承认补充费率只能局部反映设备闲置情况，他以前曾对这一点作过更具体的考察。他对整个问题的看法其实一直是摇摆不定的。正如在本节后面部分将看到的那样，在后来的作品中他对自己的理论作了进一步的修正。

截至 1918 年，有关预计间接费用率的观念已经确立。只有不多几位权威人士依然提倡等到月末或年末才分配制造费用。大部分人建议在分步成本处理中采用这种方法。对停工时间及闲置生产能力的论争，尽管"一战"仍在继续。在这一时期就此问题从事著述的成本会计师认为，当时生产能力发挥较高效用的情况不会持续很久，因此他们想提前奠定自己在预期的战后萧条中在这一问题上的地位。在这一时期有关这一问题的各种看法丝毫未曾减少。例如，威廉·肯特提出，成本的制造费用项目应该是不久的将来在正常条件下重新生产某种产品将发生的费用额。按他的观点，这基本上就是标准制造费用率，其最大优势在于可以大幅度节省通常所需的事务性工作。[396]此外，一些重要但不经常使用的机器设备的维持成本，即使这些机器设备是闲置的也要计入机器制造费用率。这就回答了金博尔提出的批评，虽然这一观点在具体使用中多少有点武断。肯特认为，在任何年份，未分配到产品成本中去的制造费用应作正常损益处理。

"一战"之后，英国权威们也再次返回这一领域。比如，A·卡斯莱斯（A. Cathles）（1920）建议，既然等到会计期末再分配制造费用不可行，就应该每年编制预算，再以此为基础进行分配。预算必须详尽，以便对各个项目的估计数、实际数及分配数进行适当控制。此外，在编制预算时，必须时时谨记企业各个不同的部门，因为只有它们能够提供据以适当确定某些费用影响范围的方法。[397]总的来说，卡斯莱斯相当熟悉现代机器工时法；不过，他对停工时间及其会计处理的讨论尚有许多不尽如人意之处。G·S·哈特斯利（G. S. Hattersley）承继了卡斯莱斯的观点，却比卡斯莱斯的观点更为明确。他很欣赏美国人在这方面的工作，且似乎受了斯克维尔、甘特、费克等人很大的影响。通常的生产成本观念会使成本的波动性很大，因为不管生产能力利用率有多高，当期发生的所有制造费用都会计入成本。哈特斯利对此提出了批评，然后就如何确定工厂间接费用提出了与几位美国人的观点相同的规则。也就是说，在减产（curtailed production）期间，由成本负担的制造费用占制造费用总额的比例应该保持不变。这里的减产也就是所谓"标准生产"，这一概念被解释为给出的成本数据一致性最低的生产水平。如果不采用这里所提出的方法，"交易需求最旺时成本会显得最高，这当然是制造商们一般不愿看到的情况。"[398]哈特斯利接着建议将由于机器闲置所造成的损失从利润中扣除。他的结论与许多美国专家的观点相同。

另一位英国成本权威 E·T·埃尔伯恩在阐述成本处理问题时也提出了"标准制造费用"概念。他不赞同通常对未来时期可能发生的间接费用项目的预估。他认为，预估会导致生产情况发生变化的时期费用率巨幅波动。较好的处理方法应该是"采用一种外加费率，这种费率是在工厂有效运转（从产量来看）时的费用数据基础上确定的。这种费用可以看做是标准费用，在此基础上确定的外加费率同样可以称为标准费用"。[399]何为标准费率？答案是，它们是在估计可使产品或作业有利润可赚的成本时确实可用的最低费率。埃尔伯恩的观点可能是英国人有关这一问题的最先进的观点，故引述如下：

若能接受对成本的商业估计应该与外加成本一样采用标准费率的观点……当按标准费率在成本分配账户中分配外加成本时，就可使实际成本数据有更大价值。之所以要在工厂账户中使用标准外加成本率，还有另一个或许更为重要的原因，就是确立一些部门生产情况的比较标准。如果在某一特定时期分配到部门生产中的外加成本总计小于分配到该部门的实际费用合计数，则可认为该部门的产量低于标准或可接受的效率水平……某一具体工厂的标准产量究竟该是多少，可能会有不同意见。

全部生产能力的四分之三应该是一个比较适宜的标准。这需要根据具体情况而定。[400]

　　如果使用这一技术后有任何多分或少分制造费用，则可通过他所谓"工厂账户年度汇总表"（works accounts annual abstract）进行处理。本表是"工厂"账簿的一种结算或余额表，与他的系统是完全独立的。显而易见，埃尔伯恩在步美国那些开始热烈拥护标准成本处理的成本专家的后尘，当时的制造费用成本项目处理中特别强调标准成本法。毕竟，制造费用项目（或称成本构成）曾在过去引出许多麻烦，因此，他们由此开始也是理所当然。[401]

　　在美国，整个趋势越来越倾向于标准预计制造费用率计划。早在20世纪20年代初期，几位权威人士就已经在提倡使用它，有时会稍微做些修改，但总体来说还是一样的。[402]这种做法后来逐渐演变成完全的标准成本制度。人们开始越来越关注生产能力标准比例的确定以及与之相关的各种问题。有些专家偶尔又开始建议在生意好的时期设立制造费用储备（有点像已获盈余准备），以便在生产清淡的年份加以利用。[403]几年后，这方面的争论在某种程度上变成了一些细节问题上的争执，而不再是大的原则问题，尽管偶尔也有一些专家会把老观念又搬了出来。此外，与制造费用控制及会计处理相关的弹性预算技术也开始成为关注的焦点。[404]当然，这一技术实际上只是对早就有所认知的固定费用和变动费用区分的进一步扩展，这种认知至少可以追溯到19世纪80年代。

　　在本部分内容结束时，不能不提到1930年发生的一个重要事实。29年前就积极倡导补充费率作为计量停工成本的指标的Ａ·汉米尔顿·丘吉尔，终于在这1年转向了他的敌对观点。在他的鸿篇巨制《间接费用》（Overhead Expense，1930）一书中，他终于承认了闲置生产能力所造成的损失并将其结转损益。不过，Ａ·汉米尔顿·丘吉尔依然建议在少数特例中使用补充费率技术。[405]

第六部　部门化及制造费用在部门间的分配①

部门化是很早就受到成本权威们关注的论题之一，与之相关的分配问题也颇受工业会计师注目。这两个问题之间有明显联系，因此在本节中将一并进行讨论。"分配"一词这里是在技术意义上使用的，也就是说，制造过程中所发生的间接费用成本在厂内各部门之间的分摊或分割。

在现代，第一次提到这一问题的，是1870年发表在英国《工程师》杂志上的一篇通讯。作者在提出制造成本项目导致了成本处理上最大的问题之后，坚持认为"一般"（他的用语）间接费用率根本不足以解决这一问题。他认为，必须为企业每个部门分别确定一个具体的分配率。为了得出这些比率，他建议在分类账上为每个部门分别设立账户。并且，各部门所有项目的最终合计数，必须与成本总额相符。[406]英国会计师托马斯·巴特斯比也提倡工厂部门化，他在自己的系统中甚至按照是否与部门有关为标准对工厂间接费用进行分类。他所提到的部门中有几个就是现在所谓的"服务部门"。主要有：蒸汽动力部门、动力部门——车床及工具、铁匠部门。这些部门的成本逐日累计，与工人工资加计在一起，即可得出一项作业在经过该部门时所发生的总成本。机器的维护和修理按照各个部门的主要价值进行划分，动力则按所需的马力为基础进行分摊。[407]巴特斯比的想法虽然有些乱，但他在解决部门化过程中所涉及的具体问题方面确实有许多独到之处。[408]

到1886年，人们已普遍认识到需要进行部门化，但对这一问题的处

---

① 第四部分中讲的分配用的是"allocation"，这一部分中用的则是"distribution"。两个词皆有分配的意思，但前一词是指制造费用在各种产品、作业或工序之间的分配，后一词则指在部门之间的分配。英文词义中有些细微的差别。——译者

理总的来讲还相当肤浅，尤其是关于部门费用分配问题。美国军需官亨利·梅特卡夫在美国机械工程师协会会议上宣读的一篇"论工厂通知单会计系统"（The Shop-order System of Accounts）的论文中提到了"部门成本因素"（departmental cost factors）。这位早期权威未曾对部门化的基础作一般讨论，但却提到铸造厂至少应该有五个部门，即：制模车间、翻砂车间、熔化车间、安装车间及一般车间。成本因素需要按如下方式确定：①在"盈利部门之间按最可能的假设"[409]分配租金、税金及保险费；②以各部门在工作日完成的工作为基础在部门之间分配一些非主要项目；③在以上两项的基础上加上各个部门特有的费用；④以上三项的合计数除以各个部门上一年度完成的直接工作日。这些因素接下来可用于确定各部门在制造产品或完成作业的过程中所发生的成本费用。梅特卡夫还提出了在部门间进行间接费用分配的具体方案。它是一种最简单的报表，所有间接费用项目都是按公司各部门的工作天数进行分配。需要记住的是，梅特卡夫建议按上年度数据来确定成本因素，或者，也可以代之以两至三年的平均数。[410]该方案也就是基于这样一种基础设计的。需要顺便提及的是，在铸造厂的熔化车间，间接费用的分配是以产量为基础而非工作天数。这是因为对熔化工作而言，耗铁成本远比人工成本重要。总之，可以说，与我们所考察过的其他权威相比，梅特卡夫对部门化问题的看法要全面得多，而他的处理尚有许多待完善之处。

而英国人 G·P·诺顿在 19 世纪 80 年代末讨论纺织厂会计时，也对部门化问题给予了特别关注。事实上，这是他所提出的系统的一个重要组成部分，对它进行评论需费颇多笔墨。设置多少部门以及设哪些部门，是每个企业必须自己决定的问题。不过，按照诺顿的观点，一个纺织企业至少需要设置五个部门，包括：粗梳毛及精纺部门、精纺毛纱精梳及精纺部门、编织部门、染色部门以及仓储部门。每个部门在进货日记账中都有一个专门的栏目，以便分别归集各部门的特有支出。每个季度结束时，各栏目的合计数需分别过入"冠名分类账"（nominal ledger）中的各个账户。纱线和布料的销售及销货退回需分别反映，在各种杂项费用都分摊完之后，就可得出各种商品的利润。为了将"固定费用"（standing expense，他的用语）分给几个部门，诺顿提出使用一种分析报表。该表包括总计栏、部门栏以及样品栏（一项资产）。关于杂项费用的分配，诺顿提得非常明确。首先，他认为无需进行仓库及办公费用分配，因为它们与生产部门毫无关系；至于工厂间接费用，可以使用多种不同的基础进行分配。各个部门使用的库存物料用品应该由仓库管理员分开管理。机修工、工匠及水管工费用则根据他们在各部门工作的时间记录来确定。动力费根据各个部门的机器运转情况进行分配。租金和税金则可按占用的空间为基础，或者与动力费一起分配。照明费可以按使用的汽灯数分配；如果愿意，也可以在各个部门分别安装计量表。火险费在保单中其实就已经作了分配。设备维修和更新费通常是在采购账中单独处理。房屋建筑维修费则根据维修人提供的发票进行分摊。折旧费按照每个部门使用机器的价值进行分配。[411] 顺便提及，诺顿曾提到，如果能给予适当的指导，企业的部门化工作有很大一部分完全可以由供应商来完成。此外，他还警告他的读者，整个分配工作很容易受到胡乱限制，为了稍微更准确一些而额外加派几个人手，是很不划算的。诺顿认为，"在一家组织良好的企业，只要加以适当的指导，平常的工作人员就可以按照他所描述的原则做好部门化会计的基本准备工作"。[412] 从整体上看，诺顿的系统对他心中所想的那类企业极为有效。为了考察企业生产部门的效率，他甚至提出让各个部门按在上述各项支出中的比例分别负担各项费用，并按所完成工作的"标准"（standard，他的用语）价作贷方处理。他所提到的标准价是一种对各特定工序而言的交易价。可以认为，这一建议是对今天标准成本制度基本目标的初次暗示；至少其目的是相同的。诺顿还提到，他发现这种做法在实践中是可靠和令人满意的。[413] 总之，可以得出这样一种结论：在 10 年内，有关部门化技术的讨论再没有超出诺顿之上者；实际上，差不多有 15 年时间它都占有一席之地。[414]

几年后，F·G·伯顿（英国）又提到工程公司的部门化问题。虽然伯顿的处理不像诺顿的处理那样完善，但却依然值得一提。他的第一个观点就是公司应该分为若干部门，每个部门每月分设一个账户（独立于财务账之外）（如下图）。

安装部门——1895 年 1 月[415]

借 方			
	数量	材料及费用	工资	交易借方

	数量	材料及费用	工资	交易借方
1 月 1 日存货：				
部件	———	———	———	———
在产品	———	———	———	———
购进	———	———	———	———
工资	———	———	———	———
从部门——加工中转入	———	———	———	———
从部门——一般费用 　　　中转入	———	———	———	———
利息	———	———	———	———
折旧	———	———	———	———
合计	———	———	———	———

贷 方			
	数量	材料及费用	工资	交易贷方

	数量	材料及费用	工资	交易贷方
预计费用	———	———	———	———
转到部门	———	———	———	———
转到"B"及"C"表	———	———	———	———
1 月 31 日存货：				
部件	———	———	———	———
在产品	———	———	———	———
合计	———	———	———	———

设置这些账户并不像当时的典型情况那样是为了表明部门的损益，而是为了准确计算成本。本账户贷方提到的"预计费用"是指已经发生

但到上月末为止尚未支付的费用支出，须记入借方的本月"购进"。列在账户两边的"结转"项目需要会计师尽最大努力去处理。这些结转中只涉及实际成本，但具体采用什么技术，伯顿却未作说明。他仅仅提到需要向公司管技术的官员咨询工作进程，成本核算员依此做出相应的分录。这一点至关重要，可惜伯顿未作进一步探究。从各个部门转出的项目汇总编成一张独立的表，称为"B"表，用于逐月归集一项作业的特定部分的部门费用。当"B"表填好以后，接下来会依次结转到"C"表。"C"表是一种成本表，按各项作业分别设立。表"C"平时不作结转，要一直等作业完成以后才一次性进行结转。由此来看，伯顿的计划主要探究的是以下内容：①部门成本计算表；②合同分割表，以及③合同或作业成本表。上例中"交易借方"和"交易贷方"栏目只是在偶然情况下才会用到，即：当公司想让外部某一方来完成某项工作时，可用它来记录可能花费的成本（交易借方）；或者，当公司已经代外部某一企业完成某一工作时，该工作究竟值多少（交易贷方）。因此，作为一种手段，它和诺顿为考察部门效率而设计的方法有点相像，远一些来看，则近似于如今的标准成本制度。当然，它是有些粗糙，但相对于伯顿所处那个时代成本处理的实际状况，我们不可能有更高的期望。非常有趣的是，在几年后出版的《工程及造船业会计》（*Engineers' and Shipbuilders' Accounts*）一书中，[416]伯顿再也没提这一手段。是不是他认为在那个时代它不是很实用？这是一个没有答案的问题。当时倡导这一计划的人少之又少，诺顿和伯顿属于其中的佼佼者。目前的标准成本基础与此有所不同。

前述两位专家有一种掩盖部门化内在困难的倾向；也就是说，他们认为这一问题本质上比较简单。同样是英国人，J·S·刘易斯却不像他们那么乐观。刘易斯认为，全部一般管理费用究竟应在多大程度上进行分配，本身存有很大疑问，它应该因各个企业所面对的具体情况而异。不过，刘易斯却提出了分配修理、燃气、水、动力等费用所应依据的各种可能的基础。[417]他常常提到"公平"的方法和"公平的结果"，这些术语乃是以前的权威们典型的说法；但总体而言，刘易斯比他同时代的人更为彻底。不过，他对观点的表述却不像诺顿那么简单明了。

临近世纪之交，这一问题在美国受到更多关注。比如，H·L·阿诺德（1899 年）在介绍一家铸造厂的分类账时谈到该厂有七个不同的部门。每个部门都有自己的损益账户。年末，为了确定当期净损益，需要把上述各个账户的余额转入总损益账户。举例来讲，锅炉车间账户借方在 1 年内可能过入如下项目：部门购入的生产性材料，从其他部门转入的生产性材料；部门购入的生产性劳动，从其他部门转入的生产性劳动；部门购入的非生产性材料，从其他部门转入的非生产性材料；部门购入的非生产性劳动，从其他部门转入的非生产性劳动，以及该部门应负担的一般制造费用项目（以该部门发生的材料及人工费用为基础）。贷方反映从销售账户转入的销售额及转往其他部门的费用。借贷相抵，结果为部门利润。七个部门的每一个都要按类似方法进行处理。阿诺德的系统在通常损益账户技术上作了明显的改进，但他却没有提到这一问题最难的地方，即：如何进行部门转移定价？[418]阿诺德所想的显然只是得出一份部门损益表，但却忽视了其中一些最有争议的分配问题。

尽管在本章前面各节中我们已经对 A·汉米尔顿·丘吉尔的观点作过详细介绍，在此还是有必要对他于世纪之交提出的部门化程序作一简单讨论。应该还记得，他曾经提出一种"生产中心"理论，以尽可能使间接费用局部化。他提到"中心"，是为了集合特定的"生产要素"。这些要素包括场地、建筑物、动力等。所有可能的制造费用项目都归由要素账户借方负担。随后再将这些账户按某种"公平"基础结转记入车间费用账户（shop-charge accounts）。所有一般制造费用项目以直接人工成本或工时为基础分配到车间费用账户，相对来讲更喜欢用工时基础。丘吉尔还很详细地给出了在车间费用账户之间分配要素账户的方法。需要顺便说明的是，丘吉尔在分配结转这些费用时使用的是机器收益（machine earnings）（一种机器工时率）加必要的补充费率的方法。[419]从整体上看，丘吉尔的部门化及分配制度在当时所提出的制度中是最好的。事实上，在随后许多年中，它一直被许多成本专家奉为范本。他不断地改进并深化自己的技术长达 30 年之久，直到 1930 年厚达几百页的巨著《间接费用》出版，最终达到顶峰。

至 1901 年，人们对制造费用在部门间的分配问题已经作了相当深入的考察。人们不但越来越强调实行部门化的必要性，而且不久之后就开始考虑各种特殊的分配问题。比如，英国人 H·S·加里在 1908 年写的一本有关分步成本会计的书中，特别说明了一家化工厂部门分工及进行部门会计处理的方法。还有一些英国专家对工程公司中这一问题的处理进行了讨论。[420]

在美国，约翰·惠特莫尔在自己的著作中也对这一问题作了细致的考虑。惠特莫尔在很大程度上沿袭了丘吉尔的建议，但也提出了一些更细致的考虑。[421]不久，克拉伦斯·戴在他的《会计实务》一书中讨论了一家棉纺企业的部门化问题。该公司至少有五个部门，各部门的人工费用及各种杂项费用在账户上分别进行反映。一般制造费用项目则通过某种"公平的"程序分摊，具体用什么技术则视费用性质而定。按这种方式，可以以全年的记录为依据很便利地编出部门成本表。[422]克拉伦斯·戴在有关这一问题的理论方面并无建树，他只是强调用分步成本法来处理这一问题。与此相反，与他同一时代的 J·L·尼科尔森则进行了更广泛意义上的探讨。他指出，各个企业的部门设置，会因企业所产产品性质的不同而各异。援引如下："在划分部门时，应该以尽可能使各个部门的业务比较单一和统一为目的。如果同一部门中的工序有明显的不同，就会出现进行分类以前就已经面临的同样困难，这是应该尽量避免的。"[423]各个部门的成本将在三个主要的成本项目中进行记录，三个项目加起来即为总成本。尼科尔森主张以直接人工成本为基础把制造费用项目分配给各个部门。按照他的观点，通过这一程序可以确定各个部门应负担的间接成本的比例。因此，他的观点与以前那些认为应该以"更为公平"的基础进行费用分配的专家有所不同。此外，尼科尔森还提出了一种据以区分各部门销售收入的制度，按照这种制度，企业可以在最后确定每个部门的毛利。

至1911年，部门化艺术已经达到另一种高度，以致 F·E·韦伯勒足足用了一整章的篇幅在他的《工厂成本》一书中讨论这一问题。他首先强调在实践中费用的分摊很难走得很远，然后说，部门化有个最小限度，超出这一界限则很难分得清楚。因此，不管在何种程度上执行这一程序，总会有一些项目需要进行平均。这些项目应该尽可能少些，但是，"即使可以很经济地做很多探究性工作，也不可能追索到并明确确定每一个项目的渊源"。[424]在作了这些不太碍事的引导性评论之后，韦伯勒建议在各种标题下分别反映不同的制造费用；月末再将它们转记入他所谓的"分配表"（distribution sheet）。表中栏目包括：账户、编号、金额（合计）、分摊基础、部门1、部门2、部门3、摘要。每个间接费用项目的分配结果要记入适当的部门栏目。当然，金额栏目的总计数必须与所有部门合计的加和总数相同。韦伯勒对将各种费用分配到各有关部门时所依据的基础作了非常具体的讨论。比如说，租金根据占用场地的大小进行分摊。工程成本则在细分为三项构成要素的同时相应地进行分配。对其他各种支出和费用韦伯勒也依此作了相应的分析，分别提出了具体的分配计划。此外，他还提到特定的"安全准备"，比如溢、缺、毁损估计，重量及计量差异，以及一项"安全因素"。从整体上看，这种处理就完善性而论已经达到了当时的极致，而且事实上从那以后也很少有过大的改进。

J·L·尼科尔森在他1913年的著作中特别强调区别业务部门与间接或服务部门的重要性。前面我们曾经提到过他的早期观点。他之所以强调这种区分，原因在于服务部门必须对其一个时期内的费用进行累积反映，这些费用随后会按照韦伯勒提出的路线分到业务部门。[425]各个部门账户则要反映与其业务有关的材料、人工及间接费用。

针对折旧、投资利息、火险及税金等费用的部门化问题，F·J·克罗贝尔建议每月编制一张固定费用明细表。生产部门和服务部门在表中分开反映，如下例：

月份固定费用明细表

分配到	1 价值	2 折旧	3 利息	4 火险	5 税金
业务 A	××	××	××	××	××
业务 B	××	××	××	××	××
业务 C	××	××	××	××	××
等等					
服务 G a	××	××	××	××	××
服务 G b	××	××	××	××	××
……					
合计	××	××	××	××	××

"会计部门将定期（本例中为每月）把业务项下 2，3，4，5 栏的费用以及服务项下 2，3，4，5 栏的费用分别归入适当的类别……"[426]另外，每月还要根据表中的合计数做一笔分录。由此来看，上述计划实质上只是一种用以归集该明细表上所列举项目部门分配情况的手段，而不是完整的分配程序。

F·E·韦伯勒在他 1917 年的著作中介绍了一张"费用分配表"，比当时人们所提出的所有同类表式都更为精细。其栏目包括：暂记及准备贷项、制造费用分析贷项、代号（symbol number）和费用分类及暂记借项、准备借项、代号和资产借项、交易成本借项、生产部门（有多少设多少）、设备利用率（plant factor）、车间管理部门、工程、采购、仓库及存货、动力、模型、工时及成本、工具制造、检测及检查。与前述各账户有关的直接制造费用计入表中第一行，各种一般制造费用紧接其后。一般制造费用项目需按各种公平基础分配到生产及服务部门，他对这些基础作过全面讨论。最后一步是将各个服务部门的费用合计数再次分配到生产部门、交易成本、资产、准备及暂记诸栏。在这种方法下，全部程序都集中在一张大表上，可以免去很多分录。这种方法可以用于任何多部门公司，但规模适中的公司最能显示出它的优势。[427]

与韦伯勒相反，有些专家建议使用所谓"分配日记账"（apportionment journals）进行制造费用项目的部门化处理。这实际上是一本原始分录簿，用于取代分配表及有关分录。有位专家曾对分配日记账（实际上是一张大表）作过说明。其贷方栏登记待摊费用的未分配费用，借方包括建筑费用、动力部门、制图部门、生产部门（需要多少设多少）、交易费用等栏目。各个费用项目首先要一项接一项分行记入上面所提到的栏目中。最底下一行反映建筑及动力费用在各生产部门及交易费用项目上再次分配的情况。[428] 显而易见，它与韦伯勒的分配表基本上是一样的，唯一的不同之处就是它既是日记账也是分配明细表。

20 世纪 20 年代初期，英国成本专家也在以更彻底的方式讨论部门化问题。E·T·埃尔伯恩提出至少应该分为八种服务，和 A·汉米尔顿·丘吉尔的生产要素有些相像。他的八种服务包括：建筑服务、动力服务、生产单位服务、工具服务、材料服务、部门服务、管理服务以及意外服务。他对每一种服务又作了进一步的细分，并对各个项目作了检查，作为在企业各部门之间进行费用分配的"规则"（formula，他的用语）。他用了好几页的篇幅讨论这一问题。埃尔伯恩建议用一种"生产外加成本账"（production oncost book）进行必要的会计处理。该账中需要为上述八种服务分别设置账户，同时设置一个折旧账户、一个资本利息账户、若干部门外加成本账户（具体数量依需要而定）、一个部门工序汇总账户、一个存货生产差异账户、一个生产外加成本补充账户，再加上几个其他账户。以上账户乃是为了记录：①发生的制造费用；②在部门间的分配；③在产品间的分配。这位专家未曾建议使用分配表。需要顺便说明的是，他曾言明以上所提到的账户中的分录仅仅是一些备忘记录。他的成本处理是在财务账之外进行的。[429] 埃尔伯恩的系统颇多繁文缛节。有趣的是，同时期的另一位英国成本专家 L·W·霍金斯虽然在其他方面做得相当出色，却偏偏没有涉及部门化问题。[430]

工厂部门化及部门间间接费用分配的基础理论到 20 世纪 20 年代初期已经几近完备，自此以后再无大的改进。为了保持细节性记录，人们引入了一些机械化方法，但却未曾导致任何基本技术方面的改变。几乎在同一时间，标准成本制的代表人物 G·查特·哈里森开始对每月进行制造费用分配时所采用的方法（他称为"精心设计的仪式"）提出批评。他认为基本的产品成本数据只要归集一次就够了。"为了不再每月精心进行制造费用分配，在大多数情况下……如果我们只需得出近似于准确的成本，我们只要有一次最仔细地把制造费用分配到生产部门中去，然后以这些数据作为每月计算分配的基础即可。"[431]这种做法明显会极大地减少分配工作量。哈里斯的技术有一个关键性部分，涉及如何引入一种方法，以追踪与预先确定的标准成本之间的差异。他的整个程序对解决制造费用分配问题而言有些特别，近年来有许多专家对它作了进一步的拓展和深化。[432]

注释

第 一 部 分

［1］从重要性上考虑，利息和租金将放在本章第二部分进行讨论。

［2］美国著名经济学家 J·M·克拉克曾在 1923 年指出："有关生产费用的全部观念，只是近来才产生……在缓慢的发展中，经济科学吸收了有关制造费用的种种事实，由此很可能得出结论，认为有关生产费用的流行观念可以回溯到家庭制时代，而不是工业发展的某个更近的阶段。"J·M·克拉克，《间接成本经济学》①（芝加哥：芝加哥大学出版社，1923），第 1-2 页。

［3］E·P·莫克斯，《工厂成本核算原理》（纽约：罗纳德出版公司，1913），第 63 页。

---

① 第二章注［2］中书名为《间接成本经济学研究》（*Studies in the Economics of Overhead Costs*）。——译者

［4］亨利·梅特卡夫，《制造成本》（纽约：约翰·维勒父子公司，1885），第338页。

［5］固定及变动制造费用概念至少可追溯至1862年。著名经济学家拿骚·西尼尔曾于1862年指出："一个企业中总会有一定的费用，不管工厂是否完全开工，都会按同样比例继续发生。比如租金、税金、火险费、固定人员工资、设备损坏等。作为制造业公司，还会有其他费用，随着产量降低，它们占利润的比例会上升。"《工厂考察报告》（1862年10月31日），第19页。上面所列示的项目，也是对应计入成本制造费用项目的各种费用一个很全面的概括。在法国，C·A·古堡特于1865年对固定成本和变动成本作了相当明确的区分。具体可参看本书第二章内容。大卫·所罗门斯曾经谈到，一位名为戴奥尼夏·拉德纳的爱尔兰人早在1850年就曾提到固定及变动成本。见所罗门斯《成本研究》（伦敦：斯维特-马克斯韦尔出版社，1952），第34页。

［6］梅特卡夫，第73页。

［7］E·加克和J·M·费尔斯，《工厂账目》①，第四版（伦敦：克罗斯比，劳克武德父子出版社，1893），（初版于1887年）。

［8］加克和费尔斯，第73页。

［9］G·L·福勒，《美国机械工程师协会学报》，IX（1888），第393页。

［10］G·P·诺顿，《纺织品制造商簿记》，第四版（伦敦：斯皮金，1900），第194页（1889年第一版）。诺顿为英国人。

［11］F·A·哈塞，《美国机械工程师协会学报》，XV（1894），第628页。

［12］F·G·伯顿，《工程估算与成本会计》（曼彻斯特：技术出版公司，1895），第11页（1900年第二版）。

［13］J·S·刘易斯，《工厂的商业组织》（伦敦：E·及F·N·斯本，1896）。

［14］刘易斯，第173页。

［15］刘易斯，第179页。

[16]《工厂的商业组织》引文中。

[17]H·M·诺里斯《美国机械工程师协会学报》，XIX（1898），第389页。

[18]奥伯林·史密斯，《美国机械工程师协会学报》，XIX，第405页。

[19]哈塞，第397页。

[20]《美国机械工程师协会学报》引文中。

---

① E·加克和J·M·费尔斯著作的名称和第三章注［5］也小有出入。该处书名为《工厂账目：原理及实务》（*Factory Accounts，Their Principles and Practice*），版次时间皆相同。——译者

[21] W·S·罗杰斯,《美国机械工程师协会学报》,XIX,第 401 页。

[22] 诺里斯,第 413 页。诺里斯在《一种简单有效的工厂成本记录制度》,《工程学杂志》,XVI,(1898),第 394-396 页中重申了他的观点。

[23] H·M·拉恩,《美国机械工程师协会学报》,XVIII (1897),第 893 页。顺便说明一下,这是第一次提到"制造费用"(burden)一词。作为描述计入生产成本的杂项费用的一个专门术语,它后来非常流行。

[24]《美国机械工程师协会学报》,XVIII (1897) 引文中。

[25] 他的观点前面曾作过讨论。

[26] H·L·阿诺德,《完全的成本记录》(纽约:工程学杂志出版社,1899),第 49 页。

[27] 约瑟夫·麦克诺顿,《纸厂簿记》(伦敦:木质纸浆有限公司,1899),第 24 页。

[28] A·G·查理顿,《顺利经营矿山的原理与方法:组织机构,成本核算及已完工作的记录》,《工程学杂志》,XX (1901),第 691 页。

[29] A·汉米尔顿·丘吉尔,《公司费用的适当分配》,《工程学杂志》XXI 及 XXII (1901)。这篇系列文章几乎是一夜成名。

[30] 丘吉尔,第 517 页。

[31] 丘吉尔,第 374 页。

[32] W·C·埃迪斯和 W·B·廷德尔,《制造商会计》(多伦多:作者自己出版,1902)。

[33] 见其第二章。

[34] 埃迪斯和廷德尔,第 150 页。

[35]"外加成本"(oncost)是英国人的说法,是"间接费用"(overhead)和"制造费用"的同义词。按照《新牛津词典》的解释,它是一个相当古老的词语,早在 15 世纪苏格兰阿伯丁郡的记录中就已经提到。1795 年,人们在谈及煤矿的杂项支出时一般也会用到这一词。例如,J·F·厄斯金就曾谈到,在这一年,"由于被称之为外加成本的各种偶然性费用太多,使得煤矿主获利很少"。《克拉克曼南郡农业调查》(1795),第 410 页。约翰·曼恩爵士认为它可能是来源于这样一种古老的观念,即:制造业的杂项费用是一些需要"加到成本上去"(on to cost) 的费用。这里所谓成本,是指人工和材料的合计数。《会计百科全书》(伦敦:威廉·格林父子公司,1903),"外加成本"条。在美国,A·汉米尔顿·丘吉尔也曾在 1930 年表达过同样观点。见《间接费用》(纽约:麦格劳-希尔图书公司,1930),第 3-4 页。也可参见《会计师》,XCVII,第 313,

343 页，以及 J・U・列夫，《英国煤矿业的兴起》（伦敦：乔治・罗德里格父子公司，1932），II，第 432 页。列夫在谈及图里兰煤矿（1643—1647）账目时曾几次提到"外加成本"一词。

[36] 约翰・尤尼尔，《外加成本及其分配》，《会计师》，1902 年 1 月 11 日，第 51 页。

[37] 尤尼尔，第 52 页。

[38] 不过，应该提到的是，约翰・曼恩爵士 1903 年前就在讨论成本账户。他的小册子《成本记录评注》（曾发表在《会计师》1891 年 8 月 29 日号和 9 月 5 日，第 619 页，第 631 页），对这一问题作出了非常重要的早期贡献。他在该著作中将间接费用分为：①购买成本，他认为这个项目不同于购进物品成本；②销售费用，不同于销售；③生产费用。

[39] 约翰・曼恩爵士，《会计百科全书》，V，第 199 页。

[40] 《会计百科全书》引文中。

[41] 不过，曼恩在这方面却是前后不一。他在一处谈到，间接费用是指那些不能分配到特定合同或部门去的费用（第 199 页）。在另一处，他却又说，之所以作这种区分，原因之一是间接费用分配要以与直接费用不同的方式进行处理（第 201 页）。最后这句话意味着两部分最终都要分配到产品上去，本书作者认为，那正是他认为应该做的。

[42] 曼恩，第 201，202 页。

[43] 《会计师》，1904 年 6 月 25 日，第 835-838 页。

[44] J・E・斯特雷特，《会计师》，1904 年 6 月 25 日，第 837 页。

[45] 《会计师》社论，1904 年，第 230 页。

[46] 《会计师》，1905 年，第 520 页，对斯坦利・佩德的文章加的编者按。

[47] 《会计师》，1905 年，第 728 页。

[48] H・斯坦利・加里，《多重成本会计》（伦敦：吉出版公司，1906），第 42 页。

[49] A・G・里斯伯特，《终极成本会计》（伦敦：吉出版公司，1906）。

[50] 里斯伯特，第 23 页。

[51] 前面已作过讨论。

[52] 约翰・惠特莫尔，《工厂会计在机械厂的应用》，《会计学杂志》，III（1906），第 21 页。

[53] 《会计学杂志》，III（1906），第 114 页。

[54] 约翰・惠特莫尔，《鞋厂成本会计》，《会计学杂志》，VI（1908），第 14 页。

[55] 哈林顿・埃默森，《作为业务和工资基础的效率》，《工程学杂志》，XXXVI

（1908），第 173 页，第 336-339 页。他的早期观点可在"确定生产成本的百分比法"（《铸造厂》，1904 年 10 月，第 80-81 页）中发现。关于标准成本会计演进的更全面更学者气的讨论，参见埃利斯·马斯特·苏威尔的《标准成本理论及技术的演进》（1944 年，得克萨斯大学图书馆中一份未出版的博士论文）。也可参阅注［5］中所引所罗门斯的著作第 38-50 页，他在其中作了非常出色的概括。

［56］H·斯潘塞，《工程公司的商业化组织》（纽约：斯本-张伯伦出版公司，1907），第 152 页。

［57］斯潘塞，《工程公司的商业化组织》（纽约：斯本-张伯伦出版公司，1907），第 152 页。

［58］G·A·米切尔，《单一成本会计》（伦敦：吉出版公司，1907），第 14 页。

［59］米切尔，《单一成本会计》（伦敦：吉出版公司，1907），第 128 页。

［60］克拉伦斯·M·戴，《会计实务》（纽约：D·阿普尔顿出版公司，1908），第 114 页。

［61］C·E·克罗贝尔，《通过成本比较降低成本》，《工程学杂志》，XXXII（1907），第 918 页。克罗贝尔也是一位美国人。

［62］F·E·威伯勒，《获得有关生产成本的实际知识》，《工程学杂志》，XXXV（1908），第 255 页。

［63］后面将对他的观点作更详细的介绍。

［64］威伯勒，第 255 页。

［65］格绍姆·史密斯，《间接成本分配的机器工时法》，《工程学杂志》，XXXVII（1909），第 384-385 页。

［66］J·L·尼科尔森，《工厂组织与成本》（纽约：科尔技术出版公司，1909），第 29 页。

［67］前面已作过讨论。

［68］A·汉米尔顿·丘吉尔，《成本会计及工厂管理中的生产要素》（纽约：工程学杂志出版社，1910），第 176-177 页。

［69］A·汉米尔顿·丘吉尔，《成本会计及工厂管理中的生产要素》（纽约：工程学杂志出版社，1910），第 177 页。

［70］S·H·巴莱尔，《制造厂成本核算》（纽约：D·阿普尔顿出版公司，1911），第 154 页。

［71］巴莱尔，《制造厂成本核算》（纽约：D·阿普尔顿出版公司，1911），第 155-158页。

[72] [73] H·M·罗，《簿记与会计：制造业成本会计》（巴尔的摩：H·M·罗公司，1910），第204-206页。

[74] [75] F·E·威伯勒，《工厂成本》（纽约：罗纳德出版公司，1911），第143页。

[76] R·R·科理，《间接费用分配讨论》，《美国机械工程师协会杂志》，1913年6月，第983页。

[77] 威廉·肯特，《美国机械工程师协会杂志》，1913年6月，第992页。

[78] L·W·霍金斯，《成本会计》，第二版（伦敦：吉出版公司，1912）。

[79] 霍金斯，《成本会计》，第二版（伦敦：吉出版公司，1912），第64页。

[80] E·P·莫克斯，《工厂成本核算原理》。

[81] F·H·鲍，《成本会计原理与实务》（巴尔的摩：F·H·鲍，1915），第27页。

[82] 鲍，第44页。

[83] 应该提到的是，D·S·凯姆保尔在《工业组织原理》（纽约：麦格劳-希尔图书公司，1913）中谈道，工厂与一般管理费用的界线并不总是很清楚，在一般管理费用数额相当小的情况下，将其计入工厂费用也不是什么大错（第116页）。

[84] 尼古拉斯·T·费克，《生产费用的主要区分》，《工程学杂志》，XLIX（1915），第553页。

[85] C·H·斯克维尔，《成本会计与制造费用应用》（纽约：D·阿普尔顿出版公司，1916），第11页。后面（第75页）他继续宣称"在分配制造费用时，明确区分生产费用与销售费用是非常重要的。销售费用应该完全与生产成本脱开来……"

[86] J·P·乔丹和G·L·哈里斯，《成本会计》（纽约：罗纳德出版公司，1920），第22页。

[87] 《成本会计》引文中。

[88] A·C·里奇韦在伯明翰特许研究者协会会议上的演讲，题目是"成本会计"，《会计师》，1919年12月6日，第485页报道。

[89] 里奇韦，第488页。

[90] E·T·埃尔伯恩，《工厂管理与成本会计》（伦敦：朗曼-格林出版公司，1921）。这是20世纪20年代英国有关成本会计的最全面文献。

[91] 前面曾作过讨论。

[92] 埃尔伯恩，第529页。他所给出的另一个原因是，这种实务中百分之九十九的结果是误导性的。

[93] 比较卡斯莱斯《成本处理的一般原理》，《会计师》，1920 年 2 月 28 日，第 249 页。该演讲者好像从来没有听说过生产成本与商业费用之间有何不同。他在宽泛的意义上使用"成本处理"一词，指"用指定方法进行会计处理，通过这种使用将能够确定生产和销售各项物品的实际成本……"因此，他的间接费用乃是由除材料和直接人工以外的所有支出项目所构成，而没有区分哪些适合于构成生产成本，哪些应该排除在外。除了考虑上的这种粗心大意之外，他的方法在分配各种类型的费用时也没有作任何区分——所有项目全部加在一起得到制造费用。几年后，本文中所体现的理论已经变得很少见。不过，所提到的实务依然在发生。直到 1933 年，F・B・马金还能够说在实际操作中"有许多人难以分清这类间接费用与生产性的或一般的间接费用。这种倾向在许多情况下依然存在，并将间接费用看作生产的一般管理费用成本的一部分。这种做法在作者看来是不对的，因为销售一项产品时所发生的成本费用并不构成该产品生产成本的任何部分……"《制造费用成本的理论与实务》（伦敦：吉出版公司，1933），第 21 页。

[94] 分别是：J・R・海哥特，《销售成本会计》（纽约：罗纳德出版公司，1926）；马金，《制造费用成本的理论与实务》（伦敦：吉出版公司，1933）；W・B・卡斯滕霍兹，《销售成本控制与销售》（纽约及伦敦：哈珀兄弟公司，1930）。

第 二 部 分

[95] 托马斯・巴特斯比，《完美的复式簿记员》，（曼彻斯特：1878）。

[96] 《工厂考察报告》，1862 年 10 月 31 日，第 19 页。

[97] 加克和费尔斯，《工厂账目》。

[98] 加克和费尔斯，第 42 页。

[99] 诺顿，第 79 页。当建筑属企业所有时，应付利息也应该构成成本的一项要素。（第 213 页）。

[100] 作为美国人的福勒也持同一观点。参见《美国机械工程师协会学报》，IX（1888），第 393 页。

[101] 为全面起见，需要说明，G・L・福勒在 1888 年将借入资本利息列入应该包括在间接费用中的费用要素。不过，他只是简单地做了这样一种空洞的陈述，而没有作进一步细化。《美国机械工程师协会学报》，IX（1888），第 393 页。

[102] 加克和费尔斯，《工厂账目》，第四版（伦敦：克罗斯比，劳克武德父子出版社，1893），（初版于 1887 年），第 74 页。

[103] E・P・贝茨，《美国机械工程师协会学报》，XV（1894），第 626 页。

[104] 《美国机械工程师协会学报》，XV（1894）引文中。

[105]《会计师》，(1894)，第 704 页。

[106] 刘易斯，第 173 页，认为这个问题并不是很重要，因此只是简单地提到建筑及机器设备利息应该构成合法的"车间一般管理费用"的一部分。他曾谈到，后者应分到所完成的作业上去。显然，他认为利息是成本的构成要素，但却不值得做任何的强调。

[107] 奥伯林·史密斯，《美国机械工程师协会学报》，XIX (1898)，第 403 页。

[108] H·M·诺里斯，《一种简单有效的工厂成本记录制度》，《工程学杂志》，XVI (1898)，第 394 页。

[109] H·L·阿诺德的笔名，《机械厂及铸造厂的成本处理方法》，《工程学杂志》，XIV (1898)，第 628 页。

[110] H·L·阿诺德的笔名，《机械厂及铸造厂的成本处理方法》，《工程学杂志》，XIV (1898)，第 628 页。

[111] F·G·伯顿。

[112] 伯顿，《工程估算与成本会计》，第 12 页。

[113] 伯顿，《工程估算与成本会计》，第 80 页。

[114]《工程估算与成本会计》引文中。

[115] 伯顿，《工程估算与成本会计》，第 81 页。

[116] 伯顿，《工程估算与成本会计》，第 82 页。

[117] 丘吉尔，《工程学杂志》，XXII，第 31 页。丘吉尔大部分的著述都在美国完成。

[118] 埃迪斯和廷德尔，第 9 页。

[119] H·L·C·霍尔，《制造成本》（底特律：簿记员出版公司，1904），第 125 页。霍尔为美国人。

[120] 约翰·曼恩爵士，《会计百科全书》，V，第 218 页。曼恩是一位英国会计师。

[121]《会计百科全书》引文中。

[122] 加里，《多重成本会计》，第 46 页。

[123] 加里，《多重成本会计》，第 47 页。

[124] 尽管其著作被列入著名的会计师书库（XLVI 卷），A·G·里斯伯特却未曾提到利息是成本的一个项目。加里的著作是同一系列第 XLII 卷。

[125] 惠特莫尔，《工厂会计》，《会计学杂志》，II，第 253 页。

[126] 惠特莫尔，《工业会计》，《会计学杂志》，II，III，第 23 页。销售设施利息被列入销售费用。

[127]《会计学杂志》引文中。在同一刊物另一期第 126 页，A·A·默多克对惠特

莫尔最后的论断提出了争议，声称他使用同样技术已有 3 年之久。

[128] 斯宾塞，第 150 页。

[129] 米切尔，第 40 页。

[130] H・斯坦利・加里，《分步成本会计》（伦敦：吉出版公司，1908），第 52 页。

[131] H・斯坦利・加里，《分步成本会计》（伦敦：吉出版公司，1908），第 73 页。

[132] 尼科尔森，第 33 页。尼科尔森在美国进行著述。

[133] 尼科尔森著述引文中。

[134] 有两个例外：戴没有满意的处理；巴莱尔根本提都没提利息。

[135] A・洛斯・迪金森，"成本会计的经济方面"，《会计学杂志》，XIO（1911），第 335 页。

[136] 有关材料将在后面进行处理。

[137] 霍金斯，第 113 页。霍金斯在英国进行著述。

[138] 莫克斯，第 73 页。莫克斯为宾夕法尼亚大学教授。

[139] 威伯勒，《工厂成本》，第 149 页。就作者所知，威伯勒是第一位弄清楚这一点的。

[140] 《工厂成本》，第 153，第 155 页。

[141] 《工厂成本》，第 156 页。

[142] 《工厂成本》，第 157 页。

[143] 丘吉尔，《生产要素》，第 72 页。

[144] 威伯勒，《工厂成本》，第 161 页。

[145] 美国经济学家克拉克曾有这样的阐述："关于这一问题的讨论是武断的断言与出自私利的论辩所构成的一种奇怪的混合。所有这些，乃是以对一定具体政策发挥作用的方式的假定为基础"。

[146] 包含论者有：W・M・考勒，A・汉米尔顿・丘吉尔，J・L・尼科尔森。排除论者有：W・B・理查兹，J・E・斯特雷特，J・P・焦普林，H・C・米勒，J・R・威德曼，H・M・坦普尔。

[147] M・W・金肯森，《会计师》，1914 年 4 月 18 日，第 573 页。

[148] 英国人用于表示商誉和组织费用的术语是"开办费"。

[149] W・H・黑兹尔，《印刷商的成本计算制度》，《会计师》，1914 年 2 月 28 日，第 314 页。

[150] N・T・费克，《间接费用分配》，《工程学杂志》，L（1915），第 259 页。费克是美国人。

[151] 前面讨论过他们的观点。

[152] 从本部分前面各段的论述中无疑可以发现，所提到的两类人基本上都是说得多做得少。

[153] 斯克维尔，1916 年，第 96 页。

[154] 斯克维尔著作的附录中这方面的内容很多。这位经济学家姓甚名谁他并没有说明。

[155] 经济学家克拉克曾对会计中的应计利息费用问题作过很明确的陈述。参见注［2］中所谈到的克拉克著作第 255-256 页。他的观点可引用如下："那些不将利息包括在内的账簿主要是为了财务会计、成本会计及成本分析的目的而采用。这种情况下，应该强迫在补充记录中保持利息记录。包括了利息的账簿主要是为了成本会计目的，在进行收益账户处理时，必须减去利息……在利息作为或不作为成本之间，最好的制度应该是能够最好地促进独立而自由的成本研究，并使会计处理中能够忘了成本应该为各种目的服务这样一种观念的那种制度。"

[156] 斯克维尔，第 118 页。斜体为斯克维尔自己所加。

[157] 包括存货、应收账款，不过却是一项销售费用。

[158] A·汉米尔顿·丘吉尔，《制造成本与账户》（纽约：麦格劳-希尔图书公司，1917），第 394 页。

[159] A·汉米尔顿·丘吉尔，《制造成本与账户》（纽约：麦格劳-希尔图书公司，1917），第 393 页。

[160]《会计师》，1918 年，第 249 页。

[161]《会计师》，1918 年，第 322 页。

[162] A·E·高德温，《恰当的成本处理：原理与实务》，《会计师》，1920 年 3 月 20 日，第 342 页。

[163] 见本部分前面内容。

[164] 霍金斯，第 113 页。霍金斯是位英国人。

[165] 霍金斯，第 114 页。

[166] 埃尔伯恩，第 529 页。

[167] 埃尔伯恩，第 575 页。

[168] J·L·尼科尔森和 J·F·D·罗巴克，《成本会计》（纽约：罗纳德出版公司，1919），第 139 页。

[169] 乔丹和哈里斯，第 428-443 页。

[170] 见《第三届年会论文及会议录》，1918，第 12-40 页。

[171]《美国会计师协会年鉴》，1918，第 112 页。

[172]《国家成本会计师协会1921年年鉴》，第45-96页。

[173] C·H·斯克维尔，《作为成本的利息》（纽约：罗纳德出版公司，1924），第122-123页对其结果作了总结。

[174] 前面曾经对斯克维尔的观点作过介绍。

[175] G·H·纽拉乌，《成本会计》第二版（华盛顿：怀特出版公司，1928），第289页。不过，应该明确指出的是，这位权威人士支持在应付利息被计入生产成本的情况下建立价值准备，以避免"因在产品及已完工存货价值膨胀而导致预期利润增加"。该价值准备（对投资利息的准备）要从资产负债表中存货项目的价值中扣减，其数额应能充分减少存货数字，使之与不计应付利息费用时的水平持平。见第39-40页。

第 三 部 分

[176] J·H·高德温，《改进后的簿记及商务手册》，第四版（纽约：作者自己出版，1881），第90节。也可参看J·C·布赖恩特，《布赖恩特新簿记》，第六版（布法罗：作者自己出版，1880），第161页。

[177] 梅特卡夫，第289页。

[178] 诺顿，第271页。

[179] 见《会计师》，1897年，第604页。布洛克是美国第一位注册会计师。他的证书是由纽约州颁发的。

[180] 刘易斯，第492页。

[181] 刘易斯，第475页。

[182] 见H·L·阿诺德，《工厂经理与会计师》（纽约：工程杂志学出版社，1903），散见各处。

[183]《会计师》，1901年，第1251页。科万为英国人。

[184] 丘吉尔，《工程学杂志》，XXII，第236页，丘吉尔的大部分著作在美国完成。他大约1900年来到美国。

[185] 埃迪斯和廷德尔，第33页。

[186] 埃迪斯和廷德尔，第25页。

[187] 格伦·H·弗罗斯特，《成本会计》，《工商界》（1905年10月）。H·C·M·威德尔，"成本会计：关于其理论及原理的说明"，《会计师》，Nov.11，1905年11月11日。威德尔为美国教授，会计师。

[188] H·戴顿，《一家机器制造厂的成本制度》，《工程学杂志》，XXIX（1905），第55页。戴顿为美国人。

[189] 克罗贝尔，《工程学杂志》，XXXII，第920页。

[190] 克罗贝尔,《工程学杂志》,XXXII,第 923 页。

[191] 约翰·惠特莫尔于 1906 年提到一个账户,他称为"一般费用贷项",其使用似乎与今天的制造费用贷项或已分配制造费用账户有些关系。不过,因为他的描述十分含混,对此谁也没有十分的把握。"一般费用"是指在一家工厂的一个部门所发生的,无法确切地归由该部门所用机器设备负担的费用,或者无法确指于某一特定部门的费用。关于该账户的使用,他曾谈道:

> 需要说明的是,成本账户中的这些借项(部门一般费用)并不是从以前编制的某一表格中过入,而是在成本分类账中所发生。因此需要为它们创造一份记录,这要通过在成本分类账中设置一个名为一般费用贷项的账户来实现。当在成本账户中作这些借方记录时,应该相应地在成本分类账的这个账户中作贷方记录,并且,其合计数应同时作日记账分录以便于登记总账,其形式如下:

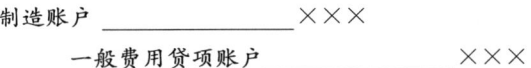

> 这样我们在总分类账中也就有了一个一般费用贷项账户。《会计学杂志》,III,第 31 页。惠特莫尔并没有对这个账户作进一步的细化,他也没有对如何在成本分类账或总分类账中进行有关这个账户的账务处理作进一步说明。不过,从上面给出的日记账分录样式中,可以想到他头脑中应该是有一个已分配制造费用账户的模型的。

[192] 威伯勒,《工程学杂志》,XXXVI,第 79 页。

[193] 威伯勒后来的观点将在以后进行讨论。需要记住的是,威德尔在 1905 年就曾建议使用一个同名账户。威德尔还对如何用它提供了大量细节性材料。

[194] B·A·富兰克林,《给主管的成本报告》(纽约:工程学杂志出版社,1912),第 111 页。

[195] 富兰克林,第 144 页。富兰克林虽然没有特别关注有关制造费用控制账户的话题,但却有一段专门谈到了一个多少与控制账户的基础有些关系的问题,现引述如下:

> ……建立成本制度的最佳路径是从总体到细节,而不是反过来从细节到总体。前一种路径更合逻辑,原因有多种。获得总体情况并证明其正确相对较为容易,由此可以为整个制度的建立获得一个稳固的基础。要收集到大量细节性

材料，然后再通过总体来对它们加以证明，是一项很难并使人气馁的工作。如果采用这样的方式，常常会导致对物品成本的描述或推测，而无法发挥成本控制的价值。而这种控制却是一个良好的制度所必需的。但如果该制度是从已经会计所证明的三项总要素，材料、人工、费用，总体上入手，并依照部门和分部以及生产所需物品的具体情况、条件或组织对其逐渐进行分解，则会是从证据到证据，从重要的总体情况到细节，这将是一种理想的分析路径。

[196] H·C·本特莱，《会计科学》（纽约：罗纳德出版公司，1911），第 203 页。

[197] L·H·伯舍，《成本会计中的控制账户》，《会计学杂志》，XIII（1912）。

[198] L·H·伯舍，《成本会计中的控制账户》，《会计学杂志》，XIII，第 414 页。

[199] J·L·尼科尔森，《成本会计：理论与实务》（纽约：罗纳德出版公司，1913），第 197 页。

[200] 斯克维尔，《成本会计》，1916 年，第 194 页。

[201]《会计师》，1917 年，第 411 页对《公报》的主旨作了介绍。

[202] C·E·武德斯，《统一工业会计方法》（纽约：罗纳德出版公司，1917），第 312 页。

[203] F·E·威伯勒，《工厂会计》（芝加哥：拉撒勒普及大学，1917），第 328 页。

[204] 丘吉尔，《制造成本》，第 310 页。

[205] C·M·比格劳，《木工行业管理方法的设置》，《产业管理》，LVIII（1917），第 470 页。

[206] G·L·哈里斯，《N·A·C·A 公报》，1920 年 5 月，第 13 页作过描述。

[207] D·C·埃格斯顿，《成本会计》（纽约：罗纳德出版公司，1920），第 284 页。

[208] 乔丹和哈里斯，第 247 页。

[209] 上述引文中。

[210] 乔丹和哈里斯，第 302 页。

[211] G·H·纽拉乌，《制造会计》，《会计学杂志》，XXXI（1921），第 185 页。

[212] G·H·纽拉乌，《制造会计》，《会计学杂志》，XXXI（1921），第 186 页。他的《成本会计》第三版（华盛顿：怀特出版公司，1923）第 72-74 页中对同一技术作了更详细的讨论。这一讨论中涉及了分录和账户。

[213] 比较 L·W·霍金斯，《成本会计》，第四版，1920 年。

[214] 埃尔伯恩，第 570 页。

[215] 埃尔伯恩，第 569-570 页。

[216] D·C·埃格斯顿和 F·B·罗宾逊，《企业成本》（纽约：D·阿普尔顿出版公

司，1921），第 278 页。

[217] 后来的权威们通常会同时对实际制造费用及已分配制造费用账户的控制账户作适当描述。具体可参看 A·F·瓦格纳，《成本制度与业务统计》，《会计学杂志》，XXXIV，（1922），第 200 页；W·B·卡斯滕霍兹，《成本会计程序》（芝加哥：拉撒勒普及大学，1922），第 173 页，以及 G·L·哈里斯，《制造费用的计算、分配与应用》，《管理》，VI（1923），第 525 页。不过，并非所有权威人士都深信应该使用已分配制造费用账户。

[218] 詹姆士·L·道尔，《成本会计》（纽约：罗纳德出版公司，1924），第 102 页。

[219] 道尔，第 217-218 页。

第 四 部 分

[220] C·B·汤普森，《如何确定工厂成本》（芝加哥：A·W·肖公司，1916），第 105 页。

[221] 见《会计师》，XCVII，第 284 页。

[222]《工程师》，1870 年 12 月 23 日。《会计师》，XCVII，第 284 页有所提及。

[223] 参看第二章。

[224] 巴特斯比写于 1878 年。见《会计师》，XCVII，第 286 页。

[225] F·H·卡特，《实用簿记》，第二版（爱丁堡：斯皮金-马歇尔-汉米尔顿-肯特公司，1874），散见各处。卡特为苏格兰会计师。

[226] 见注［35］中列夫著作，散见各处。

[227] 梅特卡夫，第 73 页。

[228] 梅特卡夫，第 329 页。

[229] 梅特卡夫，第 338 页。

[230] 梅特卡夫，第 352 页。

[231] 加克和费尔斯，第 70 页。

[232] 加克和费尔斯，第 74 页。

[233] G·L·福勒，《美国机械工程师协会学报》，IX（1888），第 393 页。

[234] 诺顿，第 254 页。

[235] 一位总经理，《工程估算、成本与会计》，第三版（伦敦：劳克武德父子出版社，1911），第 53 页。（初版于 1890 年）

[236] 比较《会计师》，XCVII，第 343 页。不过，B·C·毕安《生产成本》（芝加哥：A·W·肖公司，1905）中谈道，机器费率计划是最古老的制造费用分配方法，甚至比直接人工成本基础法和直接人工工时法还要早。按照他的说法，机器工时法起源于"各种现代会计方法产生之前，并与它们极不相称"。（第

63 页）毕安未曾说明他的信息来源，或许是出自个人对实际情况的记忆。不过，本书作者并不赞同毕安的观点，而是更倾向于本章中所描述的历史发展情况。

[237]《会计师》，1894 年，第 702 页。

[238] 见前面第二章。

[239] 需要提到的是，美国的 F·A·哈塞和英国的 F·G·伯顿都建议以直接工资费用作为分配基础。前者的观点见《美国机械工程师协会学报》，XV（1894），第 628 页；后者的观点见《工程估算与成本会计》，第二版（曼彻斯特：技术出版公司，1900），第 64 页（初版于 1895 年）。

[240] 刘易斯，第 174 页。刘易斯是位英国人。

[241] 刘易斯，第 185 页。

[242] 刘易斯，第 186 页。

[243] 甚至在他作为首选的主要成本制度下，刘易斯也建议，当一家工厂的成本因企业自己的工人因素而增加时，也要通过贷记普通日记账的方式从一般管理费用账户中扣除适当比例。借方应记的当然是工厂账户。然而，刘易斯却没有说明如何得到他所谓"适当比例"。这样则根本不会触及正常的生产通知单，即使在其完成之后也不会。

[244] 刘易斯，第 189 页。

[245] 拉恩，《美国机械工程师协会学报》，XVII（1897），第 893 页。不过，这却并非第一份这种建议。早在 1891 年，《工程师》杂志编辑就倡导针对所用的每项设备采用一个单位工时固定费用比率。这种处理需要通过一种"工厂费用账"来完成。见《工程师》，（1891），第 665 页。

[246] 奥伯林·史密斯在评论拉恩的文章时提出了同样技术。《美国机械工程师协会学报》，XVIII（1897），第 895 页。

[247] 下一部分中将对闲置问题进行讨论。

[248] 哈塞，《美国机械工程师协会学报》，XIX（1898），第 398 页。

[249]《美国机械工程师协会学报》引文中。

[250] 诺里斯，《工程学杂志》，XVI，第 396 页。

[251] E·安德拉德，《制造成本账户：其使用与处理》，《会计师》，1899 年 2 月 11 日，第 170 页。

[252] G·E·高德，《工厂中确定成本的方法》，《会计师》，1900 年 6 月 30 日，第 606 页。

[253] 见麦克诺顿，第 25-26 页。

[254] H·L·阿诺德,《完全的成本记录》,第 18 页。

[255] 一位称为"弗特"的先生。

[256] 阿诺德,第 19 页。

[257] 阿诺德,第 49 页。

[258] 丘吉尔,《工程学杂志》,XXI,第 911 页。

[259] 有位英国观察家谈道:"当我第一次进入该企业时(大概是 1902 年),正是丘吉尔的制度全面盛行的热潮。在接下来几年中,它不断发展不断演进,直到变得难以驾驭。"查尔斯·利诺德爵士,《管理会计》,《成本会计师》,XXIX(1950),第 113 页。

[260] 大卫·科万,《车间管理:以外加成本为中心》,《会计师》,1901 年 11 月 16 日,第 1249 页。

[261] 大卫·科万,《车间管理:以外加成本为中心》,《会计师》,1901 年 11 月 16 日,第 1247 页。

[262] 大卫·科万,《车间管理:以外加成本为中心》,《会计师》,1901 年 11 月 16 日,第 1250 页。

[263] 埃迪斯和廷德尔,第 77 页。

[264] 约翰·曼恩爵士,《会计百科全书》,V,第 207 页。

[265] 霍尔,第 115-117 页。

[266] 霍尔,第 126 页。后面将对这些内容作更详细的讨论。

[267] J·H·惠特莫尔,《会计学杂志》,III,第 21-30 页。

[268] C·E·克罗贝尔,《系统的铸造业务与铸造厂成本处理》,《工程学杂志》,XXXVI(1908),第 215 页。

[269] 杰舒姆·史密斯,《工程学杂志》,XXXVII,第 389-391 页。

[270] 尼科尔森,《工厂组织》,第 55 页。

[271] 尼科尔森,《工厂组织》,第 48 页。

[272] A·汉米尔顿·丘吉尔,《依照生产要素进行组织》,《工程学杂志》,XXXVIII(1909)。后来收入了《成本会计及工厂管理中的生产要素》一书。参见本章注[68]。

[273] 丘吉尔,《生产要素》,第 150 页。

[274] 丘吉尔,《生产要素》,第 153 页。

[275] 威伯勒,《工厂成本》,第 245 页。

[276] J·L·尼科尔森称此为"新支付率"法,见本节。

[277] 威伯勒,《工厂成本》,第 244 页。

［278］F·L·斯冒，《会计方法》（波士顿：L·S·普林汀公司，1914），第 131 页。

［279］加里，《多重成本会计》第七章；奈斯博特，第三章；霍金斯，第八章，及加里，《分步成本会计》第五章。

［280］L·R·蒂克斯，《高级会计》，第四版（伦敦：吉出版公司，1911），第 242 页。

［281］例如，乔治·里斯勒，《会计理论与实务》修订版（爱丁堡：威廉·格林父子公司，1909），第 261 页。

［282］泰勒改进后的方法很多人都有介绍。比如，科理，《美国机械工程师协会杂志》，1913 年 6 月，第 986 页。

［283］C·H·斯克维尔，《成本会计实务，以机器工时率为重点》，《会计学杂志》，XVII（1914），第 20 页。斯克维尔的讲话还曾刊登在《N·A·C·A 公报》1927 年 6 月 1 日。

［284］威伯勒，《工厂会计》，第 212 页。威伯勒在美国进行著述。

［285］威廉·肯特，《工厂簿记与成本会计》纽约：（约翰·维勒父子公司，1918），第 78 页。肯特是一位美国工程师，他先前曾在其"确定工厂成本的新方法"中作出过很大贡献。见《钢铁时代》，1916 年 8 月 24 日，Vol. 98，第 392-394 页。

［286］D·C·埃格斯顿，《成本会计中的问题》（纽约：D·阿普尔顿出版公司，1918），第 131 页。

［287］D·C·埃格斯顿，《成本会计中的问题》（纽约：D·阿普尔顿出版公司，1918），第 232 页。

［288］G·查特·哈里斯，《成本会计对生产的帮助》，《产业管理》，LVII（1919），第 49 页。哈里斯出生于英国伦敦，1905 年移居美国。自 1918 起担任管理咨询师。

［289］G·查特·哈里斯，《制造费用分配神话：一种用于减少工作量并消除担忧的方法》，《管理》，VI（1923），第 49 页。

［290］参看哈里斯，《旧瓶新酒》（纽约：私人出版，1937），散见各处。是对成本实务的另一种批判。

［291］埃尔伯恩，第六节（F）。

［292］最近 F·B·马金有份专论，万不可忽略了（参见前面注［93］）。它反映英国人在间接费用问题上的最新观点。它也在一定程度上涉及了差别成本、固定和可变成本，以及闲置能力等问题。

［293］丘吉尔，《间接费用》；克拉克，《间接成本经济学》。也可比照 F·E·威伯

勒，《工厂间接费用》（华盛顿：怀特出版公司，1924）。

第 五 部 分

[294] 不过，有些英国经济学家指出，与闲置时间相关，有些问题很令人困惑。例如，罗伯特·脱能斯早在 1834 年就曾谈到："不证自明，在市场衰退和流动以及需求的交替扩张和收缩不断发生中，如果不需要发生额外的建筑及机器设备费用就可以对更多数量的原材料进行加工……生产商可能采用额外的流动资本而不是额外的固定资本。"《论工资与联合》（伦敦：1834），第 63 页。拿骚·西尼尔指出："不管厂子是否完全开工，都会有一些特定费用按同样比例一直发生。"《工厂考察报告》，1862 年 10 月 31 日，第 19 页。

[295] 巴特斯比，第 34 页。《会计师》，XCVII，第 284 页曾经提及。

[296] 加克和费尔斯，《工厂账目》，散见各处。

[297] 诺顿，第 258 页。

[298] 阿方斯·珀能，"欧洲成本会计的发展"，《N·A·C·A 公报》，XXIV（1944），第 1062 页。

[299] 梅特卡夫，第 166 页。

[300] 福勒，《美国机械工程师协会学报》，IX，第 393 页。福勒是美国人。

[301] 福勒，《美国机械工程师协会学报》，IX，第 393 页。

[302]《会计师》，（1894），第 702 页。

[303] 伯顿，第 49 页。

[304] "一位总经理"在 1890 年发现同样情况："有一点十分明显的是，当企业经营情况良好，但工作时间较少时，这些百分比会比较高。"《工程估算、成本与会计》（1890），第 53 页。我手头没有这部著作。上述引文转引自《会计师》，XCVII，第 343 页。其中"百分比"是指直接工资百分比。

[305] 伯顿，第 49 页。

[306] F·G·伯顿，《工程师及造船商会计》，第二版（伦敦：吉出版公司，1911），第 92 页（1902 年第一版）。肯特，《工厂簿记与成本会计》，第 80 页指责伯顿完全忽视闲置时间，当然，这种批评并不全对。

[307] 奥伯林·史密斯，《美国机械工程师协会学报》，XVIII（1897），第 893 页。史密斯为美国工程师。

[308] 奥伯林·史密斯，《美国机械工程师协会学报》，XVIII（1897），第 839 页，第 887 页。

[309] 奥伯林·史密斯，《美国机械工程师协会学报》，XVIII（1897），第 897 页。

[310] 奥伯林·史密斯，《美国机械工程师协会学报》，XVIII（1897），第 897 页。这

句引言说明了当时的成本思想。

[311] 奥伯林·史密斯，《美国机械工程师协会学报》，XVIII（1897），第 400 页。

[312] 见 A·C·利特尔顿，《1900 年前会计的演进》（纽约：美国学院出版公司，1933），第 351 页；斯科特，《会计的文化意义》（纽约：亨利·霍尔特公司，1916），第 140-150 页。

[313] 这是很有意思的评论，阿诺德的《完全的成本记录》尽管涉及一些 15 世纪美国制造业企业所使用的成本会计方法，但仅仅有一处提到了其中一家企业处理闲置时间问题的方法。而且，所提到的技术是相当肤浅的。

[314] G·S·吉彼，《萨克-洛厄尔工厂》（剑桥：哈佛大学出版社，1950），第 130，429 页。

[315] A·P·斯隆，《白领男人的冒险》（纽约：道波戴-多兰公司，1941），第 73-76 页。

[316] 丘吉尔，《工程学杂志》，XXI，第 908 页。

[317] 上述引文中。

[318] 上述引文中。

[319] 同上，《工程学杂志》，XXI，第 911 页。

[320] 丘吉尔，《工程学杂志》，XXII，第 39 页。查尔斯·利诺德对丘吉尔制度的批评是比较中肯的。参见前面注［259］所谈到著作第 113-116 页。

[321] 除上面所讨论的英国权威外，还应该指出的是，麦克诺顿曾经提到，在一家造纸厂中，闲置时间是计算纸张成本的一个重要方面。不过，他更关心的是因为清洗设备或从一种生产转向另一种生产时所浪费的时间。参看麦克诺顿，第 26 页。

[322] 科万，《会计师》，1901 年 11 月 16 日，第 1252 页。

[323] 《会计师》引文中。

[324] 《会计师》引文中。

[325] H·S·加里，《工厂成本》，《会计师》，1903 年 7 月 25 日，第 95 页。

[326] H·S·加里，《工厂成本》，《会计师》，1903 年 7 月 25 日，第 959 页。

[327] 约翰·曼恩爵士，《会计百科全书》，V，第 210 页。

[328]［329] 约翰·曼恩爵士，《会计百科全书》，第 212 页。

[330] 约翰·曼恩爵士，《会计百科全书》，第 202 页。

[331] S·佩德，《成本账户，其优势及与经营成果的关系》，《会计师》，1905 年 4 月 29 日，第 526 页。A·G·里斯伯特，第 22 页有同样区分。

[332] 《会计师》，1905 年，第 729 页。

[333] 上述引文中。

[334] 加里，《多重成本会计》，第 43 页；里斯伯特，第 22 页；斯潘塞，第 150 页；米切尔，第 74 页；加里，《分步成本会计》，第 88 页。里斯伯特以特别强的语气谈到应该在会计年度终了时以过去经验为基础提前确定制造费用率，而不是估计未来条件。他认为前者是一种更为准确的方法，因为在此情况下企业不必去预测来年究竟会如何。里斯伯特还看到了每月进行车间费用账户处理可能带来的混乱，在这一点上他与《会计师》杂志编辑的看法是一样的。总之，"是以上年度数据作为本年度进行成本计算的基础，其潜在的假设是说：以上年实际数为基础，比用目前的估计数要更为恰当"。里斯伯特，第 23 页。最后这句话则与编辑的观点相左。

[335] O·N·曼勒斯，《制度》，(1904)，第 238 页。

[336] 惠特莫尔，《会计学杂志》，II，第 255 页。

[337] 惠特莫尔，《会计学杂志》，II，第 255 页。

[338] 惠特莫尔，《会计学杂志》，II，第 257 页。

[339] 惠特莫尔，《会计学杂志》，II，第 438 页。

[340] 惠特莫尔，《会计学杂志》，II，第 21 页。

[341] A·A·默多克，《机器成本的适当处理：一种批评和一种理论》，《会计学杂志》，III (1906)，第 127 页。

[342] 惠特莫尔在《会计学杂志》下一期中进行了反驳。在《机器车间成本的一些细节》一文中，[III (1907)，第 294 页] 他坚持认为他的技术是完全可行的。

[343] D·C·埃格斯顿，《工厂成本会计制度》，《会计学杂志》，III (1906)，第 121 页。

[344] P·J·达林顿，《开发新产品与确定车间成本》，《工程学杂志》，XXXV (1908)，第 65 页。

[345] 参看本书前面内容。

[346] 见 C·E·克罗贝尔，《图解生产控制》，《产业管理》，LVII (1919)，第 57 页。J·P·乔丹和 W·J·加勒尔也早在 1906 年就认为少分或多分制造费用属于损益项目。见乔丹和哈里斯，第 398 页。

[347] 杰舒姆·史密斯，《工程学杂志》，XXXVII，第 389 页。

[348] 史密斯是否确实曾于 1902 在宾夕法尼亚钢铁公司（他工作的公司）使用同样方法？他说他用过。他可能是最早将闲置时间作为损失而不是成本的人之一。肯特在其《簿记》一书的第 80 页谈到，史密斯是第一位使用上述理论的人。后面我们将介绍有关这一问题的一场更为激烈的论争。

[349] 尼科尔森，《工厂组织与成本》，第 55 页。

[350] 《会计百科全书》，（芝加哥：美国技术协会，1909），第 186 页。

[351] 亨利·R·哈特菲尔德，《现代会计》（纽约：D·阿普尔顿出版公司，1909），第 304 页。

[352] 《现代会计》引文中。

[353] 威廉·肯特，《钢铁贸易评论》，1909 年 2 月 4 日。肯特是位美国咨询工程师。

[354] 肯特，《簿记》，第 243 页。

[355] 丘吉尔，《生产要素》，第 1211 页。《工程学杂志》曾于 1909 年下半年提供了本书的精华部分。

[356] 《生产要素》引文中。

[357] 丘吉尔，《生产要素》第 153 页。

[358] 《生产要素》引文中。

[359] 《生产要素》引文中。

[360] 不过，为了表明他 1910 年观点的非决定性特征，并说明他的批评大部分毫无同情心可言，可以引用下述说法："绝对不能忘记的是，所谓补充费率，当它超过正常水平的那一刻，就已经代表了车间的无效率。它代表了反常条件所引致的那一部分作业成本。"丘吉尔，第 184 页。

[361] 罗，第 229 页。罗是美国人。

[362] J·R·威德曼，《成本会计问题》，（纽约：会计出版公司，1910），第 62 页。

[363] 威德曼，第 88 页。

[364] 本特莱，第 231 页。

[365] C·H·斯克维尔，《1913 年国家机床制造商协会年度报告》及《钢铁时代》，1913 年 10 月 30 日。斯克维尔的讲话还可以参看《N·A·C·A 公报》，1927 年 6 月 1 日，第 889-893 页；《会计学杂志》，XVII（1914），第 21 页。

[366] 特别参看斯克维尔，《成本会计与制造费用应用》，散见各处。

[367] 威伯勒，《工厂成本》，第 242 页。

[368] H·A·埃文斯，《成本核算与科学管理》（纽约：麦格劳-希尔图书公司，1911），第 48 页。明显，他意味着某种准备账户或一个少分/多分制造费用账户。埃文斯为美国人。

[369] 霍金斯，第 26 页。1912 版的描述实际上和 1905 版完全相同。

[370] 蒂克斯，第 342 页。

[371] S·H·巴莱尔，《美国机械工程师协会杂志》（1912），第 544 页。

[372] S·H·巴莱尔，《制造厂成本核算》（纽约：D·阿普尔顿出版公司，1911），

第 161 页。巴莱尔的早期观点还体现在"标准化工厂费用与成本",《钢铁时代》,1911 年 11 月 16 日。

[373] 尼科尔森,《成本会计》,第 67 页。

[374] 莫克斯,第 86 页。

[375] 参见本章前面内容。

[376] 《会计师》,1913 年,第 392,469 页。

[377] 不过,金肯森确曾说过,它应该以该年度内应该完成的工作量为基础,这个工作量是根据以前年度的记录所确定。

[378] 金肯森,《会计师》,1914 年 4 月 18 日,第 569 页。

[379] H·L·甘特,《美国机械工程师协会学报》,XXXVII(1915),第 115-120 页。

[380] 《美国机械工程师协会学报》引文中。

[381] 费克,《工程学杂志》,L,第 390 页。

[382] 费克,《工程学杂志》,L,第 390 页。

[383] 费克,《工程学杂志》,L,(1916),第 538 页。

[384] F·C·贝瑟却并不这样含糊。他认为不应该有未分配间接费用一年年往后转移。不过,他却认为应该一月月向后结转。《化肥制造商成本会计》,《会计学杂志》,XIX(1915),第 172 页。

[385] H·L·甘特,《生产与销售》,《工程学杂志》,L,(1916),第 599 页。

[386] 甘特说话的方式就像以前各年什么都没有发生过似的。他好像全然不知其他人,尤其是 C·H·斯克维尔和威廉·肯特所做的工作。事实上,斯克维尔曾在《成本会计与制造费用应用》的一条脚注中谈到,"一位著名工程师(斯克维尔是指甘特)在 1915 年秋季的文章中提出的观点,显然应该享有第一次提出这一原则(即停工时间是一项损失而非成本)的荣誉。作者(斯克维尔)想要指出的是,他在 1911 年春就已经在有效地应用这一观念,并于 1913 年 10 月 13 日在国家机床制造商协会大会上发表演讲时公开了这一观点。"(第 71 页)但有些权威却认为是斯克维尔首先提出了该观点。参看前面杰舒姆·史密斯的观点。(注〔347〕)《工程学杂志》编辑也认为,甘特和费克互不了解对方的工作,但却都指出了当时成本制度所存在的大部分性质相同的基础性错误,并在同一份刊物的同一期中发表了各自的看法,真是一种很有意义的巧合。该编辑的说法参见 N·T·费克《车间费用分析》(纽约:工程学杂志出版社,1917)导论。

[387] R·E·佛兰德斯,《学报》,XXXVII(1915),第 122 页。

[388]《学报》引文中。

[389] W·E·麦克亨利,《你的成本制度是否科学?》,《工程学杂志》,LI(1916),第 686 页。麦克亨利是美国人。

[390] 特别参见埃默森,《工程学杂志》,XXXVI,第 173 页,以及加里,《会计师》,1903 年 7 月 25 日,第 956 页。

[391] 小册子中叫做"营业账户"。我手头没有该手册。其精要载于《会计师》,(1917),第 411 页。

[392] D·S·凯姆保尔,《成本核算》(纽约:亚历山大-汉米尔顿学会,1918),第 244 页。

[393] 凯姆保尔,《成本核算》(纽约:亚历山大-汉米尔顿学会,1918),第 247 页。

[394] 凯姆保尔,《成本核算》(纽约:亚历山大-汉米尔顿学会,1918),第 248 页。

[395] 丘吉尔,《制造成本》,第 348-54 页。

[396] 肯特,《簿记与成本会计》,第 81 页。

[397] 卡斯莱斯,《会计师》,1920 年 2 月 28 日,第 255 页。

[398] C·S·哈特斯莱,《成本处理》,《会计师》,1921 年 5 月 28 日,第 685 页。

[399] 埃尔伯恩,第 551 页。

[400] 埃尔伯恩引文中。

[401] 1920 年,另一位英国成本权威 L·W·霍金斯也在推荐标准制造费用率。这是以"正常交易条件"为基础。不过,在细节性问题上,霍金斯却不像埃尔伯恩这样明确。参见其《成本会计》,第 82 页。

[402] 比较(未注明作者)《国际会计师协会教程》,第 12 页(58);13 页(58);乔丹和哈里斯,第 219 页;尼科尔森和诺巴克,第 182 页;埃格斯顿和罗宾逊,第 282 页;道尔,第 396-413 页。

[403] 比较 G·W·格林伍德,《售价应以什么为基础?》,《管理》,III(1922),第 508 页,及 C·B·威廉姆斯,《生产低于正常情况下间接费用的处理》,《会计学杂志》,XXXI(1921),第 339 页。

[404] 参见 A·F·斯托克及 J·M·高菲,《N·A·C·A 公报》1925 年 2 月 16 日。

[405] 丘吉尔,《间接费用》,第 383 页。

第 六 部 分

[406] 不清楚这种说法究竟是什么意思。参见《工程师》,XXX(1870 年 12 月 23 日),第 428 页,或《会计师》,XCVII,第 284 页。

[407] 巴特斯比,第 34-43 页。亦可参见《会计师》,XCVII,第 285 页。

[408] 第二章曾对巴特斯比的观点作过详细讨论。

[409] 梅特卡夫，第 330 页；或《学报》，VII（1886），散见各处。

[410] 见本章第四部分。

[411] 诺顿，第 222 页。

[412] 诺顿，第 223 页。

[413] 诺顿，第 226 页。

[414] 顺便需要说明，诺顿的所有图式标明日期为 1884 年，距离他的著作出版大约 5 年时间。由此可以推断他的著作所反映的是几年前的技术，尽管诺顿并未说明为什么要把分录和报表的日期提前。

[415] 伯顿，《工程估算》，第 74 页。

[416] F·G·伯顿，《工程师及造船商会计》。

[417] 刘易斯，第 178 页。

[418] 阿诺德，《完全的成本记录》，第 188 页。

[419] 丘吉尔，《工程学杂志》，XXI 及 XXII，散见各处。

[420] 见斯潘塞，第 151 页；加里，《多重成本会计》及《分步成本会计》，散见各处。

[421] 惠特莫尔，《会计学杂志》，II 和 III，散见各处。也可参看 H·戴顿《工程学杂志》，XXIX，第 55 页。

[422] 戴，第 140 页。

[423] 尼科尔森，《工厂组织》，第 31 页。

[424] 威伯勒，《工厂成本》，第 213 页。

[425] 尼科尔森，《成本会计》，第 48 页。

[426] F·J·克罗贝尔，《工业会计》，《会计学杂志》，LII（1916），第 94 页。

[427] 威伯勒，《工厂会计》，第 340 页。

[428]《国际会计师协会教程》，第 13 页（53）。

[429] 埃尔伯恩，第 540-60 页。

[430] 比较 L·W·霍金斯，《成本会计》第四版，1920 年。

[431] G·查特·哈里斯，"制造费用分配神话：一种用于减少工作量并消除担忧的方法"，《管理》，VI（1923），第 50 页。这并非对这种模型的第一次批评。早在 1910 年，英国会计师 W·R·汉密尔顿就曾指出它很容易使分配走得太远。参见其"对成本处理的一些经济考虑"《会计师》，1910 年 2 月 5 日，第 200-206 页。

[432] 特别参见 E·A·卡曼，《基础标准成本》（纽约：美国学院出版公司，1932），及 G·查特·哈里斯，《标准成本》（纽约：罗纳德出版公司，1930）。

第六章

成本与财务记录一体化的演进

　　本章有关成本发展问题的讨论将证明，对现代成本技术的演进而言，过去几十年是一个极为重要的阶段。商业会计向工厂会计的转换十分缓慢。当其真正发生之时，为制造业成本处理所设计的记录将在很大程度上超出财务及商业账簿的范围。虽然如此，它们却通常都是很粗略且很难令人满意的。主要原因在于工厂经理人员很少能够信任它，因为：①它们根本无法与一般账户相互协调；②其中所包含的内部牵制极为粗糙。许多工厂使用的是经过改造的商业账簿，只不过在修改中加入一个"制造"账户而已。这一发展缘何如此缓慢，我们曾在第二章及第五章作过详细分析，在此无需赘言。唯一需要说明的是，直至1885年，当现代成本处理已经真正开始之后，许多从事这方面研究的权威人士依然难以摆脱混乱。不过，在经历了相当长一个时期之后，渐次形成了一些非常专业化的技术。时至今日，他们的观念已相当一致，仅在一些细节上尚存差异。

　　直至19世纪80年代初，工厂账与普通账结合方面的努力仍是微乎其微。作为一家工厂，可能只是在其财务或交易账中设立两三个账户，其中之一常常会是"制造"。这种做法本身似乎是在将成本与一般记录合为一体。然而，就其真实意义而言，你很难将这一技术称为真正的产品成本处理。它更像是一种支出记录，对所生产的物品，由此所能得到的只是一种粗略的成本估计。即便是为了得到这样一种推测性资料，也需定期确定存货。该期间所涵盖的时间范围通常为一年，也可能更长。不过，当后来成本方面的权威人士开始考虑用一定方法将成本账与财务账结合在一起时，他们在很大程度上利用的还是早先人们所采用的这种确定成本的方法。

至 1885 年，普通商业记录无法满足工厂需求已经成为共识，但却依然无人提出系统的改进方法。在这一年，作为美军军需官的亨利·梅特卡夫出版了他的《制造成本》一书。他的著作并不是为了专门讨论工厂问题，因而只是部分涉及这一议题。他的成本系统用成本表（cost sheets）方式将进入产品成本的所有要素累积起来。其成本表、人工记录及存货分类账（stores ledgers）并没有与"现金账户"绑在一起，而是截然分开，但每月终了需在两者之间进行局部调整。比方说，成本表上反映的人工费用要素需与支出汇总表中的所谓累计服务支出相协调。材料要素则"要根据两项因素进行检查。首先是所有已收材料的会计记录，不论其货款是否已经支付；其次是与一些工厂派工单相关的全部材料消耗或支出，不论其是因事故还是按计划发生。"[1] 按照梅特卡夫的说法，作为第三成本要素的间接费用几乎不可能进行调节，间接费用处理技术涉及面很广且不太容易驾驭，因此根本不值得为它额外劳神。梅特卡夫确曾试图"找到一些简单实用的方法"进行调节，但最后他不得不深信这种调节是不可能的，而且他发现，"为了得到平衡，连一些十分重要的事实都会被忽略。"[2] 之所以无法对这一项目进行调节，原因在于：①车间总是提前领出下月使用的材料；②在车间，当时已经支付的东西并不一定当时就全部用掉；③你不是总能确定"正在消耗的东西是否已经付款，也很少能够确定其时间归属，是两组账户本期共同发生的，还是前期所发生"。[3] 这些原因在说明当时的成本思想方面是很有意义的。

梅特卡夫的结论是，即使这种调节完全可以做到，结果也不过是使"制造业务变得麻痹"而已。他似乎认为这三项成本要素永远都无法相互独立，它们只能是一个结合体，而且显然对考虑其控制问题并无大的裨益。总之，在有关成本与财务记录的结合及通过账户表明成本流方面，他所看到的是一种相当无望的情况。不过，不久之后，其他成本专家就开始对这一问题的性质进行深入的探查。

事实上，仅仅两年之后，英国的会计从业人士，成本权威埃米尔·加克和J·M·费尔斯就在其《工厂账目》一书中提出了在当时显得极其新颖的建议。他们认为，绝对不能把工厂账簿看成是"不需进行平衡的备忘记录"。[4]没有任何理由可以认为工厂账户应该置于正规复式簿记框架之外。他们的方案中具有许多很有现代色彩的特征。他们在商业分类账中设立了在产品账户（他们称之为"制造账户"，但其实际含义却等同于另外的概念），用于反映：①从原材料账户中领用的全部材料；②来自工资账户的人工费用。此外，尽管并非特别明确，间接费用要素也还是与该账户有一定联系。当产品完成之后，要将其从"制造"账户（在产品）中提出，转入已完工库存产品账户。除了有关公司费用的处理在细节问题上还有些模糊之外，该程序与今天常用的程序基本相同。因此，这种处理方法的出现，实际上跨越了一大障碍。此外，内部业务也因通过分类账展示成本流而得到局部发展。然而，与当时的其他英国成本权威一样，加克和费尔斯继续致力于最初的成本账簿及所有与之相关的东西。他们的技术很可能提出了当时最先进的思想。他们所描述的制度显然至今在用。但这两位成本应用专家却未曾将其观念进一步理论化、哲学化。[5]按照加克和费尔斯的观点，两者的结合之所以未曾被忽略，是因为工厂碰巧有许多部门，或者有许多辅助分类账。这些因素使得相互间的协调更为必要。其主要优势之一在于可以保持牵制，例如存货分类账与保管员之间的牵制。举例来说，实际存货可用于核查存货表，而存货表合计数又可以与商业账中的存货账户相互核对。顺便说明一下，加克和费尔斯用了"商业账"，而没有使用今天所称的"工厂账"，通过一个相应的账户与普通分类账连为一体。这一技术后来才出现，我们将在后面对其进行解释。

需要强调的是，其他英国工厂的成本会计师并没有立即采用前述英国权威所倡导的程序。事实上，直到 1910 年左右，加克和费尔斯提出的协调方式才开始在英国得到应用。在本章后面的内容中我们将会看到，在美国，关注这一问题的作者很快就采纳了这一意见，而英国人直到进入 20 世纪依然在坚持"成本账"的独立。就在加克和费尔斯从事著述的同 1 年，另一位英国会计师还在宣称："成本账作为商业账的补充，独立于商业账之外，绝对不能挪作他用。"[6] 在后来一些权威人士（尤其是美国之外的其他国家中）的论辩中，一直充斥着有关独立成本账优势的观点。两年后，英格兰北部一位执业会计师（G·P·诺顿）对前述理论又重新作了解释。诺顿认为将成本记录与财务记录或账房记录合为一体的主意是完全不可行且不合时宜的。他认为，这种想法"完全正确，但其做法却是极不明智的"。[7] 诺顿进一步努力以提供一种虽然可用，但却相当复杂的，以纺织企业部门及工序中进行成本处理为目的的制度。他认为，此处所需要的账户应该与营业账户及普通会计业务记录相分离，且截然不同。他的结论性陈述充分显示了他在这一问题上的立场："当部门账户的详细资料与账房账簿合为一体时，这种完全不必要的复杂化被引入了相当简单的业务。"[8] 为此，诺顿完全抛开了将成本账与财务账相结合的打算。不过，他在其商业分类账中依然提出了一些账户，这些账户包含了后来发展的一些痕迹。比如，其稳定账户（stable account）归集了工厂中所有与货物运送相关的费用，其贷方反映：①可转为下期资产的余额；②转到为反映工厂所提供的另外服务而设立的账户的金额；③因传送产成品而发生，应转入存货账户的金额。这一程序在今天是以费用分配表为媒介来完成的。需要顺便说明的是，这种描述在当时是相当先进的，这使得他有关"合并"的观念更让人觉得惊奇，不知他为何会这样坚决地反对将成本账与财务账合在一起。可以猜想到的理由是，他可能认为分别保持两类账，可以使工作做得更为详细，也更有利于控制。诺顿的成本处理中，有一部分是假定业务成果可与从外部企业获得该产品的成本进行对照或比较，这是应计成本制的基本优势，也是他之所以喜爱独立的成本账，而不与账房账相结合的原因之一。

几年后，英国《会计师》杂志上发表了一篇未署名文章，文中认为，以前的工厂成本账户"总是与固有的账簿截然分开"。[9]这位未知姓名的人士接着指出：由此看来，执业审计师很少对这些记录的性质进行调查，原因在于他们（审计师）不愿"采取一系列需要对他们接受委托对其账户进行审查的各种不同类型企业的技术有很好地理解所必需的行动。"[10]在对审计师与成本会计的关系作了进一步讨论之后，他特别建议，成本账应该与财务账完全分离，就像诺顿所提议的那样。之所以采用这种程序，他的理由是以后十分常见的论据，即：如果两者相分离，任何错误或欺诈将会在期末表现出来，尤其是存货方面。换言之，这两组账可以互相核对。不过，他并没有讨论如何进行两组账之间的调节。显然，对于如何具体进行核对，他心中是有谱的，否则他也不会这样明显地不要求进行两种账之间的调节。可是，要记住，加克和费尔斯在支持两账结合时给出的是同样的理由。显然，后者更为可取，至少从以后发展的角度来看是这样。但在当时，该作者的结论是："那些更喜欢让两种账构成一个科学而完整的体系的人，可以通过采用调整账户的方式很容易地达到这一目的。"[11]不过，如何完成这种调整，他只字未提，那是在实用性范围之外的事情。需要顺便说明的是，在他的成本会计体系下，需要设置如下账簿：工资簿、存货簿、成本簿、成本账户汇总账以及一份参考索引。此乃优先的力量使然，也是现状所致。尽管如此，该作者也还是承认，一体化计划可能是"完善的、按科学的方式构造的，从理论上来讲更为可取"。他之所以选择另外一种方式，是因为它更容易为人们所接受。

虽然世纪之交的英国成本权威们几乎毫无异议地同意成本账应该与普通财务记录相分离，但他们依然在不断探求可使两者相协调的简便方法。比如 F・G・伯顿，尽管他明确坚持工厂记录不应该与其他记录相互调节，[12]但也认为若能找到一些方法对专门的成本账进行核对，也会是很可取的。他的计划是很天真的。他提出一种需按月编制的"近似"损益表，有点像是一种附加说明。

近似损益表　1895 年 3 月[13]

借		贷	
3 月 1 日存货	×××	销售	×××
采购	×××	车间增加项：	
薪金	×××	材料	×××
其他	×××	工资	×××
估计费用，即：		估计费用：	
租金，地方税，税金	×××	在产品	×××
利息总额	×××	3 月 31 日存货	×××
折旧总额	×××		
利润	×××		
	×××		×××

本表中的数据大部分来自正规商业分类账。伯顿指出："存货账户应该与成本表中的存货合计相一致或进行相互核对"，这后来演变成为一种可用于对这一重要成本项目进行核对的一种相当含混的方法。他认为，公司成本应该通过三种表来归集，即：分部门账户表、分工序账户表以及分合同或分批账户表。有关使用这些表的具体方法曾在前一章作过讨论。在此需要说明的是，每月终了应以这三种表为基础编制一份余额汇总表。而且，如他所说，"我们会发现，我们由此得到的利润数据"[14]会与上述近似损益表中的数据完全相同。为何会有这种相同的结果，原因是成本账户完全是对财务记录的复制。销售额在两组账中有同样记录。这种对独立账户的复制是随后英国成本专家的精心之作，其终极之作则

是 E·T·埃尔伯恩 1921 年所设计的极为复杂的系统。本章末尾将对其进行说明。

在此需要对 J·S·刘易斯 1896 年所使用的局部一体化技术加以说明。刘易斯的成本处理预期在分类账中使用"制造"账户（他只推荐一种分类账），用于结转一定时期的"主要成本"（他的用语）。所使用的存货需借记制造账户贷记存货，而所发生的工资要借记制造账户，贷记工资账户。已完工产成品则需从制造账户转出其成本，借记完工产品账户。由此很容易看到，除主要成本记录以外，制造账户完全是一个在产品账户。不过，在资产负债表日，作为英国会计师的他认为应该增加一个工厂间接费用项目，以适当地在在产品和完工产品之间进行分配，并分配至依然留在手头的那些产品的主要成本中去。这要通过一个相当麻烦的账户安排来进行，这也是他制度的主要缺陷。除此而外，他的制度还是很不错的。刘易斯并不想（或许他也不知该如何）通过分类账反映主要成本流以及成本要素负担情况。他讨论"公司及车间费用"（他这样称呼），但却没有提出一种具体程序，将其与主要成本配合起来。对他而言，主要成本似乎已经是一个太大的问题。至少，他没有主张将工厂分类账与账户毫不协调地截然分开，也没有以任何方式将其与一般或商业账户绑在一起。他是继加克和费尔斯之后，第一批倡导账户一体化的人员之一。如果他未曾拒绝通过账户提供总成本流，或在这方面发生失败，他在成本会计史上的地位应该更为稳固。在其他方面，他的工作异乎寻常地彻底和完善，为了帮助读者理解他的首选程序，他给出了丰富的账户表及其他有关图表。[15]

美国公共会计师协会（即后来的美国会计师协会）会长弗兰克·布洛克是继梅特卡夫之后关注这一问题的早期美国权威之一。他在 1897 年协会年会上发表的一次演讲中，[16]选择成本账户的组织作为演讲的议题。他提出一种协调成本与财务记录的程序，尽管有关说明不是十分详细。该程序通过所谓"消耗日记账"（consumption journal）处理两账结合问题，但对其确切目标他并没有搞得很清楚。它是一种将各种成本表及其他详细的人工及原材料数据与财务分类账相联系的账簿。此外，它还可用于核查"收到的制成品与所耗原材料及人工费用。它不仅能通过各方面复式簿记记录的详细检查查明成本单及其他明细资料上的人工费用情况，而且能用于人工费用支付总额控制，总体上带动全厂工作"。[17]这里确实包含着一些新思想的苗头，可惜他并没有对消耗日记账的使用作进一步研究。除了对以附注方式给出一些总体上的说明以外，他未曾给出有关这——体化计划的任何进一步信息。[18]不过，在他心目中，显然有一种可以将成本处理与商业分类账连为一体的复式簿记技术。

几年之后，H·L·阿诺德在讨论当时 15 家杰出美国企业所采用的成本记录时提到，当时的一般做法是在财务账与成本账之间保持明显的区别。比如，有一家企业所采用的会计安排是，[19]这两个方面的账簿相互之间没有任何联系、连接或修改性影响。不过，按照阿诺德的说法，也确实有少数企业曾试图在商业账上设置工厂账户，尽管在他看来这种做法并无实际必要。成本会计完全独立的情况下无法做到的，采用其他方式也绝对不可能做到。阿诺德强调指出，工厂会计应该独立，这就如同制造部门和销售部门完全属于不同的部门——也就是说，各自构成独立的公司。

因此，世纪之交最流行的学说，并不支持成本记录与一般记录一体化。也有少数权威人士持相反意见，但其观点却没有多大分量。制造业企业以及撰文就这一问题发表意见的人，大都认为成本账与财务记录应各自保持独立。不过，有些权威人士看到了它们之间进行协调的必要性，不过他们处理这一问题的方法总体上来看却依然是粗略和难以让人满意的。

E·安德雷德是一位英国的特许会计师，他是最早提出通过设立相关账户的方式使用独立的工厂分类账，并与普通分类账保持联系的专家之一。他的著作发表于 1899 年。[20]这几乎是个全新的主意，虽然各种专家寻找这种计划已经有一些时候。事实上，他的讨论乃是对他的前辈们（比如美国的布洛克）工作的延续。他的计划其实十分简单。他在两种分类账（成本分类账和普通分类账）中分别开设了一个"连接账户"（connecting account），在结账日，每种分类账上的所有账户都要结转至本账户。按照安德雷德的说法，两种分类账中的连接账户应保持相等，以证明各自账户记录及过账的准确性。这一计划还容许成本账在复式记账原理下独自平衡。虽然按他的程序向连接账户过账要延迟至会计期末才能进行，但他的制度仍然是第一流的。安德雷德对如何在实际业务中运用他的制度未作任何说明，他也没有提到各分类账中究竟会出现哪些账户。即便如此，最大的障碍已经被他克服，对后人而言，剩下的就只是填补完成这一技术的细节性内容了，这应该没有太大困难。

自从安德雷德将这一问题引到这样一个比较关键的点位之后，主张一体化的人与主张非一体化的人之间的论战开始进一步升温。1900 年，英国很有影响的出版物《会计师》杂志的编辑认识到了这一问题，就这一问题的讨论发表了好几篇社论。按他的结论，只有在极少数例外情况下，才可能将成本账与财务账现实地结合在一起，在绝大多数情况下，最好让它们各自保持独立。如此来看，他至少认为，两者的结合并非完全不可能。需要顺便说明的是，在这一点上，他的观点有些与众不同。按他自己的话说，两类账户不应协同一体，是因为"成本核算员与普通簿记人员的类别有所不同。两种账相互分离应该是比较好的。如果找不到其他理由，这应该算是一种理由"。[21]他没有说明在何处发现的这种差异，也没有说明他的论点是否是对成本界人士或其他会计师的一种责难。接下来几年中，该杂志又发表了四五篇文章对这一问题进行讨论。其主要论点似乎是，如果成本账保持完全分离，工厂管理者和工长就会对内部控制有些担忧，担心在采用一体化计划时内部控制会失效。事实上，以后的发展证明，两者的结合可以比其他任何采取不结合态度的制度为审计提供更大帮助。

这时，如何协调成本账及一般账户上所反映经营成果的问题再次凸显出来。约翰·曼恩爵士在他收于 1903 年《会计百科全书》的一篇文章中推荐非一体化计划。他特别强调比较结果的重要性。事实上，他提出了很特殊的观点，认为成本制度应该按有利于比较的思路进行构造。他认为这样做的理由是非常明显的。理由之一是可以纠正有关工厂间接费用分配的"猜测性"错误；此外，如果商业记录中销售数据有所遗漏或发生其他错误，则可通过调节发现。然而，他的比较程序在细节上却十分地含糊不清。不但需要不时地进行汇总，而且成本账中的工资费用要与实际付出的工资相协调，消耗的材料"在调整完存货的增减之后，要与实际库存进行比较，以揭示出盈余或不足"；此外还需对间接费用进行检查，必要时要按未来费用率进行调整。[22]

在接下来 20 来年中，大部分英国会计师实际上承继了曼恩对该问题的处理。也就是说，他们建议工厂记录依然以不与一般账户协调的方式存在，只是间隔一定时间部分地进行调整。事实上，他们作品的名字，已经在一定程度上暗示着他们在这一问题上的心情。他们所有的重要著作，标题中都包含"成本账户"之类的字眼，这在一定程度上意味着，至少，工厂记录或多或少总是一个独立的实体。注释中给出了一些这方面的实例。[23] 英国人观点的哲学意义在 S·佩德 1905 年的文章中得到了充分表达。在申明他个人喜欢成本安排之外的处理方式之后，佩德指出，按照他的意见，财务或商业账与成本账最本质的差异，严格来讲在于这样一种事实，即：后者是分析性的，而前者具有综合性。正如他所言：

成本账户通过分析——分离出成本所包含的各个方面的详细情况——来努力展现制造业务的净成果。它最后所展现出来的，是一系列小业务或损益账户。商业账户的目标则是以分组的方式归集成果，它针对的不是各个具体工作项目，而是各类支出。[24]

需要注意的是，当涉及佩德所提到的"小"损益账户时，在成本记录中反映销售及收益，几乎成为这一时期英国此类成本制度的必备特征。实质上，那些权威提议使用的两组账簿，除了一些细节上的差异以外，所包含的信息几乎是完全相同的。佩德的评论提出了最后的结论，他认为，除了一些细微的差异——比如分配间接费用与实际发生的间接费用之间的差异——之外，两种制度（成本及一般记录）应该得出同样结果。

当前述各种陈述和结论作为英国成本会计技术发展的主要方面得到普遍关注时，该国成本会计方面的另一发展也不能忽视，那就是以分批成本原理为基础的成本安排与以分步成本制度为基础的成本安排之间差异的凸显（参看第十一章）。当时，好几位英国权威开始对分步成本会计进行广泛研究。在该差异不断加大的同时，将成本账与财务记录及账户相合并的趋势也越来越明显。与这一趋势相适应，在 20 世纪最初 10 年中，许多人提出在一般账簿中使用"制造账户"，实质上，它的功用等于在产品账户。[25]我们的最终结论是，与其他环境相比较而言，英国成本专家似乎更易于认识分步成本条件下账户协调的优势及技术。

加拿大人在世纪之交关于这一问题的观点，主要是埃迪斯和汀达尔于 1902 年所提出。他们认为，虽然成本账户自身应该保持独立，不过，却依然应该是构成普通商业账簿的一个部分。此外，它们还应与商业账户保持平衡。继当时英国人的实践之后，他们将总的成本系统分为两个部分，即今天所谓的分批成本法和分步成本法。为了保持捆绑关系，他们建议在总账中使用成本分类账户。总账只是对成本分类账所反映详细资料的一种汇总。在每批产品完工时，成本分类账要为其保持一项独立的记录，而且需定期（比如一周或一月）将所有已完工批次汇总编制一份进度表，在贷记成本分类账账户的同时借记已完工存货。由此可见，成本分类账账户其实是一种在产品账户。其借方包括日期、摘要、页码、工厂工资、材料、直接费用、工厂费用、合计等栏目；贷方同样可看到日期、摘要、工资、材料、直接费用、估计工厂费用以及合计等栏目。

使用这一方案时允许将各个批次细分为不同的成本构成部分。[26]其借方由采购日记账和现金支出簿中过入，一般每6个月过一次。未完成的工作则在成本分类账账户中以成本项目的形式继续保持。不过，他们两人并未明确说明如何确定在产品金额。推测来看，成本账中分批账户的总计数应该本身能够给出所需信息。需要顺便说明的是，成本分类账中工厂费用栏的数据（它表示间接费用的总体发生情况）与估计费用贷方栏（表示分配给各批产品的数额）之间的差额，需在每6个月末结账时转往"营业账户"。[27]因此，总体上，我们将不得不得出这样一种结论，即：英国人极力倡导的非一体化制度，在加拿大权威看来却是极不适当的，并因此被弃置不顾。

接下来该将注意力再次转回美国。关于采用哪种程序，美国权威们是有分歧的。也就是说，有些人提倡协调，有些人却反对，意见比英国人更不统一。有少数专家不久开始打破"两组账户"观，不过其发展比较缓慢。J·E·斯特雷特或许可以作为持非一体化观点的学者的典型代表。在1908年宾夕法尼亚州注册会计师协会成立大会上的一次演讲中，斯特雷特阐述了几乎与S·佩德完全相同的观点。[28]不过，他的阐述要比佩德早两年。他建议保持两个完全独立的账簿系统。他确曾提到在极个别情况下（几乎不必考虑），[29]成本账可以和财务账相互协调。不过，财务分类账户要按有利于收集成本核算员所需数据的方式进行安排。这两部分应该作为"一个和谐的整体"一同发挥作用。概言之，按照斯特雷特的意见，理想的成本账户系统，不管是否独立，都应该"能够体现出复式簿记的核对与平衡，并对财务账上所反映的总计数按照能够反映出生产物成本的方式重新进行聚集，而且并不是仅仅能够反映出总计数，同时还应能够反映出其构成要素"。[30]可惜的是，对这一问题他未能作出任何进一步说明。

H·L·C·霍尔更确定地认为成本系统应该在商业分类账或账户之外。实际上，按照他的观点，当后者开始发挥作用时，前者的作用通常就会终止。他认为"成本账户作为普通账户的一个部分是不明智的"，[31]要确定成本，常常并不需要复杂的账簿组合。

几乎与此同时，加拿大人埃迪斯和汀达尔的一体化观念开始传入美国。比如 H·C·M·维德就曾提出一种与他们的制度很相近的协调制度。他在主要分类账上设立了一个名为"制造"的账户，用于对成本账实施控制。这是一个反映制造过程的账户，处理方式与今天完全相同。维德的讨论是相当笼统的，不过，任何人只要事先对他的努力有所了解，在准确理解他的程序方面就不会有太大困难。[32]

其他美国权威不久就开始采用或深化维德的想法。约翰·惠特莫尔非常细致地阐述并解释了 A·汉米尔顿·丘吉尔提出的成本制度，采用制造账户（在产品）对工厂成本表实行控制。[33]丘吉尔于 1901 年撰写他的系列论文时并没有对这一重要问题进行讨论。[34]惠特莫尔的东西中没有太多新意，在此可以一带而过。唯一需要指出的是，他很强调将成本与普通账户相结合，并通过分类账、通过一系列日记账分录以及保持必要的辅助分类账来提供成本信息。

至 1908 年，美国成本专家开始谈到"生产分类账"和"普通分类账"，但并不明确主张将两者绑在一起，尽管这一想法的苗头已经出现。一位权威人士（C·M·戴）在讨论生产分类账性质时列出了各种需要设置的账户，包括：普通分类账账户、在产品账户、材料账户、人工账户、生产费用账户。普通分类账账户的目的在于提供建立一个自我平衡的"生产分类账"所需的余额。[35]关于普通分类账本身，他提到在必要的情况下应该设置抵销账户（offsetting accounts），但却没有说明有关这一账户性质的详细情况。这位会计师关于这一问题的解释十分含混，但他确实为协调技术的发展注入了新观念。

因此，在 20 世纪前 10 年结束时，美国成本会计师一般都建议企业采用一体化账户系统，以便在分类账中表现出成本信息流。[36]尽管有了这种很先进的程序，关注这一问题的权威人士在设计实用的连锁式分类账时依然会有很大困难。由于种种原因，工厂分类账被分开保持在不同地方，或者保持在不同的手中。C·M·戴曾提到这一情况，但他的技术在许多方面是有缺陷的。第一次世界大战前关于一体化优势的最佳说明，源于 F·S·斯冒（1914）："这里所描述的系统并不见常规簿记工作与成本处理相互分离，而是将成本工作作为一般会计的一部分。这样做的原因在于成本报告与同一日期所提供的资产负债表所反映的损益数据必须相符；反之，在其他未曾这样结合的系统中，成本会计报告的准确性是难以证明的，也没有在相应的日期所编制的资产负债表。"[37]

英国权威们对"一战"前的观点，除了更强调成本账户与财务账的协调外，与世纪之交的观点并无太大不同。此外，他们的讨论中开始出现一定分歧。比如 W·斯特雷特，尽管他也建议避免使用各种可能将成本账户与一般财务记录相混合的程序，却依然强调结果的"混成与查对"，以及各个系统所提供总成本数据的比较。[38]另一方面，L·W·霍金斯坦承源自一体化技术的优势，不过他却扩大了其中的困难，最终导致双系统最佳的结论。[39]他似乎认为，协调会使分录量 3 倍放大。但最终结果，他自己提出的会计方法比以后通行的完全结合法分录量更大。但他不推荐使用后者，而是更喜欢花很大篇幅去讨论协调表以及其中所涉及的种种必要的说明。从历史来讲，成本处理的比较及协调技术在霍金斯手上得到了最好的发展。他为确定和查明独立的成本账户为何不能提供与财务账（他称为"普通账"）同样的详细资料、合计数以及结果的种种可能原因作了很好的准备。[40]他关于这一议题的讨论占了差不多 40 页，真是将方方面面都翻了个遍。

这一时期的英国会计师并不全都建议使用完全独立的工厂账户。比如，L·R·蒂克斯就认为不应该采用相互对立的账户安排。他建议在成本账上设立一个表式调整账户，对成本账中所涉及的各个独立项目设置与众不同的栏目。按蒂克斯的说法，这一计划的优点，在于成本账可以很简单地与财务账保持平衡同时又保持独立，并能保持调整账户的栏目合计数与总账相协调。此外，在总分类账上可以有一个在产品账户，像存货账户一样用于编制资产负债表及损益表。也就是说，在会计期末可将它结转至"营业"账户。该在产品账户上的结账分录只是在会计期末时做，而不必在会计期间内不断进行——就像今天所进行的，以及主张一体化的人所建议的那样。按照最近的分析结论，蒂克斯的分歧很大程度上只是名义上的。他的观点与霍金斯以及同一时期其他英国人的观点并无很大不同，尤其是他关于"作为一种惯例，成本记录最好与财务账保持分离"的阐述中所表现的观点。[41]几年后，一位执业会计师（M·W·金肯森）描述了两类在产品账户，他强调该账户可用于证明成本账分录的准确性。其中之一是为处在生产过程中的直接人工而设，另一个则是为材料。两个账户的处理与今天的处理方式大体相同。他忽略了一个账户，即今天有时会使用的在产品负担账户（the burden in process）。他离这一问题最近之处，是他主张在资产负债表日通过总制造成本来对手头的产成品进行估价。不过，他倒是与他所提倡的会计程序相一致，他认为部分完工的产品应该仅按其主要成本进行估价，而忽略可能已经发生的其他费用负担。因此，他的系统在考虑主要成本时对成本与商业记录的一体化作了预期，就此而言，他比当时大部分英国成本权威走得更远一些。他在这方面的成就是值得赞许的。[42]

第一次世界大战开始时，美国专家大部分开始在理论和实务上采用如今天所用的结合式成本安排。[43]有关说明概略如下："一般来讲，在头脑中应该有这样一种观念：一个工厂会计系统，如果没有总账对明细分类账余额的控制，就不可能发挥最大的效用。"[44]

大约与此同一时间，J·L·尼科尔森在其《成本会计》（1918）中描述了一种协调成本与财务账的程序。该程序允许两方面保持物理意义上的独立，却以通过在两种账上互设对应账户的方式将两者实质性地连为一体。其对应账户就是今天为人们所熟知的"工厂账"及"总账"账户。这两类账户的使用使得各个分类账能够独立平衡，而不会以任何方式毁坏所涉及账户的一体化。尼科尔森建议在工厂账上设立以下账户：原材料及物料用品、人工、间接费用、在产品、完工半成品、产成品，以及总账账户。[①] 来自材料、人工及间接费用账户的成本流可得到精确描述，并会给出说明性日记账分录。分配到完工产品的成本从在产品账户转至产成品账户，最后再编制已销产品成本分录。在描述财务账或总账时，尼科尔森提到可以在两种技术中任选其一用以连接工厂账户。一种方法与先前所提议的方法同出一辙，即仅使用一种分类账，将材料、人工、间接费用、在产品、产成品全部包括进去；第二种方法则是上述对应账户安排，要求在总账中设立一个工厂分类账账户。如果采用第二种程序，则可在工厂账上发现详细的成本资料，但成本账却是由总会计室完全控制。[45] 这最后一点乃是他所建议的方法与英国成本专家们不断提及的方法之间最根本的区别（尽管还有其他差别存在）。

尼科尔森的观点发表后不久，就有许多作者开始对他的技术作进一步深入的考虑。比如，斯蒂芬·吉尔曼（Stephen Gilman）建议用三个在产品账户代替通常使用的一个账户。英国人金肯森两年前就已提出这一建议，但吉尔曼特别提出，如果每个成本项目分别使用一个账户，就可以及时得到有关企业利润及财务状况的核心数据。每个账户还可在一定程度上作为一种控制手段，轻易发现可能的错弊。[46] 除这些优点以外，吉尔曼的技术与尼科尔森的技术很相像。[47]

威廉·肯特于 1918 年提出一种相当新颖的控制账户安排，尽管它并无多大历史意义，但在此还是值得予以一定考虑。他认为，在总账中应该设置两个而不是一个控制账户。第一个控制账户名为"工厂设施"，用于记录公司在工厂永久性设施上的投资，比如土地、建筑物、机器等。事实上，这个账户只是对工厂固定资产的控制，其详细资料应由工厂自

---

① 这个总账账户就是他所谓的对应账户。对此作者没有作进一步分析说明。但从书中内容分析，两个对应账户应该是设在工厂账上的"总账账户"以及设在总账上的"工厂分类账账户"。——译者

已保持。第二个控制账户名为"工厂业务"（factory operations），用于反映提供给该厂用以支付工资、杂费以及应由工厂负担的其他各种费用的全部现金。工厂业务账户应按从工厂装运出去的产品的"价值"作贷方记录（此为肯特与尼科尔森的不同之处）。按照肯特的观点，在此有好几种"价值"可资采用，[48]"工厂成本或销售成本"皆可，[49]决定于管理部门的意愿。他谈到，工厂成本有三种类型：实际成本、记录成本、标准成本。但他并没有解释这些术语的确切含义。关于销售成本，亦有好几种可能。比如，第一种可能是使用报价单上的价格，相应地减去一估计百分比，包括交易折扣及销售、管理费用。第二种可能是使用实际销售价格，减去一固定比例，或一个因经营状况（繁荣或萧条）而异的百分比。还有第三种"价值"，可以是在"1 个月或其他会计期间之内与工厂业务相对的各种费用合计数，加上该期内存货的减少（或减去增加）"。[50]尽管肯特并没有对有关"价值"情况作进一步讨论，但很显然，它并非一个像他所隐含的那样简单的问题。事实上，上述各种"价值"的采用，除了工厂成本以外，都会引出许多问题，虽然他对此完全不置一词。显然，对于这一问题，他头脑中的概念是将工厂中所发生的所有成本费用全部归由工厂业务账户负担，并在上面所列的各种计价基础上任选其一贷记产出。然而，期末这一账户将发生何事？工厂存货账户应置于何处？这两个问题具有至关重要的意义，肯特却一个都没有回答。

第一次世界大战之后，英国成本专家依然建议成本账与一般账簿保持各自独立。他们的思想在 E·T·埃尔伯恩的《工厂管理与成本会计》中或许得到了最好的发挥。他的系统不仅预期了工厂记录的分离，而且保持了极高的独立度，自成体系，以至于资产负债表、损益表及财务账目都可以直接通过它编汇而来。简言之，他提倡使用双账户系统。（dual set of accounts）他知道这种程序将极大地加大工作量和费用，但他认为，账户重叠和复制所能带来的好处，足以抵销因之而来的任何额外的麻烦。他的论证是很有意思的，尽管有些不太合理：

这种复制或重叠的存在是合理的，理由有二：①成本及财务两组账户可以各自独立；②制造分类账对汇总的影响，从实际工作量的角度来看，并不比开发成本分类账为财务账户提供浓缩信息的情况下更大。[51]

他似乎没有考虑保持一个一体化账户系统的可能性。此外，他的成本记录是如此完善，他根本不必为协调两组账之间任何可能的差异而费神。事实上，在他的计划中，财务和商业记录并不是很重要，他甚至未对它们作任何讨论。总而言之，在他看来，一体化技术在实践中是难以使用的，尽管理论上看来可能很好。而且，如他所言："拥有一个自成体系的成本会计体系，所有困难都会迎刃而解。"[52]然而，有趣的是，他的讨论比同时代美国人的观点要复杂得多。

至 1924 年，关于这一问题取得了很大进展。美国权威詹姆士·L·道尔曾有如下描述：[53] "……我们会碰到一些案例，成本账户不只是保持在独立于总账的分类账之中，而且与总账没有任何形式的联系，也不受其控制…… 这种做法没有任何值得褒扬之处。按这种方式确定的成本没有可根据总账记录进行验证的优点，因而很难做到精确。"

将成本账与财务账联合的机制与技术至此已非常完善——至少在有关国家是这样。自 20 世纪 20 年代以来很少再有大的发展。人们用了好几种很完美的统计学意义上的成本处理手段，尤其是一些制表技术，但却再也没有产生任何新的原理。此外，人们渐次提出了一些辅助性会计方法。比如投资费用的处理，就是将其置于主要成本账之外，而不与之整合。[54]所有这些较近的趋势都很有意思，但对本章主题并无太大意义。[55]

在对本章作出总结时，或许有必要引用一下作为现代一体化问题观察家之一的勝次山下（Katsuji Yamashita）的观点。他将自己的技术称为"损益系统的第三种形态"：

通过簿记系统的最新形式，即将制造业企业的成本会计与财务会计完全结合的形式，将使我们有可能非常精确地计算出工业利润。这种方法将不再是个性化的工业会计。它既不是一个简单的定期损益会计系统，也不是个性化的损益会计。它同时抵制这两种情况，但确实是一种全新的损益系统。它使两种系统在一个有机的整体中得到结合。为此我们可将其定义为损益会计系统的第三种形式。早先开发的用于作为计算商业损益的定期会计损益系统，从满足计算工业损益的需求这一必要性来看，已经不再是一种能够与现代工业损益计算相适应的形式。全面的定期损益会计系统也已超越了个性化会计方法的范畴。此乃目前损益会计系统发展的基本趋向。[56]

注释

［1］亨利·梅特卡夫，《制造成本》（纽约：约翰·维勒父子公司，1885），第290页。

［2］梅特卡夫，第289页。

［3］梅特卡夫引文中。

［4］埃米尔·加克和J·M·费尔斯，《工厂账目》，第四版（伦敦：克罗斯比，劳克武德父子出版社，1893），第7页（初版于1887年）。

［5］比较A·C·利特尔顿，《1900年以前会计的演进》（纽约：美国学院出版公司，1933），第350页。

［6］F·R·戈达德，《贪污及其预防》，《会计师杂志》，1887年3月1日。

［7］G·P·诺顿，《纺织品制造商簿记》，第四版（伦敦：斯皮金，1900），第219页（1889年第一版）。

［8］G·P·诺顿，《纺织品制造商簿记》，第四版引文中。

［9］《会计师》，1894年，第655页。

［10］《会计师》，1894年，引文中。这一说法让人想起过去10年中盛行的一场有关会计师在确定存货数量及计价方面责任的论战。计价涉及重要隐私，并要通晓一个公司的产品和记录。

［11］《会计师》1894年，第656页。

［12］他说："永远不能让成本侵占了完美的复式簿记财务记录的位置。"F·G·伯顿，《工程估算与成本会计》，第二版（曼彻斯特：技术出版公司，1900），第102页（1895年第一版）。

［13］伯顿，第105页。

［14］伯顿，第106页。

［15］J·S·刘易斯，《工厂的商业组织》（伦敦：E·及F·N·斯本，1896），散见各处。

［16］在老沃朵夫饭店举行。《会计师》（1897），第605页有关于该演讲的报道。布洛克是美国第一位注册会计师。

［17］《会计师》（1897）引文中。

［18］"消耗日记账的设计和应用为研究和创造提供了一个广阔的天地，其形式可以因企业级次不同而各不相同……消耗日记账、成本记录以及制造业务记录复式簿记控制的应用，并不涉及新的数学问题……它所运用的只是会计师喜闻乐见的那些东西，它所强调的，如约翰·洛克所说，是'保持账户记录的技巧，这种技巧更多地需要推理而不是算术。'"上述引文中。

［19］德拉瓦尔脱脂器公司。

［20］E·安德雷德，《制造成本账户：使用与处理》，《会计师》，1899年2月11日，第171页。安德雷德是位英国特许会计师。

［21］《会计师》，1900年，第730页。

［22］G·里斯勒，《会计百科全书》（伦敦：威廉·格林父子公司，1903），II，第265页。

［23］L·W·霍金斯，《成本会计》（伦敦：吉出版公司，1905）；G·A·米切尔，《单一成本会计》（伦敦：吉出版公司，1907）；H·S·加里，《多重成本会计》（伦敦：吉出版公司，1906）及《分步成本会计》（伦敦：吉出版公司，1908）；W·斯特罗恩，《成本会计》（伦敦：史蒂文斯-海恩斯，1909）。

［24］斯坦利·佩德，《成本账户，其优势及与经营成果的关系》，《会计师》，1905年4月29日，第519页。斜体为本书作者补加。

［25］参看加里，《多重成本会计》，第10页。

［26］W·C·埃迪斯和W·B·廷德尔，《制造商会计》（多伦多：作者自己出版，1902），第35-48页。

［27］正文中说应借记业务账户（反映少分制造费用），但第104-105页图式说明中却又说借记"存货制成品"账户。本书作者认为，应该是图式说明有错，埃迪斯和廷德尔更喜欢正文中的处理方式。

［28］J・E・斯特雷特，《成本会计》，《会计师》，1904 年 6 月 25 日，第 836 页。

［29］《会计师》，1904 年，引文中。

［30］《会计师》，1904 年，引文中。

［31］H・L・C・霍尔，《制造成本》（底特律：簿记员出版公司，1904），第 79 页。

［32］格伦・H・弗罗斯特，《成本会计》，《工商界》（1905 年 10 月），散见各处；H・C・M・威德尔，《成本会计：关于其理论及原理的说明》，《会计师》，Nov. 11，1905 年 11 月 11 日，第 545 页；《会计师》，（1905），第 568 页有对本文的批评，认为它太过于一般化。

［33］约翰・惠特莫尔，《工厂会计在机械厂的应用》，《会计学杂志》，III（1906），第 345 页。

［34］A・汉米尔顿・丘吉尔，《一般管理费用的适当分配》，《工程学杂志》，XXI 和 XXII（1901），散见各处。

［35］C・M・戴，《会计实务》（纽约：D・阿普尔顿出版公司，1908），第 101 页。

［36］不过，H・M・罗是唯一一位依然坚持成本账及有关记录应该与商业或财务账相分离的权威人士，尽管它们可能在某些方面以某种难以描述的方式交织在一起。参见其《簿记与会计》（巴尔的摩：H・M・罗公司，1910），第 202 页。此外，A・汉米尔顿・丘吉尔，尽管他声明财务账户是控制账户，成本账户是明细账户，但却依然在继续使用一个经营账户，并通过它来同时反映销售和成本；也就是说，他甚至没使用在产品账户。总体来讲，丘吉尔尽管在其《生产要素》中用了一章的篇幅专门讨论"成本及财务账"，但不论是创新性还是关注的程度，他都比不上同时代其他人。参见其《生产要素》（纽约：工程学杂志出版社，1910），第 163-180 页。

［37］F・S・斯冒，《会计方法》（波士顿：L・S・普林汀公司，1914），第 15 页。

［38］斯特雷特，第 41 页。

［39］霍金斯，《成本会计》，散见各处。

［40］特别参见 L・W・霍金斯《成本会计》，第四版，散见各处。

［41］L・R・蒂克斯，《高级会计》，第四版（伦敦：吉出版公司，1911），第 249 页。

［42］M・W・金肯森，《某些影响成本会计的会计原则》，《会计师》，1914 年，第 576 页。

［43］除了已经提到的那些之外，还应该特别关注 F・E・威伯勒的工作。他的制度期望做到成本记录与财务记录及分类账的完全一体化。参见其《工厂会计》（芝加哥：拉撒勒普及大学，1917），散见各处。

［44］E·P·莫克斯，《工厂成本核算》（纽约：罗纳德出版公司，1913），第17页。

［45］J·L·尼科尔森，《成本会计》（纽约：罗纳德出版公司，1913），第120-128页。

［46］斯蒂芬·吉尔曼，《关于成本主管人员应了解什么》，《产业管理》，LIII（1917），第669页。吉尔曼为美国人。

［47］奇怪的是，直到20世纪20年代，人们很少提及尼科尔森的对应账户安排。出于某些原因它完全被人们所忽略，或者因为太过复杂而被人们搁置在一边，这种情况一直延续到1925年前后。唯一的例外是G·H·纽拉乌，他在《成本会计》一书中同时提出了关于普通分类账和工厂分类账的日记账分录举例（华盛顿：怀特出版公司，1921。散见各处）。亦可参看D·C·埃格斯顿和F·B·罗宾逊，《企业成本》（纽约：D·阿普尔顿出版公司，1921），第390-394页。

［48］需要记住的是，尼科尔森只是提出了"成本"技术。

［49］销售成本一词的含义比前者更为丰富。

［50］威廉·肯特，《工厂簿记与成本会计》纽约：（约翰·维勒父子公司，1918），第35页。肯特没有提他心目中到底是哪类存货。

［51］E·T·埃尔伯恩，《工厂管理与成本会计》（伦敦：朗曼-格林出版公司，1921），第570页。

［52］埃尔伯恩，第19页。

［53］詹姆士·L·道尔，《成本会计》（纽约：罗纳德出版公司，1924），第140页。

［54］比较，诸如纽拉乌，著作，第107页。

［55］出于兴趣，这里可引用一位经济学家有关成本与财务记录协调的看法，从中可以看出与会计师观点的不同。J·M·克拉克说道：

……成本账户中所报告的成本数据应该与一般账簿中所记录的成本数据相同（收益账户和资产负债表都是根据一般账簿来完成）。这并非绝对必需的，但极为方便，并能够提供一种很有价值的检查。并且，如我们所见，如果成本中包括了利息，那么，在进行收益账户处理时，又必须重新将它剔除。只要营业费用正常，就可以将成本账户与一般账簿进行核对检查，但应该瞅准时机，并有其他更为重要的目的，而不是为检查而检查。如果成本会计师是用标准或正常制造费用率来代替实际费用率，则成本账与财务账将只是在名义上相符。企业实际财务成本合计数是一回事，不同产品的成本会计"成本"合计数（包含的是"正常"制造费用而非实际费用）将是另一回事；由于将差异作为差异来处理，并视具体情况分别将其称为"少分制造费用"或"多分制造费用"，账簿将是平衡的。关于这种差异应该如何进行处理，人们的意见分歧极大，这在一定程度上证明了，将两种成本拉在一起，实际上是在将两种本来不同的事情硬往一起合。

J·M·克拉克，《间接成本经济学》（芝加哥：芝加哥大学出版社，1923），第243页。应该注意的是克拉克使用了"成本账户"一词。

[56] 勝次山下，《损益会计制度第三种形式的演进》，《国民经济杂志》，LXXXIII，No. 4（1951年4月），第15页。

第七章

部门间产品转移会计的演进

　　因其特殊的性质所致，本章所讨论的问题，可能更关乎多步骤生产企业而非工程技术或分批生产企业。这一预期在有关这一议题的观念及理论发展中得到了充分印证。英国分步成本核算专家 G·P·诺顿在其1889 年发表的著作中以很不经意的方式提到这一问题。[1]他认为，当部门间相互提供产品时，力图确定各个部门应负担的费用是毫无疑义的，实乃浪费精力。部门内部转移如何定价？成本是否需要进行累积？在回答这些问题时，诺顿提出了一种办法。他认为，每个部门的主管人员应该保持一种记录，以反映他所在部门因该产品而发生的费用。部门成本与每周或每月更新的产品交易价格（价值）进行比较，即可确定每个部门的"损益"情况。换言之，在他的制度下，没必要实行部门内部交易定价，因为每个部门仅是整个工厂的一个独立个体，其成本是整个工厂运行总成本的一个组成部分。它们之间以信用为基础提供企业从其他途径需花很大成本才能得到的各种产出。正如在第五章中曾经指出的那样，这一技术是为获得先进的标准成本程序的重要优势所作的早期努力之一。[2]

　　直至 20 世纪初，诺顿有关这一问题的处理意见仍是有关部门内部转移事务处理的最佳方式。事实上，人们对这一问题根本没有多大兴趣。然而，从 1900 年开始，其他成本会计师也开始考虑这一问题，虽然他们的建议总体上并未形成多大影响。比如，有位匿名英国作者在考虑有关工厂账户处理问题时，对企业制造业务和企业交易或销售业务进行了区分。[3]在作了这种区分之后，他接着发表自己的观点，即：为确定公司是否应该继续其制造业务，经理人员会想知道工厂业务究竟创造了多少利润（如果有利润的话），并与销售利润相对照。也就是说，他将工厂视为企业经营的一个特殊部分，应将其产品"售给"销售部门。通过这种虚拟处理，经理人员可以确定工厂业务是否应该继续下去。如果他们的决定为否，企业就需从其他制造商那里购买现成产品。这意味着同时假定其他企业在生产同样产品，尽管他在讨论中并未提及这一点。他的方法有助于达到如下图所示这样一种理想的结果：

第 一 种 方 法[4]

制 造 账 户

1 月 1 日：		12 月 31 日：	
转至原材料		依据（后面）营业账户：	
存货（成本）	3 000	所制造物品	
转至在产品		的交易价	21 840
存货（成本）	500		
	———	库存存货：	
	3 500	原材料（成本）	1 900
12 月 31 日：		库存存货：	
购进（本期）	10 000	在产品（成本）	900
工资	2 500		
制造费用	6 000		
制造业务利润			
应转至损益账户	2 640		
	———		———
	24 640		24 640
	═══		═══

营 业 账 户

1月1日：		12月31日：	
按交易价格计算的		销售	30 000
库存商品金额	8 000	按交易价格计算的	
12月31日：		库存产品	2 650
从（上面）制造账户			
转入	21 840		
一般管理费用	1 000		
转至损益账户的营业			
毛利	1 810		
	32 650		32 650

损 益 账 户

12月31日：	
制造业务利润	2 640
营业毛利	1 810
合计	4 450

第 二 种 方 法

制造成本账户

1月1日：		12月31日：	
转至库存原材料		库存原材料（成本）	1 900
（成本）	3 000	在产品存货	
转至在产品		（成本）	900
存货（成本）	500		
	3 500		2 800
12月31日：		（下面）营业账户所反	
购进	10 000	映的自产商品成本	19 200
工资	2 500		
制造费用	6 000		
	22 000		22 000

1月1日：		12月31日：	
库存制成品			
（成本）	6 000	销售	30 000
		库存制成品成本	2 000
12月31日：			
从（上面）制造成本			
账户转入	19 200		
一般管理费用	1 000		
损益（下面）	5 800		
	———		———
	32 000		32 000
	═══		═══

损　益　账　户

12月31日：	
营业账户利润	5 800

　　在第一种方法下，公司制造部门反映出所谓的"利润"2 640，因为它是在假定销售部门购买它所销售的物品而形成的，为此它不得不支付21 840。账户上所给出的"交易价"是指从竞争者手上购买产品所需付出的成本。不过，这位不知名人士并没有对此作进一步扩展。他似乎认为确定交易价是相当简单的事情。虽然他确曾指出，如果这方面有什么困难，制造商可以按照交易中的一般毛利水平，通过在成本的基础上加一定百分比的方式来解决。关于第二种方法，他曾谈到："它根本不考虑交易价格，自始至终都是按成本进行产品计价。"[5]这是目前常用的方法，销售部门按成本从厂里拿取产品。在这种情况下，制造业务中是没有损益发生的。如果采用这种制造业务不计利润的方法，企业总利润将为5 800。上面例子可以为此作证。显而易见，两个利润数之间的差异起因于存货计价方式。在上述两种方法中，这位专家选择了第一种方法。他甚至建议对资产负债表上的"存货"采用"交易价"计价。他认为，拥有制造利润数据，好处在于

可以抵销可能高估存货价值的情况。不过，他指出，需要注意的并不只是在存货估价不当的情况下增加一些价值。在必要的时候，还应在资产负债表上设立准备以减少存货价值使之接近"成本"。另一方面，假如交易价低于成本，则可以前者作为财务状况表上使用的恰当价格。

该作者所表达的主要意思，在一定程度上，是对当时英国成本权威们一般所持理论或学说进行直接考察。就最低限度而言，起码他们的目标是有功的。也就是说，他们是在努力寻找一种方法，以便对工厂的总体业务效率进行计量。诺顿也有类似的目标，与前面几页中介绍的情况相比，他的系统开发得更好。[6]

直到1908年左右，在部门之间产品转移这一议题上，依然没有任何实质性进展。从有关证据来看，多步骤生产企业由于需要处理这一问题，因而采用了累积技术。也就是说，当产品从一个部门转到另一个部门时，它们会累积反映其成本。按此方式，当它成为最终产成品准备对外销售时，其成本就全部已经发生。斯坦利·加里（英国）的《分步成本会计》中突出体现了这一结论。按照加里的论述，当产品从一个部门向另一个部门流转时，其成本数值会不断增加。[7]另外还有一些例证可资参考，不过它们与加里的程序并无多大差别。[8]

这一时期的一些英国人士，虽然也推荐加里提出的成本累积法，但在具体处理问题时，却又回到了诺顿的观点，认为分步式处理工厂的每个部门或多或少应被当做一个独立的个体，当它所处理的产品转向下一部门时，它也是在赚取自己的利润。比如，L·R·蒂克斯强烈要求在特定条件下使用这种做法。[9]为此需编制一份预先排定的价目表，以便产品进入分类账时不时地查阅。让人十分好奇的是，这种新颖的安排，"很容易用于准备详细而准确的账目，一般来说，却并不违反基本会计原理"。[10]不过，蒂克斯认为这种程序很容易导致资产负债表上高估存货价值。因此，他建议每个会计期终了结账时对在产品进行全面检查，以保证不使它们以高于成本的价格进入存货数据。然而，这种情况下却毫无例外地会使用高于成本的价格。也就是说，如果没有理由推测未完工产品将不会按常规制造程序完工并按规定价格出售，它们将会被按部门之间总的转移价格估价记入资产负债表。如果处于两种可能情况之中的任一种情况，且尚存疑虑，则应在财务报表中设立存货估价准备。不过，最后这些建议，全与上述引文中的斜体部分存在一定矛盾冲突。也就是说，该技术有可能会违反基本会计原理。需要顺便说明的是，蒂克斯关于部门之间转移业务处理的建议程序在现代成本循环中具有一定地位，特别是当制造业公司的各个部门各自分离，每个部门都使用由另一个部门生产的产品的情况下更是如此。不过，现在，从确定年度净利润的角度，部门之间的利润往往是要被消除的对象，虽然其程序有时会是一个难度很大（如果不是不可能）的问题。

蒂克斯的部门利润观在美国受到了极大批评。例如，F·E·韦伯勒在充分引证蒂克斯的观点之后说道："这样一种计划，好像没有丝毫值得肯定之处。产品售出之前是没有利润可言的。不论是将整个工厂作为一个整体，还是其中任一部门，在产品售出之前，都不能认为已经赚取了利润。工厂将其产品按成本输送给商务部门，为整个公司实现利润则是后者的职责……部门成本数据一旦包含利润因素，就不再是成本数据。"[11] 他的观点代表了这一时期美国权威的典型意见，这一观点与蒂克斯及其他英国成本专家的观点形成鲜明对比。顺便说一下，韦伯勒对这一问题的兴趣，仅限于与他所谓的"报价单百分比"成本计划相关的部分。他的计划中也涉及部门问题。他的结论性意见是："每一步骤转至随后部门的费用是前面部门中所发生的实际人工、材料及费用。"[12]

至 1913 年，美国成本会计师（比如 J·L·尼科尔森）提到的已经不只是部门间转移定价的累积（实际成本）技术，而且涉及一些非累积性程序。[13] 在非累积方法下，需要给出各部门所转出的产品数量，但却不必给出除第一个部门以外其他各部门的成本。然而，每一业务（部门）的单位成本却是强调的重点，须明确表明。显然，最终产成品成本并不会因此有所差异。实际上，第二种方法需要比第一种方法付出更大努力，但它确有一定优势，这是人们之所以会在有些情况下采用这种方法的根本原因。尼科尔森还赞同按"标准价"（他的用语）对工厂产出进行定价，这样可使工厂主管对在此基础上确定的产出有较大信心。其实质在于认为销售部门从工厂"购买"产品。在这种方式下，管理部门将"被置于这样一种位置，即：可以掌控每个部门对结果的责任"。尼科尔森没有说明他是否推荐这种做法，却给出了一份可在这种情况下使用的销售表。

下面是从事实际工作的成本会计师在第一次世界大战前最有代表性的观点："如果一个鞋业库存部门与一项制造业务相关联的经营，则应将其视为一项独立业务，单独负担它所占用营业空间应负担的租金，营业中使用的资本，以及保险费、税金、利息等。它不应按成本加一定利润的方式来负担鞋的价值，而是，工厂按总制造成本作贷方记录，鞋业库存部门则按总制造成本负担商品。"[14]

"一战"前英国人的意见，在大多方面倾向于追随美国人（按成本定价），[15]虽然在处理具体问题时也有一定例外。我们可引用 M·W·金肯森推荐的技术为例子来说明。该技术是专门为在材料加工过程的每个阶段都能获得可对外销售的产品的情况而设计的。即：该部门的有些产品可以对外销售，有些则转到其他部门继续进行加工。在这种情况下，金肯森建议采用一种部门间定价计划，该计划准许各个部门分别计算其利润。不过，金肯森似乎不太了解处理这类业务的其他逻辑可能性，因为他讲，如果使用成本价，"一个部门不只会以另一个部门的费用为基础表现利润，而且在涉及成本账户时，其结果很容易使人产生误解，材料费用负担会低于从公开市场购进时的实际成本。"[16]这一理论与几年前其他英国成本会计师的观点很相像。金肯森还建议在资产负债表日对部门间的利润提取准备金，除非该企业处理的是他所谓的"合同工作"，这种情况下是不需要计提准备的。此外，为部门之间转移之需，各种物品要按固定的销售价格定价，唯一要减去的是销售费用。为记录转移业务，还需提供适当的账簿，他认为这些账簿至少应按月进行调节。

虽然美英两国"一战"前后的公众舆论似乎偏爱按成本进行部门转移定价（或以累积为基础，或以非累积为基础），[17]但在少数极其稀有的案例中还是有采用其他技术的情况。比如，在肉类包装业中，当产品在部门之间转移时，会有几种可能展现在生产商面前。他可能经过初步处理就出售肉品，也可以将其送往其他部门。[18]在这类案例中，几位专家建议以市场价作为转移定价基础。詹姆斯·H·布里斯（James H. Bliss）即是开发出较为出色的这类程序的美国成本专家之一。[19]他称自己的技术为"机会成本"转移理论，意指产品"在组织中转往另一部门，而前一生产环节的部门有机会通过在外部市场销售获取收益"。[20]在这种计划下，每个部门都会站在自己的立场；在必要的情况下，可以编制个别损益表来表明部门经理努力的结果。布里斯似乎认为这很重要。不过，他认为，在应用该技术时，存货会因各部门所反映的未实现利润而虚增。尽管按他的意见，对这种虚夸不应看得太重——尤其是会计期初和期末采用同样基础时。

至1924年，好几位专家在讨论部门内部转移时提到机会成本问题。以J·L·道尔为例，他认为："作为内部会计处理的一种方式，该理论有一定优势……然而，从外部观点来看，该理论的缺陷就会立显，因为它所反映的利润并非真实……总的来讲，以成本为基础的转移定价方法还是最令人满意的。"[21]

关于本章所讨论的议题近年来很少有独创性见解。对如何通过会计处理消除部门内部利润倒是有一些精到的建议，但理论上却并无新意。目前一般认为比较好的程序是按实际成本反映部门间的转移（既可以累积为基础，也可以非累积为基础），除非有其他计划更适于企业使用。这一主题演进到1925年已是相当完善。

注释

［1］G·P·诺顿，《纺织品制造商簿记》，第四版（伦敦：斯皮金，1900），第
219-220页（1889年第一版）。

［2］诺顿提到以交易价作为"标准价"，他所想的自然不会是现代意义上"标准"
一词的寓意。G·P·诺顿，《纺织品制造商簿记》，第四版（伦敦：斯皮金，
1900），第222页。

［3］《会计百科全书》（伦敦：威拉·格林父子公司，1903）。文章未署名，不过，
作为编辑的乔治·里斯勒在他自己的著作中倡导同样技术。[乔治·里斯勒，
《会计理论及实务》修订版（爱丁堡：威廉·格林父子公司，1909），第255
页。（初版于1899年）]由此可推断，《会计百科全书》该部分的作者很可能
是他。

［4］《会计百科全书》（伦敦：威拉·格林父子公司，1903），第1-2页。

［5］《会计百科全书》（伦敦：威拉·格林父子公司，1903），第3页。

［6］这一观念的历史是很有趣的。其最终结果，当然是逐渐引入了标准成本安排。
关于稍后英国人的观点，可参看《会计师》杂志1912年的几篇社论。散见
各处。

［7］H·斯坦利·加里，《分步成本会计》（伦敦：吉出版公司，1908），散见各处。
加里为英国人。

［8］从完善性方面考虑，在此需要指出，C·E·克罗贝尔曾在1908采用过这样一
种理论或观念，即如果一家机器制造厂中有一个铸造车间，则应将该车间视为
一个独立的部分，并假定它应按"市场价格"将其铸件"出售"给企业。不
过，对期间可能涉及的部门利润该怎么办，他只字未提。参看其"图解生产控
制"，《产业管理》，LVII（1919），第56页。

［9］L·R·蒂克斯，《高级会计》，第四版（伦敦：吉出版公司，1911），第236页。

［10］《产业管理》引文中。斜体为本书作者所加。

［11］F·E·威伯勒，《工厂成本》（纽约：罗纳德出版公司，1911），第280页。

［12］威伯勒，第279页。

［13］J·L·尼科尔森，《国际教科书》（纽约：国际教科书公司，1913），第20部
分，第46页。

［14］F·S·斯冒，《会计方法》（波士顿：L·S·普林汀公司，1914），第18页。

［15］参看《会计师》，1915年，第186页给出的意见。

［16］M・W・金肯森，《某些影响成本会计的会计原则》，《会计师》，（1914），第573-577 页。

［17］参看 E・W・纽曼，《成本处理的功能》，《会计师》，1921 年 3 月 19 日，第335 页。

［18］这基本上是金肯森观念中的主张。金肯森的技术已经作过讨论。

［19］《N・A・C・A公报》，1922 年 4 月 15 日。F・E・威伯勒也曾在 1917 年提到过这一学说，但他拒绝推荐。不过，威伯勒确曾提到当时的肉类包装业在使用它。他称之为"功利主义的成本"转移技术。参见其《工厂会计》（芝加哥：拉撒勒普及大学，1917），第 186 页。

［20］詹姆斯・H・布里斯，《N・A・C・A公报》，1922 年 4 月 15 日，散见各处。

［21］詹姆士・L・道尔，《成本会计》（纽约：罗纳德出版公司，1924），第 118 页。

第八章

副产品会计的演进

　　副产品[1]会计是成本理论和技术演进中一个更专的话题，其历史并不久远。事实上，对早期成本理论家而言，这几乎是一个根本不值得关注的问题。正如前面各章中所见，直到世纪之交，从事成本会计研究的权威们把大部分精力都放在材料及人工要素处理及成本计算方面；因此，在副产品成本处理这样一个技术性问题上，确实着力很少。一些企业在面对副产品时，[2]只是简单地将其作为杂项销售处理，而不会很仔细地考虑其特殊会计要求。不过，也确实有不少大企业早在成本专家开始在著述中考虑这一问题之前就已进入这一问题的实践领域。在理论方面，唯一的例外是有位早期作者在 1886 年提出应按完全销售价格从主要产品成本中扣除副产品价值。[3]

　　对面粉厂而言，副产品是个很有趣的问题（主产品：精粉或专利面粉；副产品：麸皮等），因此，当我们发现最早提及这一问题是在面粉厂会计中，一点也不必感到惊奇。更有趣的是，当时人们已经用"副产品"这一术语来称呼面粉加工中的麸皮。英国人 Ｓ·Ｓ·道森于 1897 年在"面粉厂存货及成本账户"[4]中简要描述了他所提出的副产品会计方法。在购入各种不同质量的小麦时，要按等级借记小麦存货账户，同时按数量提供永久性存货目录。每天将小麦分等级投入加工时，需贷记小麦存货账户，借记磨面账户（见下表）。

磨面账户（至 1896 年 1 月 8 日为至第×周)[5]

重量（百磅）	小麦品种	借 方 价 格	金 额			袋
			L.	s.	d.	
900	加利福尼亚	7/—	315	0	0	7
400	同上	7/2	143	6	8	804
775	瓦拉瓦拉	7/4	284	3	4	41
425	河洲	6/5	136	7	1	
275	同上	6/2	84	15	10	82
550	美国冬小麦	6/4	174	3	4	126
255	加拿大	6/7	83	18	9	255
358 000 磅			1 221	15	0	247
3 556（889 袋，每袋 4 磅）		5d	18	10	5	179
361 556			1 240	5	5	

贷 方

生产量 袋 磅	摘要	价 格		金额			产量（磅）
				L.	s.	d.	
200	糠	5/6		1	18	6	1 400
120	麸	4/—		160	16	0	96 480
280	低等级面粉	12/1		24	12	0	11 480
				187	6	6	109 360
280	5 号钻石品牌	27/7	1/3	113	3	7	22 960
280	4 号钻石品牌	25/11	1/3	163	9	0	35 280
280	3 号钻石品牌	24/3	1/3	309	10	10	71 400
280	2 号钻石品牌	22/7	1/3	279	4	11	69 160
280	1 号钻石品牌	20/11	1/3	187	9	0	50 120
	差				1	7	
	损重						3 276
				1 240	5	5	361 556

道森并没有说明他以什么方法作为磨面账户借方的计价基础，按常理推测，应该是先进先出法。[6]不过，最有意思的是该账户的贷方记录。首先，副产品（糠、麸及低等级面粉）在贷方同时按产量和价格加以记录。不幸的是道森也未言明他所采用的计价方法。他采用的明显是某种类型的市场价格。这里使用的副产品处理方法，是一般常用的"副产品抵销法"。其次，在贷方，作为主产品的五种不同等级的专利面粉被称为"钻石品牌"。与此相关，面粉厂主必须决定各个等级之间的价差，"本例中为每袋 1s. 8d。一旦价差决定之后，就可以很简单地算出各个不同等级产品的确切价格（成本）"。[7]很明显，其差数需要通过判断确定，但道森并未认为这有多难。产品袋数与价格相乘之后，每一边的金额合计栏和重量栏可互相对照，以确定可能存在的任何差异。如有差异存在，则应在表中予以揭示。每周对磨面账户进行汇总后，每个等级的个别成本（包括袋子成本）要在汇总报告中进行反映。该报告并非仅仅反映每个等级原材料及每袋成本，还要反映各种磨面费用。有趣的是，磨面费用须在一份表格上加总反映，如下所示：

磨面费用（至 1896 年 1 月 8 日至第 X 周）[8]

	L.	s.	d.
磨工工资	46	10	0
租金、税费（年度总额的 1/52）	15	5	0
办公人员工资及费用	24	8	0
外地运费	14	5	0
修理费及折旧费（年度总额的 1/52）	8	0	0
其他杂项费用	11	5	0
889 袋，每袋 2/8　1/6＝	119	13	0

本表有几个很有意思的特征。第一，要注意的是用于确定每袋成本的除数只包括主要产品，即五个等级的优质面粉。这意味着，这些成本并不考虑由副产品分担的问题；第二，该周内所发生的各种非主要费用包括办公人员工资在内也全部分配到了面粉上；[9]第三，磨面成本在具体

分配到各个等级的优质面粉时作了同样考虑。最后一点在下列汇总表中作了强调：

面粉成本及售价表

到 1896 年 1 月 8 日为至第×周

	小麦及面袋成本（如上）		每袋磨面费用（如上）		总成本		销售价报价单
5 号钻石品牌	27/7	1/3	2/8	1/6	30/3	1/2	33/6 — 34/—
4 号钻石品牌	25/11	1/3	2/8	1/6	28/7	1/2	32/— — 33/—
3 号钻石品牌	24/3	1/3	2/8	1/6	26/11	1/2	30/— — 31/—
2 号钻石品牌	22/7	1/3	2/8	1/6	25/3	1/2	27/9 — 28/6
1 号钻石品牌	20/11	1/3	2/8	1/6	23/7	1/2	26/— — 27/—

对道森的工作可作如下总结：尽管他的解释多有含混之处，但却确实表明他对以后用于副产品处理的各种现代化方法有很好的了解。此外，他的方法对他心目中的问题或许是非常合适的，虽然当时大部分面粉加工企业是否使用他所建议的这样精确的系统很值得怀疑。

最早提及纯分批处理企业副产品处理的，是刘易斯的《工厂的商业组织》。作为一位英国权威，他提到了冲压加工中遗留的碎金属片及其被作为加工小零件的原材料的情况。[10] 他认为，对于处理这种情况，根本没有一般规则可供遵循。不过，一般情况下金属碎片会被收回原材料库，然后在加工小零件时重新发出；"其价格介于原材料和普通废料价格之间，以不至于使任何一个步骤因为以这种方式使用金属而获得不正当收益为标准。"[11] 刘易斯的建议对细节问题并不是说得很清楚，尽管其"中间价"基础确有一定价值。像当时大多数权威人士一样，事实上，他也未认为这一问题有多重要，他的关注不过是惊鸿一瞥。

刘易斯的同胞 J·麦克诺顿关于一家造纸厂（分步处理）会计的描述要稍微清楚一些。造纸过程中生产的纸浆（碎纸）需在纸浆账上详加记录。该账需为来自每台设备，来自压光机，来自切割、拣选各部门的碎纸分设专栏。每天的合计数延伸到账页的右边部分。这对成本处理有何意义呢？回答是碎纸还是有一定价值，不仅能用于销售，还可加工成不同类型的副产品。[12]鉴于这一事实，碎纸需"按照某种比较适当的名义价格"贷记每批好纸成本。[13]如果碎纸被用于加工另一批好纸而不是特定副产品，则要按与贷记上一批纸相同的金额计入这一批好纸成本。麦克诺顿没有明确指出若用于加工副产品该如何计价，按道理应该还是前面所谓"名义价"。

由此来看，至世纪之交，关于副产品处理人们至少提出了三种方法，即：市场价原则、中间价原则和名义价原则。后来的权威们开始为此寻求理论支持。比如，几年之后，斯坦利·加里针对英国化学工业[14]情况提出从进入主要产品的材料成本中扣除副产品销售价值（扣除加工成本之后的金额）。[15]他的说明中涉及两种副产品和四种主产品。有趣的是（尽管与这里的话题并无关系），加里认为，原材料成本应在扣除副产品价值之后，按照有关销售价值在四种主产品之间进行分配（在此只有一种原材料）。他的讨论除了具有这些现代特质之外，还进一步解释了有一种副产品是"纯的"，[16]另一种则是"加工过的"。不过，它们两者在出售之前都需要经过一定加工处理。总的来说，加里关于这一问题的讨论，其实只是讨论主要问题时的附带部分。他的主要议题是标准成本的制定及产品过剩问题。[17]他在副产品问题上的确表现出了很大的创意，其工作值得肯定。

除前面提到的英国权威外，G·A·米切尔于1907年提出，麦芽制造业的副产品——各种梳落物和碎粒——应贷记"麦芽账户"（一个用于归集麦芽制造过程中所发生成本费用的账户），并按某种人为确定的价格记入营业账户借方。正如他所说："在目前账户上，碎粒一般要按每吨3镑的统一内部转移价予以扣除。这种平均价简化了成本工作。通过销售实现的超出这一价格之上的所有偏差，则落入营业账户贷方。副产品必须联系售价来定价，但对营业部门而言，只有当能够显示出在它从麦芽账户中转出时的价格以上所获得的利润额时，才比较公平合理。部门内部转移价格应该按这一原则来确定。"[18]

虽然在世纪之交英国权威们就已经在关注并讨论副产品处理及成本问题，在美国，直到 1900 年以后，这一问题还是很少有人提及。在美国副产品销售的处理方式与废料处理有点类似，即作为杂项收入，[19]并贷记部门成本。副产品和废料之间也不像今天有那样大的区别。一位美国权威于 1904 年作如是说：关于副产品有各种不同的处理方法可资遵循，但正确的方法则是废料处理技术。[20]

然而，时至 1909 年，美国成本权威开始在这一问题上作出重大贡献。有些人甚至在其著作中用专门章节来讨论一些特殊案例。举例来讲，J·B·格里菲斯（J.B. Griffith）于该年建议组建一个独立部门来处理副产品加工问题。[21]常规部门材料铸件旁落的废料价值要贷记该部门成本，并由副产品部门负担（也是按废料价值）。其他成本费用也同样要副产品部门负担，副产品则按常规经营程序销售。同时，格里菲斯承认在副产品价值较小的情况下，可按其销售利润（减去生产成本之后的）[22]贷记主产品成本，不过，一般来说，"这并不是一项可资遵循的可靠规则"。[23]此外，在大多数情况下，按照他的结论，企业副产品生产和销售应视为一个独立的业务部门的业务。他的理由是，若非如此，有些情况下（比如肥皂及人造煤气）的副产品收入会在显示主产品情况时以极大数额表现出来，且没有相应的成本与之配比，这将会是一种很荒谬的结果。

几年后（1911 年），F·E·威伯勒对较小的废料项目（后来用于制造便宜物品）是否应由副产品按初始材料成本或其废料价值负担提出质疑。[24]经过多方考据之后，他得出如下结论："从逻辑上来讲，每英尺或每单位材料所涉及的实际成本，应该归于用该材料生产的每件物品……当然，这为计算几件产出品的成本给出了最公平的基础，而不管该产出品来自废料还是正规原材料。"[25]按照威伯勒的观点，不使用材料完全价格的主要风险在于：在未来某一时日，可能会以某一批涉及副产品的产品成本作为参考并曲解其成本含义，因为成本表上没有表现出所有的成本（他的意思是说材料要素未能反映出真实情况）。他也简单提到了他的计划所要求的会计处理。他认为，副产品所使用的废料价值与常规价值之间的差额应贷记他所谓"重量或数量差"账户，或记入"溢缺毁损"账户。由废料引致的预期废料价值已在这两个账户中的某一个上作了反映，现在则是将其转入副产品价值。如果会计师不注意贷记了其中某一账户，他可能会贷记某一相应的准备账户。[26] 究竟哪种程序更好用些，威伯勒的态度极不明朗。关于这种差异的处理之所以会给出这样一种特别的技术，是因为要将较大的材料成本计入常规产品。这是记录的需要，除非会计处理已经是按提议的方式进行。为此，有必要对重量或数量差账户[27] 每月所负担的数额进行调整，可威伯勒并未提到这种调整。

差不多与此同时，著名会计师 C·本特莱（C. Bentley）在《会计科学》中也提到各种副产品处理方法，[28] 不过，他的方法与威伯勒的有所不同。本特莱首先举了一个副产品账户的例子（见下表）。

副 产 品[29]

借方：登记为市场生产副产品所用的生产性人工、材料及制造费用。	贷方：每月结账时登记出售或作其他用的副产品的成本。（参看副产品销售账户）

本账户只在副产品从主产品中分离之后还需进一步加工的情况下使用。在副产品不需加工即可出售的情况下，本特莱认为出售前无需确定其价值，也不必作任何会计处理。出售之后则可贷记"副产品销售"账户（参看附表），借记现金或应收账款。如果账上设有副产品账户，其月末余额，自然表现为当日该资产的价值。顺便说明一下，他并没有明确说明应按副产品价值贷记主产品成本。[30] 事实上，他强调没有固定规则可循，一切须由管理部门决定。他在另一处[31] 发表的关于副产品处理问

题的结论是：来自副产品销售的收入（专指不需进一步加工的副产品）应做杂项收入处理。简言之，"生产常规产品所花费的成本，不必扣减已实现的副产品价值"。[32]不过，他又指出，为使副产品达到可销售状态所发生的任何成本费用，应由来自副产品的销售收入负担。[33]这里所谓成本费用包括工厂间接费用。本特莱还对个别情况下需要加工的副产品和需要完全重新加工的副产品作了区分，后者可能混合使用其他类型的原材料。他认为，在这种情况下，应按人为确定的在产品材料价值贷记主产品成本。不过，在此需要说明，本特莱的这种区分后人很少注意。他以图表形式说明了他的副产品销售账户，由此可以看出他是如何考虑这种差别的。

副产品销售[34]

借方：每月月末结账时反映已售副产品成本（参看上面副产品账户）。这些成本是为使副产品达到可销售状态所发生的加工费用。除此而外，本账户借方不应有发生额，除非管理部门想用一个任意的成本价来反映副产品。	贷方：每月月末结账时反映副产品销售情况（按售价）。

本账户余额不管借方有否发生，都要于月末结转损益账户。总体而言，本特莱有关副产品的讨论比他的前辈们要具体明确，但他依然要受责难，因为他没有说明在实现副产品价值贷记成本理论时应遵循的具体技术。虽然他有时也提到后面的程序，但读者在确定如何做分录以反映抵销情况时依然会有很大困难。

J·L·尼科尔森1918对"一战"前一段时期美国这方面情况作了如下概括："按惯例应该确定副产品加工过程所使用初始材料的百分比，并将其成本作为副产品材料成本从主产品成本中扣除。"[35]倘若百分比的确定过于复杂，则不必对主产品成本作扣除。这种情况下，可将副产品销售价视为杂项收入。按常理推测，加工副产品时发生的人工及间接费用也需作抵销，在最后一种情况下，应该是针对来自它们的收入进行抵销。不过，尼科尔森并未对此进行讨论，从而使它在当时成了一个遗留问题。

至 1917 年，美国成本权威开始一丝不苟、极其认真地对待副产品问题。A·汉米尔顿·丘吉尔用好几页的篇幅在《制造成本与账户》中以制皂业为例对这一问题作了讨论。他首先列举了可供采用的几种观点，然后谈到，最根本的问题是决定采用什么价格或价值对应由副产品加工账户负担的"下脚料"进行计价。他的理论是副产品应扣减主产品成本。这种扣减至少有三种可用基础：

（1）按副产品售价减去恢复成本后的价值贷记制造账户。

（2）没有任何价格，或者仅仅有一种名义价格可用；它等同于副产品部门领用原材料，要能够让它显示出利润情况……

（3）当可以计算出副产品相当于初始原材料的数额时……则可以原材料在主产品和副产品之间分配的相对权重为基础，用一种公允价格对下脚料进行计价。[36]

丘吉尔似乎更偏爱最后一种方案，虽然在他看来第一种方案也有很多优点。不管何种情况，都应该设立一个独立的部门专门进行副产品加工处理，而且要尽可能为该部门保持准确的成本及生产记录。

20 世纪 20 年代初期，英国成本权威依然忽视这一问题。英格兰权威们早期曾对这一问题的分析有过一些很重要的贡献，但在 20 世纪前 10年，他们却无悔地放弃了在这一领域中的领导地位。为了将他们的处理方式与美国权威们的处理方式作一对照，这里有必要从总体上介绍一下M·W·金肯森的评论。[37]在布里斯托尔特许会计师协会（Bristol Society of Chartered Accountants）成立大会上进行演讲时，有人问他何为处理副产品问题的"正确"方法，应该按什么数额来贷记有关主产品成本。

金肯森回答有两种可能：一是标准价，一定条件下也可代之以副产品的实际市场价。他并未言明如何确定标准价。他的意思好像是指一种不经常变化的"正常"价格。他偏爱标准价，前提是当市场上下波动时，它只会在经历了较长时间间隔后才变动一次。他认为按这种方式主产品成本应能保持较好的可比性，除非年末需要进行调整以使成本账与财务账（这两种账应相互独立）保持一致，其时要确定副产品年度平均价，并在成本账上作适当调整（究竟是何种性质的调整，他并未言明）。金肯森的目的似乎是——尽管他在讨论中并没有很明确地说出来——从影响主产品成本的角度约束副产品价格波动。此乃他之所以建议采用标准价的实质性原因。

在此还可以引用另一位英国权威人士关于这一问题的意见。E·T·埃尔伯恩 1921 年谈到："……对从性质上看属于副产品的各种残渣碎料，应该尽可能贷记用于借记初始材料的账户，各种难以捉摸的项目最终应贷记……损益账户。"[38]

20 世纪 20 年代早期英国成本会计师总体上是将副产品价值作为主产品的抵销项目，但在具体采用什么价格的问题上意见却有些不一致。[39]

与英国人对这一议题总体上的忽略相比，美国实务界人士及理论家们的说明显得更加全面而彻底。比如，新近成立的成本会计师协会的研究人员编撰的一份报告，从总体上反映了 1920 年在用的各种用于处理这一问题的方法。该报告对一些过分"吹毛求疵"（他们的用语）的方法提出了警告，他们认为不值得为此多花成本。[40]同年，乔丹和哈里斯在《成本会计》一书中用整章的篇幅对这一问题进行讨论，表现出了对它的高度重视。他们介绍了三种副产品会计方法，并说明了各自的优缺点。[41]他们的描述并无新意，只是特别强调适当处理这一问题的重要性。[42]至 1922 年，关于各种特殊技术的说明开始不断涌现。比如，C·C·舍帕德（C. C. Sheppard）就曾提出在从一吨煤中生产出来的各种主副产品之间进行成本分配的"八项基础"。他强调用这种方法可以获得可比成本，用于多种实际目的。[43]废料可以以从每吨煤炭中所获得的各种产品的总量为基础分配到主产品（焦炭）及四种副产品上。在作了这种调整之后，再以修正后的重量为基础进行材料成本分配。[44]

20 世纪 20 年代后期，副产品会计越来越受重视。有几位权威在此问题上花了整整 20 页的篇幅，[45]不仅提出了有关这一问题的基本理论，而且以图表方式说明了主流行业所遵循的实务处理方法。从此之后这方面再无新东西出现。

注释

[1] 这是一个相当古老的术语。除了本章中所引的各种参考资料外，还可以参看 E·阿克顿，《英国面包烘烤》，II（1857），第 95 页，他在书中说道："德国酵母……在许多酒厂构成一种重要的副产品。"亦可参看 1882 年 8 月 24 日《标准》，其中谈到"煤气生产中的副产品"。

[2] 有趣的是，约翰·阿克·怀特在其《副产品会计》（得克萨斯大学硕士论文，1930，未出版）中对他所谓"副产品"和"联产品"作了区分。尽管从术语学的角度来讲很有价值，但对目前这一讨论却无太大意义。因此，对他的这种二分法这里将不作进一步观察。

[3] M·E·克拉破仑，《会计程序》（1886），第 105—110 页。

[4] S·S·道森，《面粉厂存货与成本账户》，《会计师》，1897 年 4 月 3 日，第 389 页。① 不过他的图表中标注的日期却是 1896 年。

[5]《会计师》，1897 年 4 月，第 369 页。

[6] 不过，他确实说过，定价是一个需要特别加以考虑的问题，因为同一等级的小麦购进价却是不一样的。文中加利福尼亚和河洲两种不同类型小麦的计价即是他处理方式的证明。

[7]《会计师》，1897 年 4 月，第 369 页。

---

① 第三章注 [35] 提到道森的文章《面粉厂存货及现金账户》，发表在《会计师》，1897 年 4 月 3 日，页码为第 370 页，和这篇文章标题相似，日期相同，但页码不同，不知是同时发表两篇文章，还是引用时有误。联系本章其他相关注释来看，应该是一篇文章，标题为"面粉厂存货与成本账户"，第三章注释中标题有误。——译者

[8]《会计师》，1897年4月，第370页。

[9] 如第五章中所述，这是19世纪通行的做法。

[10] J·S·刘易斯，《工厂的商业组织》（伦敦：E·及F·N·斯本，1896），第269页。刘易斯是英国会计师，工厂经理。

[11]《工厂的商业组织》引文中。

[12] 约瑟夫·麦克诺顿，《纸厂簿记》（伦敦：木质纸浆有限公司，1899），第18页。麦克诺顿并未使用"副产品"一词。

[13]《纸厂簿记》引文中。

[14] H·斯坦利·加里，《工厂成本》，《会计师》，1903年7月25日，第955-957页。加里是位英国会计师。

[15] 他用了这一术语。

[16] 未曾混合或掺杂的。

[17] 第七章曾对此作过详细讨论。

[18] G·A·米切尔，《单一成本会计》（伦敦：吉出版公司，1907），第32页。筛屑或小粒大麦也作类似处理。

[19] 比较H·L·C·霍尔，《制造成本》（底特律：簿记员出版公司，1904），第129页，书中谈到，销售"副产品"（他的用语）收入按惯例是作为"意外之财"来处理。

[20]《制造成本》引文中。不过，要注意贷记原来使用该材料的部门的费用。

[21] J·B·格里菲斯，《商业、会计及经营管理百科全书》（芝加哥：美国技术协会，1909），II，第183页。

[22] 他没有说他包括什么。

[23]《商业、会计及经营管理百科全书》引文中。

[24] 他没有使用这一术语。

[25] F·E·威伯勒，《工厂成本》（纽约：罗纳德出版公司，1911），第102-104页。

[26] 他意味着重量及数量差准备，以及溢缺毁损准备。

[27] 或溢缺毁损账户。

[28] H·C·本特莱，《会计科学》（纽约：罗纳德出版公司，1911），第216-217页，第240-241页。

[29] H·C·本特莱，《会计科学》（纽约：罗纳德出版公司，1911），第216页。

[30] H·C·本特莱，《会计科学》（纽约：罗纳德出版公司，1911），第216页。

[31]［32］［33］H·C·本特莱，《会计科学》（纽约：罗纳德出版公司，1911），第240页。

［34］H・C・本特莱，《会计科学》（纽约：罗纳德出版公司，1911），第 217 页。

［35］J・L・尼科尔森，《成本会计》（纽约：罗纳德出版公司，1913），第 50 页。

［36］A・汉米尔顿・丘吉尔，《制造成本与账户》（纽约：麦格劳-希尔图书公司，1917），第 94-95 页。

［37］《会计师》，1919 年 1 月 18 日，第 44 页报道。金肯森是一位英国特许会计师，一战期间担任军需部工厂审计与成本主计长。

［38］E・T・埃尔伯恩，《工厂管理与成本会计》（伦敦：朗曼-格林出版公司，1921），第 454 页。

［39］比较：金肯森，《会计师》，1919 年 1 月 18 日，所提到的资料，第 45 页，以及埃尔伯恩，第 454 页。

［40］《N・A・C・A公报》，1920 年 8 月 16 日。

［41］J・P・乔丹和 G・L・哈里斯，《成本会计》（纽约：罗纳德出版公司，1920），第 244-250 页。

［42］W・B・卡斯滕霍兹也对这一问题作过极为深入的考察，但却不像乔丹和哈里斯那样全面。参看 W・B・卡斯滕霍兹，《成本会计程序》（芝加哥：拉撒勒普及大学，1922），第 314-316 页，以及詹姆士・L・道尔，《成本会计》（纽约：罗纳德出版公司，1924），第 416 页。

［43］《N・A・C・A公报》，1922 年 12 月 1 日。

［44］其他权威也曾对重量基础有过暗示。比较 W・B・卡斯滕霍兹，第 315 页。

［45］比较怀特，在其《副产品会计》（得克萨斯大学硕士论文，1930，未出版），也可参看他在《会计学杂志》LI（1931 年 2 月）号上的文章。

第九章

边角废料会计的演进

在成本核算方法发展的早期历史中，与边角废料①会计处理相关的观念进展极其缓慢。直到进入 20 世纪以后，对这方面问题的兴趣依然十分淡薄。这一问题之所以长期被忽视，原因是不难探知的。直至 1900 年左右，人们一直未曾考虑废料在工业中的总体价值，也没有注意废料的会计处理问题。当时，一些先进的企业曾认真考虑过这一问题，但直到罗斯福总统当政时期（1901—1909 年）也还是基本上没太重视这一问题。在他的激进领导下，各种团体和机构开始研究各种保守行为。受此促动，成本界的权威人士开始认真关注和考虑这一问题，尤其是与之相关的成本会计处理。

不过，上述种种情况并不意味着早期成本专家完全忽视对这一问题的讨论，而是说他们的技术通常是相当含糊和肤浅的。举例来讲，英国

---

① 一些更具现代意识的成本专家对边角料和废料作了严格区分。本章讨论这一问题并不以此作为重点。其间的区别，在于边角料具有一些较低质量的副产品所具有的品质，它是在制造主要产品的同时生产出来的，大多数情况下可按一定价格出售，尽管价格可能很低；废料则虽然也是在生产过程中产生，但却一般毫无市场价值。它也可能是由于缩水或蒸发而造成的损失。关于这种区分，可以比照 A·汉米尔顿·丘吉尔，《制造成本与账户》（纽约：麦格劳-希尔图书公司，1917），第 86 页内容。

成本专家埃米尔·加克和J·M·费尔斯就曾提到在有些情况下工厂中会有一些边角料需要处理。他们的潜台词是说这些边角料应该像剩余材料一样再交回仓库。为此需要填一份"仓库借项通知单"。但是，他们在下述重要问题上却保持了绝对沉默，即：如何进行边角料计价；是否要贷记工作单，如果记，应记多少；边角料分离之后作何处理。他们设计的"仓库借项通知单"设有重量和金额栏，但却没有填制完成，读者不得不自己补上有关详细资料。[1]

为了强调说明现代成本技术发展的早期阶段人们对这一问题的忽视程度，可以引证G·P·诺顿的处理方式。[2]他最感兴趣的是那些废料数量特别大的行业，他认为这类企业有许多比较棘手的问题。当涉及应采用的程序时，他提出一种工厂销售日记账，极具价值。该账可以反映废料及其他杂项收入，比如出售废旧机器收入等。该账所记分录，当涉及废料处理时，要于每天终了过入一些客户账户的借方（假如采用信用销售方式），并在"名义分类账"中贷记原材料账户。本分录按废料的销售价格来记，并按同一基础贷记材料账户。因此，在诺顿的材料账户上，材料的购进是按成本反映，废料的销售却是按实际带来的收入来记。废料在售出之前不作任何记录。谁都可以看出，对于如此重要的事项，这种处理方法有点太过随意。即便如此，在当时这已经算是最好的方法。[3]我们在第二章中提到过，有一两个早期法国专家曾简单提到过这一问题。

J·S·刘易斯1898年撰写《工厂的商业组织》一书时，废料会计已有很大进展，为此他不得不停下来对此作更为细致的考察。刘易斯主要关注英国工程企业，显然，这类企业总会有一些边角废料产生。他建议将废金属按比边角料的市场价稍低的价格回收纳入仓库，并贷记有关生产批次单。他用一种仓库回收单作为登记仓库记录卡的依据，采用的是低于正常水平的价格，"目的是为了不必进行持续的再调整"。[4]对那些无法追溯到具体生产通知单的废料，刘易斯采用了一种固定工作单表（standing order sheet），可作贷方记录。这些废料会定期转至仓库然后对外出售。这一业务将通过一种销售日记账进行处理。这与诺顿的建议相同。刘易斯的成本记录只是部分地与财务账相结合，因此，该销售日记账乃是"账房账簿"（他这样称呼它们）中唯一的这类记录。他的技术比前人所用的更加特别，但却并非更精确。不过，刘易斯确实强调贷记引发该边角料或废料的工作单的重要性。这是他对这一问题所需会计程序的最大贡献。

至 1903 年，有些成本专家开始区分边角废料与毁损。自然，毁损并非一种可以预期的浪费，它是因工人、机器或材料方面的问题而造成。约翰·曼恩爵士[5]曾以一家铸造厂为例说明废铸件的处理。他认为，由于不合格铸件而导致的额外成本支出不应由该批产品负担，而应记入一个特别的间接费用或负担类账户。这一解释（或者说理论）与以前的观念有所不同，尽管很少有权威人士曾为这样的学术性问题感到烦恼。它同时也表明，进入 20 世纪以后，人们越来越关注这一问题。

在美国，铸造厂残次件问题也在同一时间受到一定关注。比如，H·L·C·霍尔曾于 1904 年谈到，铸件成本由原材料（铁）、人工及费用（间接）三部分构成。在随后的分析中他强调指出，不合格铸件必须回炉"重新熔化"；其成本，一是生产中所耗的铁，另外还有所发生的间接费用。人工费用则可忽略不计，因为他假定不合格铸件是不付工资的。他所说的基本上也就这些，[6]后来他又建议毁损材料——尤其加工业中——应以原材料成本加人工成本记入损耗账户。[7]他没有提间接费用该怎么办，也没有说明损耗账户又该如何处理。因此，他的理论与前人的观点有所不同，在于他将损耗按远超前人惯用方式的金额作价记入损耗账户。另一位美国成本专家 B·C·毕安认为，不同批次中产生的废料应该归集在一起，并"按开初所用的原材料比例进行分配。"[8]当然，这种独特的程序是相当含糊的。不过，毕安接下来又说，按比例分配中所涉及的贷方金额是废料的售价金额。如果废料尚未售出（仍处在待售状态），则可用"公允"（他的用语）价格。该公允价格是指市场价的中间价。如果废料交回车间重新熔化，则可考虑用"废料价格"。[9]这一观点与几年前刘易斯提出的观点相似。它充分显示出在美国这一期间人们对这一问题总体上的忽视，以及所推荐技术的模糊性。

C·M·戴《会计实务》（1908）中的观点，可以看作这一问题不甚受人重视的典型例证。C·M·戴只是简单提到："废料销售是材料消耗的抵销项目，应在确定原材料成本时从材料消耗中予以扣除。"[10]

对废料会计处理问题重视不足的缺憾，在20世纪前10年快结束时开始得到一定程度的弥补（尤其在美国）。这无疑反映出，人们对于保守的和较低的生产成本核算水平相关的所有议题兴趣正在日渐提高；[11]同时也反映了对成本事务兴趣总体上的复兴。至1909年，舆论似乎开始认为应将边角废料作为产品成本的扣除，虽然对这种方法还存有一些争议。对于采用何种计价方式，意见分歧也还是很大。不过，J·L·尼科尔森对他认为可作为标准实务的技术作了归总，后来人们开始围绕他的处理方式作进一步深化。尼科尔森第一次对废料和边角料按是否有价值作了区分。无价值的项目可直接（按材料原始成本）归由生产批次或残次品账户负担。残次品账户归在企业"一般费用"中。显然，第一种方法会增加该批产品成本。他没有讲哪种方法可作为首选方法，只是提到每种方法的净影响总的来讲是相同的。在这一点上，尼科尔森的理由是难以让人理解的。两种方法的净影响怎么会一样呢？

按照尼科尔森的观点，没有价值的边角废料要按一定扣减价交回仓库，该"扣减价应该是经讨论同意的，成本与这一扣减价之间的差额应由产品批次或者残次品账户负担"。[12]如果这种再生边角料中有一部分可以在某些制造过程中再次使用，则应按同样价格由第二个加工过程负担，因为它先前已经借记过存货。虽然尼科尔森在涉及实务处理方式及一些细节问题时不是很明确，但他确实对工厂会计师所面对的各种可能性作了很好的概括，与此前美国权威们的工作相比，他所做的要全面得多。

两年后，纽约会计师约翰·R·威德曼毫不犹豫地推介他认为最准确的方法。[13]他首先列出如下三种可能采用的程序：①按照一批产品中合格品的数量对该批产品或作业成本进行分配；②在扣除废品残值后，按合格品数量对整批或作业成本进行分配；③按"实际成本"（未说明其具体性质）确定废品成本并记入废品账户。威德曼意味着——尽管并未言明，在第三种计划下，要贷记初始批次或物品成本。他比较喜欢的是第二种方法。净损耗需计入完工产品成本；也就是说，并不按损耗情况对材料成本进行扣减，而是要将其全部归由最终产品负担。威德曼不仅对他所推荐的方法有相当详细的阐述，而且对其实际应用作了举例说明。

S·H·巴莱尔也在同一时期谈到这一问题，他不是很关心具体的实施细节，但他对废品项目性质的哲学分析远比尼科尔森或威德曼更为深入。他认为，不管废品发生在何处，都不应视为生产过程的一个常规部分；这类废品应归入一个所谓"废品材料及人工"账户，以反映其净损失。该损失是以废品残值与到废品出现时为止所发生的主要成本之间的差额来计算的。虽然他没有这样说，但他却意味着，如果废品的出现是经常性的、意料之内的事情，则该批产品有责任负担废品损失，理由是这种事故的发生赋予了它考虑废品价值的责任。正如他所说：[14]"好的成本记录方式不是让单独一批产品来负担偶尔发生的不幸，而是把不幸所造成的费用作为一种较轻的负担分散到所有产品上去。"同样的思想在他之前几个人的讨论中也有所暗示，但他们之中无人这样明确地阐述这一问题。

此后不久，另一些美国权威人士也对如何适当地进行废料会计处理作了讨论。比如，F·E·韦伯勒就特别强调及时进行废品、废料及边角料报告的重要意义，并对可采用的形式作了一些说明。[15]管理部门的注意力被吸引到这一问题上，并开始保持一份有关每个员工工作效率情况的记录。韦伯勒有关如何进行意料中的废料和废品会计处理的建议也值得一提。他建议在总账中设立一个名为"溢缺毁损准备"的账户，每月依预计情况在其贷方计入一定金额，以应对制造业务中可能发生的各种损失。与之相对应的借方账户是一个间接费用账户，该账户名称与此基本相同，只是去掉"准备"两字。当实际发生各种损失（损耗、毁损或短少）时，借记该准备账户，同时贷记在产品账户。由此可见，他的方法等于提供一种有关这一项目的预算控制，使废品负担摊入整个会计期间。

第一次世界大战前夕，英国成本权威们也对边角废料处理问题重新表现出一定兴趣。L·W·霍金斯在《成本会计》第二版中用好几页来讨论这一问题。[16]他在讨论中对不同类型的废料作了区分。一种类型是锉屑、镟屑以及其他一些很细微的东西，按他的话说，是各种小得不值得在各批产品之间进行分配的项目。因此，这类项目需按出售所得的现金总额贷记"工厂费用"（间接费用）账户。这种做法会使间接费用减少，但却不必扣减任何一批产品的成本。而毁损或不合格铸件，则要按美国人巴莱尔的方法进行处理，也就是，如果毁损是工作的正常结果，则应作为各该批产品常规成本的一部分；如果它只是偶尔发生或很少发生，因此而发生的额外成本（或损失），则不能由该批产品负担，而应记入间接费用账户。后一种情况下，只需考虑铸件的主要成本。[17]霍金斯还对如何具体进行财务账及成本账处理作了说明。在他的制度中，这两种账是各自分开的。

另一位英国权威（E·T·埃尔伯恩）继承了霍金斯的理论和方法，唯一的例外是他并不在意具体应用问题。他也认为，行业类型在确定采用何种方法进行废料及废品处理方面占很重要的地位。他说，在有些企业中，处理全部废品成本的最佳方式可能是将其作为一项间接费用，通过一些"平均公式"分摊到全部产品上去。[18]另一些企业中，更可取的方法则是将其归由产生废品的批次负担以示惩罚。除了这些细节外，在有关所涉及问题的性质及其处理方面，埃尔伯恩的讨论远没有霍金斯彻底。不过，显而易见的是，英国成本专家们再次对这一问题作了认真考察。尽管他们在早期发展中曾对这一问题给予极大关注，但直到"一战"时期，他们的工作还是落后于同时代的美国人。美国同行们继续稳步前进，不断有思想上的火花闪现，而往往需要几年之后，有关同一问题的讨论才会在英国文献上出现。这足以说明该国在 20 世纪前 10 年之后对这一问题的忽视程度。

另外，随着时间的推移，美国成本会计师越来越注意有关技术的细节问题。至 1917 年，A·汉米尔顿·丘吉尔觉得有必要对损耗、毁损、废料、副产品等作更细致的区分，并认为这是在工厂账簿中对其进行正确处理的首要条件。丘吉尔的讨论虽然并无创见，但却可能是当时有关这一问题最清晰的说明。他认为，损耗应在所产合格品的材料成本间进行分配；毁损的最佳处理方式是设一个毁损件账户，当出现毁损件时按其全部制造成本在该账户中进行反映；废料需按一定方式确定其价值，在该价值较易确定的情况下，将其归由产生废料的批次或部门负担；反之，则在出售时记入损益账户。[19]

同年，N·T·费克提出设立车间废料账户，用其贷方在整个年度内登记出售废料收入。该账户借方反映废料处理过程中发生的一切费用支出，包括将废料加工处理成便于销售的形态、打包、称重所发生的人工费用以及其他各种借项。这个账户似乎并没有什么不同寻常，但它在会计期终了时的安排与那些年人们所提出的处理方式的确有些不同。该账户余额要结转至车间原材料账户，根据具体情况或借或贷。这种特殊处理方式是前所未有的。[20]

不久之后，F·W·凯达夫（F. W. Kilduff）提出一种很新颖的区分废品的方法，可用于不同类型的废品，据以确定在会计账目中如何对其进行处理。[21]他还将毁损分为正常和非正常两种情况，关于这一点有几位权威以前曾经有所提及，但他更强调正常毁损是一定时期间接费用成本的正常附加，非正常毁损则不是。截至当时，大多数曾经考虑过这一问题的成本专家皆认为非正常或很少发生的毁损应作为一项间接费用，而正常的、可预期的毁损应计入各批产品直接成本。[22]凯达夫的理论几乎完全站在这种主流理论的对立面。此外，根据该企业是属于他所谓"成本加固定利润"基础（"cost-plus-fixed-profit" basis）还是普通销售基础（ordinary sales basis），又可将非正常毁损分为两部分分别进行处理。第一种情况下，非正常毁损在损益表中列入"损益部分"；第二种情况则记入同一报表的已销商品成本部分，作为"成本的第四要素"。[23]第二种情况下的处理比较新颖。凯达夫将普通销售基础下的非正常毁损作为企业生产成本的一部分，却完全与材料、人工或费用区别开来。一句话，"它是成本的第四要素"。他在解释自己的理论时，认为第四要素需在损益表上反映，但却并不在分类账上"将其记入在产品账户，而是直接进入损益，因为没理由将它递延到下一时期。该损失作为'对无效率的计量'应由当期负担，全部余额都在当期吸收"。[24]凯达夫的建议似乎具有极大的理论价值，并逐渐得到人们的普遍认同。它表明了这一时期美国有关废料、损耗及毁损材料会计处理研究的精细程度。[25]

至20世纪20年代初，美国有关这一问题的主流观点可概述如下：①彻底的无可恢复价值的损耗，以及可以预期作为某一批次或步骤一个部分的损耗，应作材料成本增加处理。也就是说，完工产品成本中应包括这一部分无法避免的损耗；[26]②边角料由于尚有部分可销售价值，最好的处理方式是作为有关批次或步骤生产成本的抵销项目（按其市场价值或名义价格抵销）。[27]不过，有人认为从边角料销售中收回的金额应记入杂项账户（sundry account）贷方；如果金额很小，也可贷记间接费用。[28]采用后一种做法时，原批次或步骤成本将保持不变，边角料的可回收价值可忽略不计。在当时这只是少数人的观点；[29]③继续将废品分为正常（常见的）及非正常（不可预期的）两类。非正常废品作为批次或步骤成本的一部分，正常部分则计入间接费用或制造费用，由全厂所有产品共同分担。[30]有些权威人士通过考察产生次品的生产批次的特性——是可以在很短时期内重复，还是很少发生，可能好多年也不会再重复的特殊加工——对次品和废品进行区分。[31]不过，这种区分所要求的会计处理与其他区分甚为相似。新的分类并未涉及理论上的变化。

在此可以讨论一下有关这一领域的一项进一步的发展。20 世纪 20 年代，有人建议对企业所生产的各个项目或物品建立一个标准单位原材料数量费用（standard unit raw material quantity charge），以及标准残值或残料贷项（额度）（standard salvage or scrap credit）。比如，早在 1921 年，C·B·威廉姆斯（C.B. Williams）就曾提出这样一项计划。[32]威廉姆斯认为标准单位数量的确定可能是解决这一问题的过程中最困难的一个环节。他提到，在大多数情况下，"这会涉及记录的仔细编辑，需要辛苦地考虑大量细节性问题"，[33]需要对以前时期的记录以及目前数据进行检查。虽然在许多情况下这一问题会十分单调乏味，但威廉姆斯认为其结果会充分证明这些麻烦还是很值得的。在假定标准单位已经建立的情况下，如何具体执行这一计划呢？首先，每一生产批次或步骤要按平常一样负担所需原材料费用；其次，要用按标准单位数量额度确定的残料比例贷记每一批次或步骤，并最终按这一调整的金额借记残料账户。分配给标准单位数量额度的价值（每单位）是按残料用途（也就是说它是用于出售还是在制造副产品的过程中使用）确定的。如果残料（边角料）用于制造副产品，就要按残料账户上所反映的价格计价计入副产品。如此看来，这一计划需要耐心处理很复杂的边角料或残料（salvage，这是威廉姆斯的称谓）计价问题。在难以确定边角料所应归属的具体生产批次或物品的情况下，这种方法具有一定优势。

以上主意被认为是威廉姆斯提出来的，其实它只是当时常见的标准成本制度的一种扩展。不过，威廉姆斯对废料处理的强调，在当时却是超乎一般的。

随着时光的流转，与威廉姆斯的建议相类似的各种其他建议层出不穷。然而，其中大部分既没有理论上的新意，也没有基本技术上的变革——自 20 世纪 20 年代初之后，这方面再无大的建树。这一结论至少是得自这一事实，即：当 A·汉米尔顿·丘吉尔于 1929 年修订他的《制造成本与账户》（初版于 1917 年）时，有关本章议题的那些内容丰富、写作考究的章节，几乎保持了 12 年前初版时的原貌，未做任何改动。他显然认为，边角废料会计的原有内容中所包含的基本理论不需要进行修改，尽管时光荏苒，转瞬已是十有余年。

注释

[1] 埃米尔·加克和 J·M·费尔斯，《工厂账目》，第四版（伦敦：克罗斯比，劳克武德父子出版社，1893），第 50 页（1887 年第一版）。在该书第 68 页他们似乎又意味着边角废料应贷记主要成本账，但同样未曾作进一步说明。参见该书第 68 页。

[2] G·P·诺顿，《纺织品制造商簿记》，第四版（伦敦：斯皮金，1900），第 96 页（1889 年第一版）。诺顿是一名英国执业会计师。

[3] 另一位英国人 F·G·伯顿 1895 年推荐一种与此相类似的计划。参看《工程估算与成本会计》，第二版（曼彻斯特：技术出版公司，1900），第 100 页（1895 年第一版）。

[4] J·S·刘易斯，《工厂的商业组织》（伦敦：E·及 F·N·斯本，1896），第 268 页。刘易斯是一位英国工厂经理兼会计师。

[5] 约翰·曼恩爵士，见《会计百科全书》（伦敦：威廉·格林父子公司，1903），V，散见各处。

[6] H·L·C·霍尔，《制造成本》（底特律：簿记员出版公司，1904），第 108 页。

[7] 霍尔，《制造成本》（底特律：簿记员出版公司，1904），第 122 页。

[8] B·C·毕安，《生产成本》（芝加哥：A·W·绍出版公司，1905），第 39 页。

[9]《生产成本》引文中。

[10] C·M·戴，《会计实务》（纽约：D·阿普尔顿出版公司，1908），第 111 页。

[11] F·E·威伯勒，《工厂成本》（纽约：D·阿普尔顿出版公司，1911），第 95 页中特别强调这一因素的重要性。

[12] J·L·尼科尔森，《工厂组织与成本》（纽约：科尔出版公司，1909），第 166 页。

[13] 约翰·R·威德曼，《成本会计》（纽约：会计出版公司，1910），第 58 页。

[14] S·H·巴莱尔，《制造厂成本核算》（纽约：D·阿普尔顿出版公司，1911），

第 154 页。

[15] 威伯勒，《工厂成本》，散见各处。

[16] L·W·霍金斯，《成本会计》，第二版（伦敦：吉出版公司，1912），第 89 页，第 105 页，第 113 页。

[17] 在美国，J·L·尼科尔森差不多在同一时间倡导同样方法，但他认为应该考虑总的工厂成本，而不只是主要成本。参看其《成本会计》（纽约：罗纳德出版公司，1913），第 113 页。

[18] E·T·埃尔伯恩。《工厂会计中的近似》，《会计师》，1915 年 3 月 20 日，第 391 页。

[19] A·汉米尔顿·丘吉尔，《制造成本与账户》（纽约：麦格劳-希尔图书公司，1917），第 86-93 页。

[20] N·T·费克，《车间费用分析与控制》（纽约：工程杂志出版社，1917），第 33 页。

[21] F·W·凯达夫，《毁损，成本的第四要素》，《会计学杂志》，XXV（1918），第 192 页。

[22] A·汉米尔顿·丘吉尔并没有完全遵循这一原则。参见丘吉尔第 86 页。

[23] F·W·凯达夫，《存货实务与材料控制》（纽约：麦格劳-希尔图书公司，1925），第 195 页。

[24] F·W·凯达夫，《存货实务与材料控制》（纽约：麦格劳-希尔图书公司，1925），第 194 页。

[25] J·P·乔丹和 G·L·哈里斯，《成本会计》（纽约：罗纳德出版公司，1920），第 358 页，延续的是凯达夫有关正常及非正常毁损处理的程序，即：正常毁损属于间接费用项目，而非正常毁损应归由引起毁损的作业负担。

[26] 参看 G·H·纽拉乌，《成本会计》，第三版（华盛顿：怀特出版公司，1923），第 95 页，以及 D·C·埃格斯顿和 F·B·罗宾逊，《企业成本》（纽约：D·阿普尔顿出版公司，1921），第 182 页。

[27] 参看凯姆保尔，《成本核算》（纽约：亚历山大·汉米尔顿出版公司，1919），第 76 页；乔丹和哈里斯，第 280 页；W·B·卡斯藤霍兹，《成本会计程序》（芝加哥：拉撒勒普及大学，1922），第 318 页；埃格斯顿和罗宾逊，第 182 页；C·B·威廉姆斯，《N·A·C·A 公报》，1921 年 5 月，第 5 页，以及詹姆士·L·道尔，《成本会计》（纽约：罗纳德出版公司，1924），第 417 页。

[28] J·L·尼科尔森和 J·F·D·罗巴克，《成本会计》（纽约：罗纳德出版公司，1919），第 128 页。

［29］不过，尼科尔森和罗巴克确曾提到，如果边角料用于副产品生产，其价值应贷记原作业或工序。见第 92 页，第 128 页。

［30］参看纽拉乌，第 92 页；乔丹和哈里斯，第 358 页；卡斯藤霍兹，注［27］所提到著作第 306 页；以及凯姆保尔，第 111 页。

［31］纽拉乌，第 92 页。乔丹和哈里斯第 359 页也有类似区分。

［32］《N·A·C·A公报》，1921 年 5 月，第 3 页。

［33］《N·A·C·A公报》，1921 年 5 月，第 4 页。

第十章

工厂存货计价方法及理论的演进

现代成本会计发展初期，存货计价问题相对来讲并不十分重要。[1]直到 19 世纪末，人们才开始逐渐对它有所重视。这可能是因为此前人们并不把仔细而精确地编制财务报表看得有多重。学者们的注意力似乎更多地集中于其他方面，本书前几章对此曾有所提及。例如，在早期有关成本会计的文献中，原材料和直接人工的会计处理，很自然地被认为是最重要的内容，是每日必做的功课；而存货计价只需每年一次即可。另外，在当时，制造业工厂之间的竞争也没有后来那样激烈，所以人们对准确披露可比的损益数据缺乏动力。作为企业甚至可以在没有可靠成本记录的情况下存在多年。所有这些都无助于对存货计价问题进行严格细致的思考。

鉴于以上原因，涉及工厂存货计价问题的最早著作[2]迟至 1862 年才问世也就不足为奇了。J·索伊尔（J. Sawyer）于当年写了一本关于英国制革业会计处理的著作。书中指出，当时的惯例是按成本对完工产品和半成品进行计价，除非发生价值贬值才可能作其他考虑。此外，"除非已经实现……或者市场有进一步下滑的可能，否则不应预先估计利润。"[3]该学说具有"成本与市价孰低"理论的所有必要特征，尽管他未曾这样表述。索伊尔认为这是一种很好的方法，但他最终还是指出，制革业中，在处于制造过程中的产品成本（计算产品成本的主要目的是为了编制报表）中加上估计的基于时间、技术、资金和劳动力成本的利润百分比，人们一般皆无异议。然而，索伊尔认为会有"无法克服的困难"使这种方法难以得到运用，但他没有指明这些困难的实质所在。[4]他接下来的工作更值得注目，因为他不固守于成本原理以及它的附属物——"不应预估利润"的结论。他发现成本法是当时最流行的方法（比如英国纺织品制造商佩珀勒尔制造公司在19世纪中期就一直采用这种方法）。[5]需要顺便说明的是，在制革业中，半成品成本中包含了皮革成本、消耗掉的制革材料、人工费用、租金及其他费用（或成本）。这个时期使用的是完全工厂成本，而不是后来的学者所提倡的主要成本。[6]

1887年，另一份英国文献出版发行，[7]此时成本计价法已经遭到质疑。当年，埃米尔·加克和J·M·费尔斯首次对当时的工业成本问题进行全面考察，他们的书中有一整章专门讨论存货"调查"（surveys）[8]问题。首先，他们坚持认为一般原材料应该按净成本或发票价格计价。但如果某些原材料项目过期或过时报废，则应在一定程度上按破烂计价，也就是按这类项目的市场价来计价。[9]另外，旧材料应区别于新材料，设置一个专门的分类账账户进行记录。采用这一技术究竟应如何进行账务处理，他们未举例说明，而只是满足于一般性描述。他们也几乎完全忽略了在产品问题。尽管如此，我们依然可以认为他们为这类物品推荐了一种以成本为基础的计价方法。

然而，在谈到完工产品计价时，加克和费尔斯却十分具体，也非常仔细。他们发现，大部分较好的制造企业采用生产计划成本，该成本中不含任何利润百分比，也不包括任何所谓"固定费用"（指资本利息、销售费用和管理费用）。而工厂费用（制造费用）却要包含在该计价基础中。他们对工厂忽视固定费用的原因作了相当冗长的解释。简言之，厂商是想通过日益增加的完工产品库存量来显示出可以持续多年的可观利润，不论这些库存产品能否卖得掉。这样一来，资产负债表上的数字可能会由于虚增不可实现的资产而扩大。其原文可引用如下："一项毋庸置疑的原则是，只有当一项销售已实现，或者一份在未来某一时日交付产品的合同因产品开始生产而生效时，制造企业才能确认一项利润。"[10]进而，像索伊尔一样，他们也预料到在特定条件下会有例外情况。例如，如果一个厂商生产一种产品，该产品总是能以一个稳定的正常价格出售（不过，他们并未在书中提到这类产品的名称），那么，也许可以非常合理地认为利润在生产时已产生而非销售时。他们指出，即使在这种极为稀少的情况下，采用"谨慎的"成本原则也会"更为明智"。关于这一点，他们的推理也是极为有趣。他们认为，如果工厂使用成本价而非市场价，它们会在每个会计期内都有较好的财务成果，只要完工产品能够始终保持其"初始"（他们的用语）状态，或者因为改进工艺而使成本降低。若果真如此，就没有必要在编制财务报表时进行调整以反映市场波动。这是成本计价原则的根本优点。需要顺便说明的是，加克和费尔斯明确提出，如果采用这种原则，就完全没有必要对纯粹的市价波动作账务处理，它们可以被完全忽略。不过，如果万一完工产品由于过时或毁损而完全丧失价值，则应通过借记营业账户或损益账户，贷记完工产品账户使其价值减少。同样，需要在存货表上做出正确的会计分录，因为这些分录包含了对分类账上控制账户形成支持的详细资料。总而言之，如果把对在产品计价的忽视忽略不计，这两位权威人士对存货计价问题的研究在如此早的时期依然是值得注目的。事实上，在接下来十几年中，再也没有人能使他们的观点有任何增进。

在此需要对英国特许会计师 G·P·诺顿对计价理论的拓展作一简要考察，特别是因为他所关注的是一个加工企业——一家纺织厂。[11]按照他的说法，该厂的原材料（主要是棉花和羊毛）出于编表目的，乃是按成本加运费及采购费用的方式进行计价。如果卖方有折扣，[12]则报表上的数字应为扣除折扣后的净值。这种原材料计价规则，除了未使用今天广泛遵行的成本与市价孰低原则以外，即使放在现在也是非常标准的实务处理方式。然而，诺顿没有提到这一点，①而 J·索伊尔早在 30 年前就曾有过暗示。在对在产品和产成品进行计价时，诺顿没有采用当时使用的常规方法。例如，谈到未完工产品时，他认为应该在所耗材料成本基础上，加上"该产品已经经过的一个或多个生产步骤的通常的交易价"来计价。[13]不过，这种方法和他推荐的不同寻常的成本会计处理方法倒是极为一致。[14]

在对已完工存货进行计价时，诺顿将其分为两类：[15]第一类是订单产品，第二类为非订单产品。对于第一类产品，他建议以售价计价，再按以下项目扣除一定百分比：

（1）信用条件引致的利息；

（2）常规折扣；

（3）可能的索赔、毁损或短缺；

（4）销货退回可能引起的损失；

（5）代理人佣金；

（6）非由客户支付的运输费用；

（7）包装及发货成本；

（8）坏账导致的平均损失。[16]

非订单产品除扣除以上项目外，还应按以下项目扣除一个百分比：

（1）产品在可能的存储期内占用资金的利息；

（2）产品减值倾向；

（3）仓库及办公费用；

（4）销售费用；

（5）销售利润。

有意思的是，他根本没有讨论如何估计以上各项扣除的问题。事实

---

① 指成本与市价孰低原则。——译者

上，他很可能认为，只要能够确定一个大到足以涵盖上述全部项目的百分比即可，而不可能就各个项目分别确定个别百分比。诺顿还发现，在各个盘存日，该百分比应该是一样的，这显然是为了确保计价具有可比性和统一性。当然，与加克和费尔斯[17]多年前提倡的普通工厂成本法相比，诺顿的方法还有很多缺陷。尚需指出的是，诺顿建议的程序和现今广泛采用的程序是截然相反的。也就是说，他建议在产品售价中扣除所有相关项目以确定产品成本，如今的做法却是在产品成本中加上所有相关项目来确定产品售价。目前存货计价中通常采用的是以成本记录为基础的成本价。显然，诺顿的方法实施起来会有很多困难——即使不是完全不可行。他明显不信任成本数据，否则也不会提出这样一种特殊的存货计价方法。除上述各种建议以外，诺顿还继加克和费尔斯之后再次提到应该以一种特定的调整方式降低旧的或已损坏存货价值。最后，诺顿再次表现出了他固有的谨慎，认为工厂中普遍有高估待售产品价值的趋势，因此，"应当记住，只有当销售已经实现时才能确认利润。"[18]

　　为了说明19世纪90年代广泛使用的主要成本制度下的存货计价方法，可以引证 J·S·刘易斯[19]精心设计的计价方法。在他的计划中，"成本分类账"中只需累积反映每项作业所发生的材料及人工成本；制造费用（或者说车间一般管理费用）则需完全独立地确定，且无需在产品完工时分配计入各项工作单。刘易斯承认这种计划对"盘存"日完工及未完工产品准确计价并无裨益。因此，他认为有必要提供某种方法，以便在每个会计期末将工厂间接费用项目加到主要成本上去。需要注意的是，只有当企业经营"十分稳健且具有非投机性"同时该产品"存在一个安全的市场"时，才能使用该方法。[20]尽管他没有明确指出，但他的观点中却暗含着，如果前述条件没有得到满足，谨慎的做法应该是不将任何车间管理费用加入成本。但是，如果要求加入，应该怎样处理？他的方法非常简单——尽管实际运用起来也许并没有这么简单，就是在总账中设一个车间管理费用暂记账户，用其贷方（在资产负债表日）记录应由在产品和已完工产品负担的间接费用项目比例。同时借记已完工存货账户及制造（在产品主要成本）账户。显然，这个问题的关键是这些金额的计算，但刘易斯没有就此展开详细讨论。[21]在做完这笔分录之后，还需做另外一笔分录，借记该暂记账户，贷记损益账户。想来，该会计年度内所发生的所有间接费用应该已经全部记入损益账户。以上两笔分录都不会对作业成本计算单造成丝毫影响，因为只有主要成本才计入成本计算单。按照调整分录的特点（它们仅仅是为了便于编制报表，并不构成成本处理方法的一部分），有必要在下一会计年度做其他分录之前通过借记该暂记账户、贷记已完工存货及制造账户抵销上述第一笔分录。在第二个会计年度，该暂记账户金额会逐渐转入已销产品成本中，这些产品是上一资产负债表日的企业存货，暂记账户就是专为这些产品而设置。刘易斯对如何具体进行这一处理未作明确说明，只是提出，"当产品售出时，分配给在库产品的金额可以转归收入负担。"[22]他的计划无疑有相当多的优点，但从实际运用的效果来看优势也只是一般，也许比当时大多数成本会计学者所提倡的其他成本会计方法还稍逊一筹。不过，相当多的证据表明他的方法被当时一些很优秀的企业所采纳，不仅在英国，在美国也是如此。[23]

在美国，直到世纪之交，对工厂存货计价问题的讨论和关注依然少之又少。只有寥寥数位权威人士触及这一问题，且只是很简单地提一下自己的观点就一带而过。在这少量的论述中，大部分内容谈到的是在加计到主要成本上去的工厂间接费用项目中是否应该包括销售及管理费用的问题（见第五章）。下面所举惠汀机械厂的例子，足以说明当时所用的方法是如何"简易"：

19世纪80年代的存货计价方法究竟如何现已无从考证，也许该方法与20世纪初的方法（直到1938年才被废止）并无不同。如果是这样，存货实有量的确定应该是重量与数量皆用。重量的计算以简便为原则。

该公司观念中一直认为只需有个近似数即可，因此绝对不会为了精工细作地求得准确数字而浪费时间。每年末，各部门负责人都会向决策层提交一份有关自己部门实有铸件重量估计数的报告。已完工铸件重量需与尚未加工铸件的重量加总。因机器加工造成的重量损失需要作近似的估计。决策层会用部门负责人提供的重量数据乘以所涉及的原材料单价。人工费用也是通过估计来确定。按照该厂的组织方式，一个机器零件从投入原材料（或铸件）到转换为完工件的整个过程都是在同一部门内完成，因此，该部门负责人对加工过程中的人工耗费会了解得很清楚。决策层会将原材料和人工价值加总，得出在产品存货数据，其间并不包括间接费用。接下来，会有完整的存货报告递交马斯顿·惠汀（Marston Whitin），他会根据当前的经营状况按他的估计可能会对最后利润产生的影响对最后的总计数进行调整。通常他会将账面价值降低20％～30％。事实上，惠汀公司的年报中每一个项目都会反映出他尽可能保守地看待利润的一贯态度。[24]

19世纪的美国明显缺少关于工厂存货计价理论和实务的著作。然而，却有一个例外值得注意。1897年，工程师F·A·哈塞在对H·M·诺里斯在当年美国机械工程师协会年会上提交的一篇论文进行批评时坚持认为，在分配计入作业成本的间接费用中，不应该包括销售和一般管理费用。诺里斯曾在演讲中谈到："一般费用意味着将从性质上来说不能具体记在某项账目上的各项费用计入某一具体订单。"[25]就是这句话引发了哈塞和诺里斯的争论，并引出哈塞的如下议论：

我的观点是，计入生产成本的项目，只应该包括发生在工厂大门之内的那些项目，而不应包括大门之外的项目。大门外发生的费用适合看作销售成本而不是生产成本……这也许初看起来只有字面差异而无实质性区别，但事实上实质性区别要比字面差异大得多。不过，同与此主题相关的其他内容一样，差异的重要性取决于环境。如果一个企业只是根据订单进行生产，除在产品以外再无存货，差异的重要性程度就会比较低；反之，如果企业生产时不考虑市场情况，存货量很大，它就会具有决定性意义。原因在于：在企业商品存货数量很大的情况下，年度存货作为资产负债表上一个很重要的项目，它自然会构成这些存货的价值……如果其价值被高估，必然使企业营业状况虚夸；这又会导致将管理费用和销售费用加入生产成本的倾向……换言之，即将费用作为存货并以资产列示。这种情况防不胜防。我知道这是一种常见的手段，但即使常见，在原理上也依然是错误的。当然，当企业仅仅根据订单进行生产时，这个差异就不那么重要了。[26]

以上观点表明哈塞是成本理论方面一位相当仔细的学者；事实上，他的观点明显领先于同时代其他人。然而，他的言论在当时的美国似乎并没有引起多大注意。同样应该注意到的是，他对存货计价问题的讨论有些内容和当时英国理论家的观点是一致的。他似乎对加克和费尔斯的研究相当熟悉，尽管他没有提到这两位学者的名字。本书第五章中曾经指出，哈塞对工厂间接费用构成项目的区分，只在部分程度上为当时的成本权威们所接受。诺里斯在为自己辩解时谈道：

如果你想了解一项物品的实际成本……生产成本中除了工时、工资和原材料外就不应该再包括其他任何东西；但如果是为了填列"存货"项目……需了解全部成本，则生产成本中还应包括部分总裁、监督管理人员或部门负责人薪金……毫无疑问，建立在这些数字基础上的存货价值肯定会被高估……但是……如果账上反映某个月份的一般费用 5 000 美元——不多不少正好 5 000 美元——在该月所有订单中进行分配，则只要有成本发生，其与产品是立即出售还是在仓库放上 1 年并无关系。[27]

诺里斯最后依旧不能信服哈塞的观点，他认为哈塞的差别理论与工厂存货计价问题没有任何联系。

自1901年开始，存货计价问题开始受到更多关注。1901年，A·汉密尔顿·丘吉尔通过研究这一问题，特别提出了他的科学的机器工时法。在首先发表了关于"所有计价方法都只是对特定事实的重新表述"的观点之后，他接下来进一步强调采用恰当而准确的间接费用分配法具有十分重要的意义。它可以使存货金额（他暗示应该使用全部工厂成本）具有可靠性并谨慎地列报。如果要得到这样的结果，就不能使用一般的平均化方法。按照他的说法，当时使用的大多数方法都相当不尽如人意。另外，如果随意在制造费用账户中增加成本费用，资产负债表或损益表数据就难以具有可靠性。因此，有必要区分企业的不同类型，采取科学的制造费用分配方法，也就是他在当时首次提出的科学的机器工时制造费用分配法。[28]我们已在第五章对此作过讨论。

在丘吉尔的注意力集中到这一问题后不久，其他美国学者也开始关注这一问题。例如，在1906年，约翰·惠特莫尔非常仔细地研究了原材料计价和控制问题。他建议常规的原材料单据应同时显示现有物资的数量和价值。他观察到，若经常对物资进行清点和盘查，就会发现其不仅在数量，而且在价值上都很可能出现变动。他指出，有时会出现需要对价值进行调整的情况，尤其是在资产负债表日，其原因通常是材料变质或者过时。按照他的说法，有必要在总账中开设两个账户：一个用来记录对数量变动的调整，另一个用来记录价值的减少。然而，他没有提到，最终这两个账户应该怎样处理。显然，该方法是针对原材料的，而且仅仅针对因不再使用或贬值而带来的价值减损。[29]需要顺便说明的是，这种观点在20世纪初的美国似乎颇为流行，尽管有相当多的权威人士并未触及这一领域。同时我们还注意到，有些理论家当时倡导以完全工厂成本为基础进行完工产品及未完工产品计价。

在英国成本会计师和审计师手中，存货计价问题的处理变得日益细致，而美国专家直到 1910 年前后依然未曾对此产生多大兴趣。不过，从这时起，英国人的许多重要贡献开始较快地为美国学者所采纳，并进一步被细化。在英国，人们之所以会较早地对存货计价问题发生兴趣，或许归因于《公司法》[30]的颁布以及独立审计的广泛应用。谈到独立审计，在此需要指出的是，英国人有关这一问题的好几项比较好的讨论和处理，是在研究核实和确定工业企业资产负债表中存货价值的过程中应遵循的审计程序时获得的。约翰·A·沃班克（John A. Walbank）发表在《会计百科全书》上的文章就是一个很好的例证。[31]他的文章可以看作 20 世纪前 10 年英国人深入研究存货计价问题的典型。他谈到，进行原材料计价的总的原则应该是成本与市价孰低，原因在于不能预计利润。[32]不过，也会有些例外。他对种种例外情况作了较为详细的讨论。这些例外大都与季节性材料，或使用前需存放一段时间的材料有关，如木材、铅等。如果对这类事务作细致的考虑，且这些材料的"价值实际上发生永久性增值"，则应将这类存货项目上所占用资金的利息作费用处理。[33]在另一方面，需要对在产品进行更仔细的计价；总的来讲，它应该按成本计价，包括主要成本和工厂间接费用。但如果主要成本落入某一低于市场报价的点位，则应采用市价。沃班克最后还讨论了在建工程计价问题及审计师对存货查证的责任。他没有把完工产品作为一个单独的问题来处理，他认为完工产品处理在方法上是与在产品相类似的。总之，他的计价程序和规则迄今依然具有可接受价值，他的文章则反映了当时英国的先进思想。

相反，乔治·里斯勒 1899 年在他的《会计理论与实务》中谈到："所有库存商品，包括半成品和完工产品，皆应按主要成本计价。即原材料加运输费、税金、其他直接费用，以及所有直接人工成本。有时候，在一般管理费用牵涉到产品生产时，也可再加入一定比例的一般管理费用。然而，为了安全起见，最好不这样做，因为这样做会带来预计产品销售利润的风险。"[34]按照里斯勒的观点，库存原材料应按成本计价，包括已经支付的运费或税金。与先前的学者一样，当市价低于成本时，他也建议使用市价。里斯勒是一位著名的英国特许会计师，也是著名的理论家。他的观点可能代表了世纪之交比较保守的英国会计师和审计师的观点。他的书中专门有一节讨论"存货盘点"（stocktaking）。它被定义为："在某一特定时间对库存货物或商品进行检查、计价，并编制盘存表的过程。"他的著作在1909年又发行了修订版，关于这一问题的观点依然未变，而在这时，大部分学者已经建议在工厂成本中包括制造费用项目。

至1907年，英国学者对"存货盘点"（这是他们的叫法）问题的研究变得更为全面。比如 G·A·米切尔就在他的《单一成本会计》中，用一整章的内容专门讨论这一问题。[35]原材料以成本价（发票价）加运费和采购费用再减去商业折扣后的价值计价。米切尔认为现金折扣属于财务问题，因此不必考虑。[36]在产品按成本计价，成本中包括已经过的加工步骤中所耗的车间费用。在完工产品计价方面，米切尔继承了诺顿的观点，认为应该将其分为两类：一类是可以很快售出的产品，比如酿酒厂的啤酒；另一类则是需要费些周折才能售出的产品。奇怪的是，在进行实务处理时他也回到了诺顿的方法，从售价倒推回成本价，而不是采用与此相反的顺序。因此，为了执行这一计划，他也提出了多种扣减项目。米切尔还提出了其他多种建议，包括建立存货准备金，以应对原材料市价低于成本价的情况。这和今天所用的准备金有点相像。与之相对应的借方账户是制造或营业账户；但他没有指明究竟应该记入哪个账户。米切尔同时还特别强调了另外一个方面，这方面迄至当时一直未曾引起人们的关注，那就是：尽可能坚持采用一贯的存货计价基础。他认为这十分重要。正如他所言："如果能够一贯地坚持，哪怕是一个很糟糕的计价基础，也会在反映不同会计期间的情况方面，取得比一个科学、正确但却没有严格坚持的基础更好的结果。"[37]

直到第一次世界大战期间，英国权威依然建议按成本与市价孰低原则进行原材料计价。对另外两种存货,① 则采用成本价,但需要作一定调整。有时也会有些细微的差别,但却并不很重要。L·W·霍金斯曾经举例说明应当采用"平均成本"与市价中的较低者对原材料进行计价。其中平均成本被定义为报表日库存原材料的加权平均单价。从以下摘自他书中的内容可以看出,霍金斯是"谨慎"计价理论的强烈支持者:

从存货盘存目的来讲,存货价格应该是余留存货平均成本与当时市场价中的较低者。为了得出平均成本价,可以假定余留存货代表最近购入的存货。不管发出材料是采用成本还是市价来计价,都应该记住,在对已分配计入在产品和完工产品的材料进行计价时,采用的是一种不同于资产负债表日市价的价格。在市场价格下跌的情况下,出于谨慎,可以在一般账户中设立准备金,反映资产价值的贬损。然而,在市价上升的情况下,却不能增加这些资产的账面价值。这种做法遵循的是一条著名的会计格言,即:应该为所有可以预见的损失早作准备,但却不能预计未实现利润。[38]

在第一次世界大战前的几年中,或许是受英国同行的影响,美国成本会计师也开始更多地考虑工厂存货问题。然而,从总体上来看,直到1919 年左右,他们的工作还是远远落后于英国。这些学者在考虑这一问题时一般都是采纳英国同行的观点,只有在少数情况下才会作一些修改。例如,S·H·巴莱尔在提出完工产品应按直接成本(主要成本)加应该负担的制造费用"份额"计价的同时建议,若材料"依然如新",则可按市价计价。[39]他并没有对这些简短的结论展开进一步论述,而是很详细地讨论了对所有这些项目进行清点整理可以采用的最有效的程序,即"存货盘点"。[40]在另一处他还提到,若完工产品已经售出,则应在资产

① 指完工产品和未完工产品。——译者

负债表中所反映的这些产品价值上再加一定比例的销售费用；① 其他则使用成本价。需要顺便说明的是，在产品始终是按工厂成本计价。巴莱尔是这一时期强调仔细考虑应计入存货价格的各个项目的重要性的少数几位学者之一。正如他所说："把尚未发生的销售费用计入产品成本是毫无道理的。计入库存的产品属于尚未售出的产品，与之相关的销售费用需要从销售这些产品时所实现的利润中支付。库存产品只应该承担生产成本，且不包括不利情况下企业因开工不足而带来的损失。"[41]

F·E·威伯勒和J·L·尼科尔森[42]虽然并不认为这是个很值得关注的问题，但却依然指出存货应按生产成本计价。[43]由此来看，在美国，直到1915年，对于工厂存货计价，成本与市价孰低法依然未曾得到普遍认同。而在同一时期的英国，几乎所有权威人士都在推荐这一方法。[44]

在第一次世界大战前，成本会计方面的作者，基本上都是在讨论其他问题时顺便提及按实际清点数调整账面存货所涉及的成本问题。E·P·莫克斯却是个例外。他在1913年的著作中尖锐地指出，实地盘存与永续盘存之间存在差异相当平常。[45]如果差异不大，他认为只需将存货卡上的数量直接调整为实有数即可；至于金额上的差异，则可通过改变有关项目的平均单位成本完成调整。他解释道：假设有一家公司，账上反映有100个螺栓，账面价值为100美元，实有库存数为99。将来领料单上反映的单价将为1.01美元，而不是1.00美元（以前的平均单位成本）。如果数量相差很大，则应：①查明原因；②改正存货分类账卡上的数字；③将差异额记入存货调整账户，同时贷记原材料账户。他强调指出，存货调整账户须于会计期末进行结转，不是转入产品成本，而是转至损益账户。"如果将它作为成本……就像是在进行存货盘点时，把期初存货和本期购进之和与存货盘存之间的差异全部计入已耗材料成本一样，

---

① 这种处理方式在今天的会计中已经无法看到。也没有资料可以说明为什么已售出的产品还会在资产负债表中出现且在计价中要加上一定比例的销售费。从下文中巴莱尔的话来看，把尚未发生的销售费用计入产品成本似乎是当时有些企业的常见做法。——译者

很难确定到底是怎么回事。"[46]

1918 年，威廉·肯特对美国成本专家提出的存货计价理论进行汇总，将其分别归入以下几类：

（1）账面成本；

（2）可能的再生产成本；

（3）正常情况下的标准成本或 5 年平均的标准成本，称为记录成本（record cost）或 5 年标准成本（five-year standard cost）；

（4）在前述标准成本基础上，根据自标准成本设定以来人工成本、材料或制造费用提高或减少的情况，加上或减去一定比例；

（5）在市场价或销售价基础上，减去一个包含正常销售费用和正常利润的估计比例。[47]

需要注意的是，肯特并没有说明他所指的究竟是哪种类型的工厂存货。不过，从他提出的各种意见所反映的思想中，我们可以猜测他主要考虑的是完工产品及部分完工产品。按照他的说法，第（5）种方法显然很难实行，尤其是在企业生产和销售多种产品的情况下。这种困难的实质在于他认为这种情况下实际上根本不可能将销售费用和利润进行分配。至于前四种方法中应该选用哪种方法，他说得比较含糊。他只是说，最终的方法选择取决于企业采用的制造费用分配法。肯特未曾详述他所列举的存货计价基础在实际运用中会带来的各种复杂问题。他忽略了这一方面。尽管如此，他对截至当时人们所提出的各种理论的总结，依然要比同时代其他人全面得多。

在 20 世纪 20 年代初的美国，人们的注意力开始投向所谓"正常或基本存货"（normal or base stock）法，该方法适用于那些性质相当稳定，且各年之间数量不会发生较大变化的存货的计价。采用这种方法是为了避免采用成本与市价孰低法时年末结账日有时会出现的巨额存货损益。国立铅业公司（The National Lead Company）早在 1913 年就开始使用这一方法，随后又有其他一些企业采用。该方法的根本性特征在于，对一些行业而言，如果想要获得成功，就必须每年都有较大比例的产品存货。拿铅业公司来讲，为了能够满足合同及可能发生的销售之需，必须储存大量铅锭，且每年的产品质量不能有变。这部分特殊存货在性质上有点与固定资产相类似，因此应该以"标准"价来计价，且各年之间不作改变。超过"基本存货"的部分，则按通常的成本与市价孰低原则计价。[48]

也是在 20 世纪 20 年代初期，一些成本会计学者开始考虑对公认的原则作可能的修改，以使它们符合采用标准或正常间接费用率的需要。例如，有位权威人士在考察这一问题之后指出，如果采用正常间接费用分配理论，则在产品和完工产品存货的计价也应该与此保持一致；这类存货中不应包含"份外的间接费用"（unearned overhead）。[49] 在这一时期，以"标准价"进行存货计价开始得到一定支持。显然，这种方法仅仅是标准成本法的自然衍生。在 1918 年之后的几年中，G·C·哈里斯、C·E·克罗贝尔以及其他一些学者的著作和工作对标准成本法起到了极大的推动作用。此外，英美两国专家在他们有关成本问题的论著中，对工厂存货计价的一些更一般性问题——比如相对于后进先出法，先进先出法所具有的优势——继续给予了极大关注。[50] 不过，他们对此并未作出很大贡献；在这方面未做出重要贡献的是一些专业文章和报告。这些文章和报告也只是跟随在更先进的产业实践之后，而并没有超越它。

注释

[1] 之所以对存货计价缺乏兴趣，原因之一在于，在很长一段时间内，会计方法方面整个都是被冒险会计所控制。如德·鲁弗说道：

> 中世纪商人（包括梅迪席家族）的惯例，是为每一次冒险开设一个独立的账户。这种账户要负担所有成本费用，并在贷方反映销售收益。冒险结束时剩余的差额代表利润或损失，要转入"商品利润或损失"账户。利润要按其来源渠道（经商和兑换）分别设户。这种按每次冒险活动分别设置冒险账户的制度被会计师和会计史学者称为"冒险会计"。冒险会计免除了存货计价的需要。

由于当时的记录基本上都是按这种制度做成，因此，帕乔利和其他早期簿记作者对存货计价不置一词也就毫不足怪了。梅迪席记录中没有这方面的实例自然也是情有可原。

雷蒙德·德·鲁弗，《梅迪席银行》（纽约：纽约大学出版社，1948），第44页。参看弗雷德里克·C·拉恩，《中世纪商业管理中的冒险会计》，《商业史学会公报》，XIX（1945），第164-173页。关于梅迪席工业记录的说明，参看本书第一章。

[2] 不过，J·L·威勒在《德国法下的资产负债表计价》[《会计学杂志》，XLVIII（1929），195] 中谈道："1857年，在德国统一以前，专门召集了一次会议为独立的德国各州起草一份统一商业法。会议讨论的基础是普鲁士代表编制的一份草案。这份草案只包括很少几条计价规则，即，商品和材料是按成本与市价孰低原则来计价……"不过，当时并没有采用这一建议。明显的是，它也只能用于商业或贸易公司。威勒未曾清楚地说明这一点，我们也无法就此获得进一步证据。不过，1857法草案依然具有重要意义，因为它是最早提及"成本与市价孰低"原则的文献之一。有关成本与市价孰低原则的进一步情况，参看 A·C·利特尔顿，"成本与市价谱系"，《会计评论》，XVI，No.2（1941年6月），第161-167页，以及 L·L·万斯，"存货估价史权威"，《会计评论》，XVIII，No.3（1943年7月），第219-228页。

[3] J·叟耶，《皮革贸易簿记》，第二版（伦敦，1862），散见各处。叟耶是英国人。

[4] 叟耶，《皮革贸易簿记》，第二版（伦敦，1862）。

[5] 伊夫林·H·洛顿，《佩珀列尔公司的发展》（剑桥：哈佛大学出版社，1948），第114页。在后来的年份，这家企业用了一种很不一般的存货"准备"技术，当利润很好时要减少存货账面价值，当利润衰退时冲转这一准备。见她的著作第177页。

[6] 比较乔治·里斯勒，《会计理论与实务》（爱丁堡：威廉·格林父子公司，1899），第53页。

[7] 不过，在1886年，J·W·贝斯特谈道，如果市场价较高，则应采用成本价；反过来，当成本价超过市场价时，就要采用市场价。《会计师杂志》，1886年1月1日。

[8] 在现代术语里是"实地盘点"。E·加克和 J·M·费尔斯，《工厂账目》①，第

---

① E·加克和 J·M·费尔斯著作的名称和第三章注 [5] 也小有出入。该处书名为《工厂会计：原理及实务》（*Factory Accounts*，*Their Principles and Practice*），版次时间皆相同。——译者

四版（伦敦：克罗斯比，劳克武德父子出版社，1893），第 115-125 页（初版于 1887 年）。

[9] 加克和费尔斯，《工厂账目》第四版（伦敦：克罗斯比，劳克武德父子出版社，1893），第 124 页。

[10] 加克和费尔斯，第 122 页。

[11] G·P·诺顿，《纺织品制造商簿记》，第四版（伦敦：斯皮金，1900），散见各处（1889 年第一版）。

[12] 诺顿没有说他指的是现金折扣、商业折扣还是同时指两种折扣。见《纺织品制造商簿记》，第四版（伦敦：斯皮金，1900），第 259 页。

[13] 上述引文中。斜体为诺顿自己所加。

[14] 第六章中对此有详细讨论。

[15] 加克和费尔斯对此曾有所暗示。

[16] 诺顿，第 259 页。

[17] 不过，需要说明的是，诺顿的许多图表标明的日期是 1884 年，为他的著作出版前 5 年，加克和费尔斯的著作出版前 3 年。他的计划可能反映的是 1889 年前的情况。他应该没理由把他的分录和表格的日期有意往前推的。他也没提到加克和费尔斯的著作。

[18] 诺顿，第 260 页。

[19] J·S·刘易斯，《工厂的商业组织》（伦敦：E·及 F·N·斯本，1896）。刘易斯是一位英国工厂经理，会计师。

[20] 刘易斯，第 180 页。

[21] 不过，刘易斯确曾提到可能会使用人工百分比法。见第 181 页。

[22] 刘易斯，第 180 页。

[23] 参看 H·L·阿诺德，《完全成本核算》（纽约：工程学杂志出版社，1899），散见各处，以及 H·L·阿诺德，《工厂经理与会计师》（纽约：工程学杂志出版社，1903），散见各处。

[24] 托马斯·R·纳温，《1831 年以来的惠汀机器制造厂》（剑桥：哈佛大学出版社，1950），第 153 页。

[25] H·M·诺里斯，《美国机械工程师学会学报》，XIX（1898），第 391 页。

[26] F·A·哈塞，《美国机械工程师学会学报》XIX，第 397 页。

[27] 诺里斯，《美国机械工程师学会学报》，XIX，第 413 页（斜体为本书作者所加）。

[28] A·汉米尔顿·丘吉尔，《公司费用的适当分配》，《工程学杂志》，XXI

（1901），第 515 页。

[29] 约翰·惠特莫尔，《工厂会计在机械厂的应用》，《会计学杂志》，III（1906），第 355 页。

[30] 关于这些因素影响的讨论，见 A·C·利特尔顿，《1900 年前会计的演进》（纽约：美国学院出版公司，1933），第 288-315 页。

[31] 约翰·A·沃班克，《存货及其盘点》，《会计百科全书》（伦敦：威廉·格林父子公司，1903），VI，第 175 页。

[32] 如前面注释中所言，J·L·威勒认为德国早在 1857 年就已经在使用这一术语。参看威勒，《会计学杂志》，XLVIII，第 195 页。

[33] 沃班克，注［31］所提到作品第 168 页。

[34] 里斯勒，第 53 页。

[35] G·A·米切尔，《单一成本会计》（伦敦：吉出版公司，1907），第 127-131 页。

[36] 米切尔继诺顿（1889）之后，对他的好几项建议作了讨论。

[37] 米切尔，第 131。除了米切尔有关这一问题的有关章节外，H·斯坦利·加里还在同一时间用好几页的篇幅对连续式多步骤加工企业的计价问题进行了讨论。参见《分步成本会计》（伦敦：吉出版公司，1908），第 99 页。

[38] L·W·霍金斯，《成本会计》，第二版（伦敦：吉出版公司，1912），第 77 页（初版于 1905 年）。

[39] S·H·巴莱尔，《制造厂成本核算》（纽约：D·阿普尔顿出版公司，1911），第 155，169 页。

[40] 参看巴莱尔，《制造厂成本核算》（纽约：D·阿普尔顿出版公司，1911），第 164-172 页。

[41] S·H·巴莱尔，《费用负担：其影响范围与分配》，《美国机械工程师协会杂志》（1912），第 58 页。

[42] 分别见 F·E·威伯勒，《工厂成本》（纽约：罗纳德出版公司，1911），及 J·L·尼科尔森，《成本会计》（纽约：罗纳德出版公司，1913）。

[43] F·H·鲍，《成本会计原理与实务》（巴尔的摩：F·H·鲍，1915），第 6-7 页，提出了类似观点。

[44] 除了前面提到的英国专家外，M·W·金肯森在《会计师》，1914 年，第 568 页提出了与霍金斯相类似的意见，也就是采用平均成本与市场价中较低者。不过，金肯森的平均成本是本会计年度上一个月中购进物品（材料）所付的平均价。这是一种很新颖的方法，从未遇到过任何反对。

[45] E·P·莫克斯，《工厂成本核算原理》（纽约：罗纳德出版公司，1913），第

1925 年前成本会计的演进

40 页。

[46] 莫克斯,《工厂成本核算原理》(纽约:罗纳德出版公司,1913),第 43 页。

[47] 威廉·肯特,《工厂簿记与成本会计》(纽约:约翰·维勒父子公司,1918),第 53 页。

[48] 对这一方法的进一步讨论参见《N·A·C·A 1922 年鉴》,第 66-70 页,以及《会计学国际会议会议录》(1929),散见各处。

[49] S·G·H·菲奇,《工业会计的目前问题》,《会计学杂志》,XXXIV(1922),第 6 页。

[50] 参看英国:E·T·埃尔伯恩,《工厂管理与成本会计》(伦敦:朗曼-格林出版公司,1921),第 371-398 页;美国:J·P·乔丹和 G·L·哈里斯,《成本会计》(纽约:罗纳德出版公司,1920),第 158-178 页;詹姆士·L·道尔,《成本会计》(纽约:罗纳德出版公司,1924),第 196-197 页。

第十一章

分步法与分批法的演进

前面的讨论中已经一定程度上涉及了本章的主题。但在此依然有必要概略地回顾一下两种主要成本计算法演进中的主要情况。

虽然在 1885 年以前曾有少数作者及实务工作者谈到这一问题，但谁都没有能够就此作出明确而清晰的说明。无疑，这两种成本计算方法是同时"成长"起来的。随着产业革命的发生，两种类型的工厂活动很快变得十分重要，即：①大规模、单品种、多步骤连续式生产；②专门化批量生产的机器制造厂。不论在美国还是英国，"工程技术企业"一词通常都是与第二种类型相联系。本书第二章曾经举例说明 1885 年以前这类早期工程技术企业使用的技术及组织形式。那些实例显示，其创始人对工厂产品成本数据需求有敏锐的感知。然而，会计师在将成本表与财务记录合为一体时却遇到了极大困难。尽管如此，他们的贡献却不能轻视；他们毕竟为后人写作和思考提供了一定动力。

19 世纪初的专家们奠定了良好的基础，使得亨利·梅特卡夫能够在 1885 年对他所谓"工厂工作单"法给出一个相当全面和形式上完善的解释。"工厂工作单法"（shop order method）实质上就是分批法，这位美国军需官看来是这种成本计算法的忠实支持者。他首先提出应该建立一本工厂工作单账，随后又指出所有工作单都应在这本账中反映出来。他所指的"工作"（work），不仅包括现在所谓完工产品，还包括工厂周围的一些维护作业及新建项目。维护工作单又叫"固定工作单"（standing order），如此命名是因为维护工作从一开始就会固定在工厂某一处，"固定"在那里对员工形成一种经常的提醒。正如梅特卡夫解释的那样："对每一项会产生一般费用的作业，只要有意了解其成本费用发生情况，就可以分别设立一项固定工作单。这样则可随意贴近并对其进行分析。从透彻的分析开始总是比较有好处的。必须记住，当有些费用总是能够合在一起时，要将它们分解为各个不同的部分，常常会有很大困难，有时甚至是不可能的。"[1]这是一种警告，放在今天也同样适用。

回顾第三章的讨论我们会发现，梅特卡夫的成本计算制度中用了许多卡片和小票。这些卡片在工厂中广泛用于记录材料、人工及制造费用成本，并可按作业、材料及员工进一步细分为各种类型。小票还被用作工作授权的凭据。它们随着业务流程而传递，当一项工作开始之后，这些小票就会每天传递到梅特卡夫所谓"成本表"（cost sheet）。成本表采用分栏式，栏目包括：工作单号、拨款、加工对象、服务——时间及金额、材料金额、工厂费用、毛成本、贷项合计、净成本、上次报告总成本、可用余额。"贷项合计"栏表示：①从仓库多领，未用于该项作业的原料，或②误记到该项作业中的工厂费用。

梅特卡夫同时还推荐使用其他三种表格：①"××号工作单下属各项工作完成情况分析表"，包括：工作性质、费用、单价、数量、成本、所耗工时、金额、备注等栏目。②"××号工作单下属各项工作材料消耗分析表"，包括：费用、名称、数量、单位、单价、备注等栏目。③"××号工作单成本综合分析表"，包括：服务性质；工作天数——每天的费用及合计；各种金额栏——工厂维护，工具，工作，总价值；备注。梅特卡夫认为是否进行分析需视具体情况而定。"综合"分析是为了让管理者了解以后类似工作所需劳动的数量及种类。需要顺便说明的是，这三种分析表的数据全部来自前面提到的各种卡片，需要根据部门、所用材料的性质以及服务类型对卡片进行分类。

关于每月工作汇总，梅特卡夫的做法简单明了："已完成项目需根据材料卡编制汇总报告；其价格来自成本分析。未完工项目要由成本核算员提出报告；成本核算员要将从各相应工作点上获得的服务卡反映的每天完成工作情况加总到各未完工项目上。固定工作单下所完成的工作也按同一方式进行报告……尚未有任何工作完成的工作单在报告时只需简单列明其空白工作点即可。"[2]

梅特卡夫的《制造成本》一书完成后不久，一位名叫 S・A・汉德 (S. A. Hand) 的美国工程师声称他使用另外一种分批成本计算表，栏目有：日期，每周工作时数，每周工厂费用，每小时平均费用率，该作业该周工作时数，该作业该周工资额以及该作业该周工作成本。以上项目每周汇总并得到一个平均数，"这些数据最后将表明工人完全时间工作百分比、每小时平均费用、单位工作时间（小时）所付平均工资以及每美元工资所完成工作的平均价值。在平均数下要留出一部分空白，反映该作业所耗材料成本。材料成本与机器工作总成本加在一起，为该作业总成本。如果工厂主有单位工时费用定额数据，他很快就可以判定该成本是否合算。"[3]尽管汉德强调他的"空白""非常有用"，但他却忘了说明为了归集填列上表所需数据在分类账上所要处理的各种关系。

两年之后，在这个问题上又有人作出了极为重大的贡献。1887 年，加克和费尔斯推出了他们的"主要成本分类账"系统，他们的说明非常清楚。这两位卓越的英国成本专家在 19 世纪末期为成本会计理论和实践作出了许多杰出贡献，然而，在将工厂间接费用成本与材料及人工要素结合方面，他们的"主要成本法"却有些束手无策。同时他们也忽视了分批法与分步法的分野。不过可以想象，他们的成本计划在任何一种情况下都可以应付裕如。主要成本分类账用以汇集可分配给各项产品的工资及材料，必须预留一栏反映"备用金账或其他类似账目"中记录的

"杂项支出"。[4]除了上述各种细节性规定之外，主要成本分类账系统还为每份"工作单"各设一张独立表格。表中借方设有日期、细目、付款凭单号、数量及重量、费率、材料、其他支出、总计等栏目；贷方栏目包括：日期、细目、借项凭单号、数量或重量、费率、金额。全部工作单表上的借方合计数需定期汇总并与"商业分类账"中显示的金额进行比较。已完工作业要记入"存货借项凭单"，作为随后登记完工产品账及已收存货账的凭据。

另外还可以提供许多细节性的东西，不过，上述资料已经能够大致说明加克和费尔斯所提出制度的基本情况。他们的方法不是很完善，但也已大大优于前人。进一步来讲，他们的工作已经为其他人奠定了基础。

19世纪80年代晚期，G·P·诺顿撰写了一部有关纺织业成本核算的著作。书中推荐的方法在很多方面与20世纪初期人们所用的程序极为相似。他提出了一种内容很丰富的单件或大批生产成本表，包括如下35个栏目：日期，单件系列编号；页码或工作单号；摘要；类别号或标记；型号；客户编号；交货日期；附加条件；式样；卡子或拉杆；幅宽；大型芯座；计划编号；整经——图案或原料数量，计数或捆数，磅，总磅数，每磅平均价；织物——图案或原料数量，清点数量或捆数，磅，总磅数，每磅平均价；精选；梭子；织机数；纺织工姓名；天数——内部织机天数，外部织机天数；外部织机——码，磅；完工——码，磅；计件成本账上的计算号。[5]这可以说是至今为止最复杂的生产成本表。本表以下面所附"计件成本账"为支撑：

计 件 成 本 账

计算号：
工件编号：

摘　　要

材料成本，即：

＿＿＿＿磅 整经@		× ×	
＿＿＿＿磅 织物@		× ×	× ×

工序交易费用，即：

精整	×　×	
绕线	×　×	
整经	×　×	
纺织	×　×	
清洗、浆洗	×　×	
织补	×　×	
修整	×　×	
染色	×　×	×　×
总成本		×　×
_____％ 制作样品	×　×	
折扣准备	×　×	
_____％ 仓库费用	×　×	
_____％ 管理费用	×　×	
_____％ 利润	×　×	×　×
销售价值		×　×

　　诺顿认为计件成本账对于"核定成本范围及核实完工产品实际成本很有用。样品制作费、仓库费用以及管理费用百分比可以在制造账户协助下按以下方式确定：将上面计件成本账中所提到的各工序已完工成本合计数与①样品制作成本合计数，及②仓库及管理费用合计数进行比较，这些项目在合计数中所占的比例，即是个别计算中的费用率"。[6] 为进一步执行他的成本计算程序，诺顿还提供了一种表格，用以按周或按月报告厂内各个部门所完成工作的情况。企业的各个部门（诸如梳毛、毛纺、精纺、绕线等）列在表的左首。在随后的（右首）栏目中，留有一定空间以反映：①工资；②材料消耗；③固定费用平均数；④总成本；⑤已完工工作的交易费用；⑥已完工工作中的工资百分比；⑦利润；⑧损失。最后两个栏目用于区分他所谓"机器或制造"利润与"营业"账户中的净利润。诺顿还有一个想法，认为应该定期向工厂经理提供本厂产品与

其他生产同样产品（竞争）企业的成本比较。此乃他据以确定整个企业效率的法宝（成本法），可视为后来标准成本法的滥觞。

继诺顿之后，一位匿名英国作者设计了成本计算的"多栏式分类账"（tabular ledger）计划。[7]他的成本账分为两部分。第一部分有日期、细目、工人数、工时、总工时、费率、工资及材料（金额）合计、管理费用、折旧、部门合计等栏目。第二部分有完工产品及工作成本、杂项项目等栏目。当在多栏式分类账中确定了每项作业成本总计数之后，要将其转到"成本账户汇总表"（cost account summary）中。与诺顿的方法相类似，汇总表包括日期、姓名、页码、成本、管理费用、折旧、部门——1号，2号，3号，……总成本、页码、合同价、利润、损失等栏目。每份合同都专门有自己单独的一行。因为总成本和合同价数据离得很近，所以很容易可以算出各项作业的损益。这位匿名作者的结论从当时正在进行的有关成本与财务记录一体化的争论角度来讲，是很有启迪意义的："利润栏合计数与损失栏合计数之间的差额，应与同一时期损益账户余额一致。但实际中两者之间往往会有一些小小的差异。一方面是由于记录不很精准，另一方面则是因为成本账户中使用的管理费用和折旧等是估计数而非实际数。记录上的错误除非很小，否则应该设法找出来加以更正；管理费用和折旧等的比例如果是以很仔细的方式确定的，估计数和实际结果之间的差异应该不会很大。"[8]这个差额要作为成本账"试算平衡表"的调整数，使其试算平衡总计数与财务账管理费用、折旧及有关资本利息数据相一致。

后来英国专家的讨论显得更加技巧化。以 J·S·刘易斯为例，他把通知单具体分为工作通知单（work order）和作业通知单（job order）两类。工作通知单是由管理者批准的一项新的工作，而作业通知单用于：①向员工发布具体指令并②跟踪检查人工及材料成本。在发出作业通知单之前，任何工作都不得开始。刘易斯谈到："在开工前工人要将作业通知单带到作业办公室，由作业核算员记下通知单的编号，同时在通知单上填上日期。"[9]这完全是分批成本法下的细节性处理。刘易斯进一步解释说，一个人同一时间只能拥有一张工作通知单。材料成本也要由仓库保管员登记在工作表上。此外还要不时地进行一些检查，以确定员工是否把所有材料都准确无误地记在他的工作单上。

刘易斯还提供了其他一些细节。当工作圆满完成时，要由工长在工作单上签上自己名字的第一个字母，送交作业办公室。办公室接下来会将成本表上的数据与分批成本分类账（job-order ledger）上的同类信息进行比较。如果比较中发现没有重大差异，就要将分批成本分类账中相应的页面撕下来，装入一个单独的编号信封中归入永久性办公档案。

以上所述挂一漏万，但由此已可看出，刘易斯对分批成本法的研究远比在他之前的任何人都更为全面。他的系统除在工厂制造费用的处理方面有些差距之外，与30年后的成本权威们所推荐的方法并无二致。后来人们在他的基础上加入今天分批法下所见的其他细节，也就容易了很多。

事实上，仅仅两年之后，美国工程师 H·M·诺里斯就通过编制他所谓的"计件通知单"（piece orders）时具体用到了刘易斯的方法。这些通知单由作业核算员在接到客户订单后立即填制。通知单副本送交材料核算员，由他对照材料库存卡检查手头是否有所需材料。如果库房有材料，则要将计件通知单转交"总工长"，由他存入自己的文档，直到将该工作指配给某些员工。接下来，计件通知单会再送交仓库作为发料依据。其后某一天，它又会转回作业核算员手中。诺里斯详细说明了计件通知单的七大用途："①它们可以为仓库办事员订购原材料提供依据；②通知单转到总工长手上时，等于在告诉他该工作已经准备好了，需要分配下去；③通知单传给部门工长，说明有工作需要做；④通知单停留在部门工长手上，表明他正在做什么；⑤通知单转回仓库管理员，等于授权他向车间发出材料；⑥通知单在提货处，表明货已经从库房发出；⑦通知单在作业核算员的文档中，意味着工作实际不在进行中。仓库管理员按记号将其归档，工长按业务归档，作业核算员则按印在上面的通知单编号归档。"[10]像 J·S·刘易斯一样，诺里斯也提出用计时卡作为工人变换工作的凭据，并用以跟踪检查实耗工时。"计时簿"则可汇总反映计时卡上的工时资料。诺里斯谈到："通过查看计时簿，作业核算员将知道厂里的每个人都做了哪些工作，经过很短时间之后，他就能够很熟悉执行特定业务所需的时间，工人也可以从工长那里知道他们的进度有没有落后。"[11]这又是很有意思的标准成本观念。

在世纪之交的 1899 年，H·L·阿诺德出版了他的重要著作，[12]反映出当时美国成本会计的发展情况。阿诺德介绍了他所熟悉的一些知名工业企业正在使用的成本制度。其中谈到一种所谓"主要成本记录表"（prime cost record）。该表包括：工作单编号、类别号、摘要、数量、重量、体积、耗用的材料、非生产用材料、非生产性人工、使用费、其他支出、总支出、每件产品平均成本、完工日期等栏目。[13]阿诺德在描述他的部门成本表时已经触及了分步成本法。部门成本表包括日期、直接人工、工时、管理费用的比例、监督管理费用、工长费用、其他间接人工、动力、供热、照明、物料用品、房屋建筑修理费、机器修理费、工具修理费、折旧等栏目。[14]这位从业成本会计师建议为企业每个部门分别设置一张这种部门成本表，并认为它"对工厂总经理尤为有用，因为按这种方式可以提供全厂的统计，同时也可以将各个部门视为同一生产单位的不同成分提供有关资料。"[15]

阿诺德特别仔细地谈到哈特滚柱轴承公司的成本系统。首先，要由总经理签发一张"集体生产通知卡"（collective production order card）交给工厂监督员。卡上会提到要求完成的特定工作。卡前面部分空白处记录各种工厂成本项目和车床使用工时数。当产品完工验收后，生产通知单要送到办公室归档并建立索引。核算员还要把有关这些项目的数据记到一种统一成本记录簿（flat cost record book）上。该记录簿会设专栏分别反映各项作业的模具制造成本以及人工费用、杂项费用和其他未分类项目。表上最后一行提供"统一成本"（flat cost）项目，车间费用和办公费用的相应"比例"会加于其上。阿诺德谈到，"这些比例是根据以往经验计算出来的"。[16]

同在这部著作中，阿诺德还描述了他所熟悉的另外一家工厂使用的分批成本计算法。[17]该企业使用一种按产品批号排序的分析（分配）表。该表具有双重目的，可以按周同时提供有关人工和材料两方面情况的记录。工厂员工要在周内填写计时卡，周末收集起来按产品批号进行分类，在按该批产品上所发生的支出计价后登入分析表。每周末要将计时卡上所反映的人工成本合计数与工资总额进行比较，这也是内部稽核的一种方法。同样步骤也适用于该批产品使用的材料。同样的，每周末可以得出各批产品所耗用的材料总额并登入分析表。各批产品材料成本总计数可与库房发出材料进行比较，作为一定程度上的内部检查。

虽然阿诺德描述的可能是当时最先进的工业企业所使用的成本方法，但他所言确实代表了 20 世纪初成本会计的迅速发展。至 1900 年，大西洋两岸的权威们都已对分批法和分步法作出过很好的论述。后来的演进主要集中在混合成本法的发展方面；这种方法同时兼具分步法和分批法的特点。另有一些学者继阿诺德之后继续对实际中使用的各种方法进行研究。比如，J·麦克诺顿在世纪之交就造纸厂成本处理进行了著述。[18]这位英国会计师提出的方法使用了一种很详细的成本表，可以提供全面的纸张单位成本数据。对"生产账"（production book）中的每项"产出"（making），都需填一张成本表。生产账包括如下栏目：日期，产出号，摘要，规格，重量，批次，价格，机器——所产重量、轮班数、总工时、表格，完工——令数、重量，破损，周合计——吨数、英担、磅数。为了表明该作者究竟有多么仔细，我们可以看看以下说明："每台机器都要求有一本生产账。成本核算员须于每天早上在账上详细登录该机器前两个班次（一个白班一个晚班）所完成的工作量，这些数据由机器工作簿（machine work book）得来。除记录日期外，还专门有一栏用于记录所产出的不同种类或质量的纸张数量……纸张价格来自办公室的原始订单登记簿。产量来自完成车间账簿（finishing house book）记录。若纸张一完工就发出，重量数据会来自发票簿。如果是先入库，则来自入库单。破损数来自破损账。根据这些数据，可以在成本表上算出纸张价值。"[19]

大约在麦克诺顿详细描述纸厂成本计算法的同一时间，H·迪默提出了一套用于计算工具、夹具、模具、模型、图纸等企业内部使用物品成本的方法，内容颇为丰富。[20]他建议为此专设一些内部工作单，可分别称为E单（工具）、F单（夹具、模具），如此等等。他进一步指出，如果某些工具、模具是为特定客户的专门订单而生产，这些产品的成本在算出之后，应接着分配到企业自己所需产品的工作单中去。"这样，这些特殊作业的成本中就会包括那些特别制作的图纸、模型和工具的成本。"[21]对非特殊性工作以及经常性维护、修理工作，需设置固定作业工作单（standing job order）。每个工长手中应有一张表，时间跨度为一个月，包括日期、固定工作单编号、材料种类、请领数量、发出数量、重量、成本等栏目。迪默很精明地发现，"由于各厂情况各不相同，固定工作单的名录会有很大不同……对构成各个独立固定工作单号所属费用账户的特定项目做仔细的分类，将使管理当局能够通过成本部门提供的这类工作单的汇总资料进行逐月比较。"[22]

迪默还以一种很简明的方式对一种次级生产通知单（production sub-order）系统作了解释。这一系统对"总通知单"（general order）或"用料单"（bill of material）构成支持。每项次级通知单只涵盖一台车床或一组技术熟练程度相同的工人能够有效生产出来的产品。次级通知单一旦完工，就要将上面的数据加总并登记到索引卡上。其抬头部分有图纸号、模型号、物品、材料、重量、材料成本等栏目；抬头下则是：通知单号、次级通知单号、业务名称、件数、员工人数、时间、费率、人工成本合计。迪默谈到："这张卡不仅能为每项业务成本提供可靠依据，同时也为企业中正时兴的计件工资制和奖金制奠定良好基础。"[23] 由此可见他对成本计算用途的理解有多么深刻。

在 1900 年左右，一些有识之士试图通过运用制造费用分配的机器工时法实现分批法与分步法的一体化。美国的 A·汉米尔顿·丘吉尔和英国的约翰·曼恩爵士同时提出了这种更为准确的成本计算程序。他们建议用好几种不同的形式，以便对应负担费用和不应负担费用的工时，以及应分配给机器的间接成本实施跟踪检查。尽管这些发展本身对分批法和分步法的基本程序并无贡献，但却表明了当时成本理论总体上的机动性。

至 1904 年，成本会计作者开始在著述中对分批法和分步法进行比较全面的论述。以 H·L·C·霍尔为例，他将分批法称为"第一类"（class I）成本计算法，而将分步法称为"第二类"（class II）成本计算法。[24] 这位美国专家对两类方法的适用条件作了极为细致的描述。他的说明既透彻又直白，即使放在今天也依然会让人感到十分满意。他讨论的重点放在采用这些基本方法所需的工厂通知单、成本汇总表及其他表格上。

在霍尔的著作出版后 1 年左右，出现了许多论著，专门讨论将机器工时法与分批法和分步法相结合的具体形式问题。这个问题此前是被专家们所忽视的。H·戴顿在写于 1905 年的一篇文章中提出要为三类工厂通知单分别设置成本分类账，[25] 这三类通知单分别为：个人通知单，仓库通知单，工厂车间通知单。这些分类账账页格式中应包括日期，细目，直接材料，直接杂项支出，直接人工，机器费用，间接制造费用百分比，合计——借、贷等栏目。机器费用栏根据每天计时票上的数据填列，间接制造费用则以直接人工和机器费用合并数的一定比例为基础。大约与此同一时间，英国人斯坦利·佩德推出了典型的非机器工时成本表（non-machine-hour cost sheet），其栏目包括：日期、特殊材料、材料、自己的铸造厂生产的铸件、工厂工资、工厂费用、野外工资、小额现金项目、薪金、杂项支出、合计。[26]然而，美国人克拉伦斯·戴的著作中却特别强调他所谓"机器成本制度"（machine cost system）。[27]他首先提出成本表应当按：①各台机器；②一组同类型机器来设置。上述表格用于表明机器运行的工时数。制造费用自然会是以机器运行的工时数为基础分配到产品中去。克拉伦斯·戴同时还强调，成本表上所反映的有关成本的详细资料，必须以总分类账中的控制账户为媒介置于会计控制之下。总之，"正处在处理过程中的所有成本表永远应该当做一个整体……如果所有正在处理的成本表都是为同一给定时期而设，则其合计数应该等同于总账中在产品账户的余额。"[28]不论是对产品，对机器和房屋建筑的改建与重建，还是对其他任何需要成本资料的工厂活动，都需每周发出工作通知单。工作通知单还可以为确定售价提供一定基础。

至 1909 年，分批法和分步法基础理论的发展方面已经取得很大成就，以至于好几位权威人士觉得有必要在他们的著作中以整章的篇幅来加以说明。杰出的美国专家 J·L·尼科尔森对这一议题作了极为透彻的解析。[29]他首先对生产通知单的使用作了说明。他强调指出，如果是连续式生产，只需一张通知单就已足够（可以用复写纸复写多份）。但如果一张订单需要几个生产车间同时"运作"（prosecute）才能完成，则需向各个部门分别发出次级工作通知单，列明需要它们完成的具体工作。通知单副本送交运货核算员、仓库核算员以及其他相关人员。尼科尔森指出，工作通知单的格式设计需视"生产条件"而定。比如说："工作通知单纯粹是为了调节生产，只需将事情交代清楚就可以了。如果有一份副本要用于成本核算，则要加入另外一些栏目，加上适当的标题，并注意其排列顺序必须便于从员工工时报告及发料报告中过入有关数据资料。如果还要反映各项业务成本，则要为各项业务分别设置适当栏目，表式的规定和设计应该方便成本核算员加入间接费用并确定总成本。"[30]

尼科尔森更明确地讲到在什么情况下应该用分批法，什么情况下用分步法。他强调，当按客户的特殊要求进行生产，或产品相异时，分批法较为有效；相反，如果产品统一，而生产时手头并没有客户订单，则通常会采用分步法。他似乎认为分步法通常更有利于提供准确报告，也更适合于在那些雇佣了训练有素的成本会计师的企业中推行，因为这些成本会计师能"将管理当局的注意力引到与许多部门业务相关的数据资料上去"。[31]

在解释分步法中成本表的用法时，尼科尔森首先提到的是应为各种产品分别设置成本表。人工成本数据应根据计时员或部门工长所保持的时间记录填制；材料成本根据领料单或仓库发料报告汇总表填列；制造费用按直接人工成本比例进行分配。工厂总成本通过每月加总以上三项要素费用而得到。对于只是部分完工情况下单位成本的确定，尼科尔森讲得很含糊，但他确曾指出成本表上必须同时反映已完工及未完工产品数量。已完工产品成本要从成本表上的总成本中扣除。如他所言："其余额表示在产品成本，应结转下月初；这项余额应能表明各工序中在产品的数量和成本。"[32]但他忽视了其中最为棘手的问题（也是这里最大的难题）：约当产量以及与之俱来的部门单位成本数据的计算。

尼科尔森也是最早提出后来所谓"逐步结转分步法"和"平行结转分步法"并对其优点进行总结的人之一。他的评述尤其准确到位，特全文引述如下：

理想的情况下，每道工序的产品和成本应该可以由一道工序转向下一道工序，直至确定完工产品成本。这将会涉及从各工序扣除转往下一道工序的数量和成本的问题，比如第一道工序转往第二道工序，如此等等。在前一道工序数量和成本减少的同时，下一道工序的数量和成本会相应增加。其结果，最终转入存货的产品成本，将是各个步骤数量和成本聚合在一起后的累积成本。而在另一种方法下，每道工序中的数量依然会显示出来，但成本数据却除第一道工序之外再都无法显示。不过，这种方法能更加清晰地显示出单位成本。不论哪种方法，就成本而言，结果将是相同的，但第二种方法工作量会比第一种方法更大。[33]

在 20 世纪初的英国，成本会计的发展主要是围绕不同的生产情况来确定各种具体技术。有关成本问题的作者们在其著作的标题中，通常都会对他们所讨论企业的性质提供一定线索。在这一时期，有好几位英国专家出版了一系列小册子，内容涉及诸如工程师及造船商会计、多重成本会计、单一成本会计、终极成本会计等不同议题。这些手册流传很广。它们对成本会计文献的快速增长作出了特殊贡献。虽然本书篇幅有限，无法对这些资料一一加以讨论，但却不能不特别提到 W·斯特罗恩的著作。他写于 1909 年的著作中对分批法和分步法既有观念上的概括，也有详细的细节描述，十分清楚。[34]他对成本制度中各种表式的说明足以与现代教科书相媲美。他的讨论相当直接明了。正如本书第六章所述，斯特罗恩认为成本账和财务账是不能混杂一体的。这种看法迫使他努力提供更多信息对此加以证明，而不像一般人那样以成本与财务业务结果的"整合与核对"（他的用语）为理由。斯特罗恩还提倡用现行销售价值法（current sales value method）报告完工产品。也就是说，库房应以大约等同于销售实现数的金额反映存货价值，"以表明生产利润"。[35]当然，所有这些都要靠成本账来完成。财务账只能显示出所谓实际成本数据。有趣的是，这位英国专家极力主张制造企业所有的会计日记账、分类账和明细账都采用活页账或"永久性分类账"（perpetual ledger，他的用语）的形式。

斯特罗恩的分步法让人想起尼科尔森的讨论。他首先指出，在成本分类账上应该为各阶段或工序分别设立账户，所有的成本都应该归由这类工序负担。接下来他又强调，各个不同的成本项目应该在成本分类账表上分别反映。他认为在成本分类账中各个子部门在栏目设置上有所不同是很正常的。完工产品数量和确定的产品单位成本应在成本分类账表的最右边列示。他的讨论中还渗入了保密观念，他说："如果认为产量和单位成本属于秘密，就不要在成本账上列示，可以改记在一张单独的成本表上。"[36]他的成本分类账包括如下栏目：材料——日期，领料单或贷项清单号，细目，数量，单价，金额，贷项；工资——日期，细目，页码，金额；间接费用——细目，金额；合计；产量；单位成本。

到第一次世界大战爆发时，英美两国的成本会计师实际上已经找到了有效使用分批法和分步法所需的全部技术。以 F·E·威伯勒为例，他花大量篇幅详细论述了各种成本计算"计划"（这是他的叫法）。这位杰出的美国实践家对所有方法作了如下分类：特种成本计划（specific cost plan），销售工时计划（sold hour plan），列示百分比计划（list percentage plan）。[37]后两种方法同时具有分批法和分步法的特点。

自 1911 年以后，发展的重心在于完善分步法下的单位成本计算，以及分批法下制造费用分配率的调整。标准制造费用率问题已在第五章作过讨论。H·C·本特莱对如何完善单位成本计算作了专门说明。早在1911 年，这位美国会计师就对在先进先出法和平均成本法下如何计算结转入库产品单位成本作过说明。在靠后的一页上他曾经谈道："前述方法无疑是正确的，但如果各月人工成本没有多大不同，使用平均成本法的工作量将会较小，每月结果也会十分接近……如果没有重量损耗，要算出完工产品中包含的原材料成本也会是小事一桩。但大多数情况下产品重量都会有所变化——或因缩水而减重，或因受潮而增重；因此，有必要通过在产品所占用原材料的盘点，或者根据具体情况估计缩水或增重，尽可能准确地确定成本。"[38]后来的权威们很难再对本特莱的总体结论有所增进。

注释

[1] 亨利·梅特卡夫，《制造成本》（纽约：约翰·维勒父子公司，1885），第142-143页。

[2] 梅特卡夫，《制造成本》（纽约：约翰·维勒父子公司，1885），第 306 页。

［3］S·A·汉德，《美国机械工程师学会学报》，VII（1885），第 483 页。

［4］埃米尔·加克和 J·M·费尔斯，《工厂账目》，第四版（伦敦：克罗斯比·劳克武德父子出版社，1893），第 65 页（初版于 1887 年）。

［5］G·P·诺顿，《纺织品制造商簿记》，第四版（伦敦：斯皮金，1900），第 267 页（1889 年第一版）。

［6］诺顿，《纺织品制造商簿记》，第四版（伦敦：斯皮金，1900），第 254 页。

［7］《会计师》，1894 年，第 689 页未署名的文章。

［8］《会计师》，1894 年，第 704 页。

［9］J·S·刘易斯，《工厂的商业组织》（伦敦：E·及 F·N·斯本，1896），第 289 页。

［10］H·M·诺里斯，《一种简单有效的工厂成本记录制度》，《工程学杂志》，XVI（1898），第 392 页。

［11］《一种简单有效的工厂成本记录制度》，《工程学杂志》，XVI（1898），第 393 页。

［12］H·L·阿诺德，《完全的成本记录》（纽约：工程学杂志出版社，1899），散见各处。

［13］阿诺德，《完全的成本记录》（纽约：工程学杂志出版社，1899），第 218 页。

［14］阿诺德，《完全的成本记录》（纽约：工程学杂志出版社，1899），第 337 页。

［15］阿诺德，《完全的成本记录》（纽约：工程学杂志出版社，1899），第 304 页。

［16］阿诺德，《完全的成本记录》（纽约：工程学杂志出版社，1899），第 47 页。

［17］阿诺德，《完全的成本记录》（纽约：工程学杂志出版社，1899），第 306 页。

［18］约瑟夫·麦克诺顿，《纸厂簿记》（伦敦：木质纸浆有限公司，1899），散见各处。

［19］麦克诺顿，《纸厂簿记》（伦敦：木质纸浆有限公司，1899），第 27 页。

［20］H·迪默，《机械厂的商业化组织》，《工程师杂志》，XIX（1900），第 344-346 页。

［21］《机械厂的商业化组织》，《工程师杂志》，XIX（1900），第 344-346 页。

［22］《机械厂的商业化组织》，《工程师杂志》，XIX（1900），第 344-346 页。

［23］《机械厂的商业化组织》，《工程师杂志》，XIX（1900），第 895 页。

［24］H·L·C·霍尔，《制造成本》（底特律：簿记员出版公司，1904），第 74-85 页。

［25］H·戴顿，《一家机器制造厂的成本制度》，《工程学杂志》，XXIX（1905），第 50-52 页。

［26］斯坦利·佩德，《成本账户，其优势及与经营成果的关系》，《会计师》，1905 年 4 月 29 日，第 529 页。

［27］克拉伦斯·戴，《会计实务》（纽约：D·阿普尔顿出版公司，1908），第 92 页。

［28］克拉伦斯·戴，《会计实务》（纽约：D·阿普尔顿出版公司，1908），第 161 页。

［29］J·L·尼科尔森，《工厂组织与成本》（纽约：科尔技术出版公司，1909），第 102-315 页。

［30］尼科尔森，《工厂组织与成本》（纽约：科尔技术出版公司，1909），第 102 页。

［31］尼科尔森，《工厂组织与成本》（纽约：科尔技术出版公司，1909），第 307 页。

［32］尼科尔森，《工厂组织与成本》（纽约：科尔技术出版公司，1909），第 315 页。

［33］尼科尔森，《工厂组织与成本》（纽约：科尔技术出版公司，1909），第 341 页。

［34］W·斯特罗恩，《成本会计》（伦敦：史蒂文斯-海恩斯，1909），散见各处。

［35］斯特罗恩，《成本会计》（伦敦：史蒂文斯-海恩斯，1909），第 48 页。

［36］斯特罗恩，《成本会计》（伦敦：史蒂文斯-海恩斯，1909），第 60 页。

［37］F·E·威伯勒，《工厂成本》（纽约：罗纳德出版公司，1911），第 251-300 页。

［38］H·C·本特莱，《会计科学》（纽约：罗纳德出版公司，1911），第 246-247 页。

第十二章

源于历史的结论

到此为止，我们已对成本会计基本理论及方法的演进历史作了较为全面的讨论。接下来要做的，是以本研究中所提供的素材以及对有关成本会计文献的研究为基础，进行一些总体上的观察和归纳。基于前言中对本研究范围的基本限定，[1]我们可以得出如下结论：

（1）在1885年以前，尽管人们对成本理论和实践亦曾有过一定兴趣，但却没有哪位权威人士将它看作一个值得专心研究的问题。

（2）1900年前，英国成本会计师对成本会计的基本观念和程序作出了不可磨灭的贡献；之后，美国理论家和实践者超过了他们的英国同行，而后者再也未能重新找回他们原有的声望。

（3）主要成本制度的运用远较完全工厂成本安排为早。

（4）在1900年以前，作为成本第三大项目的工厂间接费用一直为人们所忽视，但自此之后，人们对它的关注远胜于前两个项目。

（5）在大量条件和判断的约束之下，从所得到的证据来看，似乎工业活动比较"低迷的年份"，往往会是在引入新的成本会计技术和程序方面硕果颇丰的时期。

（6）在美国早期成本会计发展中，产业工程师远比成本会计师或一般会计师更为积极。

（7）在较早时期有关成本问题的讨论中，美国人对工厂存货计价理论和方法的关注远不如英国人。

（8）进入 20 世纪之前，工厂记录与财务记录一体化的步伐一直非常缓慢，直到 20 世纪 20 年代，有关细节问题尚未得到完全解决。

（9）成本理论和技术的发展是工业环境变化的结果，日渐复杂的工艺流程促进了成本技术的快速发展。

本章余下部分将对以上归纳作一简要说明。

（1）人们对成本理论和实践的兴趣始于中世纪。伴随着文艺复兴及大航海时代的到来，商品交换日渐频繁使得小工厂纷纷建立起来。在那个时代，人们关心的是如何核算材料的流转。为了累积反映用于产品生产的材料及人工费用支出，人们开始保持相关记录。进而，当"生产成本"概念萌生之时，各种行规却对它被用于作为一种据以确定商品长短期销售价格的工具形成阻碍。随着国内手工作坊逐渐被市场化生产的工厂所替代，相同类型产品在市场上竞争的机会也日益增多。相应地，产品生产成本变得重要起来，很多学者开始更仔细地考虑工业企业所需的记录和账户。不过，和以前一样，这些先驱者们只是大致修改了一些商业或贸易簿记方法来满足工业的需要。虽然间或也有例外（第二章对此有详细说明），但在 1885 年前，大部分成本计算程序还相当粗糙，或许根本不能称为"成本制度"。后来，尽管工厂技术进步很快，但 1820 年至 1885 之间，成本会计方面却依然毫无进展。不过，也可能工厂实际保持的成本记录，要比各种出版物中所反映的情况稍好一点。[2]尽管有上述情况，但我们依然可以认为现代成本方法真正始于 19 世纪 80 年代。虽然自此之后开始深化的有些理论和实务很早以前就已经产生，但上述结论仍然成立。其中涉及的，包括工厂的部门化、永续盘存技术，以及分配间接费用或制造费用的一些简单方法。[3]

（2）在 20 世纪前，特别是 1885 年至 1900 年间，对成本会计的基础贡献主要归功于英国专家。在这 15 年间英国至少有三部很有影响的著作问世，对成本理论和技术作了有益的探索[4]。第一部重要著作是由埃米尔·加克和 J·M·费尔斯合著的经典之作《工厂账目》。至 1893 年该书已出版 4 次。作者在第二版前言中写道，该书"力图将工厂会计的基本原理以及在实践中运用这些原理并服务于制造业经济的方法，第一次系统地展现在英国读者面前"。[5] 这一时期出版的第二部重要著作是 G·P·诺顿的《纺织品制造商簿记》（1900 年前共发行 4 版），第三部是 J·S·刘易斯的《工厂的商业组织》（1896 年第一版）。此外还出现了一些权威性专论。直至 20 世纪前 10 年的后半期，在美国依然没有能与上述著作相媲美的论著。不过，在世纪之交的美国，也还是有一些学者作出了一定贡献，尤其值得一提的是 A·汉米尔顿·丘吉尔有关"适当分配制造费用"的系列论文[6]以及约翰·惠特莫尔的系列论文"工厂会计在机械厂的应用"。[7]尽管如此，我们依然可以说，直到世纪之交，这一领域依然只是英国成本专家的天下。自此之后，美国人对成本会计的贡献开始增多，并在多年之后超出了英国同行。除了在一些单独的事例中（比如存货计价理论）以外，英国人再也未能重新找回他们原来的地位。不仅如此，一些新的成本观念和程序，也总是先在美国出现，必须过上好几年后，才会出现在其他国家学者的论著中。这与西美战争之后美国在世界贸易和商业中的领导地位有着不可分割的关系。第五章中已经对此作过讨论，在此不再赘述。

（3）主要成本制度（即完工产品成本中只考虑原材料和直接人工成本的会计方法）的出现比完全成本法早几十年。试分述之：自成本账户开始与常规财务账户相分别以来，它们首先被用于累积完工产品的主要成本。各种附带支出及费用部分地被确认，但大多数专家对于把它们当做应计成本是很踌躇的。更多时候它们被当做费用而不是成本处理。即使在那些采用一定制造费用分配计划的情况下，所采用的方法也是很粗略和不公平的，在大多数情况下得出的总生产成本数据往往很难令人满意。事实上，1900 年之前的许多作者坦承他们没有能力处理除主要成本以外的其他事项，因此他们只是努力去开发一些能够较好地处理前两个成本项目的计划。[8] 在这种制度下，工厂间接费用项目被归为公司"费用"，除了偶尔会在资产负债表存货计价中用到之外，从来不会归属于"成本"。这段时期，这种特殊的成本安排被运用到实践中，取得了很大成效。要把工厂间接费用加入成本确非易事。主要成本法显然为以后现代成本实务的引入扫除了诸多障碍。事实上，当时的成本会计重在核算所耗材料及人工，是机械制造行业在产业革命初期所保持的原始备忘记录进一步发展的必然结果。这些企业希望知道他们所承担合同的近似支出数，这是完全符合逻辑的。主要成本法正好可以提供那些粗略的成本计算表。当然，采用复式簿记原理对于解决这一问题会有很大帮助，但是，成本技术在很大程度上需要的是本质上的创新而不是改造。

（4）在 20 世纪前，工厂间接费用的处理几乎完全被忽略。对这一问题也曾有过一些讨论，但却没有对已出现问题的深入考察。闲置时间及正常生产能力概念几乎完全无人注意到。少数英美成本专家提出了分批处理企业中制造费用分配的一些简单方案。然而，总的来说，很少有人对这一问题有兴趣。[9] 1900 年前后，制造费用会计的重要性开始凸显。若干年之后，这个问题开始受到像其他两个成本项目一样的关注。这一问题不再遭受冷落。人们对制造费用应该包括的项目进行仔细考察，一些非生产性项目被弃置一旁。对应计利息和租金是否应计入成本的问题，人们从不同的角度进行分析；随着时间的推移，论争逐渐升温。与制造费用控制账户有关的技术受到极大关注，逐渐出现了各种不同的程序。这些程序针对的不只是实际发生的制造费用，而且涉及已经分配到产品中的制造费用以及少分、多分制造费用。有关制造费用分配的各种方法在此之前就已经受到极大的关注，这时则得以进一步深化，并又发明了好几种新方法。[10] 预定制造费用分配率和工厂生产能力问题日益重要，一些专家甚至开始心无旁骛地考虑其中有关问题。最后，工厂部门化问题——尤其是与间接费用相关的部分——受到了各种成本专家的重视，并作了全面深入的考察研究。除了以上各种因素之外，在 1900 年左右，人们开始更多地认识到各种杂项费用支出对工业企业而言也属于成本而不是费用，并倾向于将其分配计入产品成本。人们设计出各种更为适用和准确的技术，通过分类账进行成本处理。总而言之，可以说，进入 20 世纪以后，制造费用会计确实受到了应有的关注，这一问题长期被忽视的状况终于有所改观。

（5）工业活动低迷年份被证明是引入和开发新的成本技术和程序的硕果期，这个结论也似乎出于逻辑的必然。很明显，当企业不得不努力削减开支时，产品成本数据会变得更加重要，而成本实务的改进也会受到更多关注。为了证明这一结论，我们可以引证一些事例（所有事例都与本书前面所介绍的材料有关）：19 世纪 90 年代后期开发出了更精确的制造费用分配法，1907 年左右又对其中所涉及的问题作了更细致的分析，而这两个时期正好是美国商业活动较淡的时期。在"一战"前的萧条时期，将闲置时间视为损失的观念开始逐渐盛行，许多成本专家都转向了这一学说。在 1913 年至 1915 年间，人们对边角废料及副产品会计的热情又重新燃起。"一战"后的萧条使得成本会计师更加关注领料单定价及存货计价方法。在同一时期，标准成本法变得更为完善，而所谓"标准制造费用率"计划也赢得了更多拥护者。

（6）在成本会计发展的早期，产业工程师比成本会计师或一般会计师都更加关注成本问题。这一结论得自本书各章所引的大量参考文献。事实上，可以说，成本会计职业本身就产生于早期产业工程师对成本会计问题的关注。这里所说的产业工程师是指那些不仅关心工程技术问题，同时也关注制造业企业管理的那部分工程师。这两种职业之间的分界线直至今日实际上依然不是很清楚。不过，这里也没有必要一定分清他们各自的工作范围。在此只需强调指出产业工程师在 1900 年以前曾经对成本理论作出了许多重大贡献，就已经足够；其实在此之后，他们的研究依然具有重要意义。下面这段写于 1893 年的评论，很好地说明了成本技术和工程技术之间的关系：

虽然从一方面来说，商业知识的缺乏并没有阻碍一大批能干的工程师取得好职位；但另一方面我们不应忘记，正是生产性部门提供了大多数这样的职位。这里所讲的商业知识并不仅仅局限于一般所知的簿记知识，还包括全面掌握有关主要成本法、折旧等方面的原理及实务。在这个竞争激烈、利润下降的时代，不用说，一个工程师如果熟悉商业知识，在同等条件下就会比没有此项知识的人更容易获得晋升。成本方面的知识对制造业工程师的重要性就如同航海图和罗盘对航海中的船长一样。拥有这些知识不仅能体现出他真正的商业价值，还能为他打造出美好的未来。工程师拥有商业知识是十分必要的。对一个成功的商人，他的工程技术方面的能力只能算成功的第二因素或根本不能成为主要原因。如果工程师们认为成本方面的知识只需要有关的职员掌握即可，那么年轻的工程师在他的实习期将难以学到什么东西。后果自然是绝大部分年轻工程师对这项必不可少的内容会完全无知。[11]

（7）"一战"前，存货计价理论在英国比在美国得到了更多的关注。其中原因不难理解。在英国，职业审计得到了更快的发展，而且《公司法》对存货计价的准确性提出了更高要求。这两项因素共同作用的结果，使得英国成本会计专家对工厂存货计价问题的关注和讨论，比美国人对这一问题的调查研究早了好几年。

（8）在成本账与财务账一体化方面，早期成本专家经历了一段十分曲折的道路。从商业会计到工业会计的转换也十分缓慢。即使在转换完成之后，也还是不断有人提出设立独立"成本账户"的设想。不过，到 1887 年，已经有人提出了实施一体化计划的明确思路。[12]但此后进展依然十分缓慢。直到 1910 年左右，还是没有多大改进。大约从这时开始，人们提出了一些细化的解决方案，不只有协调计划（一种分类账），而且有两账计划（对应账户）。需要顺便说明的是，这种改进本身既是一项不小的成就。有位学者对此有更高的评价，他甚至认为："成本会计方法的形成足以列为继复式簿记原理之后会计发展的第二大成就。"[13]

（9）成本理论和方法的演进是工业环境下的必然结果。过去百年间工厂系统的快速扩展、生产技术的突飞猛进、市场的扩展以及竞争的加剧，极大地扩展了制造商对准确成本信息的全面需求。成本会计作为一种管理工具，是获取理想结果的最重要方法。因而，与产品成本计算相关的各种问题，成了工业企业有效管理的重要因素。

像所有会计一样，工业成本会计也是在很卑微的环境下萌生。后来的环境变化促成了它的快速发展，尤其是 19 世纪中期以后。由于工厂管理者需求的刺激（这些人理所当然地对此有着炽热的兴趣），成本专家在 1885 年以后创造出了内容丰富的制度来记录并控制工厂产出。本研究的目的就在于突出这些制度赖以作为基础的各种理论及方法的发展演进。

在此，特引用杰出会计学者 A·C·利特尔顿的一句话，作为本书的结语：

会计的演进……是历史长河的另一条支流，在这里，"所有的事件、环境、制度和人物都来自之前的事件、环境、制度和人物，它们总是一脉相承"。[14]

注释

[1] 参看前言中有关内容。

[2] 事实上，好几位权威人士直到 1900 年才注意到在此之前一直缠绕在成本处理问题方面的保密态度，参看第二章。

[3] 诸如此类的问题前面各章中都有详细讨论。

［4］这三部著作的内容在第三章至第五章中都有详细介绍。亦可参看 S·保罗·加纳，《成本会计是否已经成熟?》，《N·A·C·A 公报》，XXXIII（1951），第287-292 页。

［5］埃米尔·加克和 J·M·费尔斯，《工厂账目》，第四版（伦敦：克罗斯比·劳克武德父子出版社，1893）（1887 年第一版）。

［6］A·汉米尔顿·丘吉尔，《公司费用的适当分配》，《工程学杂志》，XXI 和 XXII（1901），散见各处。

［7］约翰·惠特莫尔，《工厂会计在机械厂的应用》，《会计学杂志》，II 和 III（1906），散见各处。

［8］J·S·刘易斯，《工厂的商业组织》，第三版（伦敦：E·及 F·N·斯本，1896）中所提倡的制度对此即是一个极好的说明。刘易斯是一位英国工厂经理，会计师。

［9］第五章中对之所以缺乏兴趣的某些原因作过讨论。

［10］关于这一点，A·C·利特尔顿谈到，"用于将成本单位分配到产品单位上去的方法设计得如此巧妙，以至于成本会计完全成了一曲分析与综合的交响曲。"A·C·利特尔顿，《1900 年前会计的演进》（纽约：美国学院出版公司，1933），第 368 页。

［11］《工程师训练中的商业方面》，《工程学》，LV（1893 年 2 月）。关于这一问题更详细的讨论，参看理查德·E·盖劳德，《成本会计的发展：与工业工程的关系》（纽约：一份 34 页的未出版手稿，1952 年 1 月）。

［12］参看埃米尔·加克和 J·M·费尔斯，散见各处。

［13］A·C·利特尔顿，《1900 年前会计的演进》，第 359 页。

［14］A·C·利特尔顿，《1900 年前会计的演进》，第 368 页。

人名译名对照表

（以出现先后为序）

汉译	英文
加里·约翰·普雷维茨	Gary John Previts
乔治·希里斯·纽拉乌	George Hillis Newlove
A·C·利特尔顿	A. C. Littleton
R·S·爱德华兹	R. S. Edwards
大卫·所罗门斯	David Solomons
雷蒙德·德·鲁弗	Raymond de Roover
佛罗伦斯·埃德·德·鲁弗	Florence Edler de Roover
拉瑞·宾林格	Larry Benninger
C·奥布里·史密斯	C. Aubrey Smith
鲁思·贝利·加纳	Ruth Bailey Garner
E·H·柏勒	E. H. Byrne
H·皮林勒	H. Pirenne
勃拉迪·蒂·尼沃哥罗	Bernadi di Rivegno
雅科布·福格	Jakob Fugger
路德维格·舒尔曼	Ludwig Scheuermann

布莱伯格	Bleiberger
勒亨霍尔	Lehenhauer
尤里亚诺·梅迪席	Giuliano Medici
拉瓦图拉·蒂·多	Lavatural di Guado
德·波恩	Del Bene
尤戈尼诺·蒂·马可	Ugolino di Marcho
皮恩多夫	Penndorf
佛朗西斯科·蒂·马可	Francesco di Marco
尼古拉·蒂·皮埃罗	Niccolo di Piero
斯托多·蒂·罗伦佐	Stoldo di Lorenzo
费德里格·莫里斯	Federigo Melis
拉佐罗·蒂·吉奥瓦尼	Lazzaro di Giovanni
马利奥多·蒂·莫瑟·吉奥瓦尼	Mariotto di Messer Giovanni
安东尼奥·蒂托·吉洛斯罗	Antonio ditto Gellosino
皮多罗·保罗·蒂·吉格尼亚诺	Pietro Paolo di Giugliano
克里斯多芬·普兰丁	Christopher Plantin
阿什通	Ashton
J·M·克拉克	J. M. Clark
约翰·曼恩爵士	Sir John Mann
林道尔·尤维克	Lyndall Urwick
E·F·L·布里克	E. F. L. Brech
约翰·科林斯	John Collins
大卫·莫里	David Murry
罗杰·诺斯	Roger North
詹姆斯·多德森	James Dodson
约翰·梅	John Mair
瓦德拉夫·汤普森	Wardlaugh Thompson

罗伯特·汉密尔顿	Robert Hamilton
F·W·科隆贺姆	F. W. Cronhelm
Wm·哈里森	Wm. Harrison
安瑟密·派恩	Anselme Payen
列侬	Leroy
古宁	Guerin
L·F·G·德·卡扎克斯	L. F. G. de Cazaux
M·果达德	M. Godard
让宁	Jeannin
F·N·西蒙	F. N. Simon
路易斯·米泽勒斯	Louis Mezieres
C·阿道夫·古堡特	C. Adolphe Guilbault
M·杜古	M. Dugue
M·E·克拉破仑	M. E. Claperon
H·勒弗列	H. Lefevre
M·道波斯特	M. Dobost
查理斯·班巴哥	Charles Babbage
F·W·泰勒	F. W. Taylor
奥伯林·史密斯	Oberlin Smith
R·托勒	R. Towne
F·A·哈塞	F. A. Halsey
约翰·弗勒明	John Fleming
弗雷德里克·C·克勒普	Frederick C. Krepp
托马斯·巴特斯比	Thomas Battersby
埃米尔·加克	Emile Garcke
J·M·费尔斯	J. M. Fells
J·H·高德温	J. H. Goodwin

乔治·S·吉彼	George S. Gibb
乔治·布拉勃洛克	George Brabrook
T·R·纳温	T. R. Navin
约翰·C·惠汀	John C. Whitin
阿狄森	Addison
斯蒂尔	Steele
罗杰·蒂·柯弗利爵士	Sir Roger di Coverley
瓦萨姆	Waltham
吉姆	Gilmour
保尔·穆迪	Paul Moody
帕特里克·特蕾西·杰克逊	Patrick Tracy Jackson
伊夫林·H·洛顿	Evelyn H. Knowlton
海涅斯	Haines
W·W·考莱	W. W. Cauley
霍顿	Horton
西尔	Seale
斯汀逊	Stinson
考尔	Keel
亨利·梅特卡夫	Henry Metcalfe
G·P·诺顿	G. P. Norton
J·S·刘易斯	J. S. Lewis
E·安德雷德	E. Andrade
H·L·阿诺德	H. L. Arnold
H·迪默	H. Diemer
H·L·C·霍尔	H. L. C. Hall
H·斯潘塞	H. Spencer
J·L·尼科尔森	J. L. Nicholson

F·E·韦伯勒	F. E. Webner
E·P·莫克斯	E. P. Moxey
J·P·乔丹	J. P. Jordan
G·L·哈里斯	G. L. Harris
F·G·伯顿	F. G. Burton
W·C·埃迪斯	W. C. Eddis
W·B·廷德尔	W. B. Tindall
B·C·毕安	B. C. Bean
J·麦克诺顿	J. MacNaughton
S·S·道森	S. S. Dawson
斯坦利·加里	Stanley Garry
S·佩德	S. Pedder
约翰·惠特莫尔	John Whitmore
W·斯特罗恩	W. Strachan
A·C·里奇韦	A. C. Ridgway
L·W·霍金斯	L. W. Hawkins
E·T·埃尔伯恩	E. T. Elbourne
G·A·米切尔	G. A. Mitchell
A·汉米尔顿·丘吉尔	A. Hamilton Church
约翰·R·威德曼	John R. Wildman
S·H·巴莱尔	S. H. Bunnell
G·L·福勒	G. L. Fowler
H·M·诺里斯	H. M. Norris
W·S·罗杰斯	W. S. Rogers
A·G·查理顿	A. G. Charleton
约翰·尤尼尔	John Urie
J·E·斯特雷特	J. E. Sterrett

A·G·里斯伯特	A. G. Nisbet
哈林顿·埃默森	Harrington Emerson
克拉伦斯·戴	Clarence Day
C·E·克罗贝尔	C. E. Knoeppel
H·M·罗	H. M. Rowe
R·R·科理	R. R. Keely
威廉·肯特	Willian Kent
F·H·鲍	F. H. Baugh
N·T·费克	N. T. Ficker
拿骚·西尼尔	Nassau Senior
弗朗西斯·沃克	Francis Walker
E·P·贝茨	E. P. Bates
L·S·赖特	L. S. Wright
H·M·拉恩	H. M. Lane
亨利·罗兰	Henry Roland
A·洛斯·迪金森	A. Lowes Dickinson
M·W·金肯森	M. W. Jenkinson
C·H·斯克维尔	C. H. Scovell
欧文·费舍尔	Irving Fisher
G·查特·哈里森	G. Charter Harrison
H·C·M·维德	H. C. M. Vedder
斯蒂芬·吉尔曼	Stephen Gilman
L·R·蒂克斯	L. R. Dicksee
詹姆斯·H·布里斯	James H. Bliss
J·B·格里菲斯	J. B. Griffith
C·本特莱	C. Bentley
C·C·舍帕德	C. C. Sheppard

J·L·威勒	J. L. Weiner
马斯顿·惠汀	Marston Whitin
S·A·汉德	S. A. Hand

参 考 文 献

［1］ No author given, "Costing in the Seventeenth Century", The Cost Accountant, XXI (October-November, 1941).

［2］ No author given, *Factory Cost Accounting* (Detroit: Bookkeeper Publishing Company, 1900).

［3］ No author given, International Accountants Society Textbook (New York: International Textbook Co., 1920).

［4］ Acton, E. English Breadbaking, II (1857).

［5］ American Institute of Accountants, Yearbook (1918).

［6］ American School of Correspondence, Cyclopedia of Practical *Accounting* (Chicago: American Technical Society, 1912).

［7］ Amsdon, Edward, *Amsdon's Guide to Brewers' Book-keeping* (London: 1881).

［8］ Anderson, E. H. and Schwimming, Gustav, The Science of Production *Organization* (NewYork: John Wiley & Sons, 1938).

［9］ Andrade, E., "Manufacturing Cost Accounts, Their Use and Treatment," *The Accountant* (February 11, 1899).

［10］ Armstrong, George Simpson, *Essentials of Industrial Costing* (New York: Appleton, 1921).

［11］ Arnold, H. L., "Cost-Keeping in Machine-Shop and Foundry," *The Engineering*

Magazine, XIV (1898).

[12] Arnold, H. L. , *The Complete Cost-Keeper* (New York: The Engineering Magazine Press, 1899).

[13] Arnold, H. L. , *The Factory Manager and Accountant* (New York: The Engineering Magazine Press, 1903).

[14] Ashton, Thomas Southcliffe, *Iron and Steel in the Industrial Revolution* (Manchester: Manchester University Publications, Economic History Series No. 2, 1924).

[15] Atkins, Paul Moody, *Industrial Cost Accounting for Executives* (New York: McGraw-Hill Book Company, 1923).

[16] Atkins, Paul Moody, *Textbook of Industrial Cost Accounting* (New York: MacGraw-Hill Book Company, 1924).

[17] Babbage, Charles, *On the Economy of Machinery and Manufactures*, 4th. ed. (London, 1841).

[18] Baillet, Henry F. , *Overhead Expense and Percentage Methods: A Lecture on the Cost of Doing Business* (New York: D. Williams, 1915).

[19] Baltes, F. W. , *The Cost of Printing* (Portland: Baltes, 1894).

[20] Baruch, Alfred, *Standard Costs for Sheet Metal Workers* (New York: U. P. C. Book Company, 1923).

[21] Basset, W. R. , *Accounting as an Aid to Business Profits* (Chicago: A. W. Shaw Company, 1918).

[22] Bates, E. P. , "Discussion on Cost of Manufacture," *Transactions American Society of Mechanical Engineers*, XV (1894).

[23] Battersby, Thomas, *The Perfect Double Entry Bookkeeper* (Manchester: 1878).

[24] Baugh, F. H. , *Principles and Practices of Cost Accounting* (Baltimore: F. H. Baugh, 1915).

[25] Bean, B. C. , *The Cost of Production* (Chicago: A. W. Shaw Company, 1905).

[26] Belser, F. C. , "Cost Accounting for Fertilizer Manufacturers," *The Journal of*

Accountancy, XIX (1915).

[27] Belt, Robert E. , *Foundry Cost Accounting Practice and Procedure* (Cleveland: Penton Press, 1919).

[28] Bentley, H. C. , *Basic Cost Accounting*, 3rd. edition (Chicago: International Accountants Society, 1920).

[29] Bentley, H. C. , *The Science of Accounts* (New York: The Ronald Press Company, 1911).

[30] Berndt, Irving A. , *Costs: Their Compilation and Use in Management* (Chicago: H. P. Gould, 1920).

[31] Best, J. W. , *The Accountants' Journal* (January 1, 1886).

[32] Best, J. W. , *Cost Accounts*, 2nd. ed. (London: Gee and Company, 1911).

[33] Bigelow, C. M. , "Installing Management Methods in hte Woodworking Industry," *Industrial Management*, LVIII (1919).

[34] Blanchard, Isaac H. , *Actual Costs in Printing and How to Discover and Reckon Them* (New York: Blanchard, 1901).

[35] Bliss, James H. , "Cost Methods in the Packing Industry," *N. A. C. A. Bulletin* (April 15, 1922).

[36] Book-keeper Publishing Company, Ltd. , *Improved Balance System of Cost Accounting* (Detroit: Book-keeper Publishing Company, 1905).

[37] Borton, E. J. , *Cost Accounting Principles and Methods* (Chicago: Lyons & Carnahan, 1923).

[38] Bosher, L. H. , "Controlling Accounts in Cost Accounting," *The Journal of Accountancy*, XIII (1912).

[39] Brierley, John Thomas, *Manufacturing Cost Accounts* (Brooklyn: Published by the author, 1913).

[40] Broaker, Frank, "Cost and Factory Accounts," *The Accountant* (June, 1897).

[41] Brown, Harry Gunnison, *Transportation Rates and Their Regulation* (New York: The Macmillan Company, 1916).

[42] Brown, Richard, *A History of Accounting and Accountants* (Edinburgh: T. C.

&. E. C. Jack, 1905).

[43] Brun, Robert, "A Fourteenth-Century Merchant of Italy," *Journal of Economic and Business History*, II (1930).

[44] Bryant, J. C. , *Bryant's New Bookkeeping*, 6th ed. (Buffalo: Published by the author, 1880).

[45] Bunnell, S. H. , *Cost-Keeping for Manufacturing Plants* (New York: D. Appleton and Company, 1911).

[46] Bunnell, S. H. , "Expense Burden: Its Incidence and Distribution," *Journal American Society of Mechanical Engineers* (1912).

[47] Bunnell, S. H. , "Standardizing Factory Expense and Cost," *Iron Age* (November 16, 1911).

[48] Burton, F. G. , *Engineering Estimates and Cost Accounts* (Manchester: Technical Publishing Company, 1895) (2nd ed. 1900).

[49] Burton, F. G. , *Engineer's and Shipbuilders' Accounts*, 1st ed. , 1902, 2nd ed. (London: Gee and Company, 1911).

[50] Burton, F. G. , *The Commercial Management of Engineering Works*, 2nd ed. (Manchester: The Scientific Publishing Company, 1905).

[51] Byrne, E. H. , *Genoese Shipping in the Twelfth and Thirteenth Centuries*, Publication No. 5, Monograph No. 1 (Cambridge, Massachusetts: Mediaeval Academy, 1930).

[52] Camman, E. A. , *Basic Standard Costs* (New York: American Institute Publishing Company, 1932).

[53] Carpenter, C. U. , *Increasing Production Decreasing Costs* (New York: The Engineering Magazine Company, 1920).

[54] Carter, F. H. , *Practical Bookkeeping*, 2nd ed. (Edinburgh: Simpkin, Marshall, Hamilton, Kent and Company, 1874).

[55] Cartmell, M. , *Stores and Materials Control* (New York: The Ronald Press Company, 1922).

[56] Castenhltz, W. B. , *Control of Distribution Costs and Sales* (New York and

London: Harper and Brothers, 1930).

[57] Castenhltz, W. B. , *Cost Accounting Procedures* (Chicago: LaSalle Extension University, 1922).

[58] Cathles, A. , "General Principles of Costing," *The Accountant* (February 28, 1920).

[59] Cauley, W. W. , *A Study of the Accounting Records of the Shelby Iron Company*, (Unpublished M. B. A. thesis in the University of Alabama Library, 1949).

[60] Chamber of Commerce of the United States, Department of Manufacture, *Cost Accounting Through the Use of Standards* (Washington: Chamber of Commerce, 1925).

[61] Chamber of Commerce of the United States, *The Evolution of Overhead Accounting* (Washington: Chamber of Commerce, 1927).

[62] Charleton, A. G. , "Principles and Methods of Profitably Working the Mine; Office Organization, Cost-keeping and Records of Work Done," *The Engineering Magazine*, XX (1901).

[63] Chase, W. A. , *Auditing and Cost Accounting* (Chicago: LaSalle Extension University, 1922).

[64] Child, F. W. , *Elements of Cost* (New York: Office Co. , 1887).

[65] Church, A. Hamilton, *Manufacturing Costs and Accounts* (New York: McGraw-Hill Book Company, 1917).

[66] Church, A. Hamilton, "Organisation by Production Factors," *The Engineering Magazine*, XXXVIII (1909); Reprinted in *Production Factors in Cost Accounting and Works Management* (New York: The Engineering Magazine Press, 1910).

[67] Church, A. Hamilton, *Overhead Expenses* (New York: McGraw-Hill Book Company, 1930).

[68] Church, A. Hamilton, *Production Factors in Cost Accounting and Works Management* (New York: The Engineering Magazine Press, 1910) (Works Management Library).

[69] Church, A. Hamilton, "The Meaning of Commercial Organization," *The Engineering Magazine*, XX, (December, 1900).

[70] Church, A. Hamilton, "The Proper Distribution of Establishment Charges," *The Engineering Magazine*, XXI and XXII (1901).

[71] Claperon, M. E., *Cours de Comptabilite* (1886).

[72] Clark, J. M., *The Economics of Overhead Costs* (Chicago: University of Chicago Press, 1923).

[73] Cleary, P. Roger, *How to Figure Profit: A Comprehensive Reference Book for Business Men, Teachers and Students* (Ypsilanti, Michigan: Cleary, 1918).

[74] Cole, William Morse, *Cost Accounting for Institutions* (New York: The Ronald Press Company, 1913).

[75] Cook, Charles Bannister, *Factory Management* (Detroit: Bookkeeper Publishing Company, 1906).

[76] Corsani, Gaetano, *I fondaci e i banchi di un mercante pretese del Trecento* (Prato: Archivio Storico Pratese, Supplement II, 1922).

[77] Cowan, David, "Administration of Workshops: With Special References to Oncost," *The Accountant* (November 16, 1901).

[78] Cronhelm, F. W., *Double Entry by Single* (London: Longmans, Green and Company, 1818).

[79] Cronhelm, F. W., *Cyclopedia of Commerce, Accountancy, Business Administration* (Chicago: American Technical Society, 1909).

[80] Dale, Samuel Sherman, *Cost Finding for Textile Mills* (Boston: Textiles, 1916).

[81] Dale, Samuel Sherman, *Cost Finding in Woolen and Worsted Mills* (Boston: Textiles, 1918).

[82] Dana, R. T. and Gillette, H. P., *Cost Analysis Engineering* (Chicago: American Technical Society, 1918).

[83] Dando, J. Clifford, *Fundamental Principles of Ascertaining Cost of Manufacturing* (Philadelphia: Dando Printing and Publishing Company, 1901).

[84] Darlington, P. J. , "Developing New Products and Determining Shop Cost," *The Engineering Magazine*, XXXV (1908).

[85] Davis, Albert Eugene, *How to Find Cost in Printing* (New York: Oswald Publishing Company, 1914).

[86] Davis, R. C. , *Purchasing and Storing* (New York: Alexander Hamilton Institute, 1931).

[87] Dawson, S. S. , "Stock and Cash Accounts of a Flour Miller," *The Accountant* (April 3, 1897).

[88] Day, C. M. , *Accounting Practice* (New York: D. Appleton and Company, 1908).

[89] Day, C. M. , *Silk Mill Costs* (New York: Day, 1912).

[90] De Cazaux, L. F. G. , *De la Comptabilite dans une Enterprise Industrielle et specialement dans une Exploitation Rurale* (Toulouse: 1824).

[91] De Roover, Raymond, "A Florentine Firm of Cloth Manufactures," *Speculum*, XVI (January, 1941).

[92] De Roover, Raymond, "Aux Origines d'une Technique Intellectual: La Formation et l'Expansion de la Comptabilite a partie double" *Annales d'Histoire economique et sociale*, XLIV-XLV (1937).

[93] De Roover, Raymond, *The Medici Bank* (New York: New York Univesity Press, 1948).

[94] Deighton, H. , "Cost System of an Engineering Works," *The Engineering Magazine*, XXIV (1905).

[95] Denham, Robert Scudder, *Fundamentals of Cost and Profit Calculations* (Cleveland: Cost Engineer Publishing Company, 1918).

[96] Denham, Robert Scudder, *The A-B-C of Cost Engineering* (Cleveland: Denham Cost-Finding Company, 1919).

[97] Denham, Robert Scudder, *The Science of Cost-finding Applied to Factories Making Products to Special or Shop Orders* (Cleveland: Denham Cost-Finding Company, 1911).

[98] Dickinson, A. Lowes, "The Economic Aspects of Cost Accounts," *The Journal of Accountancy*, XI (1911).

[99] Dicksee, L. R. , *Advanced Accounting*, 4th ed. (London: Gee and Company, 1911).

[100] Diemer, H. , *Factory Organization and Administration*, 3rd ed. (New York: McGraw-Hill Book Company, 1920).

[101] Diemer, H. , "The Commercial Organization of the Machine Shop," *The Engineering Magazine*, XIX (1900).

[102] Dodson, James, *The Accountant, or the Method of Book-keeping* (London: 1750).

[103] Dohr, James L. , *Cost Accounting* (New York: The Ronald Press Company, 1924).

[104] Dow, D. S. , *Keeping Books* (New York: D. A. Curtis, 1882).

[105] Dugue, M. , *Traite de Comptabilite et d'Administration a l'usage des Entrepreneurs de Batiments et de Travant publics* (1872).

[106] Duncan, J. C. , *The Principles of Industrial Management* (New York: D. Appleton and Company, 1911).

[107] Eddis, W. C. and Tindall, W. B. , *Manufacturers' Accounts* (Toronto: Published by the authors, 1902).

[108] Editorial, *The Accountant* (1904).

[109] Editorial, *The Accountant* (1905).

[110] Editorial, "The Commercial Aspects of an Engineer's Training," *Engineering*, LV (February, 1893).

[111] Editorial, "Practical Prime Costs," *Engineering* (December 4, 1891).

[112] Editorials, *The Accountant* (1912).

[113] Editors, *The Bookkeeper* (1880).

[114] Edler, Florence, "Cost Accounting in the Sixteenth Century," *The Accounting Review*, XII (September, 1937).

[115] Edler, Florence, *Glossary of Mediaeval Terms in Business, Italian Series,*

1200-1600 (Cambridge: The Mediaeval Academy of America, 1934).

[116] Edwards, Ronald S. , *A Survey of the French Contributions to the Study of Cost Accounting During the Nineteenth Century* (London: Gee and Company, 1937).

[117] Edwards, Ronald S. , "Some Notes on the Early Literature and Development of Cost Accounting in Great Britian," *The Accountant*, XCVII (July-December, 1937).

[118] Eggleston, D. C. and Robinson, F. B. , *Business Costs* (New York: D. Appleton and Company, 1921).

[119] Eggleston, D. C. , *Cost Accounting* (New York: The Ronald Press Company, 1920).

[120] Eggleston, D. C. , "Motor Manufacturing Costs," *Business Man's Magazine* (October, 1907).

[121] Eggleston, D. C. , *Problems in Cost Accounting* (New York: D. Appleton and Company, 1918).

[122] Eggleston, D. C. , "System of Factory Cost Accounting," *The Journal of Accountancy*, III (1906).

[123] Ehrenberg, Richard, *Das Zeitalter der Fugger*, 2 Vols. (Jena: 1896).

[124] Elbourne, E. T. , "Approximation in Factory Accounting," *The Accountant* (March 20, 1915).

[125] Elbourne, E. T. , *Factory Administration and Cost Accounts*, new ed. (London: Longmans, Green and Company, 1921).

[126] Eldridge, H. J. , *The Evolution of the Science of Bookkeeping* (London: Institute of Bookkeepers, Ltd. , 1931).

[127] Emerson, Harrington, "Efficiency as a Basis for Operation and Wages," *The Engineering Magazine* (July, 1908-March, 1909).

[128] Emerson, Harrington, "Percentage Method of Determining Production Costs," *The Foundry* (October, 1904).

[129] Evans, H. A. , *Cost-Keeping and Scientific Managament* (New York:

MacGraw-Hill Book Company, 1911).

[130] Everitt, Frank and Heywood, Johnson, *Cost Controls for Foundries* (Ne York: McGraw-Hill Book Company, 1922).

[131] Fairbanks, Lorenzo, *The Science and Practice of Bookkeeping* (Philadelphia: Sower, Barnes and Potts, 1866).

[132] Farquhar, H. H. , *Factory Storekeeping—the Control and Storage of Materials* (New York: MacGraw-Hill Book Company, 1922).

[133] Fells, John Manger, "Cost Accounting: Its Evolution and Its Trend," *The Accountant*, LX (1919).

[134] Ferguson, W. B. , *The Art of Estimating* (New York: McGraw-Hill Book Company, 1915).

[135] Ficker, Nicholas T. , "Distributing Overhead Expense," *The Engineering Magazine*, L (1915).

[136] Ficker, Nicholas T. , *Industrial Cost-Finding* (New York: Industrial Extension Institute, 1917).

[137] Ficker, Nicholas T. , "Main Dvisions of Manufacturing Expense," *The Engineering Magazine*, XLIX (1915).

[138] Ficker, Nicholas T. , *Shop Expense Analysis and Control* (New York: The Engineering Magazine Press, 1917).

[139] Fink, Albert, *Cost of Railroad Transportation* (Louisville: J. P. Morton &. Co. , 1875).

[140] Fitch, S. G. H. , "Present-day Problems in Industrial Accounting," *The Journal of Accountancy*, XXXIV (122).

[141] Flanders, R. E. , "Discussion on Production and Costs," *Transactions American Society of Mechanical Engineers*, IX, (1888).

[142] Franklin, Benjamin Alvey, *Cost Reports for Executives As a Means of Plant Control* (New York: The Engineering Magazine PRess, 1913).

[143] Franklin, Benjamin Alvey, *Cost Reports for Executives* (New York: The Engineering Magazine Press, 1912).

[144] Frost, Glenn H. , "Cost Accounting," *The Business World* (October, 1905).

[145] Gantt, H. L. , "Production and Sales," *The Engineering Magazine*, L. (1916).

[146] Gantt, H. L. , "The Relation between Production and Costs," *Transactions American Society of Mechanical Engineers*, XXXVII (1915).

[147] Garcke, Emile and Fells, J. M. , *Factory Accounts, Their Principles and Practice*, 1st ed. , 1887; 4th ed. (London: Crosby, Lockwood and Son, 1893).

[148] Garner, S. Paul, "Has Cost Accounting Come of Age?" *N. A. C. A. Bulletin*, XXXIII, (1951).

[149] Garner, S. Paul, "Historical Development of Cost Accounting," *The Accounting Review*, XXII (1947).

[150] Garry, H. Stanley, "Factory Costs," *The Accountant* (July 25 and September 12, 1903).

[151] Garry, H. Stanley, *Multiple Cost Accounts* (London: Gee and Company, 1906).

[152] Garry, H. Stanley, *Process Cost Accounts* (London: Gee and Company, 1908).

[153] Gaylord, R. E. , *Historical Development of Cost Accounting with Particular Reference to its Relation to Industrial Engineering* (New York: An unpublished manuscript of 34 pages, January, 1952).

[154] General Manager, *Engineering Estimates, Cost and Accounts*, 1st ed. , 1890; 3rd ed. (London: C. Lockwood and Son, 1911).

[155] Gibb, George S. , *The Saco-Lowell Shops* (Cambridge: Harvard University Press, 1950).

[156] Gibb, George S. , *The Whitesmiths of Taunton—A History of Reed and Barton* (Cambridge: Harvard University Press, 1943).

[157] Gilette, Halbert Powers and Dana, Richard Turner, *Cost Keeping and Management Engineering* (New York: M. C. Clark, 1909).

[158] Gilman, Stephen, "What the Executive Should Know About Costs," *Industrial*

Management, LIII (1917).

[159] Godard, M. , *Traite General et Sommaire de la Comptabilite Commerciale* (Paris: 1827).

[160] Goddard, F. R. , "Balance Sheets of Manufactruing Firms," *Proceedings of the Cleveland (England) Institution of Engineers* (Middlesbrough: 1872-1873).

[161] Goddard, F. R. , "Defalcations and How to Prevent Them," *The Accountants' Journal* (March 1, 1887).

[162] Goggin, Walter John, *Cost Accounting* (New York: La Fayette Institute, 1921).

[163] Going, C. B. , *Principles of Industrial Engineering* (New York: MacGraw-Hill Book Company, 1911).

[164] Goode, G. E. , "Methods of Ascertaining Costs in a Factory," *The Accountant* (June 30, 1900).

[165] Goodwin, A. E. , "Principles and Practice of Correct Costing," *The Accountant* (March 20, 1920).

[166] Goodwin, Frank Elbert, *Cost Accounting Pathfinder* (St. Louis: Midland Publisshing Company, 1910).

[167] Goodwin, J. H. , *Improved Bookkeeping and Business Manual*, 4th ed. (New York: Published by the author, 1881).

[168] Green, J. B. , "The Perpetual Inventory in Practical Stores Operation," *The Engineering Magazine*, XLVIII (1915).

[169] Greenwood, G. W. , "On What Should Selling Prices Be Based?" *Administration*, III (1922).

[170] Griffith, J. B. , *Cyclopedia of Commerce, Accountancy, and Business Administration*, Vol. II (Chicago: American Technical Society, 1909).

[171] Grover, P. H. , *Corporation Bookkeeping in a Nutshell; With an Appendix on Manufacturing Accounts* (Detroit: Bookkeeper Co. , 1897).

[172] Guilbault, *Traite d'Comptabilite d'Administration Industrielles* (Paris: 1865).

[173] Hall, H. L. C. , *Manufacturing Costs* (Detroit: The Bookkeeper Publishing

Company, 1904).

[174] Halsey, F. A. , "Discussion on Cost of Manufacture," *Transactions American Society of Mechanical Engineers*, XV (1894).

[175] Halsey, F. A. , "Principles of Cost Accounting," *American Machinist* (June 20, 27, 1901).

[176] Hamilton, Earl J. , "Profit Inflation and the Industrial Revolution, 1751–1800," *The Quarterly Journal of Economics*, LVI (February, 1942).

[177] Hamilton, Robert, *Introduction to Merchandise* (Edinburgh: 1788).

[178] Hamilton, W. R. , "Some Economic Considerations Bearing on Costing," *The Accountant* (February 5, 1910).

[179] Hand, S. A. , "Discussion on the Shop-Order System of Accounts," *Transactions American Society Mechanical Engineers*, VII (1885).

[180] Harris, G. L. , "Calculation, Distribution and Application of Burden," *Magazine of Management and Administration*, VI (1923).

[181] Harrison, G. Charter, "Bugbear of Burden Distribution," *Magazine of Management and Administration*, VI (1923).

[182] Harrison, G. Charter, "Cost Accounting to Aid Production," *Industrial Management* (October, 1918-June, 1919).

[183] Harrison, G. Charter, *New Wine in Old Bottles* (New York: Privately printed, 1937).

[184] Harrison, G. Charter, "Scientific Basis for Cost Accounting," *Industrial Management* (December, 1918).

[185] Harrison, G. Charter, *Standard Costs* (New York: The Ronald Press Company, 1930).

[186] Hatfield, Henry Rand, *Accounting* (New York: D. Appleton and Company, 1927).

[187] Hatfield, Henry Rand , *Modern Accounting* (New York: D. Appleton and Company, 1909).

[188] Hatfield, Henry Rand, "What They Say About Depreciation," *The Accounting*

Review, XI (March, 1936).

[189] Hathaway, Charles E. and Griffith, James Bray, *Factory Accounts: A Working Handbook of Departmental Organization and Methods as Applied to Factories* (Chicago: American School of Correspondence, 1910).

[190] Hattersly, C. S. , "Costing," *The Accountant* (May 28, 1921).

[191] Hawkins, L. W. , *Cost Accounts*, 2nd ed. (London: Gee and Company, 1912).

[192] Hazell, W. H. , *Costing for Manufacturers* (London: Nisbet and Co. , Ltd. , 1921).

[193] Hazell, W. H. , "Printer's Cost Finding System," *The Accountant* (February 28, 1914).

[194] Hess, Henry, "Manufacturing: Capital, Costs, Profits and Dividends," *The Engineering Magazine* (December, 1903).

[195] Hilgert, J. R. , *Cost Accounting for Sales* (New York: The Ronald Press Co. , 1926).

[196] International Library of Technology, *Cost Accounting* (New York: International Textbook Company, 1904).

[197] Jackson, G. , *A Practical System of Bookkeeping*, 24th ed. (London: Effingham Wilson, 1906).

[198] Jackson, George, *The Check Journal*, 5th ed. (London: 1836).

[199] Jackson, J. Hugh, "A Quarter-Century of Cost-Accounting Progress," *N. A. C. A. Bulletin*, XXVIII (June 1, 1947).

[200] Jeannin, Mce, *Traite de la Comptabilite* (Paris: 1829).

[201] Jenkinson, M. W. , "Costing," *The Accountant* (January, 1919).

[202] Jenkinson, M. W. , "Some Principles of Accounting Affecting Cost Accounts," *The Accountant* (April 18, 1914).

[203] Jones, Arthur Francis, *Lumber Manufacturing Accounts* (New York: The Ronald Press Company, 1914).

[204] Jordan, J. P. , and Harris, G. L. , *Cost Accounting* (New York: The Ronald Press Company, 1920).

[205] Kelly, R. R. , "Overhead Expense Distribution," *Journal American Society of Mechanical Engineers* (June, 1913).

[206] Kemp, William S. , *Departmental and Standard Costs* (New York: National Association of Cost Accountants, 1923).

[207] Kent, William, *Bookkeeping and Cost Accounting for Factories* (New York: John Wiley and Sons, 1918).

[208] Kent, William, *Iron Trade Review* (February 4, 1909).

[209] Kent, William, "Discussion on Overhead Expense Distribution," *Journal of the American Society of Mechanical Engineers* (June, 1913).

[210] Kent, William, "New Methods of Determining Factory Costs," *Iron Age*, Vol. 98 (August 24, 1916).

[211] Kilduff, F. W. , *Inventory Practice and Material Control* (New York: McGraw-Hill Book Company, 1925).

[212] Kilduff, F. W. , "Spoilage, the Fourth Factor of Cost," *The Journal of Accountancy*, XXV (1918).

[213] Kimball, D. S. , *Cost Finding* (New York: Alexander Hamilton Institute, 1918).

[214] Kimball, D. S. , *Principles of Industrial Organization* (New York: The McGraw-Hill Book Company, 1913).

[215] Knoeppel, C. E. , "Cost Reduction Through Cost Comparison," *The Engineering Magazine*, XXXII (1907).

[216] Knoeppel, C. E. , "Graphic Production Control," *Industrial Management*, LVII (1919).

[217] Knoeppel, C. E. , *Maximum Production in Machine Shop and Foundry* (New York: The Engineering Magazine Press, 1911).

[218] Knoeppel, C. E. , "Systematic Foundry Operation and Foundry Costing," *The Engineering Magazine*, XXXVI (1908).

[219] Knoeppel, F. J. , "Industrial Accounting," *The Journal of Accountancy*, LII (1916).

[220] Knowlton, Evelyn H. , *Pepperell's Progress* (Cambridge: Harvard University Press, 1948).

[221] Konopak, Lother Theodore, *Cost Accounting Fundamentals from the Standpoint of Management* (New York: The Ronald Press Company, 1924).

[222] Krepp, Frederick C. , *Statistical Bookkeeping* (London: Longman, 1858).

[223] Lane, Frederick C. , "Venture Accounting in Medieval Business Management," *Bulletin of the Business Historical Society*, XIX (1945).

[224] Lane, H. M. , "A Method of Shop Accounting to Determine Shop Cost," *Transaction American Society of Mechanical Engineers*, XVIII (1897).

[225] Lardner, Dionysius, *Railway Economy* (New York and London: 1850).

[226] Larson, Carl William, *Milk Production Cost Accounts* (New York: Columbia University Press, 1916).

[227] Lawerence, William Beaty, *Cost Accounting* (New York: Prentice-Hall, 1925).

[228] Lefevre, H. , *La Comptabilite* (1883).

[229] Lewis, E. S. E. , *Efficient Cost Keeping*, 3rd ed. (New York: Burroughs Adding Machine Company, 1914).

[230] Lewis, J. Slater, *Commercial Organisation of Factories* (London: E. and F. N. Spon, 1896).

[231] Lisle, George, *Accounting in Theory and Practice*, 1st ed. 1899; rev. ed. (Edinburgh: William Green and Sons, 1909).

[232] Lisle, George, Editor, *Encyclopedia of Accounting*, Vol. II (London: Willaim Green and Sons, 1903).

[233] Littleton, A. C. , "A Genealogy for Cost or Market," *The Accounting Review*, XVI (June, 1941).

[234] Littleton, A. C. , *Accounting Evolution to 1900* (New York: American Institute Publishing Company, 1933).

[235] Littleton, A. C. , Review of de Roover's "La Formation et l'Expansion de la Comptabilite a partie double," *The Accountng Review*, XII (1937).

[236] Longmuir, Percy, "Recording and Interpreting Foundry Costs," *The Engineer-*

ing Magazine (September, 1902).

[237] Loughry, James Cooper, *How To Install a Foundry Cost System* (New York: W. W. White Manufacturing Company, 1910).

[238] Low, Edward, *Theorie des Rechnungswesens* (1860).

[239] MacNaughton, Joseph, *Factory Bookkeeping for Paper Mills* (London: Wood Pulp, Limited, 1899).

[240] Mair, John, *Bookkeeping Methodized*, 6th ed. (Edinburgh: 1760).

[241] Makin, F. B., *Overhead Costs in Theory and Practice* (London: Gee and Company, 1933).

[242] Mann, Sir. John, "Cost Records or Factory Accounts," *The Encyclopedia of Accounting*, II (London: Wiliam Green and Sons, 1903).

[243] Mann, Sir. John, "Notes on Cost Records," *The Accountant* (August 29 and September 5, 1891).

[244] Mann, Sir. John, "Oncosts," *The Encyclopedia of Accounting* (London: William Green and Sons, 1903).

[245] Manners, O. N., *System* (1904).

[246] Manning, Anthony B., *Elements of Cost Accounting* (New York: McGraw-Hill Book Company, 1924).

[247] McGrath, Thomas Orrin, *Mine Accounting and Cost Principles* (New York: McGraw-Hill Book Company, 1921).

[248] McHenry, W. E., "Cost per Ton," *The Engineering Magazine* (August, 1914).

[249] McHenry, W. E., "Is Your Cost System Scientific?" *The Engineering Magazine* (August, 1916).

[250] McIntosh, R. J., *Reference Book of Accounts for Manufacturing and Mercantile Companies* (Toledo: Robert McIntosh and Company, 1914).

[251] Metcalfe, Henry, *The Cost of Manufactures*, 1st ed. 1885; 3rd ed. (New York: John Wiley and Sons, 1907).

[252] Metcalfe, Henry, "The Shop Order System of Accounts," *Transactions Ameri-*

can Society of Mechanical Engineers, VII (1886).

[253] Melis, Federigo, *Storia della Ragioneria* (Bolgna: Dott, Cesare Zuffi, 1950).

[254] Mezieres, Louis, *Comptabilite Industrielle et Manufacturiere*, 5th ed. (Paris: 1862).

[255] Millener, C. A. , "Evolution of Cost Accounts," *Business* (July-November, 1895).

[256] Mitchell, G. A. , *Single Cost Accounts* (London: Gee and Company, 1907).

[257] Moxey, E. P. , *Principles of Factory Cost Keeping* (New York: The Ronald Press Company, 1913).

[258] Murdoch, A. A. , "Proper Treatment of Machine Costs: A Criticism and a Theory," *The Journal of Accountancy*, III (1906).

[259] Murray, David, *Chapters in the Histroy of Bookkeeping*, *Accountancy*, *and Commercial Arithmetic* (Glasgow: Jackson, Wijlie and Company, 1930).

[260] National Association of Cost Accountants, *Yearbook* (New York: 1921).

[261] Navin, T. R. , *The Whitin Machine Works Since 1831* (Cambridge: Harvard University Press, 1950).

[262] Nef, J. U. , *The Rise of the British Coal Industry*, Vol. II (London: George Routledge and Sons, 1932).

[263] Newlove, G. H. , and Pratt, Lester Amos, *Industrial Accounting* (New York: D. Appleton, 1921).

[264] Newlove, G. H. , *Cost Accounting*, preliminary ed. (Baltimore: The Author, 1927).

[265] Newlove, G. H. , *Cost Accounting*, second preliminary ed. (Washington: The White Press Company, 1928).

[266] Newlove, G. H. , *Cost Accounts* (Washington: The White Press Company, 1921).

[267] Newlove, G. H. , *Cost Accounts*, 2nd ed. (Washington: The White Press Company, 1922).

[268] Newlove, G. H. , *Cost Accounts*, 3rd ed. (Washington: The White Press Com-

pany, 1923).

[269] Newlove, G. H. , "Depreciation," *The Journal of Accountancy*, XLIV (Dember, 1927).

[270] Newlove, G. H. , "Manufacturing Accounts," *The Journal of Accountancy*, XXXI (1921).

[271] Newman, E. W. , "Functions of Costing," *The Accountant* (March 19, 1921).

[272] Nichols, Henry Wyman, *A Method of Determining Costs in Cotton Mill* (New Bedford, Massachusetts: E. Anthony & Sons, 1915).

[273] Nichols, W. G. , *Methods of Cost Finding in Cotton Mills* (Waltham: E. L. Barry, 1900).

[274] Nicholson, J. Lee and Rohrbach, J. D. , *Cost Accounting* (New York: The Ronald Press Company, 1919).

[275] Nicholson, J. Lee, *Cost Accounting—Theory and Practices* (New York: The Ronald Press Company, 1913).

[276] Nicholson, J. Lee, *Factory Organization and Costs* (New York: Kohl Technical Publishing Company, 1909).

[277] Nicholson, J. Lee, *International Text* (New York: International Textbook Company, 1913).

[278] Nisbet, A. G. , *Terminal Cost Accounts* (London: Gee and Company, 1906).

[279] Norris, H. M. , "A Simple and Effective System of Shop Cost-Keeping," *The Engineering Magazine*, XVI (1898).

[280] Norris, H. M. , "Discussion on an Accurate Cost-Keeping System," *Transaction American Society of Mechanical Engineers*, XIX (1898).

[281] Norton, G. P. , *Textile Manufacturers' Bookkeeping*, 1st ed. , 1889; 4th ed. (London: Simpkin, 1900).

[282] Payen, Anselme, *Essai sur la Tenue des Livres d'un Manufacturer* (Paris: 1817).

[283] Pedder, Stanley, "Cost Accounts: Their Advantages and Their Relations to Business Results," *The Accountant* (April 29, 1905).

[284] Penndorf, Baldwin, *Geschichte der Buchhaltung in Deutschland* (Leipzig: 1913).

[285] Penndorf, Baldwin, "Die Anfange der Betriebsbuchhaltung," *Zeitschrift fur Handelswissenschaftliche Forschung*, XII (Decmber, 1930).

[286] Peragallo, Edward, *Origin and Evolution of Double Entry Bookkeeping* (New York: American Institute Publishing Company, 1938).

[287] Perren, Alphonse, "The Development of Cost Accounting in Europe," *N. A. C. A. Bulletin*, XXIV (1944).

[288] Pirenne, H., "L'Instruction des Merchands au Moyen Age," *Annales d'Histoire economique et sociale* (1929).

[289] Racine, Samuel Frederick, *Cost Accounts* (Seattle: Western Institute of Accountancy, Commerce and Finance, 1921).

[290] Renold, Sir. Charles, "Management Accounts," *The Cost Accountant*, XXIX (1950).

[291] Ridgway, A. C., "Cost Accounts," *The Accountant* (December 6, 1919).

[292] Rogers, W. S., "Discussion on an Accurate Cost-Keeping System," *Transactions American Society of Mechanical Engineers*, XIX (1898).

[293] Roland, Henry, "An Effective System of Finding and Keeping Shop Costs," *The Engineering Magazine*, XV (May, 1898).

[294] Roland, Henry, "Cost Keeping Methods in Machine-Shop and Foundry," The Engineering Magazine, XIV (May, 1898).

[295] Ross, George Edward, *Cost Keeping and Construction Accounting* (Salem, Oregon: 1917).

[296] Rowe, H. M., *Bookkeeping and Accountancy—Cost Accountancy for Manufacturing* (Baltimore: The H. M. Rowe Company, 1910).

[297] Rowe, H. M., *Commercial and Industrial Bookkeeping* (Baltimore: Sadler-Rowe Company, 1899).

[298] Sanders, T. H., *Industrial Accounting* (New York: McGraw-Hill Book Company, 1929).

[299] Sanders, T. H., *Problems in Industrial Accounting* (Chicago: A. W. Shaw Company, 1923).

[300] Sapori, Armando, *Una Compagnia di Calimala ai primi del Trecento* (Florence: Olschki, 1932).

[301] Saunders, F. W. H., (but supplied to him by E. V. Amsdon) in *The Cost Accountant*, XXVI (March-April, 1948).

[302] Sawyer, J., *Bookkeeping for the Tanning Trade*, 1st ed. (London, 1851); 2nd ed. (London, 1862).

[303] Scheuermann, Ludwig, *Die Fugger als Montainindustrielle in Tirol und Karnten* (Munich: Duncker and Humbolt, 1929).

[304] Schlatter, C. F., *Elementary Cost Accounting* (New York: John Wiley and Sons, 1927).

[305] Schmalenbach, Eugen, "Buchfuhrung und Kalkulation im Fabrikgeschaft," *Deusche Metallindustriezeitung* (1899).

[306] Scott, D R, *The Cultural Significance of Accounts* (New York: Henry Holt and Company, 1916).

[307] Scott, Walter, *The Principles and Practice of Cost Accounting* (Sydney, Australia: Law Book Company of Australia Pty., Ltd., 1947).

[308] Scovell, C. H., *Cost Accounting and Burden Application* (New York: D. Appleton and Company, 1916).

[309] Scovell, C. H., "Cost Accounting Practice, With Special Reference to Machine Hour Rate," *The Journal of Accountancy*, XVII (1914); also printed in *N. A. C. A. Bulletin* (June 1, 1927); also printed in *1913 Annual Report of the National Association of Machine Tool Builders*; also printed in *The Iron Age* (October 10, 1913).

[310] Scovell, C. H., *Interest as a Cost* (New York: The Ronald Press Company, 1924).

[311] Scoville, W. C., *Revolution in Glassmaking* (Cambridge: Harvard University Press, 1948).

[312] Senior, Nassau, *Report of the Inspector of Factories* (October 31, 1862).

[313] Shaw, A. W. Company, *Operation and Costs* (Chicago: A. W. Shaw Company, 1915).

[314] Simon, F. N. , *Methode Complete de la tenue des livres* (1832).

[315] Simonde de Sismondi, J. C. L. , *Etudes sur l'Economie Politique*, Vol. I (Paris: 1837).

[316] Slaon, Alfred P. , Jr. , *Adventures of a White-Collar Man* (New York: Doubleday, Doran and Company, 1941).

[317] Small, F. S. , *Accounting Methods* (Boston: L. and S. Printing Company, 1914).

[318] Smallpiece, Basil, "The Evolution of Industrial Accounting," *The Accountant* (October, 1949).

[319] Smith, Gershom, "The Distribution of Indirect Costs by the Machine-Hour Method," *The Engineering Magazine*, XXXVII (1909).

[320] Smith, Oberlin, "Discussion on an Accurate Cost-Keeping System," *Transactions American Society of Mechanical Engineers*, XIX (1898).

[321] Solomans, David, *Studies in Costing* (London: Sweet and Maxwell, 1952).

[322] Solomans, David, "Uniform Cost Accounting—A Survey," *Economica* (August and November, 1950).

[323] Sowell, Ellis Mast, *The Evolution of the Theories and Techniques of Standard Costs* (Unpublished Ph. D. thesis in the University of Texas Library, 1944).

[324] Spencer, Henry, *Commercial Organisation of Engineering Factories* (New York: Son and Chamberlain, 1907).

[325] Sterritt, J. E. , "Cost Accounts," *The Accountant* (June 25, 1904).

[326] Stewart, Ethelbert, *Tannery Production Costs and Methods of Accounting* (Boston: Rogers and Atwood, 1913).

[327] Stock, A. F. and Goffey, J. M. , "Overhead During Low Volume Production," *N. A. C. A. Bulletin* (February 16, 1925).

[328] Strachan, W. , *Cost Accounts* (London: Stevens and Haynes, 1909).

[329] Taylor, F. W., "Shop Management," *Transactions American Society of Mechanical Engineers*, XXIV (1903).

[330] Taylor, F. W., "Comments," *Transactions American Society of Mechanical Engineers*, VII (1886).

[331] Theiss, Edwin Leodgar, *Elements of Accounting Practice*, Pamphlets 23 and 24 (Chicago: LaSalle Extension University, 1922).

[332] Thompson, C. B., *How to Find Factory Costs* (Chicago: A. W. Shaw Company, 1916).

[333] Thompson, Wardhaugh, *The Accountant's Oracle: Or Key to Science* (York, England: 1777).

[334] Thornton, Frank Weldon, *Brewery Accounts* (New York: The Ronald Press Company, 1913).

[335] Timken, Frank Herrmann, *General Factory Accounting* (Chicago: Trade Periodical Company, 1914).

[336] Torrens, Robert, *On Wages and Combinations* (London: 1834).

[337] Twyford, H. B., *Purchasing, Its Economic Aspects and Proper Methods* (New York: D. Van Nostrand Company, 1915).

[338] Unckless, Leslie, *How to Find Manufacturing Costs and Selling Costs* (Detroit: Modern Methods Publishing Company, 1909).

[339] U. S. Federal Trade Commission, *Fundamentals of a Cost System for Manufacturers* (Washington: Government Printing Office, 1916).

[340] Urie, John, "Oncost and Its Apportionment," *The Accountant* (January 11, 1902).

[341] Urwick, Lyndall and Brech, Edward Franz, *The Making of Scientific Management*, Vol. II (London: Management Publications Trust, 1945).

[342] Usher, Abbott Payson, *Industrial Histroy of England* (Boston: Houghton Mifflin Company, 1920).

[343] Vedder, H. C. M., "Cost Accounting: An Exposition of its Theories and Principles," *The Accountant* (November 11, 1905).

[344] Vincent, John P. , *Cost Accountancy and Profit Figuring* (Cincinnati: Campbell Commercial School, 1919).

[345] Wagner, A. F. , "Cost Systems and Operating Statisitics," *The Journal of Accountancy*, XXXIV (1922).

[346] Walbank, John A. , "Stock and Stocktaking," *The Encyclopaedia of Accounting*, Vol. VI (London: William Green and Sons, 1903).

[347] Waldron, Frederick A. , *Simplified Factory Accounting and Routing* (New York: The Ronald Press Company, 1925).

[348] Watts, Charles, J. , *The Cost of Production* (Muskegon, Michigan: Shaw-Walker, 1902).

[349] Webner, F. E. , *Factory Accounting* (Chicago: LaSalle Extension University, 1917).

[350] Webner, F. E. , *Factory Costs* (New York: The Ronald Press Comapny, 1911).

[351] Webner, F. E. , *Factory Overhead* (Washington: The White Press Company, 1924).

[352] Webner, F. E. , "Obtaining Actual Knowledge of the Cost of Production," *The Engineering Magazine* XXXV (1908).

[353] Weiner, J. L. , "Balance-sheet Valuation in German Law," *The Journal of Accountancy*, XLVIII (1929).

[354] Wellington, C. O. , "Actual Costs as Compared with Replacement Costs," *Yearbook National Association of Cost Accountants* (1922).

[355] White, John Arch, *Accounting for By-Products* (Unpublished master's thesis presented to the University of Texas, 1930).

[356] White, John Arch, "Accounting for By-Products," *The Journal of Accountancy*, LI (Februaty, 1931).

[357] Whitmore, John, "Factory Accounting As Applied to Machine Shops," *The Journal of Accountancy*, III (1907).

[358] Whitmore, John, "Shoe Factory Cost Accounts," *The Journal of Accountancy*,

VIO (1908).

[359] Whitmore, John, "Some Cost Accounting Terms," *The Journal of Acccountancy*, (September, 1930).

[360] Whitmore, John, "Some Details of Machine Shop Cost," *The Journal of Accountancy*, III (1907).

[361] Wildman, John Raymond, *Cost Accounting* (New York: The Accountancy Publishing Company, 1910).

[362] Wildman, John Raymond, *Principles of Cost Accounting* (New York: New York University Press, 1914).

[363] Williams, C. B., "Method of Accounting for Scrap," *N. A. C. A. Bulletin* (May 1921).

[364] Williams, C. B., "Treatment of Overhead When Production is Below Normal," *The Journal of Accountancy*, XXXI (1921).

[365] Winchell, Samuel Dixon, *The Model System of Bookkeeping and Cost Finding* (Philadelphia: T. A. Winchell, 1913).

[366] Woods, Clinton Edgar, *Practical Cost Accounting for Accountant Students* (New York: Universal Business Institute, 1908).

[367] Woods, Clinton Edgar, *Unified Accounting Method for Industrials* (New York: The Ronald Press Company, 1917).

[368] Woods, Clinton Edgar, *Manufacturing Cost* (Detroit: The Business Man's Publishing Company, 1904).

[369] Woolf, A. H., *A Short History of Accountants and Accountancy* (London: Gee and Company, 1912).

[370] Wright, H. Winfield, *Cost Accounting Theory and Practice* (Philadelphia: Bennett Accountancy Institute, 1924).

[371] Yamashita, Katsuji, "Evolution of the Third Form of the Profit and Loss Accounting System," *Kokumin-Keizai Zasshi*, LXXXII, No. 4 (april, 1951).

[372] Yamey, Basil S., "Scientific Bookkeeping and the Rise of Capitalism," *Economic History Review*, Second Series, I (1949).

会计经典丛书已出版著作目录

书　名	作　者
《簿记论》	卢卡·帕乔利
《连环帐谱》	蔡锡勇
《银行簿记学》	谢　霖
《无形资产论》	杨汝梅
《高级商业簿记教科书》	潘序伦
《改良中式簿记概说》	徐永祚
《会计理论》	埃尔登·S·亨德里克森
《公司会计准则绪论》	W·A·佩顿,A·C·利特尔顿
《账户的哲学》	C·E·斯普拉格
《会计中的经济学》	约翰·B·坎宁
《1900 年前会计的演进》	A·C·利特尔顿
《1925 年前成本会计的演讲》	S·保罗·加纳